中华人民共和国海船船员适任考试培训教材
交通运输类"十四五"创新教材
符合《海船船员培训大纲（2021版）》《海船船员考试大纲（2022版）》要求

船舶操纵与避碰——船舶操纵

（船长/大副）

中国海事服务中心 组织编审
薛满福 张钢 陈进涛 ◎ 主编

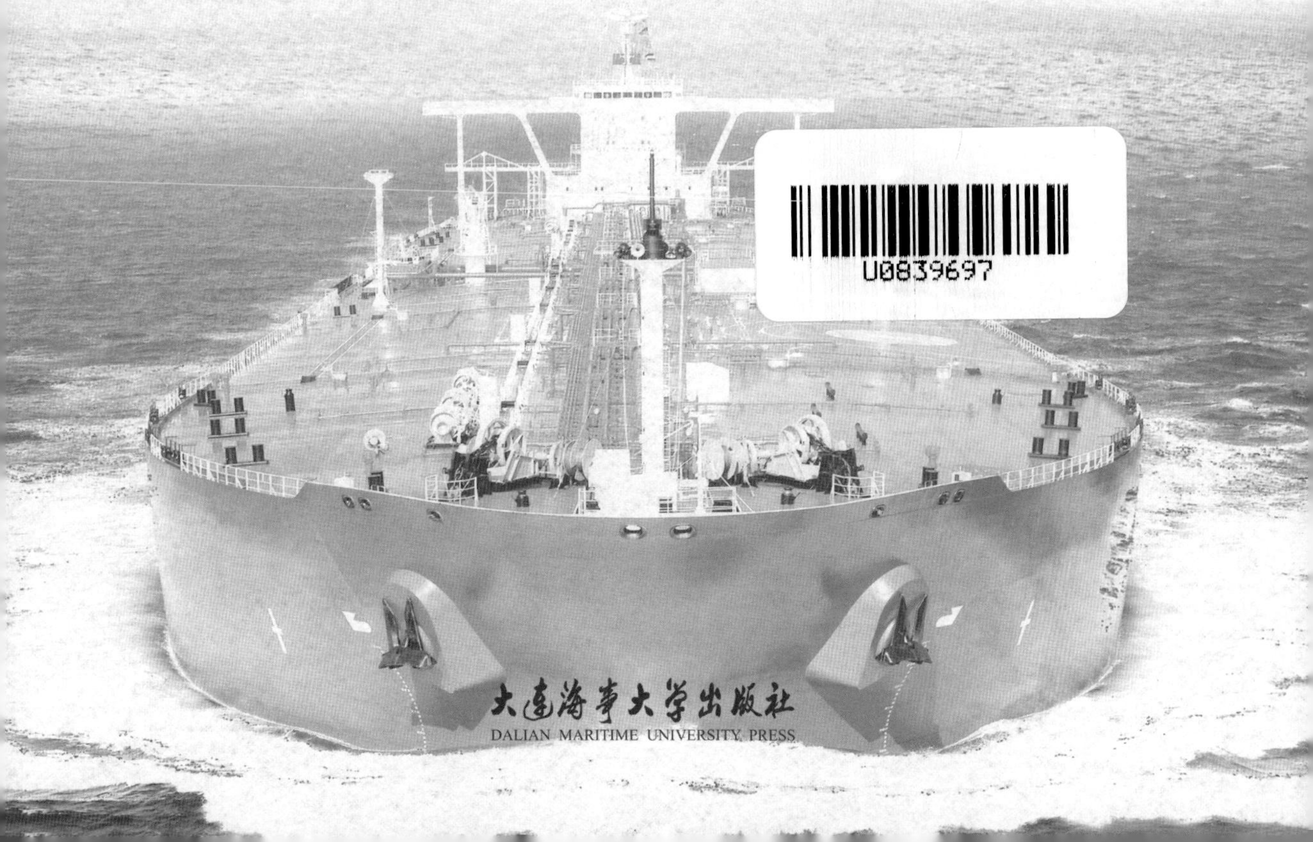

大连海事大学出版社
DALIAN MARITIME UNIVERSITY PRESS

图书在版编目(CIP)数据

船舶操纵与避碰. 船舶操纵：船长/大副 / 薛满福,
张钢, 陈进涛主编. — 大连：大连海事大学出版社,
2022.4(2025.8 重印)
中华人民共和国海船船员适任考试培训教材
ISBN 978-7-5632-4258-0

Ⅰ. ①船… Ⅱ. ①薛… ②张… ③陈… Ⅲ. ①船舶避
让操纵—资格考试—教材②船舶航行—避碰规则—资格考
试—教材 Ⅳ. ①U675.9②U692.1

中国版本图书馆 CIP 数据核字(2022)第 064584 号

大连海事大学出版社出版

大连市黄浦路 523 号　邮编：116026　电话：0411-84729665(营销部)　84729480(总编室)
http://press.dlmu.edu.cn　E-mail:dmupress@dlmu.edu.cn

大连天骄彩色印刷有限公司印装　　大连海事大学出版社发行

2022 年 4 月第 1 版　　2025 年 8 月第 5 次印刷
幅面尺寸：184 mm × 260 mm　　印张：19　　字数：447 千

出版人：余锡荣

责任编辑：李继凯　　责任校对：高　颖
封面设计：解瑶瑶　　版式设计：解瑶瑶

ISBN 978-7-5632-4258-0　　定价：57.00 元

前言

为有效履行经修正的《1978年海员培训、发证和值班标准国际公约》(STCW公约)等国际公约,进一步规范海船船员培训行为,确保船员培训质量,根据《中华人民共和国船员条例》《中华人民共和国船员培训管理规则》,交通运输部编制了《海船船员培训大纲(2021版)》,自2021年10月1日起施行。

为了更好地指导帮助船员进行适任考试前的培训,促进高素质船员队伍建设,中国海事服务中心组织全国有丰富教学、培训经验和航海实践经验的专家共同编写了本套教材。本套教材严格按照《海船船员培训大纲(2021版)》编写,符合培训大纲对船员适任培训的要求,具有权威、准确、系统、实用的特点,重点突出船员适任和航海实践需掌握的知识,旨在培养船员具备在实践中应用知识的能力,可作为船舶工具书使用。

本套教材包括:

《船舶管理(船长/大副)》《船舶操纵与避碰——船舶操纵(船长/大副)》《船舶操纵与避碰——船舶避碰与值班(船长/大副)》《航海英语(船长)》《航海英语(大副)》《航海学——天文、地文、仪器(船长/大副)》《航海学——航海气象与海洋学(船长/大副)》《船舶结构与货运(大副)》《船舶操纵与避碰——船舶避碰与值班(二/三副)》《船舶操纵与避碰——船舶操纵(二/三副)》《船舶管理(二/三副)》《船舶结构与货运(二/三副)》《航海学——航海气象与海洋学(二/三副)》《航海学——天文、地文、仪器(二/三副)》《航海英语(二/三副)》《值班水手业务》;

《GMDSS 英语阅读》《GMDSS 综合业务》《GMDSS 英语听力与会话》《GMDSS 设备操作》;

《轮机英语(轮机长/大管轮)》《船舶动力装置(轮机长)》《船舶管理(轮机长/大管轮)》《主推进动力装置(大管轮)》《船舶辅机(大管轮)》《轮机工程基础(大管轮)》《船舶电气与自动化(船舶电气)(大管轮)》《船舶电气与自动化(船舶自动化)(大管轮)》《轮机英语(二/三管轮)》《船舶管理(二/三管轮)》《主推进动力装置(二/三管轮)》《船舶辅机(二/三管轮)》《轮机工程基础(二/三管轮)》

《船舶电气与自动化(船舶电气)(二/三管轮)》《船舶电气与自动化(船舶自动化)(二/三管轮)》《值班机工业务》;

《电子电气员英语》《船舶电气(电子电气员)》《船舶机舱自动化》《信息技术与通信导航系统》《船舶管理(电子电气员)》《电子技工业务》《电子技工英语》《电子电气员英语听力与会话》《电子技工英语听力与会话》。

本套教材的编写、出版工作,得到了各海事管理机构、航海教育培训机构、航运企业等单位的关心和大力支持,特致谢意。

中国海事服务中心
2021年11月

扫码学习《深入学习贯彻党的二十大精神　加快建设交通强国当好中国式现代化开路先锋》

编者的话

本书根据《STCW公约马尼拉修正案》以及交通运输部颁布的《海船船员培训大纲（2021版）》编写，适用于无限航区和沿海航区各个等级的船长/大副适任证书考试培训。本教材也可作为航海院校师生的教学参考书。

本书力求覆盖《海船船员培训大纲（2021版）》对船长/大副的培训要求的全部内容，帮助学员顺利地通过适任考试，并尽可能陈述、分析了海上实际工作中常遇到的各种问题，以加强对船舶驾引人员工作能力的培养。

本书由薛满福、张钢、陈进涛担任主编，薛国平、王建军担任主审。全书最后由薛满福修改定稿。王春风、代其兵、刘勇、李福海、房希旺、赵越、赵英伟、夏红兵、徐海军、梁永洪、徐淞生参与了本书的编写。

为了便于读者学习，本书编写力求概念清楚、理论正确、重点突出、条理清晰、文字通顺、理论结合实际。但由于编者水平有限，时间仓促，不足之处和差错在所难免，竭诚希望前辈、同行和读者批评指正。

在本书的编写过程中编者得到了洪碧光教授的大力支持和热情指导，在此向他表示衷心感谢。

编　者

2021年10月

目录

第一章

船舶操纵性能

本章学习目标

船舶对操纵者实施操纵的反应能力称为船舶的操纵性能。一艘操纵性能好的船舶既能按操纵人员的要求，方便、稳定地保持运动状态，又能迅速、准确地改变运动状态。船舶操纵性能包括船舶的旋回性、船舶的初始回转性、船舶的首摇抑制性能、船舶的航向稳定性与船舶的保向性和船舶变速运动性能。要求学员掌握船舶的操纵性能，为船舶安全操纵打好基础。

第一节 船舶的变速运动性能

船舶操纵性的运动性能是变速性能，即船舶纵向运动性能。变速性能包括加速、减速、停船性能。船舶在海上航行时，一般不改变船速，即所谓“定速”航行。但在港内航行时则需要频繁变换船速。进港停泊时需要减速、倒车直至停船；离泊出港时需要加速直至达到海上速度。加速过程中用舵对船舶航向的控制能力逐渐增强，而减速过程中用舵对航向的控制能力逐渐减弱。因此，从船舶操纵安全的角度来说，我们更关心的是船舶的减速和停船性能。

变速性能是指船舶对变速操纵的反应能力，它是度量船舶运动（平动）惯性的技术指标。

一、船舶的启动性能

船舶由静止状态开进车，使船舶达到与主机功率相应的稳定速度所需的时间和航进距离，称为启动惯性。为保护主机，由静止状态开进车时，转速应视船速逐渐增加，用车时先开低转速，在船速达到与转速相应的船速时再逐级加大转速。

在船舶启动进车时，促使船舶产生加速运动的惯性力是推力T与阻力R之差。在启动之初，由于$T>R$，船舶做加速运动，当经过时间t_0后，推力T_0和阻力R_0达到平衡，在此期间，船舶航进的距离也随速度一起增大，当经过时间t_0时船舶航行距离为s_0，并以v_0做均速运动。此时，可用t_0和s_0表示启动性能的优劣。

若船体前进方向的附加质量m_x近似取为船体质量m的1/5，则船舶启动后达到定常速度v_0所需的时间t_0以及航进的距离s_0，可用下列近似式表示：

$$t_0 = 0.004\frac{\Delta v_0}{R_0} \tag{1-1-1}$$

$$s_0 = 0.101\frac{\Delta v_0^2}{R_0} \tag{1-1-2}$$

式中：

t_0——经过时间（min）；

s_0——航行距离（m）；

Δ——排水量（t）；

v_0——定常速度（kn）；

R_0——船舶达到定常速度前进时的阻力（t）。

由此可见，船舶由静止状态进车，达到相应稳定船速时的前进距离s_0与Δv_0^2成正比，s_0与R_0成反比。

根据经验，满载船舶由静止逐级加车，速度达到海上速度时，所航进的距离s_0约为20倍船长，轻载时一般为满载时的1/2~2/3（即10~13倍船长）。

二、船舶的减速、停车惯性

以某一速度航进中的船舶，从下令停车到船舶对水停止移动所需的时间和船舶滑行的距离，称为停车惯性。实船试验时，由于船舶对水停止移动不易观察，一般以船舶维持舵效的最小速度为标准来计算，万吨级船可取2 kn，大型船舶可取4 kn。主机停车后，刚开始时，由于船速较高，阻力也大，速度下降率很大；随着船速下降，速度下降率变小，终速为零。

另外，主机停车后的时间、速度及航进距离存在如下关系：

达到速度v时所需的时间：

$$t = 0.00105 \cdot \frac{W \cdot v_0^2}{R_0}\left(\frac{1}{v} - \frac{1}{v_0}\right) \quad (1\text{-}1\text{-}3)$$

达到速度v时所航进的距离：

$$s = 0.075 \cdot \frac{W \cdot v_0^2}{R_0}\ln\left(\frac{v_0}{v}\right) \quad (1\text{-}1\text{-}4)$$

式中：

t——所需的时间（min）；

s——所航进的距离（m）；

W——船舶实际排水量（t）；

v_0——发出停车令时的初速度（kn）；

R_0——速度v_0时船舶所受阻力（t）；

v——船舶停止时刻的速度（kn）。

一般船舶在以常速航进中，从主机停车到降至余速2 kn，其停车冲程一般为8～20倍船长；有些大型船舶，特别是超大型船舶，当满载以海上全速航进中停车至余速降至4 kn时，其停车冲程可达23倍船长或以上，耗时不少于30 min。当然，船舶在正常进出港或接近泊位时，为保护主机，最好采用逐级降速的方式，不要从高速一次性停车。

三、船舶倒车停船性能及其影响因素

船舶紧急停船的距离是衡量主机制动能力的重要参数。船舶主机从全速前进下令全速后退，从发令到船舶对水停止移动所需时间及船舶前冲的距离，称为倒车惯性。这一距离即通常所称的倒车冲程，亦称为最短停船距离（shortest stopping distance）或紧急停船距离（crash stopping distance）。

全速前进中的船舶进行紧急制动时，为了不使主机产生过大应力而导致主机损坏，通常应在主机转速降低后才能进行倒车启动。主机类型不同，制动方法与操作所需时间也不同。柴油机在紧急制动时，在发出倒车令后，主机停止供油，在主机转速降至额定转速的25%～35%，航速降至全速的60%～70%时，方可将压缩空气通入汽缸强迫主机停转，然后再用压缩空气进行倒车启动。当船速较慢时，可立即进行制动，马上完成倒车启动。柴油机从前进三到后退三换向时间一般为90～120 s；汽轮机的换向时间较长，一般为120～180 s；而蒸汽机的换向时间最短，一般为60～90 s。

假定主机倒转的同时就给出与倒车功率成比例的倒车拉力，并且设船体阻力与速度平方成正比变化，船舶的附加质量为船体质量的1/5，倒车拉力为正车推力的90%，从而得出下列关系式：

$$t \approx 0.00089\Delta v_0/R_0 \quad (1\text{-}1\text{-}5)$$

$$s \approx 0.0121\Delta v_0^2/R_0 \quad (1\text{-}1\text{-}6)$$

式中：

s——最短停船距离（m）；

t——冲时（min）；

Δ——船舶排水量（t）；

v_0——主机倒车时的船速（kn）；

R_0——船速为 v_0 时的阻力（t）。

四、影响紧急停船距离的因素

船舶单位排水量所分配的主机功率（BHP/Δ）是衡量船舶快速性能和停船性能的重要指标。该值越大，不但船速越高，倒车功率也相应越大，其停船性能也越好。此外，可变螺距螺旋桨（CPP）船与固定螺距螺旋桨（FPP）船相比较，由于CPP船的换向操作只需改变螺旋桨的螺距角，而无须停止主机，换向时间短，因此装备CPP的集装箱船或滚装客船紧急停船距离也就较小。若其他条件相同，则CPP船的紧急停船距离一般为FPP船的60%～80%。

对于给定船舶，影响紧急停船距离的因素主要有：

（1）船舶排水量。在其他条件相同的情况下，排水量越大，紧急停船距离越大。

（2）船速。若其他因素一定，船速越高，紧急停船距离越大。

（3）主机倒车功率、转速和换向时间。若其他条件相同，主机倒车转速越高，主机倒车功率越大，紧急停船距离越小；主机换向时间越短，紧急停船距离也越小。

（4）船体的污底程度。船体污底越严重，船体阻力越大，紧急停船距离越小。

（5）外界条件。顺风、顺流时紧急停船距离增大；顶风、顶流时紧急停船距离减小；在浅水中由于船舶阻力增加，其紧急停船距离较深水中小。

五、船舶制动方法及其适用

1. 倒车制动法

倒车制动法是通过倒车产生强大的拉力进行制动的方法。不论船型、船速如何，也不论在港内或港外水域，均可采用该法。应注意的是，重载大型船舶在狭窄航道或港内倒车时，由于出现较大的偏航量和偏航角，易发生事故，故应谨慎使用。

2. Z形操纵制动法

Z形操纵制动法是直航中的船舶通过左右来回操舵，同时减速、倒车，利用倒车拉力和旋回中速度下降的特点，将船尽快停住的方法，又称蛇航制动法。该方法的优点在于能保证船舶较少偏离原航向，而且采用分阶段降速的方法有利于保护主机。该方法对于大型船舶、方形系数较大的船舶或在深水域中初速度较高时尤为有效，而在较窄水域或航道中不宜使用。方法如下：

（1）左满舵（δ=40°），备车；

（2）当船舶向左改向20°时，前进三；

（3）当船舶向左改向40°时，右满舵；

（4）当船舶向左改向达最大时，前进二；

（5）当船舶回到原航向时，左满舵；

（6）当船舶向右改向达最大时，前进一；

（7）当航向再次回到原航向时，右满舵，后退三。

3. 满舵旋回制动法

满舵旋回制动法是利用船舶满舵旋回中船速下降明显的特点降低船速的方法。该方法对于大型船舶，方形系数大、船速较高时较为合适，但要求当时有足够的操船水域。

航行中的船舶需紧急避让时，选择车让还是舵让，除考虑当时有无他船影响和足够的操船水域外，主要根据船舶当时的速度来决定避让行动。如当时船速条件下满舵旋回时的最大进距小于倒车制动纵距，应考虑采用舵让。反之，如满舵旋回的最大进距大于倒车制动纵距，则应车让。由于船舶旋回圈大小随船速提高影响并不明显，但倒车制动纵距则急剧增大。因此在当时操船水域允许时，一般低速时采用车让高速时采取舵让。

4. 拖锚制动法

拖锚制动法一般只适用于吨位较小的船舶，而且抛锚时船速仅限于低速（2 ~ 3 kn）。大型船舶由于锚机的刹车力不足，不宜采用这种方法。

5. 拖船协助制动法

一般船舶当船速低于5 ~ 6 kn时，可根据船舶当时吃水情况配备相应数量的拖船，利用拖船可有效控制船舶进行制动。

6. 辅助装置制动法

作为研究开发项目，辅助装置制动法是通过一些辅助装置［如：在水中拖曳类似海锚的物件；在舷两侧增设可展开的阻力鳍（flap）；英国船舶技术研究所提出的在船首开设一通道，阻止流入的水以产生水阻力等］使船舶增加运动阻力，尽快降低船速的方法。这种方法在船舶以较高速度航进时才能发挥良好的效果。

上述六种方法能有效利用的速度和水域范围如图1-1-1和表1-1-1所示。

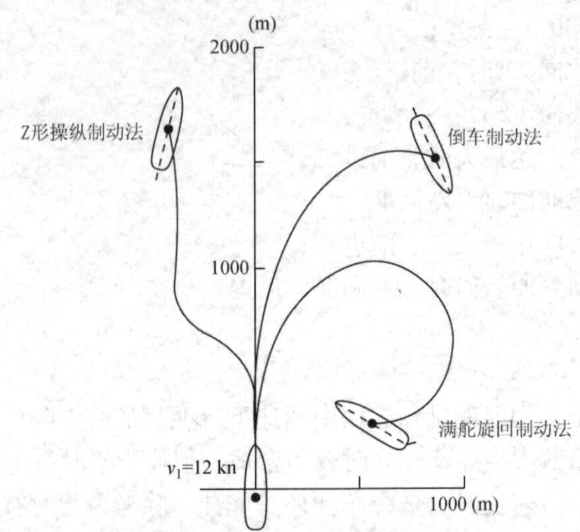

图 1-1-1　满舵旋回制动法、倒车制动法、Z形操纵制动法三种制动方法的比较

表 1-1-1　制动方法适用范围综合表

船舶制动方法	有效速度范围	通用的环境
倒车制动法	高、低速均可	全部水域（大型船港内船速较大时不用）
Z形操纵制动法	高速	较宽水域
满舵旋回制动法	高速	较宽水域
拖锚制动法	低速	港内水域
拖船协助制动法	低速	港内水域
辅助装置制动法	高速	较宽水域或港内

第二节 船舶旋回性

船舶旋回性是船舶最基本的操纵性能之一，通常采用满舵时旋回初径D_T与船长L之比D_T/L，即相对旋回初径来衡量。

一、船舶旋回运动的过程及其特征

根据船舶旋回过程中运动特征的不同，可将旋回运动分为三个阶段：

（一）转舵阶段

从开始转舵到舵转至指定舵角止为转舵阶段。在这个阶段，由于时间较短，船舶因运

动惯性仍保持直线前进，随后船首出现向转舵一侧回转的趋势，船体开始出现向操舵相反一侧的横移（反向横移），并会产生向转舵一侧的横倾（内倾），船速也略有下降。

（二）过渡阶段

随着船舶斜航运动的出现，船首回转不断发展，漂角增大。在这个阶段，船舶一方面加速旋回，一方面由原来的反向横移逐渐转化为向操舵一侧的横移（正向横移），并且船体由原来的内倾转变成向操舵相反一侧横倾（外倾）。此外，随着旋回的继续船速明显下降。

（三）定常旋回阶段

在过渡阶段作用于船体的舵力矩、水动力矩和水阻尼力矩不断变化，最终达到平衡，船舶进入定常旋回阶段。在这个阶段，作用于船体的合力矩为零，转头角加速度为零，角速度达到最大值，船舶降速达到最大，船舶向外横倾角也趋于稳定，这时船舶围绕一固定的回转中心（转心）做匀速圆周运动。

二、旋回圈要素

旋回圈（turning circle）是定速直航（一般为全速）的船舶操一定舵角（一般为满舵）后，其重心所描绘的轨迹。旋回圈几何参数是表示船舶旋回性能的重要指标，是判断船舶旋回性能优劣的直接判据，在操纵船舶时有重要参考价值。一般选择具有实际意义的特征参数来描述船舶的旋回性能。

表征旋回圈大小以及形状的几何要素主要有旋回初径、旋回直径、进距、横距、滞距和反移量等，如图1-2-1所示。

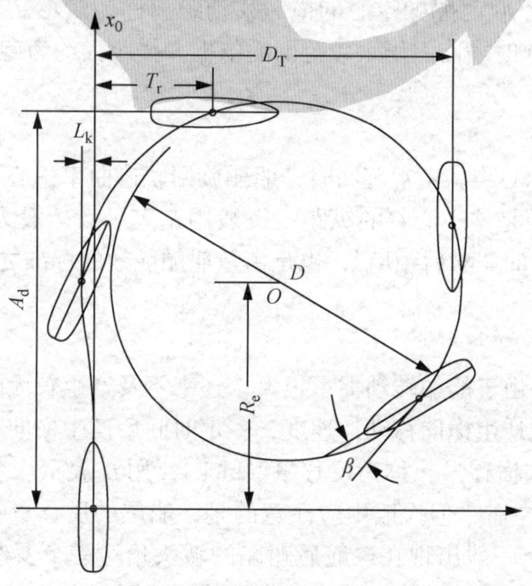

图1-2-1 旋回圈及其要素

1. 旋回初径

旋回初径（tactical diameter）也称为战术直径，是做旋回运动的船舶航向角变化180º时船舶重心的横向移动距离，一般用D_T表示。旋回初径是判断旋回过程中船舶横向占用水域范围的依据。旋回初径越小，船舶旋回性能越好；反之，船舶旋回性能越差。据统计，一般运输船舶的相对旋回初径（D_T/L）为3～6，为保证良好的航向机动性，通常应保证D_T/L为2.8～4.2，最大不应超过5，否则旋回性能较差。

2. 旋回直径

旋回直径（final diameter）是船舶进入定常旋回时的旋回圈直径，一般用D表示，它是判断船舶在定常旋回过程中占用水域范围的依据。通常，运输船舶$D\approx$（0.9～1）D_T。

3. 进距

进距（advance）也称纵距，是从操舵开始到船舶的航向转过任一角度时重心所移动的纵向距离。通常将航向角变化90º时船舶重心的纵向移动距离称为进距，一般用A_d表示。它是判断旋回过程中船舶纵向占用水域范围的依据。显然，进距是船舶初始回转性的特例，即航向角变化90º时船舶航进的距离。进距越小，表示船舶对操舵的反应越迅速，即船舶初始回转性能越好；进距越大，表示船舶对操舵的反应越迟钝，即初始回转性能越差。据统计，进距一般为旋回初径的0.6～1.2倍，一般运输船舶的相对进距（A_d/L）为2.8～4，最大不应超过4.5。

4. 横距

横距（transfer）是从操舵开始到船舶的航向转过任一角度时船舶重心所移动的横向距离。通常将航向角变化90º时船舶重心的横向移动距离称为横距，一般用T_r表示。横距是判断船舶航向角变化90º时横向占用水域范围的依据。横距大约为旋回初径的一半。

5. 滞距

滞距（reach）亦称心距。正常旋回时，船舶旋回轨迹曲率中心O总较操舵时船舶重心位置更偏于前方。滞距是该中心O的纵距，一般用R_e表示，一般为1～2倍船长，它表示操舵后到船舶进入旋回的“滞后距离”，也是衡量船舶舵效的标准之一。

6. 反移量

在旋回转舵阶段，由于船舶转动惯量很大，还来不及产生较大的旋转角速度，在舵产生的横向力的作用下，产生横向移动加速度，一定时间后产生横向移动速度，使船舶重心产生向转舵相反方向的横移量，称为反移量（kick），用L_K表示。一般情况下，满舵旋回反移量为船长的1/100左右，但操船中应注意的是，船尾的反移量不容忽视，其最大量一般为船长的1/10～1/5，一般出现在操舵后船舶的转头角达一个罗经点左右的时刻。反移量的大小与船速、舵角、操舵速度、排水状态及船型等因素有关；船速、舵角越大，反移

量越大。

上述六个尺度，各从不同的角度在实际上表征着旋回圈的形状及大小。在航海实践中，旋回圈的大小常常用其旋回初径D_T表示。有的也采用其旋回初径与其船长（一般为两柱间长）的比值D_T/L表示，称为相对旋回初径。

表征船舶做舵旋回的运动要素主要有漂角、转心、旋回中船速下降、旋回时间和旋回中横倾等。

7. 漂角

船舶旋回时，船舶首尾线与首尾线上任何一点的旋回切线速度方向之间的夹角，称为该点的漂角（drift angle），如图1-2-2所示，一般是重心G处漂角β_G，满舵旋回时，定常阶段的β_G一般为3° ~ 15°。

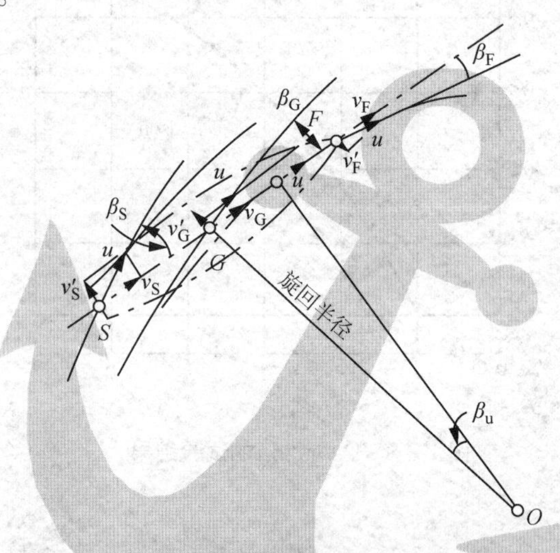

图1-2-2 船舶首尾线上各点的漂角

船舶首尾线上各点的漂角值不相等。船尾部漂角β_S最大，转心处漂角为零。漂角越大，旋回性能越好，旋回直径越小，降速越大，横倾角越大，转心越靠前。船舶在浅水中旋回性比深水中差，所以浅水中漂角较深水中漂角小。

8. 转心

船舶转舵后绕旋回曲率中心O的旋回运动，可以看成是两个方面运动的合成：一方面是船舶以切线速度v_t前进；另一方面则是船舶绕自身某一点为中心自转，这一点就是转心P（pivoting point）。从几何学上讲，转心的位置是旋回中某瞬间的旋回中心至船舶首尾线垂线的垂足。P点处漂角为零，横移速度为零。

转心P的位置，在开始操舵时约在重心稍前处，随船舶旋回不断加快，转心P的位置向前移动，在定常旋回阶段趋于稳定。定常旋回时转心一般在船首柱后1/5 ~ 1/3船长附近处。漂角越大、旋回性能越好的船舶，转心越靠前。由于船舶在前进中旋回时转心在重心之前，因此在旋回时船首向内偏移量比船尾向外偏移量小。船舶在后退中回转时，转心位于重心之后，大约与前进中回转时的转心位置相对称。

9. 旋回中船速下降

船舶在旋回过程中船速不断下降，主要是由于船舶斜航阻力的增大。此外，舵阻力、惯性离心力的纵向分力的增加，推进器效率的下降等都将引起船速下降。定常旋回阶段船速下降达最大并趋于稳定，一般可降速1/4 ~ 1/2。

定常旋回时的船速 v_t 与旋回初始船速 v_0 的比值 v_t/v_0 称为速降系数。图1-2-3所示为Davidson的试验结果。由图1-2-3可知，旋回中船速下降与相对旋回初径 D_T/L 密切相关，D_T/L 越小，旋回性能越好，速降越明显，速降系数越小。因此，肥大型船舶旋回中速度下降比瘦削型船舶的大。

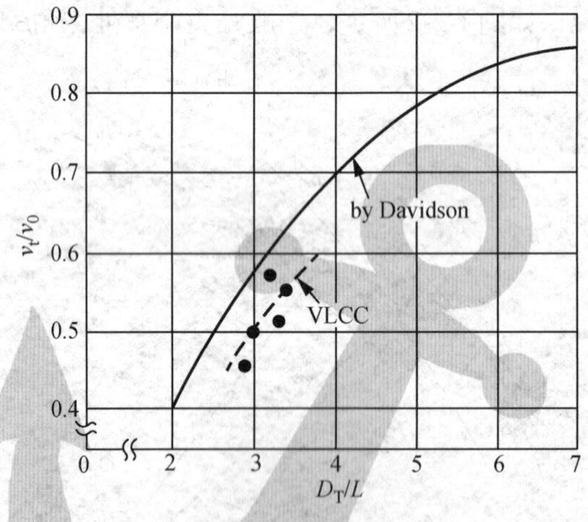

图1-2-3 Davidson的试验结果

10. 旋回时间

船舶旋回360°所需的时间即为旋回时间，它与旋回初始船速、船舶排水量有密切关系。船速越低、排水量越大，旋回所需时间越长。超大型船舶比普通万吨级船舶旋回时间明显增加。此外，不同船型、不同舵角旋回时间也不相同。一般万吨级船快速满舵旋回时间约为6 min，而超大型船舶旋回时间几乎要增加1倍。

11. 旋回中横倾

船舶操舵后，船舶开始出现少量内倾，随后船舶由内倾变为外倾。在由内倾向外倾的过渡过程中，由于船舶横向摇摆惯性，会出现最大外倾角 θ_m，这是旋回的过渡阶段尤其应注意的危险现象。进入定常旋回阶段，船舶将稳定在一定常外倾角 θ_c。

定常旋回时定常外倾角 θ_c 可由下式计算：

$$\tan\theta_c \approx \frac{v_t^2 GB}{gRGM} \approx \frac{v_t rGB}{gGM} \qquad (1\text{-}2\text{-}1)$$

式中：

GM——初稳性高度（m）；

GB——重心浮心间距（m）；

v_t——定常旋回时切线速度（m/s）；

R——定常旋回半径（m）；

g——重力加速度（m/s^2）。

所以，定常旋回外倾角 θ_c 的大小与船舶定常旋回切线速度（v_t）、角速度（r）、重心浮心间距 GB 成正比，与船舶初稳性高度 GM、重力加速度 g 成反比。船的旋回直径越小，初稳性越低、航速越快，外倾角就越大。最大外倾角 θ_m 的大小除与影响定常外倾角的因素有关外，还与操舵速度有关，操舵速度越快，θ_m 越大。瞬时最大外倾角 θ_m 一般为定常外倾角 θ_c 的1～2倍。

船舶在风浪中操舵转向，应将操舵引起的横倾与外力导致的横倾时机错开。如果在操舵旋回时出现较大的外倾角，不应急速回舵或操相反舷舵，而应逐渐降速，同时逐渐减小所用舵角。

三、影响旋回圈大小的因素

旋回圈的大小以及几何形状与方形系数、舵面积等船型因素有关，也受到装载状态、船速、螺旋桨转速、操舵、水深、风、流等操船因素影响。这里将仅仅讨论无风流等外力作用的情况下影响旋回初径、进距、横距的主要因素。

（一）船型因素

船型对船舶旋回性有明显的影响。从操纵性角度来讲，我们关心的特征参数包括方形系数、长宽比（L/B）、舵面积比、船体水线下侧面积形状及分布、主机功率等；但各种参数的影响程度不尽相同，在此，仅就影响操纵性较大的船型参数进行概述。

1. 方形系数

方形系数 C_b 小的瘦削型船比方形系数大的肥大型船舶旋回性差，旋回圈明显增大。

2. 长宽比

船舶长宽比 L/B 是影响船舶操纵性的重要参数之一。长宽比较大的船舶，其船体外形比较瘦长，钝度较小，纵向移动阻力较小，因此其快速性较好；但其船体瘦长，旋回阻尼较大，故这类船舶的旋回性较差。反之，长宽比较小的船舶，其船体外形比较肥短，钝度较大，旋回阻尼较小，故这类船舶的旋回性较好。

3. 船体水线下侧面积形状及分布

船首部水线下侧面积分布较多，船尾部水线下侧面积分布较少，比如球鼻首船或船尾比较削尖的船舶，旋回圈较小；相反，船尾有钝材或船首比较削尖的船舶，旋回圈则较大。

4. 舵面积比

舵面积比A_R/Ld大，且其他条件相同时，舵力大，因而旋回圈小。但舵面积比超过一定值后，旋回圈会有所增大。就一定类型的船舶，根据用途和船舶设计上的考虑，舵面积比有其最佳值。

5. 车舵类型

单螺旋桨单舵船的操纵性能受到一定的限制。除绝大多数船所采用的单车推进器外，常用的推进器还有双车推进器、转动导流管装置、Z型推进器、喷水推进装置等。

装备这些特殊的推进装置的船舶往往有优越的旋回性能，尤其是在港内低速航行时。

（二）装载状态

给定船舶在不同的装载状态下，船舶的吃水、排水量差别较大，水下的船型也有较大的变化，对船舶旋回性影响也较大。

1. 吃水

船舶吃水增加，舵面积比则减小，而且吃水增加时船舶绕重心的转动惯量增加，导致开始阶段船舶旋回缓慢。因此，船舶吃水增加，旋回时进距A_d加大，横距、旋回初径也将有所增加，但反移量有所减小。

2. 吃水差

船舶尾倾时旋回圈变大。试验表明，尾倾量每增加1%船长，旋回初径约增大10%；反之，首倾每增加1%船长，旋回初径约减小10%。高速船在高速［Fr>(0.3 ~ 0.4)］航行时，由于船尾下沉，增加尾倾，故旋回圈增大。

对于同一船舶，压载航行时，吃水较小，舵面积比大，往往尾倾较大，尤其是尾机型船；满载航行时，舵面积比小，尾倾常较小。总体而言，压载和满载时旋回圈大小相差不大。

3. 横倾

船体存在横倾时，左右浸水面积不同，两侧所受的水动力也不相同。由于横倾，水动力中心向低舷侧横移一段距离，与螺旋桨推力作用线不在同一条线上，构成了阻力－推力转船力偶矩，使船首向低舷侧偏转。同时由于横倾，低舷侧的浸水面积较高舷侧的大，低舷侧的船首兴波要比高舷侧的大，两舷的压力差产生向高舷侧的横向力转矩即首波峰压力转矩，使船首向高舷一侧偏转。

低速时，阻力－推力转船力偶矩起主要作用，推首向低舷侧偏转。此时，若操舵向低舷侧旋回则其旋回圈较小，反之如操舵向高舷侧旋回则其旋回圈较大。高速时，首波峰压力转矩起主要作用，推首向高舷侧偏转。此时，如操舵向低舷侧旋回，其旋回圈较大；反

之，如操舵向高舷侧旋回，则其旋回圈较小。

总的来讲，横倾对旋回圈的影响并不大。

（三）操船因素

影响给定装载状态船舶旋回性的操船方面的因素主要是船速、操舵时间以及旋回方向等。

1. 船速

一般说来，船速对船舶旋回所需时间的长短具有明显的影响，但其对旋回圈大小的影响却呈现较为复杂的情况。

在一般商船速度范围内，弗劳德数Fr多处于0.3以下。在这种条件下，因为船舶在旋回中所受到的舵力转船力矩、旋回阻矩等均略与船速的平方成正比，所以船速对旋回初径的影响不大。然而，当船速低至某一程度时，船舶旋回初径将有逐渐增大的趋势，这是低速状态下舵力转船力矩明显减小、旋回性明显变差造成的。

另外，主机的使用方式对船舶旋回初径的大小有着明显的影响，如图1-2-4所示。该图中，通常情况下的正常旋回圈，即前进三右满舵时是位于中间的旋回圈；如在用右满舵的同时停车进行旋回即减速旋回时，由于螺旋桨排出流消失，舵力大大降低，旋回圈将明显增大，如图1-2-4中较上面的旋回圈所示，进距和横距将同时增大；相反，旋回之前尽量降低船速，使船舶从船速极低状态开始，在操右满舵的同时开出高的主机转速进行旋回，即加速旋回时，因船舶尚未来得及具备前进速度，螺旋桨排出流对舵的有效冲击使舵力已得到很大增强，旋回圈将受到压缩，同时旋回圈中心也将落在旋回前的船舶正横之后。

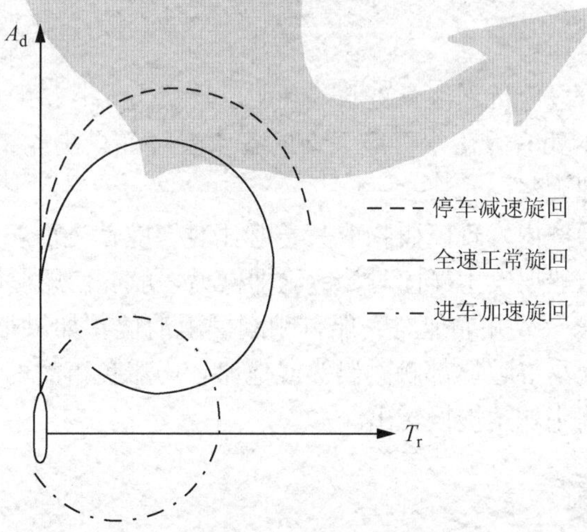

图1-2-4 船舶旋回运动过程

2. 操舵时间

操舵时间主要对船舶的进距影响较大，进距随操舵时间的增加而增加，而对横距和旋回初径的影响不大，旋回直径则不受其影响。

3. 旋回方向

由于受螺旋桨横向力的影响，船舶向左或向右旋回时的旋回圈的大小将有所不同。对于右旋固定螺距螺旋桨单车船而言，在其他条件相同的情况下，向左旋回时的旋回初径要比向右旋回时的旋回初径小一些。但对于超大型船舶而言，这一差别很小。

（四）环境因素

操船环境因素中对旋回性影响较大的是水深。由于浅水中横向阻力明显增大，舵力及舵力转船力矩下降，再加上浅水中的阻尼力矩明显增大，船舶的旋回性下降，在浅水中的旋回圈明显增大。当水深吃水比小于2时，旋回圈有所增大（特别是对高速船而言）；当水深吃水比小于1.5时，旋回圈明显增大；当水深吃水比小于1.2时，旋回圈急剧增大。

另外，风、流的作用都将对船舶旋回性产生影响，但并不是简单地使旋回性变好或变差的问题。在不同的情况下，风、流的作用不仅使旋回圈的大小发生变化，而且会同时改变旋回圈的几何形状，具体见以后相关内容。

四、旋回要素在实际中的应用

（一）反移量应用

在操舵后的初始阶段应特别注意克服或利用反移量，尤其是船尾反移量，例如：

（1）航行中发现本船有人落水，应立即向落水者一舷操满舵，使船尾向另一侧摆开，以避免落水者被卷入螺旋桨。

（2）在船首极近距离内发现障碍物或紧急避让时，应首先操舵使船首让开，当船首已经让开而估计有可能与船尾发生碰撞时，应立即操另一舷舵使船尾甩开。

（3）在船舶驶离码头或并靠船时，船首刚刚摆出泊位，如果很快操大舵角进车转向，则会产生较大反移量而易导致尾部触碰码头或他船。为避免事故的发生，应适当减速，待驶出一段距离后再使用小舵角慢慢转出。

（二）其他要素的应用

（1）两船对遇时，可用两船进距之和估算最晚施舵点。同样在其他会遇局面中也可相应估算出最晚施舵点。

（2）心距可用来估算两船对遇时用舵无法让开的距离。如果船舶对遇时两船间距大于两船心距之和而小于进距之和，理论上讲，可通过两船左右来回操舵协调行动进行避让

（先使船首让开，再操相反舷舵，使船尾让开），但实际操作时极为困难。

（3）旋回初径和进距可以用来估算用舵旋回掉头所需水域的大小。

（4）航行中施舵时，如发生危及安全的过大横倾，不应操正舵或操反向舵，而应快速减速，随后慢慢回舵。

第三节 航向稳定性和保向性

一、航向稳定性

（一）航向稳定性的定义

正舵直航中的船舶，当受到风、浪或其他因素的瞬时性干扰时，船舶将不可避免地偏离原来的直航运动状态。干扰过去后，船舶能否稳定到新的直线运动，或能否自行恢复到原来的航向，或能否自行恢复到原来的航线，这些都是船舶运动稳定性所讨论的问题，它是船舶操纵性研究的一个重要方面。根据关注的运动量或被控坐标的不同，稳定性也有不同的内涵。

1. 动航向稳定性

如图1-3-1（a）所示，直航中的船舶受到瞬时的外力干扰，如果干扰过去后，不用操舵控制，最终能够停止偏转恢复直线运动，则该船具有直线运动稳定性或动航向稳定性。稳定得较快、惯性转头角较小的船舶，其动航向稳定性较好；稳定得较慢、惯性转头角较大的船舶，其动航向稳定性较差。如船舶不能稳定在新的航向上做新的直线运动，如图1-3-1（b）所示，船舶一直转头不停而偏转下去，则该船不具备动航向稳定性。

根据船舶的水动力特性可知，船舶斜航时的漂角水动力将引起船舶偏转，而回转运动的阻尼将阻止这种偏转作用。在不用操舵纠正的情况下，普通船舶可能具有动航向稳定性，也有的船舶不具有动航向稳定性，即不操舵则不能保持直线运动。

通常所说的航向稳定性指的是动航向稳定性或直线运动稳定性，也就是不操舵时船舶所固有的特性。

2. 方向稳定性

如图1-3-1（c）所示，如果船舶最终能够恢复到与原航向相同的直线运动，则称为方向稳定或静航向稳定。

根据船舶的水动力特性可知，在不用操舵纠正的情况下，普通船舶不可能具有静航向稳定性，在参考航向信息（如罗经信号）以及操舵的情况下，船舶可以达到静航向稳定。航向自动舵的使用，实现了船舶方向稳定的自动控制。

3. 位置稳定性

如图1-3-1（d）所示，如果船舶最终能够恢复到原航迹线的延长线上做直线运动，则称为位置稳定。

由于普通船舶不可能具有方向稳定性，因此也不可能具有位置稳定性。在实际营运中，一切船舶在闭环控制下都应具备位置稳定性，否则便难到达预定目的港。在参考船位信息、航向信息以及操舵的情况下，船舶可以达到位置稳定。航迹自动舵的使用，可以实现船舶位置稳定的自动控制。

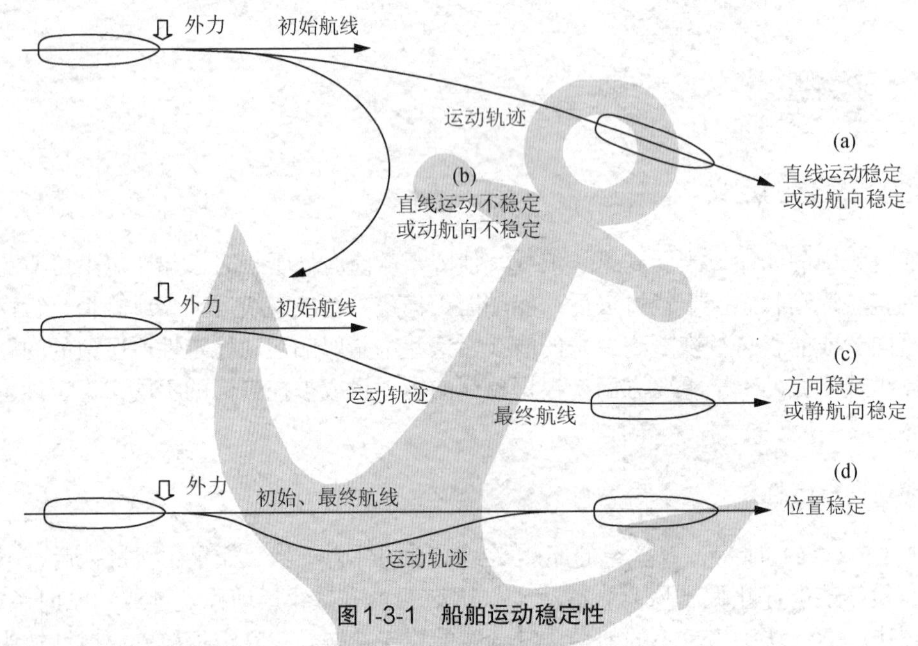

图1-3-1　船舶运动稳定性

（二）影响航向稳定性的因素

航向稳定性主要取决于船体本身的特点，如几何形状、水线下侧面积形状等。

据统计，船速和船舶长度均较接近的船舶，其航向稳定性与该船的方形系数、长宽比有密切关系。一般而言，方形系数较小、长宽比较大的船舶具有较好的航向稳定性。类似超级油船之类的肥大型船舶，方形系数一般在0.8左右，其航向总带有不稳定性，这种船舶在小舵角保向航行中，船首的偏摆角度往往较大，并给人以稳不住的感觉。

水下船体侧面积的分布影响水动力作用中心的位置，因此对航向稳定性影响也较大。船首侧面积较大的船舶，斜航时水动力作用中心靠近船首，航向稳定性差；反之，船尾侧面积较大的船舶，斜航时水动力作用中心靠近船尾，航向稳定性好。

对于给定船舶，压载时往往尾倾较大，尾部水下侧面积较首部大得多，水动力作用中心要比满载平吃水时明显后移，航向稳定性好。

（三）航向稳定性的判别

1. 经验判断

船舶航向稳定与否主要取决于船体斜航时水动力特性，因此与船型关系较大。据统计，船速和船舶长度均较接近的船舶，其航向稳定性与该船的方形系数、长宽比有密切关系。一般说来，方形系数较大、长宽比较小的船舶具有较差的航向稳定性。

水下船体侧面积的分布影响水动力作用中心的位置，因此对航向稳定性影响也较大。船首侧面积较大（例如带有球鼻首）的船舶，斜航（向前）时水动力作用中心靠近船首，航向稳定性较差；船尾侧面积较大（例如带有舭龙骨或舵面积较大、舵较宽大）的船舶，航向稳定性较好。

2. 实船试验结果

船舶航向稳定性还可以根据一些实船试验的结果来判断，实船试验的结果往往比较可靠，而且能够得出定量的判别。判断航向稳定性的实船试验主要是螺旋试验。观察试验结果中转头角速度（ROT）与舵角的对应关系，若成单值对应，则具有航向稳定性；若成多值对应，则在多值对应的舵角范围内船舶不具有航向稳定性。

二、船舶保向性

（一）船舶保向性的概念

保向性是指船舶在外力干扰下产生偏航，通过操舵抑制或纠正偏航使船舶驶于预定航向的能力。

船舶保向性与航向稳定性密切相关，但保向性还同时受操船环境因素以及操舵人员的技能及熟练程度、自动舵的控制能力、舵的性能等因素影响。当然，航向稳定性好的船舶，保向性也好。

一艘航向稳定性较好的船舶，直航中即使很少操舵也能较好地保向；而当操舵改向时，又能较快地应舵；转向中回正舵，又能较快地把航向稳定下来。其特点是对舵的响应运动来得快，耗时短，因而舵效比较好。

一艘航向不稳定的船舶，为了保持航向，就需频繁操舵，而且所用舵角也偏大。此外，船舶不具有动航向运动稳定性，还具有下列缺点：

（1）在小舵角情况下，可能出现反操现象；

（2）保向比较困难；

（3）在海上航行时，可能自动舵打不上；

（4）操舵者较难掌握操舵技术；

（5）操舵者劳动强度增加，并且要求注意力高度集中；

（6）操舵者可能出现失误。

通常情况下，大型船舶由于其惯性较大，时间常数较大，如果航向不稳定也可以通过操舵保持近似的直线运动，但小型船舶时间常数较小，如果航向不稳定，则很难通过操舵保持其航向。

（二）影响保向性的因素

保向性是船舶受控状态下的运动性能，即它是船舶航向对操纵的反应能力，且与船舶运动状态和控制量的大小有关。因此，船舶保向性的好坏不但与船舶航向稳定性的好坏有关，同时还与操舵人员的技能及熟练程度，自动舵、舵机的性能有关。

1. 船型因素

水下船型是决定船舶转头阻矩和惯性的重要因素，水上船型是决定船舶所受风力及风力转船力矩大小的重要因素。它们对保向性均有很大影响。表现在：

（1）方形系数较低、长宽比较高的瘦削型船舶，其保向性较优；浅吃水的宽体船保向性较差。

（2）船体侧面积在尾部分布较多者，如船尾有钝材，其保向性较好；船首水下侧面积分布较多者，如船首有球鼻首将降低保向性。

（3）较高的干舷将降低船舶在风中航行时的保向性。

2. 装载状态

载态的改变将导致水下和水上船型的改变，因而也影响到船舶保向性。对于同一艘船，一般的倾向是：

（1）保向性压载时比满载时好（受风时另当别论）；

（2）保向性尾倾时比首倾时好。

3. 舵角

增大所操的舵角，能明显地改善船舶的保向性。超大型油船在小舵角状态下有航向不稳定趋势时，需用较大舵角才能保向。

4. 船速

对于同一艘船而言，船速提高船舶保向性将变好。

5. 其他因素

保向性将因水深变浅而提高，船舶顺风浪或顺流航行中保向性反而降低。

第四节●船舶操纵性试验

由于实际船舶操纵的情况千变万化，不可能一一进行试验，只能规定一些比较典型的船舶操纵性试验。这些试验应满足下列要求：

（1）具有普遍的意义和实际意义；

（2）便于理论分析；

（3）便于直接观测，降低对场地和设备的要求。

目前为止，操纵性试验的类型达18种之多。常用的实船操纵性试验包括旋回试验（turning test）、Z形操纵试验（zig zag maneuver test）、停船试验（stopping test）三种。

一、实船试验条件

船舶操纵性能受水深、水域宽度、气象条件、水文条件等诸多因素的影响，所以为了使实船试验结果具有普遍意义，需要对试验条件做出规定。IMO安全委员会在MSC/Circ.644中做出了详细规定。

1. 水深、水域宽度

应在水深、水域宽度不受限制但遮蔽条件较好的水域进行标准操纵性试验，其水深应大于4倍的船舶平均吃水。

2. 船舶载况和吃水差

船舶应在满载（达到夏季吃水）、平吃水（吃水差为0）的条件下进行试验，即确保螺旋桨有足够的沉深。

3. 气象与海况

应尽可能在比较平静的水域进行试验，具体规定如下：

（1）风力不超过蒲福5级，即风速不超过19 kn；

（2）海浪不超过4级，即有义波高不超过1.9 m、最大波周期不超过8.8 s；

（3）流场比较均匀，即在试验时间和水域范围内，流速、流向是相对稳定的。

4. 试验船速

标准对实船试验中的最小船速的规定为：应达到船舶海上速度的85%，主机功率达到最大输出功率的90%。

二、观测与记录

1. 试验观测手段

随着测量技术的发展，传统方法基本上被淘汰了。目前观测位置主要使用差分GPS（DGPS），观测方向主要使用罗经或姿态测量仪等。随着计算机技术的发展，实船试验测量获得的数据可以进行自动处理。

2. 记录内容

每次船舶操纵性试验都要求对有关的试验条件、试验观测数据进行记录。这些条件和数据包括：

（1） 船舶数据

试验之前，要记录船舶首、尾吃水，以便计算船舶平均吃水、排水量和船舶纵向重心位置等。此外，还要记录试验的地理位置、试验水域情况等，还要记录船舶的螺旋桨、舵以及侧推器的特性及运行情况。

（2） 环境条件

环境条件包括水深、波浪（浪级、涌浪的周期及方向）、海流、能见度以及其他气象、水文情况。

（3） 试验数据

应对有关试验的数据进行观测，并以每次不超过20 s的间隔进行记录，这些数据包括时间、位置、航向、船速、舵角及转舵速率、螺旋桨转速、螺旋桨螺距以及风速等。

三、旋回试验

旋回试验是指在试验船速直航条件下，操左35º舵角和右35º舵角或设计最大舵角并保持，使船舶进行左、右旋回运动的试验。其目的是测定船舶旋回圈，从而确定船舶旋回要素，评价船舶旋回的迅速程度和所需水域的大小。

1. 试验方法

（1）保持船舶直线定常航速。

（2）旋回之前一个船长时，记录初始船速、航向角及推进器转速等。

（3）发令，迅速转舵到指定的舵角，并维持该舵角。

（4）随着船舶的转向，每隔不超过20 s的时间间隔，记录轨迹、航速、横倾角及螺旋桨转数等数据。

（5）在整个船舶旋回中，保持舵角、转速不变，直至船舶航向角旋回360º以上，可结束一次试验。

2. 旋回圈及特征参数

在旋回试验中，船舶重心所描绘的轨迹称为旋回圈（见图1-2-1）。旋回圈是表示船舶旋回性能的重要指标。旋回圈越小，旋回性能越好。

四、Z形操纵试验

Z形操纵试验的目的是求船舶的操纵性指数*K*、*T*，从而评价船舶的旋回性、追随性和航向稳定性等重要操纵性能。由Z形操纵试验可以判断出船舶用舵后的初始运动及舵效优劣，评价旋回性能、追随性能和船舶转头惯性。

1. 试验方法

以10º/10º（分子表示舵角，分母表示进行反向操舵时的航向角）Z形操纵试验为例，试验方法简述如下：

（1）保持船舶直线定常航速；发令之前记录初始船速、航向角及推进器转速等。

（2）发令，迅速转右舵到指定的舵角（10º），并维持该舵角。

（3）船舶开始右转，当船舶向右的航向变化量与所操舵角相等时，迅速将舵转为左舵到指定的舵角（10º），并维持该舵角。

（4）当船舶向左的航向改变量与所操左舵角相等时，迅速将舵转为右舵到指定的舵角（10º），并维持该舵角。

（5）如此反复进行，操舵达5次时，可结束一次试验。

除上述10º/10º Z形操纵试验之外，根据需要，还可进行20º/20º、5º/5º Z形操纵试验，分别表示强机动和弱机动情况。一般以10º/10º Z形操纵试验结果求取的 K 、T 指数为准。

2. 特征参数

Z形操纵试验的结果可以用图1-4-1的形式表示。其纵坐标为航向角 ψ 或舵角 δ ，横坐标为时间 t 。从图中可直接给出下列特征参数：

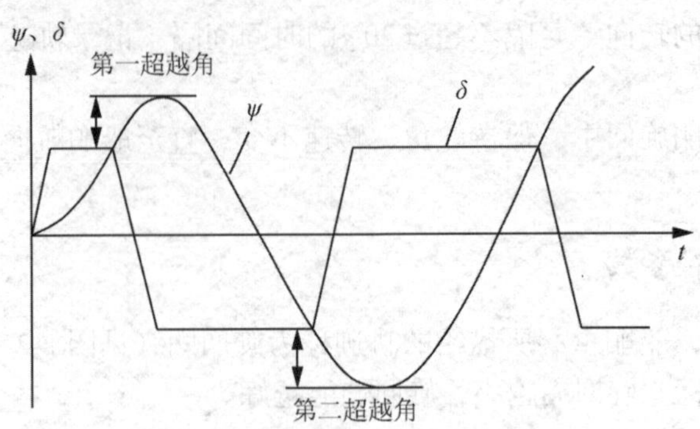

图1-4-1 Z形操纵试验结果

（1）航向超越角

航向超越角（overshoot angle）指每次进行反向操舵后，船首向向操舵相反一侧继续转动的增加值。可见，航向超越角是从航向变化量方面对船舶转动惯性的一种度量。超越角越大，船舶转动惯性越大。一般用第一超越角和第二超越角作为衡量船舶惯性的参数。

（2）航向超越时间

航向超越时间（overshoot time）指每次进行反向操舵时刻起至船首向开始向操舵一侧转动的时刻之间的时间间隔。可见，航向超越时间是从时间方面对船舶转动惯性的一种度量。超越时间越长，船舶转动惯性越大。一般用第一超越时间和第二超越时间作为衡量船舶惯性的参数。

五、停船试验

停船试验是指船舶在试验速度时，进行全速倒车，直至船舶对水完全停止的试验。其目的是评价船舶的停止惯性。

1. 试验方法

（1）保持船舶直线定常航速；发令之前记录初始船速、航向角及推进器转速等。

（2）发令，将主机由全速进车转为全速倒车。

（3）船舶开始减速，当船舶对水速度为0时，可结束一次试验。

2. 特征参数

停船试验结果可以用图1-4-2的形式表示。其纵坐标为距离，横坐标也为距离。从图中可直接给出下列特征参数：

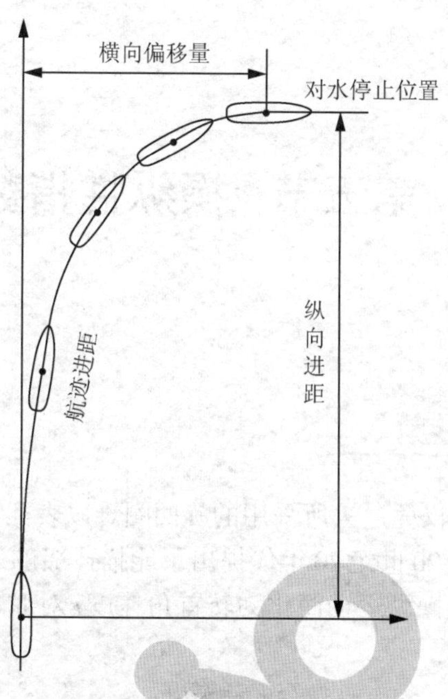

图1-4-2 停船试验结果

(1) 纵向进距

纵向进距（head reach）指船舶从发令倒车开始至船舶对水停止时在原航向上的纵向位移量。纵向进距是由于船舶惯性作用而产生的位移，是衡量船舶惯性的参数。

(2) 横向偏移量

横向偏移量（lateral deviation）指船舶从发令倒车开始至船舶对水停止时在原航向上的横向位移量。横向偏移是由于船舶倒车过程中螺旋桨的作用而产生的位移，其偏移方向与螺旋桨的转动方向有关：对于右旋单螺旋桨（FPP），倒车时船舶向右横向偏移；对于左旋单螺旋桨（FPP），倒车时船舶向左横向偏移。偏移量的大小与船舶的航向变化量有关。

(3) 航迹进距

航迹进距（track reach）指船舶从发令倒车开始至船舶对水停止时航迹所行进的距离。航迹进距俗称为“冲程”，它也是一种衡量船舶惯性的参数。

(4) 航向变化量

航向变化量（heading deviation）指船舶从发令倒车开始至船舶对水停止时航向的改变量。航向变化是由于船舶倒车过程中螺旋桨的作用而产生的。其转动方向与螺旋桨的转动方向有关：对于右旋螺旋桨，倒车时船舶向右转向；对于左旋螺旋桨，倒车时船舶向左转向。

第五节 操纵性指数

一、近似操纵运动方程

随着船舶的大型化，仅凭过去所采用的旋回圈难以表征大型船舶的全部操纵性能。为此，学者们不断研究，于20世纪70年代提出了能描述船舶运动的操纵运动方程式。为应用上的简便，野本将船舶操纵运动简化为转首角速度r对舵角δ的变化，由此导出了一阶近似操纵运动方程式：

$$T\dot{r}+r=K\delta_0 \tag{1-5-1}$$

并提出用K、T指数表征船舶操纵性，即操舵角δ后回转身φ、旋转角速度r和旋转角加速度$\dot{r}$等的变化关系。

初始条件为：船舶直航中，设置跳跃式操舵角δ（即操舵时间t_1=0），当t=0时，旋回角角度r=0，解该一阶操纵运动方程，即可得：

$$r=K\delta_0(1-e^{-t/T}) \tag{1-5-2}$$

同理，设初始条件t=0，φ=0，对上述方程进行处理，可得：

$$\dot{r}=K/T\,\delta_0 e^{-t/T} \tag{1-5-3}$$

$$\varphi=K\delta_0(t-T+Te^{-t/T}) \tag{1-5-4}$$

将上述三式用曲线图示，即可得图1-5-1：

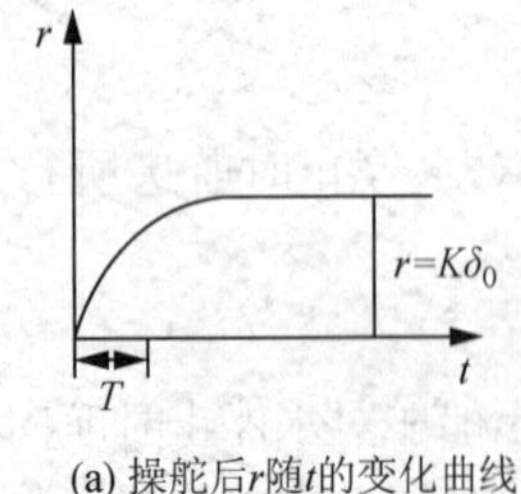

(a) 操舵后r随t的变化曲线

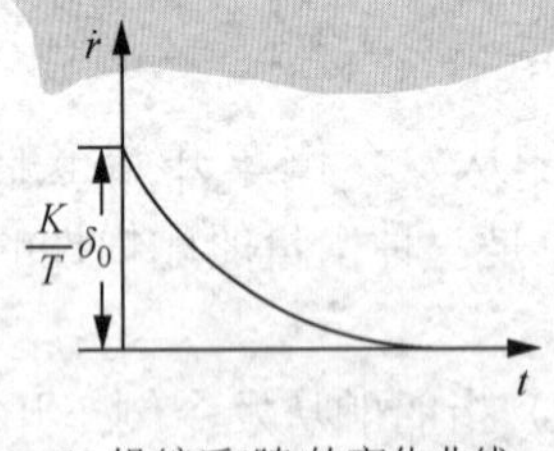

(b) 操舵后$\dot{r}$随t的变化曲线

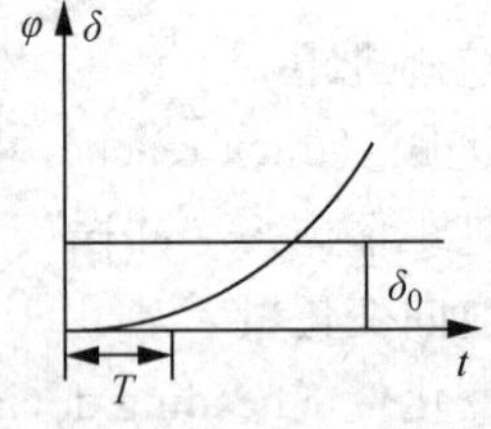

(c) 操舵后φ随t的变化曲线

图1-5-1 变化曲线

由此可见，操舵后任意时刻船舶旋回的角加速度$\dot{r}$、角速度r以及回转角φ均与K、T指数有关。刚操舵时，t=0，尽管回转角φ=0、回转角速度r=0，但回转角加速度$\dot{r}$却为最大，$\dot{r}=K/T\delta_0$。当操舵后$t=T$时，则回转角加速度降为$\dot{r}=0.37K/T\delta_0$，回转角速度增至$r=0.63KT\delta_0$，此时回转角$\varphi=0.37KT\delta_0$。当船舶进入定常旋回（$t\to\infty$）时，回转角加速度$\dot{r}=0$，但回转角速度稳定于$r=K\delta_0$旋回，而回转角$\varphi\to\infty$。因此，K、T指数可用于衡量船

舶操纵性的优劣，故称之为操纵性指数。

二、K、T指数与操纵性关系

1. K指数与船舶旋回性

其他条件相同时，K值大，则旋回角速度、角加速度、转首角也大，故旋回性就越好。船舶定常旋回时角速度 $r=K\delta_0$，也就是说K值决定了单位舵角在定常旋回中产生的转首角速度大小。所以，K指数反映了船舶的旋回性，称之为旋回性指数。另外，船舶定常旋回时的切线速度 v_t 与定常回转角速度r的关系为：$r=v_t/K\delta_0$。因此，K值越大，定常回转角速度r越大，回转半径R越小，船舶定常旋回性能越好；反之，K值越小，船舶定常旋回性越差。

2. T指数与船舶追随性

其他条件相同时，T值小，则船舶具有较大的初始转首角加速度，同时能较快地达到定常角速度，在较短时间内转过较大的转首角度。同样，要达到相同的角加速度、角速度、转首角，T值小的船舶所需的时间短。所以T指数代表了船舶追随性，即用舵后船舶应舵的快慢。从数值上看，T指数代表了操舵后船舶回转角速度达到 $0.63K\delta_0$ 所需的时间。T值小，则船舶旋回时达到0.63倍定常旋回角速度所需的时间短，即较快就能达到某一固定旋回角速度，同样船舶能较快进入定常旋回阶段，船舶追随性则好。

3. T指数与航向稳定性

航向稳定性的优劣可用船首偏离原航向的角度来衡量。若 $T>0$，T值小时船舶惯性转头角则小，船舶能较快稳定在新航向上，航向稳定性则好；反之，T值大则航向稳定性差。若 $T<0$，则船舶不具备航向稳定性。因此，T指数还可用于衡量船舶的航向稳定性。

三、K、T指数在实际操船中的应用

（一）K、T指数的无因次化

为了便于比较不同船舶或同一船舶的不同状态下的操纵性，通常将所得K、T值化为无因次量，即消去其量纲：

$$K'=K\frac{L}{v_S} \qquad T'=T\frac{v_S}{L} \tag{1-5-5}$$

式中：

v_S——回转时的船舶初速（m/s）；

L——船长（m）；

K——旋回性指数（s^{-1}）；

T——追随性指数（s）。

（二）K、T指数在旋回圈部分要素的求算

1. 定常旋回半径

$$R = v_t / r = v_S / K\delta_0 = L / K'\delta_0 \quad (1\text{-}5\text{-}6)$$

2. 定常旋回直径

$$D = 2R = 2v_S / K\delta_0 = 2L / K'\delta_0 \quad (1\text{-}5\text{-}7)$$

3. 心距

$$R_e = v_S(T + t_1/2) \quad (1\text{-}5\text{-}8)$$

4. 进距

$$R_e + R = v_S(T + t_1/2) + v_S / K\delta_0 \quad (1\text{-}5\text{-}9)$$

式中：

K——旋回性指数（s^{-1}）；
T——追随性指数（s）；
v_S——旋回时初速（m/s）；
δ_0——所操舵角（rad）；
t_1——操舵时舵角由正舵至 δ_0 所需的时间（s）。

计算出 R_e 、R 后可近似地画出类似图1-5-2所示的旋回圈轨迹。

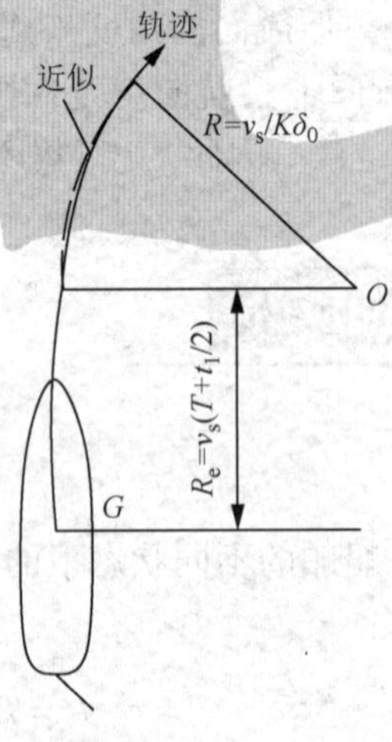

图1-5-2　近似旋回圈的画法

（三）改向中船舶的转头惯性角的估算

航行中的船舶操某一舵角实施改向，船舶的转头角速度 r_0 达到某一值后操正舵，船首将继续偏转，其转头惯性角为：

$$\varphi = r_0/t \tag{1-5-10}$$

（四）推算新航向距离

如图1-5-3所示，原航向应提前操舵的施舵点A至转向点C之间的距离，称为新航向距离 D_{NC} （distance to new course）：

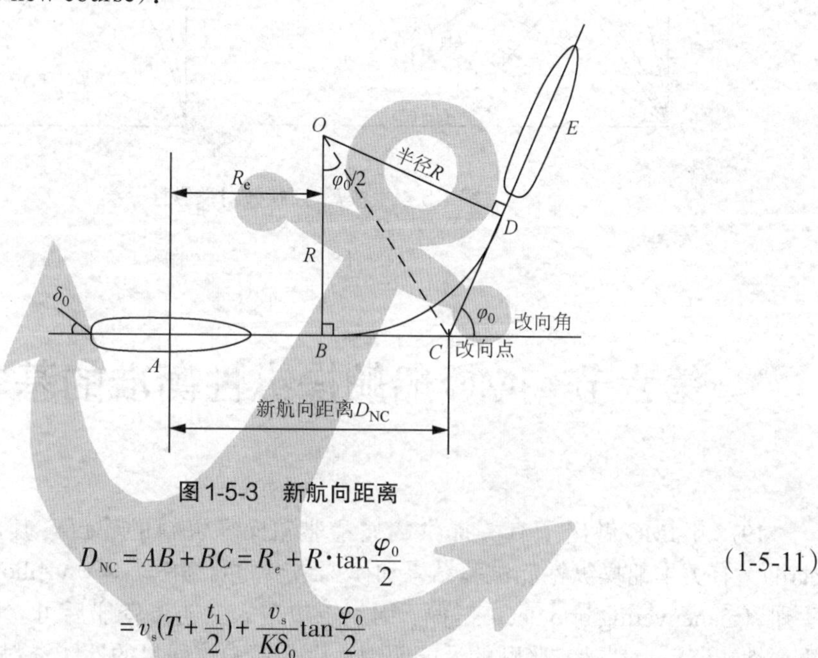

图1-5-3　新航向距离

$$D_{NC} = AB + BC = R_e + R \cdot \tan\frac{\varphi_0}{2} \tag{1-5-11}$$

$$= v_s(T + \frac{t_1}{2}) + \frac{v_s}{K\delta_0}\tan\frac{\varphi_0}{2}$$

计算时应注意式中各量的单位统一。旋回时的初速 v_s 单位为m/s；K指数的单位为s^{-1}；T指数的单位为s；操舵时间 t_1 的单位为s；所操舵角 δ_0 单位为rad（1°=1/57.3）；转向角 φ_0 单位为°；新航向距离 D_{NC} 的单位为m。

（五）用于船舶操纵性的分类

不同船种、状态和大小的船舶，其操纵性会有很大差异，运用操纵性指数K、T比较船舶操舵后的转头现象和旋回轨迹，可将其分成四类，如图1-5-4所示。

A型：K大T小。这类船舶旋回性好，追随性好。操舵后，船舶应舵快，转头角速度增加得快，定常旋回角速度大，旋回圈小。如拖船、渔船及定线的集装箱班轮属于这种类型。

B型：K小T小。这类船舶旋回性差，追随性好。操舵后，虽然应舵较快，但定常旋回角速度小，旋回圈大。浅吃水或空载状态的船舶属于这种类型。

C型：K大T大。这类船舶旋回性好，追随性差。操舵后，应舵慢，但定常旋回角速度大，旋回圈比较小。满载的大型油船，虽其舵面积比较小，但也具有K大T大的特点。

D型：K小T大。这类船舶旋回性差，追随性也差。操舵后，船舶应舵慢，旋回角速度增加得缓慢，定常旋回角速度也小，因此旋回圈也大。舵面积较小的船舶、瘦削型船舶均属于这种类型。

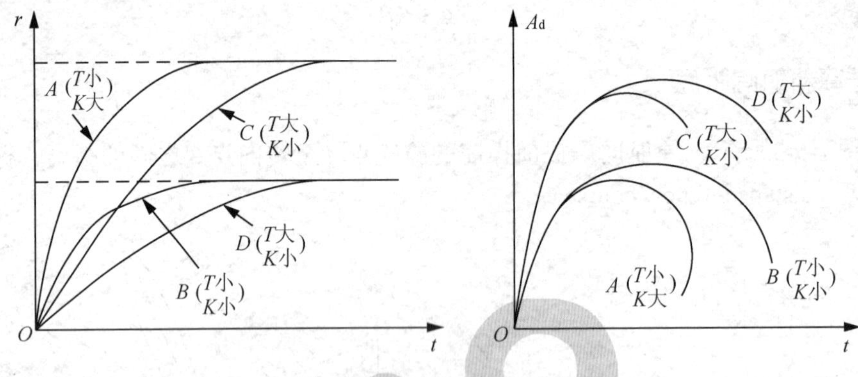

图1-5-4　按K、T指数对操纵性分类

第六节 IMO船舶操纵性衡准的基本内容

1978年IMO做出了有关提供和显示船舶操纵资料的建议，其内容有引航卡（pilot card）、有关本船操纵性能试验结果和模拟结果的明细图表（wheelhouse poster）和操船小手册（maneuvering booklet）三种。引航卡应记入引航员登船后可立即掌握的最低限度的重要性能资料；驾驶室张贴的性能明细表也是一种较详尽的性能资料；而操船小手册则应最详尽地记录本船操纵性能，使驾驶人员能充分了解本船的操纵性能。

IMO于2002年12月4日通过了“船舶操纵性标准（standards for ship maneuverability）”。该标准适用于2004年1月1日或之后建造的舵桨推进方式、长度大于100 m的船舶，化学品船、油船及液化气船不限长度。试验条件要求：平静深水中，满载平吃水，以试验速度（不小于85%主机最大输出功率时船速的90%的速度）稳定直航。该标准规定的几种操纵性指标及容许界限值如表1-6-1所示。

表 1-6-1 操纵性指标及容许界限值

评价指标	容许界限范围
旋回性	进距≤4.5L,旋回直径≤5L
初始回转性	操左(右)舵10°时,当船首向改变10°时,船舶前进距离≤2.5L
偏转抑制性和保向性	10°/10° Z形操纵试验 第一惯性超越角≤10° L/v<10 s ≤20° L/v≥30 s ≤(5+0.5L/v) 10 s≤L/v<30 s 第二惯性超越角≤25° L/v<10 s ≤20° L/v≥30 s ≤(17.5+0.75L/v) 10 s≤L/v<30 s 20°/20° Z形操纵试验 第一惯性超越角≤25°
停船性能	倒车冲程≤15L(然而,如因船舶排水量大而使该衡准值不切实际时,主管机关可修改该值,但不得超过20L)

第二章

操纵设备及助操设施

本章学习目标

船舶操纵设备也称为船舶运动控制设备，是指船舶本身所装备的推进器、舵、锚及系泊设备和装置。船舶在不同运动状态下运用的操纵设备不尽相同，航行状态下最常用的操纵设备是推进器和舵；进出港和靠离泊操纵时，应综合运用推进器、舵、锚和系泊设备。为了提高船舶在受限水域的操纵性能，有些船舶还配备了侧推器以及特种推进装置等设备。要求学员掌握螺旋桨、舵设备、系泊设备及侧推器的运用，掌握拖船的运用及与被拖船之间的相互作用。

第一节 螺旋桨的作用

将主机发出的功率转换成推动船舶前进功率的装置或机构，统称为推进器。目前船舶最常使用的是螺旋桨（螺旋推进器）。

一、螺旋桨的种类

（一）固定螺距螺旋桨

固定螺距螺旋桨（fixed pitch propeller， FPP）的桨叶是固定的，当船舶倒车时螺旋桨必须倒转，这可以通过倒转离合器或者改变主机的转动方向来实现。固定螺距螺旋桨具有坚固、不易受损的特点；当船舶靠码头时，主机停车，螺旋桨不转动，不会影响周围系泊的船舶，同时也不会缠绕系泊用缆，见图2-1-1。

图2-1-1 固定螺距螺旋桨

（二）可变螺距螺旋桨

可变螺距螺旋桨（controllable pitch propeller， CPP）的桨叶可以顺着桨叶轴旋转，从而可以改变螺旋桨的螺距，其结构见图2-1-2。调整桨叶位置的机械结构位于与桨叶连接的突出部（boss or hub）里，由机舱驱动，驾驶台远距离控制螺旋桨舵叶的位置。可变螺距螺旋桨最大的特点是它只向一个方向旋转，并不需要倒转离合器或主轴的转动方向。

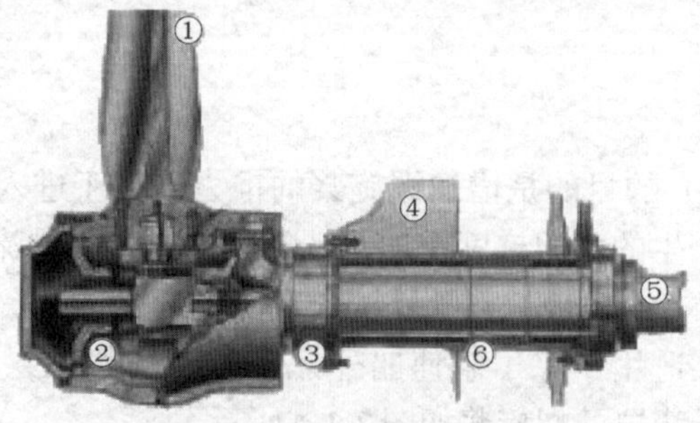

图2-1-2 可变螺距螺旋桨

1—桨叶（propeller blade）；2—桨毂（propeller boss）；3—水（油）密封（water tight/oil tight seal）；4—尾柱骨架（stern frame）；5—螺旋桨轴（propeller shaft）；6—尾轴管（stern tube）

可变螺距螺旋桨的推力方向见图2-1-3。

相对于固定螺距螺旋桨，可变螺距螺旋桨的优点是：

（1）它可以驱动船舶以任何速度行驶，并能保证在不停主机的情况下，使船以很低的速度行驶。

（2）它能迅速改变船舶的推力方向，并提高船舶的推进效率，还能很容易地与轴带发电机并联。

（3）它能以最大功率倒车停船。

（4）当螺旋桨桨叶损坏时，有时可以在漂浮的状态下更换。

（5）轴带发电机与可变螺距螺旋桨并联时，一旦主机发生故障，轴带发电机也可以作为船舶发电机的电马达产生推力驱动船舶。

当然，相对于固定螺距螺旋桨，可变螺距螺旋桨也存在一些不足：

（1）可变螺距螺旋桨系统的液压部件和密封圈相对容易损坏，有时会由此产生油污染。

（2）造价相对较高。

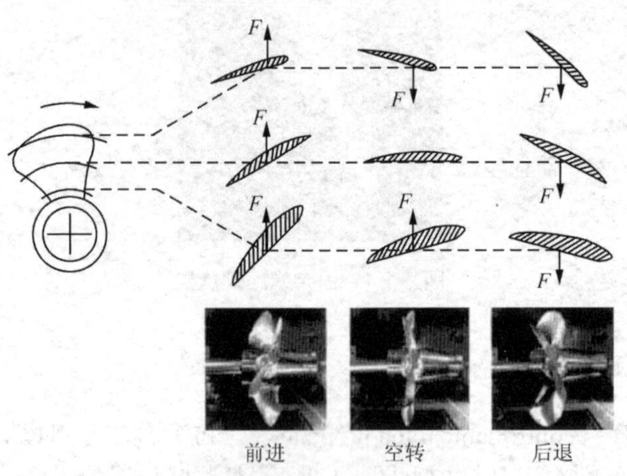

图2-1-3　可变螺距螺旋桨的推力方向

（三）其他类型的螺旋桨

1. 带导流罩的螺旋桨

安装导流罩（nozzle）的目的是增加螺旋桨的推力。由于进入导流罩的水流速度高于螺旋桨外的水流速度，产生的压力梯度增加了螺旋桨的推力。导流罩还可以减少噪声和振动，减少了空泡和空泡剥蚀效应（cavitation）的发生（通过减少进入水流的局部压力差）。带导流罩的螺旋桨适用于除了高速船外几乎所有的船舶，尤其是内河船舶、挖泥船、渔船和供应船。带导流罩的螺旋桨如图2-1-4所示。

图2-1-4　带导流罩的螺旋桨

2. 舵螺旋桨

舵螺旋桨（rudder propeller）（又叫Z型推进器，如图2-1-5所示）的主要特征是螺旋桨能像舵一样旋转，甚至能360°旋转。

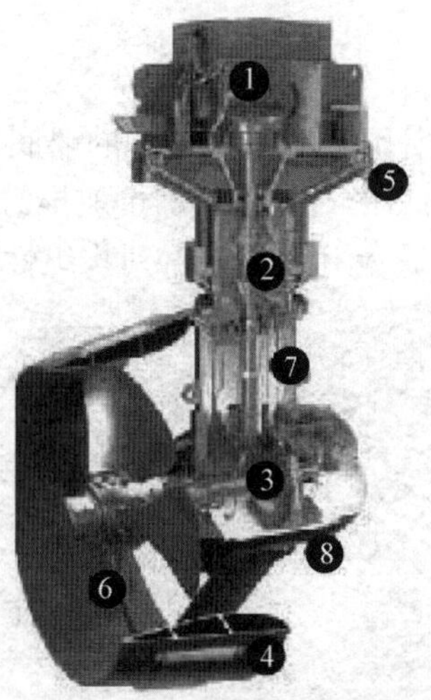

图2-1-5 舵螺旋桨

1—驱动轴及齿轮（driveshaft from engine with gears）；2—垂直驱动轴（vertical driveshaft）；3—螺旋桨轴及齿轮（propeller shaft with gears）；4—导流罩（nozzle）；5—旋转点（rotation point）；6—可变螺距螺旋桨（CPP）；7—液压管线（hydraulic lines）；8—齿轮箱（gear box）

Z型推进器的倒航推力与进航推力基本相同，进退转换也非常迅速，同时，只要将螺旋桨向左或向右转动，即可产生侧向推力，从而起到舵的作用。因此，其操纵性能特别好，广泛用于拖船和对操纵性能要求高的船上。

3. 电动船用螺旋桨

电动船用螺旋桨（如图2-1-6所示）是一种用于高速海船的电动船用螺旋桨，它的驱动设备可以安放在船壳外，电动船用螺旋桨的驱动不需要齿轮箱、离合器、螺旋桨轴和舵。与当前采用其他螺旋桨驱动设备的船舶相比，采用电动船用螺旋桨的船舶的设计和建造都相对简单。电动船用螺旋桨最先是为破冰船设计的，随后在供应船、远洋客船、油船、渡船和具备DP系统的船舶上广泛使用。

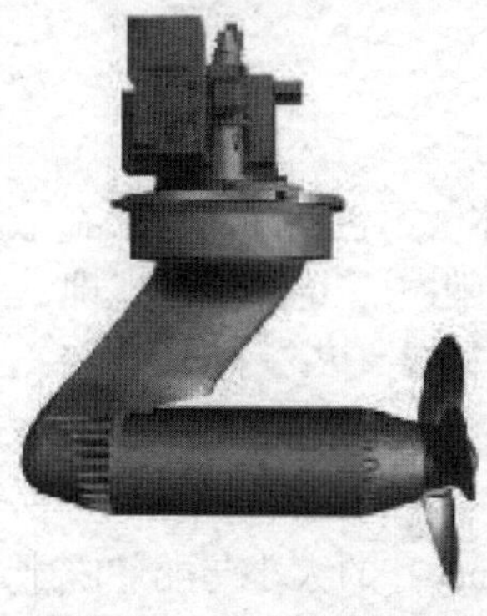

图2-1-6 电动船用螺旋桨

4. 平旋推进器

平旋推进器（如图2-1-7所示）安装在船舶的船底，通过控制桨叶的角度，达到控制船舶前进或后退及船舶航向的目的。该推进器倒航推力与进航推力基本相同，进退转换也非常迅速并能起到舵的作用，广泛用于拖船和对操纵性能要求高的船上。

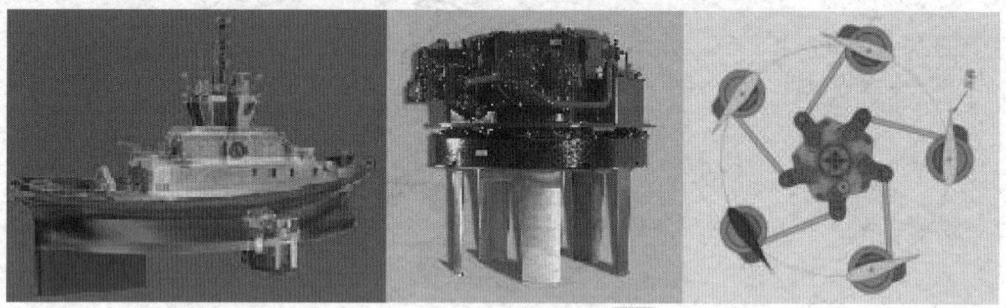

图2-1-7　平旋推进器

二、船舶的阻力

船舶在水面上以一定的航速航行，必须依靠主机发出的功率驱动推进器产生推力，从而克服船舶本身所受的各种阻力。

船舶在水面上航行时，水和空气对船体有相对运动，产生水动力和风动力。船体水动力和风动力也称为船舶阻力，它是影响船舶运输效率和运动性能的主要因素。

（一）船舶阻力的构成

营运中的船舶所受的阻力总量R_T由基本阻力R_0和附加阻力ΔR两部分构成。

船舶阻力表示为：

$$R_T=R_0+\Delta R \tag{2-1-1}$$

（二）基本阻力

基本阻力是指新出坞的裸船体（不包括附属体）在平静水面行驶时水对船体产生的阻力，由摩擦阻力、兴波阻力、涡流阻力三部分组成，即

$$R_0=R_F+R_W+R_E \tag{2-1-2}$$

1. 摩擦阻力

摩擦阻力R_F（frictional resistance）的大小与船舶吃水、船体水下部分的湿水面积、船体表面的粗糙度和船速等因素有关。船舶推进器推动船舶运动时，随着船速的提高，摩擦阻力与船速的平方成正比迅速增大。摩擦阻力在总阻力中所占比例主要取决于船速的大

小。一般商船速度范围内，摩擦阻力为总阻力的70%～90%。

2. 剩余阻力

剩余阻力R_R（residual resistance）包括兴波阻力R_W和涡流阻力R_E。兴波阻力指船舶对水运动过程中船体周围产生的兴波造成的能量损失；涡流阻力指流体与船体分离产生的涡流造成的能量损失。

剩余阻力的大小取决于船体的形状和船速，其中兴波阻力占有较大比例。在低速时，兴波阻力与船速的平方成正比，但在高速时，兴波阻力急剧增大。因此，在高速情况下，船舶的推进功率并非全部用于提高船速，其中很大一部分转换为兴波能量。在低速时，剩余阻力通常占总阻力的8%～25%；高速时，甚至达到45%～60%。

浅水对剩余阻力的影响较大，这是由于浅水造成船底的流体向后流动较为困难，进而产生比深水更大的兴波，从而造成阻力增大。

基本阻力的大小主要与船速和吃水有关。吃水越大，阻力越大；船速较低时，基本阻力近似于线性变化；当船速较高时，基本阻力变化明显加快，几乎与船速的平方成正比。

（三）附加阻力

附加阻力指船舶营运过程中由于船舶附体的增加、船体表面粗糙度、海况、风以及海流等引起的船舶阻力增量。附加阻力包括：

1. 附体阻力

附体阻力（appendage resistence）指由于舵、舭龙骨及轴包架等附体对水运动而增加的部分阻力。

2. 污底阻力

船舶营运过程中，船壳板上漆层的脱落、海生物的生长都会使船体表面变得粗糙，意味着船舶摩擦阻力的增加。这种船体表面粗糙度的增大，在整个船舶使用寿命期间可能使总阻力增加25%～50%。有关数据显示，每米长度的粗糙度厚度为25 μm时，船速降低1%。

3. 汹涛阻力

船舶阻力也会由于风、浪和船身的剧烈摇摆运动的影响而增加。顶浪航行时，一般船舶总阻力比静水状态增加50%～100%。

4. 空气阻力

空气阻力（air resistence）指在静水状态下（3级风以下），船舶水上部分对空气的相对运动产生的阻力。一般来说，空气阻力与船速的平方以及船体水线以上部分正投影面积成正比。一般情况下，空气阻力通常占总阻力的2%～4%；但集装箱船由于其船体水线以上部分正投影面积较大，且船速较高，其空气阻力占总阻力的比例可达10%。

附加阻力的大小与风浪大小、船体污底轻重及航道浅窄程度有关。

二、螺旋桨的推力与转矩

（一）推力与转矩

螺旋桨在主机的驱动下旋转推水向后运动，而水对螺旋桨的反作用力称为推力（thrust）。

流向螺旋桨盘面的水流称为吸入流（suction current），其特点是作用范围较广，流线几乎平行，流速较低；推离螺旋桨盘面的水流称为排出流（discharge current），其特点是作用范围较窄，流线旋转，流速较快，如图2-1-8所示。

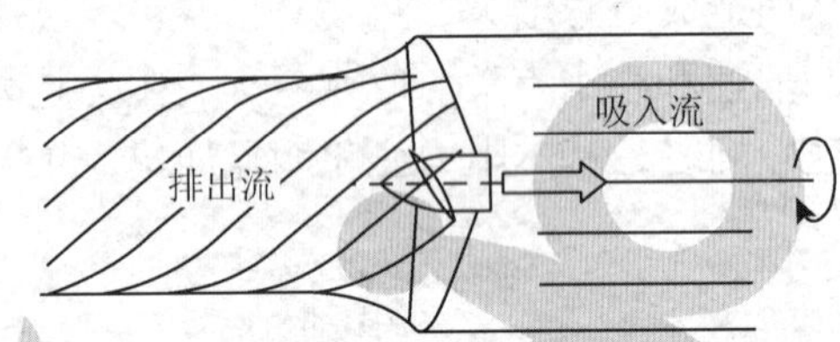

图2-1-8　吸入流和排出流

主机提供的使螺旋桨旋转的力矩称为转矩（torque）。

螺旋桨的推力与转矩用下式计算：

$$T=\rho \cdot D^4 \cdot n^2 \cdot K_T \tag{2-1-3}$$

$$Q=\rho \cdot D^5 \cdot n^2 \cdot K_Q \tag{2-1-4}$$

式中：

ρ——水密度（kg/m^3）；

D——螺旋桨直径（m）；

n——螺旋桨转速（r/min）；

K_T——螺旋桨的推力系数；

K_Q——螺旋桨的转矩系数。

一般来讲，推力与主机的转速、船速、螺旋桨的沉深、滑失和伴流有关。

（1）当船速一定时，转速越高，推力就越大，推力的大小与转速的平方成正比。

（2）当转速一定时，船速越高，推力就越小，即推力与船速成反比。船速为零时推力最大称为系柱推力。

（3）沉深越小，推力越小；滑失越大，推力越大。

（4）伴流越大，推力越大。

螺旋桨沉浸水中的深度对螺旋桨的推力与转矩影响较大。当螺旋桨浸在水中的深度不足时，螺旋桨转动造成空气吸入现象或部分桨叶露出水面，螺旋桨的推进效率将大大降低，螺旋桨的推力与转矩也将随之降低。

当主机倒车时，主机的拉力和转矩具有与正车时相同的特性，由于螺旋桨及主机结构方面的原因，一般船舶倒车拉力只有进车推力的60%～70%，大型船舶只有30%～40%。

（二）滑失

滑失（slip）是指螺旋桨对水纵向运动的理论速度与实际速度之差，即

$$s = np - v_{p} = np - v_{s}(1 - w_{p}) \tag{2-1-5}$$

式中：

s——滑失；

n——螺旋桨的转速；

p——螺旋桨的螺距；

v_p——螺旋桨对水的实际速度；

v_s——船舶对水的速度；

w_p——螺旋桨处的伴流系数或伴流分数。

滑失与螺旋桨对水运动的理论速度的比值称为滑失比 s_r（slip ratio），即

$$s_{r} = \frac{s}{np} = \frac{np - v_{p}}{np} = 1 - \frac{v_{p}}{np} \tag{2-1-6}$$

若以船速 v_s 代替 v_p，则分别称为虚滑失和虚滑失比，即不考虑螺旋桨处伴流的影响。

螺旋桨的滑失比越大，螺旋桨的推力系数与转矩系数也越大。螺旋桨的转速一定时，船速越低，螺旋桨的滑失比越大。

从以上分析可以看出，当滑失比增加时，在增加推力的同时也增加了螺旋桨的转矩，这就需要主机克服更大的转矩，容易使主机因超负荷工作而损坏。因此在实际工作中应避免船舶在静止中突然开高速进车和高速倒车而损坏主机。另外，船舶在大风浪中或浅窄水域航行时，因船速下降而导致螺旋桨的滑失比增加，亦容易造成船舶主机超负荷工作，应引起足够的重视。

尽管滑失比的增大会降低螺旋桨的推进效率并增加螺旋桨负荷，但从船舶操纵角度来看，滑失比的增大有利于提高船舶的转向效率。在实际操船中，船舶操纵人员常常通过降低船速、增加螺旋桨转速来增大螺旋桨的滑失比，进而提高舵效。

（三）伴流

船舶以某一速度向前航行时，附近的水受到船体的影响而产生运动，其表现为船体周围将存在一股水流以某一速度随船前进，这股水流称为伴流或迹流。伴流的存在使得船后螺旋桨附近流场中水流对桨的相对速度与船速不同，从而使螺旋桨产生的推力也不同。伴流主要由摩擦伴流、势伴流和兴波伴流组成。通常所说的伴流速度是指相应位置处伴流沿首尾方向的分量。运动方向和船体运动方向一致的伴流称为正伴流，反之为负伴流。摩擦伴流是船体运动由于水与船体之间的摩擦而引起的一种水流，其方向与船体的运动方向一致，故为正伴流，摩擦伴流是伴流的主要成分。如船体前进一段距离，首部须将水向两舷

挤开，而外围水自船首和两舷挤入，这种随船体运动自船首经两舷再流向船尾的水流称为势伴流，显然首尾附近的伴流为正伴流，而船中附近的伴流为负伴流。因势伴流稍离船体迅速分散，所以其作用不甚明显。兴波伴流是船行波形成的伴流，其影响较前两者小。

伴流分布的特点为：船舶在前进时，伴流大小与厚度自船首至船尾逐渐增大，船首最小，船尾最大；离船体越远，伴流越小。船舶后退时，则船尾的伴流最小；船尾处沿螺旋桨的径向上大下小，左右对称，如图 2-1-9 所示。

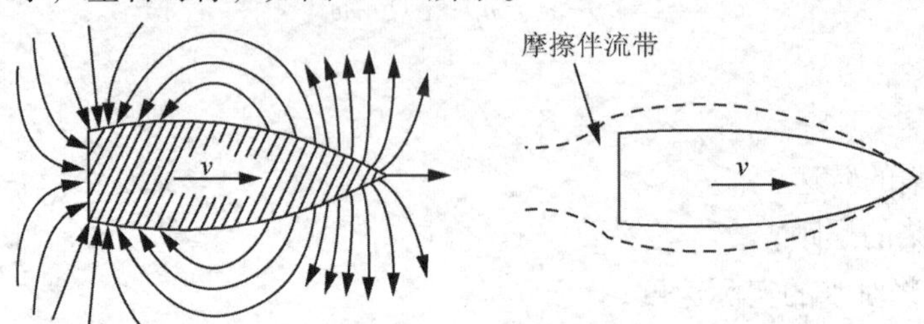

图2-1-9　伴流的分布

伴流的存在使得螺旋桨进速比船速低，船后螺旋桨的推力将比单独螺旋桨的推力大，但会使舵效变差。伴流对提高螺旋桨推力是个有利因素，因此一般船舶正伴流的最大位置在螺旋桨的桨盘处。

四、主机功率和船速

对于给定的船舶主机，其可提供的功率是有限的，船舶的船速也是受到限制的。此外，由于功率以及转矩的限制，主机或螺旋桨的转速也受到船速以及外界环境条件的制约，在特定的船速和环境条件下，主机并不能随时提供任意的转速。

（一）主机功率

从功率的传递情况来看，主机发出的功率，除了驱动螺旋桨转动产生推力为船舶做前进运动提供有效功率外，还必须提供驱动螺旋桨产生相应转矩以及克服主机和传动轴系摩擦所需要的功率。

主机功率主要有以下几种：

1. 机器功率

机器功率（machinery horse power，MHP）是指主机发出的功率。根据主机种类的不同，测定机器功率的部位不同，机器功率在不同类型主机中就有不同的表示方式。蒸汽机主机常用指示功率（indicated horse power，IHP）来表示主机的机器功率，IHP 指主机在汽缸内产生的功率。内燃机主机常用制动功率（brake horse power，BHP）来表示主机的机器功率，BHP 指输出于主机之外可实际加以利用的功率。汽轮机主机常用轴功率（shaft horse power，SHP）来表示主机的机器功率，SHP 指传递到与螺旋桨尾轴相连接的

中间轴上的功率。

2.（螺旋桨）收到功率

（螺旋桨）收到功率（delivered horse power，DHP）指机器功率经过传动装置和其他机件的摩擦损失，传至主轴尾端与螺旋桨连接处的功率。

3. 推力功率

推力功率（thrust horse power，THP）指螺旋桨获得收到功率后发出的推进功率，它等于螺旋桨发出的推力与螺旋桨进速（对水）的乘积。

4. 有效功率

有效功率（effective horse power，EHP）指克服船舶阻力而保持一定船速所需要的功率，它等于船舶阻力与船速的乘积。

（二）各功率之间的关系

（螺旋桨）收到功率DHP与机器功率MHP的比值称为传递效率，其值通常为0.95 ~ 0.98。

有效功率EHP与（螺旋桨）收到功率DHP之比称为推进器效率，该值一般为0.6 ~ 0.75。

有效功率EHP与机器功率MHP之比称为推进系数，该值一般为0.5 ~ 0.7。这就是说，主机发出功率变为船舶推进有效功率后已损失了将近一半。

（三）船速分类

船速（对水）按照航行环境以及主机工况的不同可以分为：

1. 额定船速

额定船速也称为最大船速，是指船舶主机按额定输出功率（最大功率）航行时所能达到的最高船速，与之对应的主机转速称为额定转速。额定船速通常为设计船速，在新船试航时也可通过实船试验测得。投入营运后由于主机的磨损和船体的陈旧，额定船速将会降低。

2. 海上船速

船舶在海上实际航行时，通常保留一定的功率储备，采用低于额定功率的常用功率称为海上功率，通常为额定功率的90%，相应的海上常用主机转速则为额定转速的96% ~ 97%。

主机按海上常用输出功率、常用转速运转时，在平静深水域中取得的船速即为海上船速。船舶以海速行驶时，只是意味着主机按海上常用输出功率、常用转速运转，由于海上气象多变，船舶装载状态不同，航速并不是固定不变的。

3. 港内船速

船舶在进出港航行时，因船舶密集、水深较浅、弯道较多，需要频繁用车（变速操纵）、用舵。为便于操纵和不使主机超负荷，港内航行时主机最高转速应较海速低，港内的最高主机转速一般为海上常用转速的70%~80%。该转速通常由船长和轮机长商定并共同遵守执行。螺旋桨倒车时转矩往往比正车时大，通常港内“后退三”时的主机转速一般为海上常用转速的60%~70%。

此外，主机正车转速常划分为“前进三（full ahead）”、“前进二（half ahead）”、“前进一（slow ahead）”，以及“微速前进（dead slow ahead）”四挡，微速前进时的主机输出功率和转速是主机可以输出的最低功率和最低转速。倒车挡也分为“后退三（full astern）”、“后退二（half astern）”、“后退一（slow astern）”，以及“微速后退（dead slow astern）”四挡。与海上船速类似，港内船速指主机按港内各级转速运转时，在平静深水域中取得的船速。港内船速也称为备车（主机做好随时操纵的准备）速度或操纵速度，船舶以港速行驶，往往意味着备车航行。由于船舶装载状态以及水深等外界条件不同，船速并不是固定不变的。

4. 经济航速

所谓经济航速是能使船舶费用和燃料费用之和即运输成本达到最低的航速。营运中的船舶为了最大限度地节约成本，常常以经济航速航行，尤其是大洋航行时，航程和航时均较长，掌握船速和主机燃油消耗的关系，运用最佳船速，可以提高船舶运输的经济效益。

如果将船舶折旧费、保险费、船员费用、修理费、港口使费、润滑油费用等都考虑进去，则确定经济航速比较困难。

（四）船速测定

船舶操纵性能受水深、水域宽度、气象条件、水文条件等诸多因素的影响，所以为了使实船试验结果具有普遍意义，需要对试验条件做出规定。IMO安全委员会在MSC/Circ.644中做出了详细规定。

1. 水深、水域宽度

应在深水、宽度不受限制、遮蔽条件较好的水域进行标准操纵性试验，其水深应大于4倍的船舶平均吃水。

2. 船舶载况和吃水差

船舶应在满载（达到夏季吃水）、平吃水的条件下进行试验，即确保螺旋桨有足够的沉深。

3. 气象与海况

应尽可能在比较平静的水域进行试验，具体规定如下：

（1）风力不超过蒲氏5级，即风速不超过19 kn；

（2）海浪不超过4级，即有义波高不超过1.9 m，最大波浪周期不超过8.8 s；

（3）流场比较均匀，即在试验时间和水域范围内，流速、流向是相对稳定的。

因此，船舶测速要求在专用测速水域进行，应沿与测速标方位垂直的航向行驶，如图2-1-10所示。通常需测定满载、合理压载等常用吃水条件状态下的前进一、前进二、前进三时的船速。无风、浪、流的影响时，船舶测速（对一种装载状态和一种主机转速，下同）通常需要进行一个往返：

$$v = \frac{v_1 + v_2}{2}$$

船舶测速时如果有风、流影响，为减小误差，应往返多次测速并求平均速度：

仅有均匀流影响时，通常需要进行3次：

$$v = \frac{v_1 + 2v_2 + v_3}{4}$$

有不均匀流影响时，通常需要进行4次：

$$v = \frac{v_1 + 3v_2 + 3v_3 + v_4}{8}$$

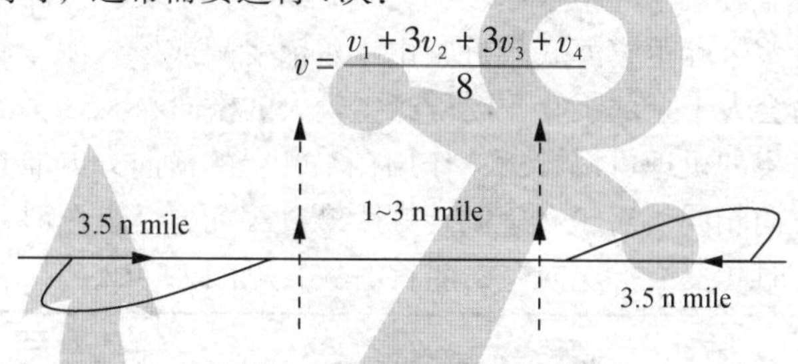

图2-1-10　测速操纵示意图

船舶在进行测速操纵时，除满足以上所需条件外，还应注意：

（1）保持稳定的主机转速和航向，航向偏差不得超过±2°；

（2）把定航向所操舵角应不大于5°，旋回掉头时所用舵角不应大于10°。

五、螺旋桨的致偏效应及其运用

螺旋桨转动时，除了产生前后方向的推力或拉力，以控制船舶的前后运动之外，还会产生左右不对称的横向力，使船舶产生偏转。船舶驾引人员必须注意这些横向力对船舶操纵的影响，了解和掌握这些横向力的特性、大小、方向等，在实际操船中趋利避害地加以运用。根据产生机理的不同，螺旋桨横向力可以分为沉深横向力、伴流横向力、排出流横向力以及推力中心偏位，这几种作用力在不同的条件下作用大小和方向各异。下面以右旋固定螺距螺旋桨（FPP）单桨船为例讨论螺旋桨横向力产生的机理及作用规律。

（一）沉深横向力

螺旋桨盘面中心距水面的垂直距离称为螺旋桨的沉深h，沉深与螺旋桨直径D_P之比h/D_P称为沉深比，见图2-1-11。

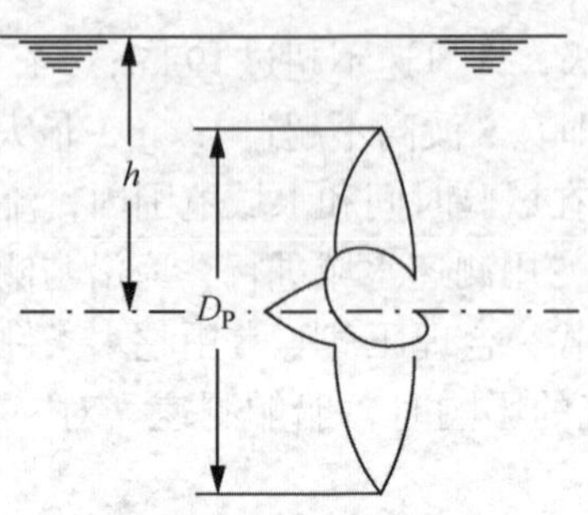

图2-1-11　螺旋桨沉深

沉深横向力的产生机理是流体静压力随深度的增加而增大，当螺旋桨转动时，上下桨叶所处的深度不同，在周向（即切线方向）的横向力方向相反，但大小不同，产生横向力。此外，当沉深比较小（$h/D_P < 0.65 \sim 0.75$）时，上方有空气吸入或桨叶暴露于空气中（$h/D_P \leqslant 0.5$），则其所受的转力小，因而产生较大的横向力。

随沉深的增大，螺旋桨桨叶距水面较深，就不易吸入空气，沉深横向力逐渐减小；但如果水深较浅，螺旋桨桨叶距离海底较近，由于水流受阻或搅入泥沙使流体密度增大，下部桨叶受到的水动力会大于上部桨叶，同样产生较大的横向力。

由沉深横向力产生的机理可以看出，作用在桨叶上的横向力方向（由船尾向前看）总是与螺旋桨的旋转方向相同。对于右旋固定螺距螺旋桨而言，进车时，沉深横向力推尾向右，船首左偏；倒车时相反，推尾向左，船首右偏，见图2-1-12。

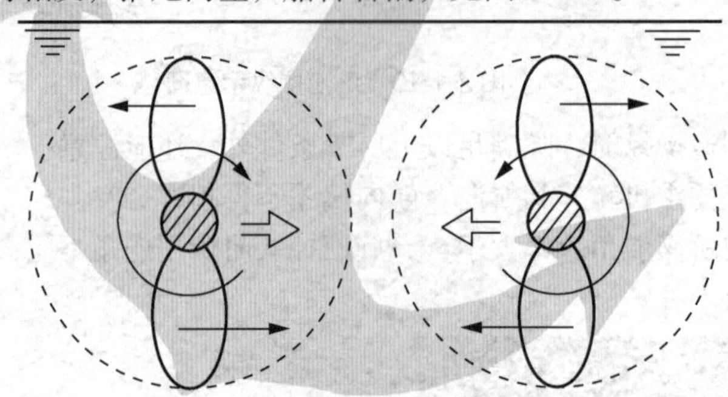

图2-1-12　螺旋桨沉深横向力

沉深横向力的大小除了与沉深及螺旋桨转速有关外，受船速的影响较大，在转速不变的情况下，随船速的提高，沉深横向力逐渐减小。

（二）伴流横向力

船舶在前进中，当螺旋桨转动时，受纵向伴流影响，螺旋桨上部桨叶相对于水的进速比下半部桨叶要低，因此水流的攻角相对较大，所受到的升力也相对较大，偏转力也要比下部桨叶的转力要大，该转力之差即称为伴流横向力，见图2-1-13。

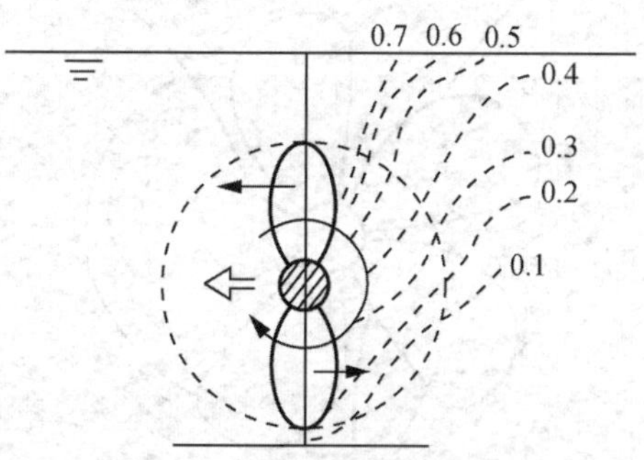

图2-1-13 螺旋桨伴流横向力

由伴流横向力产生的机理可以看出，作用在桨叶上的横向力方向（由船尾向前看）总是与螺旋桨的旋转方向相反。对于右旋单桨船而言，前进中进车时，推尾向左，船首右偏；船舶在前进中倒车时相反，伴流横向力推尾向右，船首左偏。上述的船首偏转方向正好与螺旋桨的沉深横向力相反。

伴流横向力还随转速的提高而增大，由于船速较低时伴流相应减弱，伴流横向力随船速的降低而减小。在船舶静止或后退中，船尾伴流可以忽略，伴流横向力也可以忽略。但总体而言，不论是进车还是倒车，伴流横向力均是一个较小的量。

（三）排出流横向力

离开螺旋桨的流称为排出流，其特点是流速较快，作用范围较小，水流旋转激烈，如图2-1-8所示。

船舶前进中进车，排出流作用在舵上。正舵时，由于旋转作用，螺旋桨上半部排出流作用在舵叶右下部，下半部排出流作用在舵叶左上部。受伴流影响，上半部排出流轴向速度较小，因此作用在舵上的冲角较大，使舵叶右侧的水动力大于左侧，造成推尾向左的横向力，如图2-1-14所示。

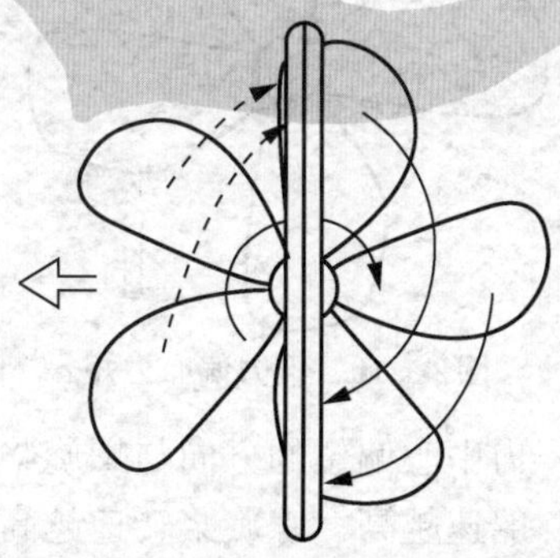

图2-1-14 螺旋桨正车排出流横向力

船舶进速较低或船舶后退中倒车时，螺旋桨的排出流打在船体的尾部，由于船体尾部线型上肥下瘦，相比较而言，在船尾右舷尾外板上不仅排出流冲角较大，而且冲击的外板面积较为宽广，所以形成较强的冲击力，使船尾向左偏转，船首向右偏转，如图2-1-15所示。

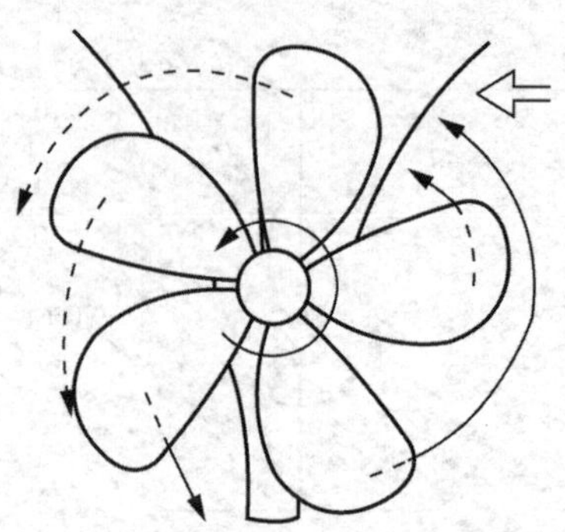

图2-1-15　螺旋桨倒车排出流横向力

综上所述，无论处于何种状态，右旋固定螺距螺旋桨单桨船的排出流横向力方向均向左，使船首向右偏转。

（四）中心偏位

推力中心偏位是由吸入流和伴流引起的。由于吸入流和伴流在船尾的分布是三维的，在垂向的分布沿水下船尾型线由船底向上呈斜上方向汇集于螺旋桨的盘面内。螺旋桨右旋时右半圆的桨叶呈顶流状态，左半圆的桨叶呈顺流状态，使右侧桨叶的推力大于左侧桨叶的推力，整个螺旋桨的推力中心偏向于螺旋桨中心的右侧，使船首左偏；同时，由于左右桨叶垂直力右大左小，船尾受到一定程度的抬升。船舶前进中倒车时，左侧的桨叶呈顶流状态，右侧的桨叶呈顺流状态，使左侧桨叶的拉力大于右侧桨叶的拉力，整个螺旋桨的拉力中心偏向于螺旋桨中心的左侧，使船首左偏。推力偏心力矩如图2-1-16所示。

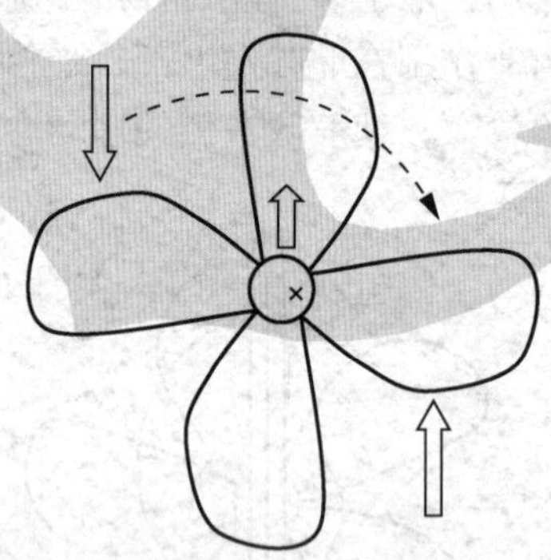

图2-1-16　推力偏心力矩

总而言之，螺旋桨推（拉）力中心偏位的方向与螺旋桨旋转的方向一致，引起的横向力使船尾向右、船首向左偏转。船速越高、螺旋桨转速越高，则推力中心偏位越明显。但总体而言，不论是进车还是倒车，螺旋桨推力中心引起的横向力均是一个较小的量。船舶在后退中，因为舵吸入流和伴流均微弱，推力中心偏位的效果可以忽略。

右旋固定螺距螺旋桨（FPP）单桨船各种螺旋桨横向力产生的条件及作用规律如表2-1-1所示。

表 2-1-1 右旋固定螺距螺旋桨单桨船螺旋桨横向力分析

横向力种类	产生条件	量级	影响因素	方向	致偏作用
沉深横向力	h/D_P <0.65~0.75或水深较小	较大	h/D_P越小、水深越浅、船速越低、转速越高，横向力越大；空载时作用明显	与螺旋桨旋转方向相同	进车，尾右偏，首左偏；倒车，尾左偏，首右偏
伴流横向力	船有进速，伴流存在	小	船速越高、转速越高，该力越大	与螺旋桨旋转方向相反	进车，尾左偏，首右偏；倒车，尾右偏，首左偏
排出流横向力	进车时伴流存在；倒车时排出流能够作用于船体尾部	进车时较小，倒车时较大	排出流速度越大、船尾吃水越浅，该力越大	向左	尾左偏，首右偏
推力中心偏位	船舶在前进中，伴流（垂向）存在	小	船速越高、螺旋桨转速越高，推力中心偏位越明显	推力偏右，拉力偏左	尾右偏，首左偏

（五）螺旋桨致偏作用

船舶在不同的运动状态下用车时，螺旋桨旋转产生横向力引起船体偏转的方向和大小各不相同，以下以右旋固定螺距螺旋桨单桨船为例讨论螺旋桨的致偏作用。

1. 静止中进车

开始动车时，因为不存在伴流（吸入流引起的伴流可以忽略），进车排出流横向力以及推力中心偏位的影响均较小，船舶在沉深横向力的作用下使船首左偏。

空船或轻载时，螺旋桨的沉深比 h/D_P 比较小，沉深横向力较大，船首左偏比较明显。重载船沉深比 h/D_P 比较大，沉深横向力较小，但在水深吃水比 H/d 比较小时，沉深横向力仍可能较大，但由于船舶质量和吃水较大，沉深横向力致偏作用不明显。

船舶在静止中进车，螺旋桨排出流的作用能够产生足够的舵效，用2°～3°舵角即可克服横向力的致偏作用保证船舶直航。

2. 静止中倒车

静止中的船舶操正舵倒车时，由于不存在伴流，只有倒车排出流横向力及沉深横向力的影响使船首向右偏转。

空船或轻载时，螺旋桨的沉深比 h/D_P 比较小，沉深横向力较大，而且船舶质量及吃水较小，船首右偏比较明显。重载船沉深比 h/D_P 比较大，沉深横向力较小，但在水深吃水比 H/d 比较小时，沉深横向力仍可能较大，同时倒车排出流横向力总是较大的量，因此仍有明显的船首右偏。

船在静止中由于吸入流产生的舵力极低，即便使用右满舵也不能控制这种船首右转的现象。

3. **前进中进车**

船舶在正车前航时，沉深横向力、伴流横向力、进车排出流横向力以及推力中心偏位均存在，其作用方向相反，致偏作用取决于各种横向力的大小，总体偏转不明显。

低速时，伴流横向力、进车排出流横向力以及推力中心偏位的影响均较小，船舶在沉深横向力的作用下使船首左偏。随着船速的提高，沉深横向力减小，伴流横向力、排出流横向力推尾向左的影响增强，将逐渐削弱甚至克服沉深横向力的作用。

船舶在正车前航时，螺旋桨横向力致偏作用极小，且可用舵角保证船舶直航。

4. **前进中倒车**

船舶在前进中倒车，船舶在正车前航时，沉深横向力、伴流横向力、进车排出流横向力以及推力中心偏位均存在，但其大小和作用方向各异，而且随船速的变化，致偏作用也不尽相同。

开始倒车时，船速仍较高，伴流仍很强，伴流横向力的影响使船首左偏，推力中心偏位的影响也使船首左偏；而因船前进的速度较高，沉深横向力较小，倒车排出流难以作用到船尾，使船首右偏的影响则较弱。总体而言船舶的偏转方向不定，此时由于有一定舵效，用舵就能克服偏转。

随着船速降低，沉深横向力与倒车排出流横向力的影响逐渐增强，而伴流横向力与推力中心偏位逐渐减弱，船首将出现明显的向右偏转。此时，船虽仍在前进中，但倒车排出流却大大降低了舵处的来流速度，舵效极差，因此即使操左满舵也无效果。一般船舶为控制船首右转，会在倒车开出之前先操左舵，使船先具备左转趋势，上述右偏现象才有所缓解。

5. **后退中倒车**

船舶在后退中倒车，与静止中的船舶操倒车时相同，由于不存在伴流，只有倒车排出流横向力及沉深横向力的影响使船首向右偏转。只有具有相当的后退速度，舵与水的相对速度较大，才能产生足够的舵力转船力矩以削弱船首向右偏转的趋势。实船经验表明，后退中的舵力，一般仍不能制止船首向右偏转。

6. **后退中进车**

船舶在后退中进车，与静止中的船舶进车时相同，因为不存在伴流（吸入流引起的伴流可以忽略），伴流横向力、进车排出流横向力以及推力中心偏位的影响均较小，船舶在沉深横向力的作用下船首左偏。

螺旋桨排出流的作用能够产生一定的舵效，可以用舵克服横向力的致偏作用。

（六）螺旋桨致偏作用的运用

如前所述，就右旋固定螺距螺旋桨单桨船而言，螺旋桨横向力最明显的致偏作用是在低速前进中、静止中或后退中倒车时出现的船首右偏。这一现象在实际操船中可以趋利避害地加以运用。

1. 向右就地掉头

为了在狭小的水域完成掉头180°的操纵，FPP单桨船多采取向右掉转的方法。若操纵得当应能在两倍船长或更小的水域内实现掉转。

如图2-1-17所示，船舶停车淌航至位置①时，操右满舵全速进车，此时螺旋桨的滑失很大，船首迅速向右偏转，但由于船速不大，故而前冲的距离不大；在船舶到达位置②之前即用后退三，此时舵力、螺旋桨沉深横向力、倒车排出流横向力均推尾向左，进一步使船首继续右转；当船舶到达位置②即船舶前进运动停止时操正舵，待船舶开始后退时即操左满舵，船首继续右转；当船舶到达位置③时，若确信位置已够，可操右满舵并全速进车，待船首掉转到接近180°时适当减速。

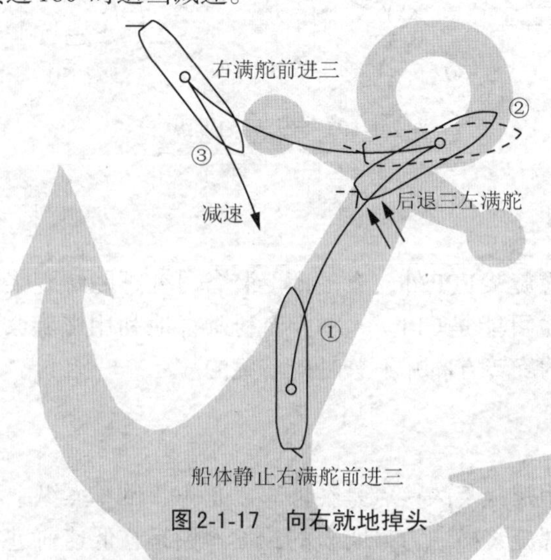

图2-1-17 向右就地掉头

2. 系靠单浮筒或单点系泊中的应用

如图2-1-18所示，在系靠单浮筒或单点系泊时的自力操船中，通常以右舷浮筒横距1～1.5倍船宽入泊。在接近浮筒前倒车，这样既可以刹减船速，又可以使船首向右偏转，从而使船首缓慢接近浮筒。

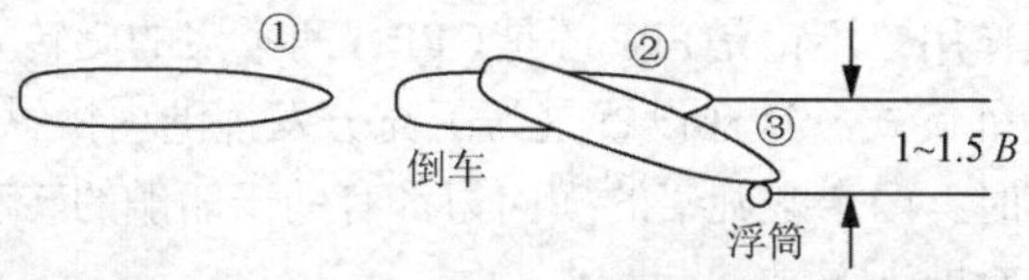

图2-1-18 系靠单浮筒

3. 自力靠泊操纵中的应用

左舷靠码头时，一般应将本船对码头线的靠拢角调整为10°～20°（越是倒车偏转特性强的小型船该角度越高），以备在适当时机倒车时既可将船拉停在码头边，又能使船外转该靠拢角度，正好平行地或近乎平行地停于码头泊位处，如图2-1-19（a）所示。

右舷靠泊如图2-1-19（b）所示。考虑到为了停船必须使用的倒车会使船舶右转，应尽量减小靠拢角，而略加大船与码头线的横距，以便倒车时，使船首平安地接近码头线，然后再采取适当措施解决船尾入泊的问题。

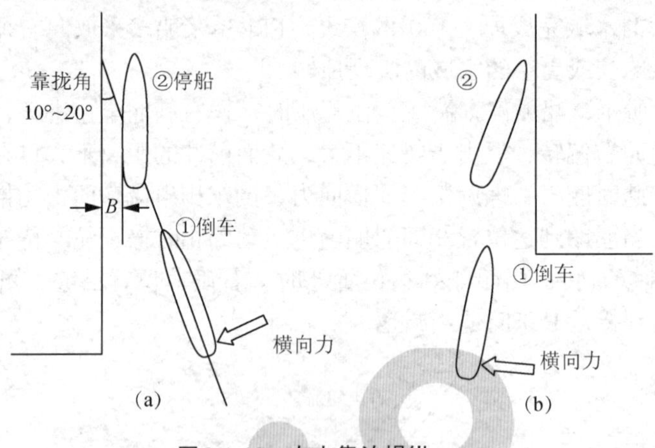

图2-1-19　自力靠泊操纵

（七）CPP与双螺旋桨船

除了右旋固定螺距螺旋桨FPP外，有的商船装备可变螺距螺旋桨即CPP，也有船舶装备双车（可能是FPP，也可能是CPP）。为了趋利避害地利用螺旋桨横向力的致偏作用，可变螺距螺旋桨及双桨的旋转方向并不总是向右旋的。

1. 可变螺距螺旋桨

如前所述，可变螺距螺旋桨的特点是在停车、正车、倒车操纵中不需要改变旋转方向和转速。右旋固定螺距螺旋桨横向力最明显的致偏作用是在低速前进中、静止中或后退中倒车时出现的船首右偏，因此对于可变螺距螺旋桨（CPP）单桨船而言，为了使其在操纵中与右旋固定螺距单螺旋桨船的致偏作用一致，常常采用左旋式。

2. 双螺旋桨船

双螺旋桨船的两个推进器推力的大小可分别进行控制。对于双桨船而言，为了抵消正车前航时的螺旋桨致偏作用，不论是FPP还是CPP，两个桨的旋转方向总是相反的。固定螺距双螺旋桨船多采用外旋式，这样设置是为了充分发挥港内操纵时的螺旋桨致偏作用，利用一进一倒进行转船时，两个螺旋桨的横向力都有助于船舶的转动。同理，对于可变螺距螺旋桨，一般采用内旋推进方式。

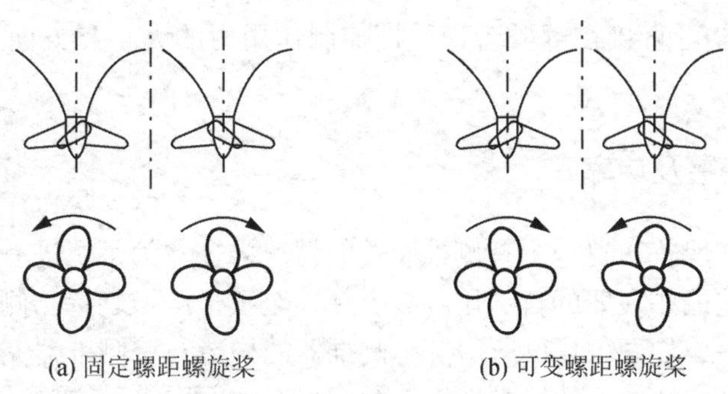

图2-1-20　双螺旋桨

六、侧推器的使用

操舵可以产生横向力和转船力矩，控制船舶的航向，且船速越高，舵控制航向的能力越强。但在船舶进港船速逐渐降低的过程中，操舵产生的舵力转船力矩逐渐减小，控制航向的能力逐渐变差。为了解决这个问题产生了另一种产生转船力矩的方法，即在船上安装侧推装置（简称侧推器）。

（一）侧推器概述

侧推器可以作为船舶的辅助操纵装置，广泛应用于港内船舶操纵。靠离码头中船舶的横向移动、航道内低速航行时调整航向、抑制倒车过程中的船首偏转等都是侧推器在船舶操纵中的具体应用。侧推器适用于靠离泊操纵频率较高的船舶，如滚装船、大型客船、大型集装箱船以及部分化学品船和油船等。

（二）侧推器的构造

使用最广泛的侧推器为一种槽式侧推器，在船体水下的首部或尾部各开一个或多个贯穿船体的槽道，槽道与船舶纵中剖面垂直，其中装设螺旋桨，利用螺旋桨旋转形成向船侧的喷流以产生作用于船体的横向力。改变螺旋桨的旋转方向，可以改变作用力的方向，可对船舶进行控制。图2-1-21所示为槽式侧推器的结构。

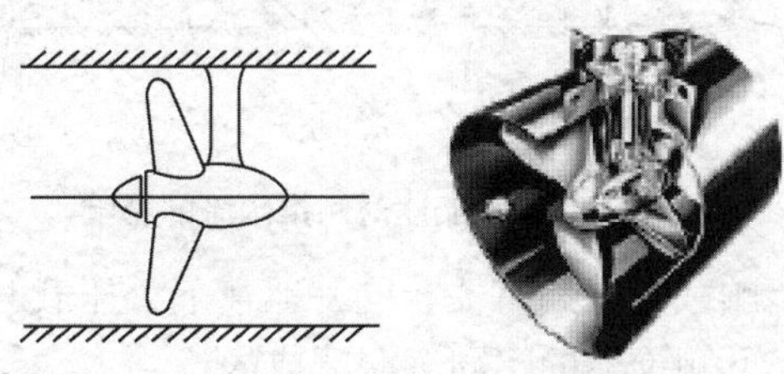

图2-1-21　槽式侧推器的结构图

侧推器主要由电动机、竖向传动装置和螺旋桨组成。侧推器的螺旋桨一般采用可变螺距螺旋桨。侧推器可直接在驾驶台用手柄控制作用力的大小和方向，其侧推力一般分为2～3级。

（三）侧推器的布置及功率

普通船舶仅在船首布置一个首侧推装置的情况居多。为了更进一步提高其低速情况下的操纵性能，有些船舶在船的首、尾各装上了一至数个侧推装置，侧推器的功率一般为主机额定功率的10%，如图2-1-22所示。尾侧推器的构造与首侧推器完全相同，这样的布置可大大提高船舶低速情况下的操纵性能，并减少对港作拖船的依赖。

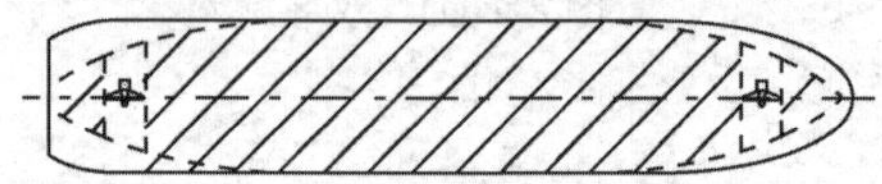

图2-1-22　首、尾侧推器的布置

（四）侧推器工作原理及侧推力

侧推器在流体中工作时，流体从一侧进入槽道，从另一侧流出槽道，产生侧推力，进而产生转船力矩。动量理论分析表明，进口处的流动不影响侧推力。出口处的流动产生的流体的反作用力称为侧推力（横向力）。侧推力的大小与槽道内单位时间的流量有关。流量越大，侧推力越大，也就是说，侧推器的功率越大，侧推力也越大。

侧推力的大小还与船速和船舶载况有关，其中船速是最主要的因素。船舶静止（无纵向运动速度）时，首侧推器工作时的流态，见图2-1-23（a），流的方向基本垂直于船舶首尾线，发出的侧推力也垂直于船舶首尾线。但有船速时，槽道出口的流体不是垂直于船舶的纵中剖面，而是弯向船体的后方，见图2-1-15（b），发出的侧推力也不是垂直于船舶首尾线，使有效侧推力有所降低。随着船速的增加，这种流体的弯曲程度越加严重，它所产生的有效侧推力将显著下降。在高速航行时，基本不产生侧推力。同样，尾侧推器的侧推力也受船速的影响，但由于所处的位置不同，其影响程度要小一些。因此，槽式侧推器在船速为零时能产生最大的侧推力。有航速时侧推器的有效推力下降，这是它的主要缺点。

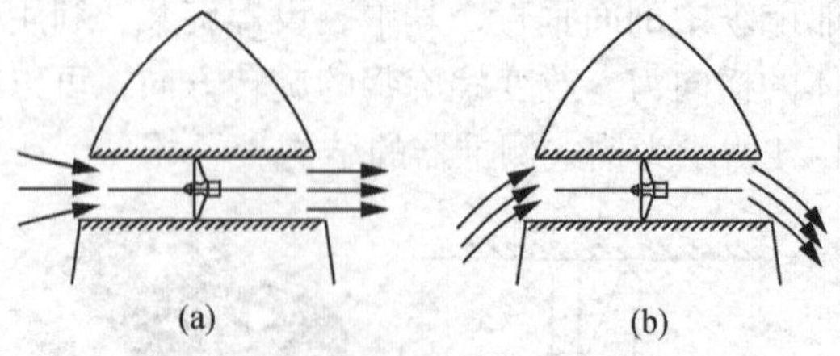

图2-1-23　船速对侧推水流的影响

侧推力的大小还与船舶载重状态有关，同一船速下，压载时侧推器的效率比满载时的效率低，这是由两种状态下侧推器的不同沉深造成的。

(五) 侧推器效应及技术指标

侧推器效应是指侧推力对船舶的作用效果，即平移和转船效果。侧推器效应取决于船舶运动状态和侧推力的大小、方向及作用点。其中影响最大的是船舶运动状态。侧推力的作用点是固定的，即在首柱之后或尾柱之前。

衡量侧推器效应有一些技术指标，船舶操纵人员掌握这些技术指标，有利于了解侧推器的性能和操纵特点，进而正确使用。

1. 侧推器失效船速

侧推器效应随着船速的增加而降低，达到某一船速时，其效率为零，该船速称为侧推器失效的极限船速，简称为侧推器失效船速。对于大型集装箱船舶，一般首侧推器失效船速基本为4～6 kn。一般在侧推器的控制台边上都附有“航速超过×节不可使用”的警告牌。首侧推器和尾侧推器的效率受船速的影响不尽相同，一般首侧推器受船速的影响比尾侧推器要大，尾侧推器失效船速要高一些。

2. 船舶最大旋回角速度

衡量侧推器效率的另一个指标是在船速为零时侧推器作用下的最大旋回角速度。该最大旋回角速度与船舶大小、侧推器功率、船舶载况等诸多因素有关。

3. 启动时间和换向时间

由于机器的性能与螺旋桨推进器一样，在使用侧推器最大侧推力时，侧推力从0增至最大值的过程中有一个时间延迟，该时间延迟称为启动时间；另一个指标是侧推器的换向时间，即侧推器从一侧侧推力最大转换为另一侧侧推力最大所用的时间。

(六) 船舶静止中侧推器效应

以船舶配有首、尾两个侧推器为例，定性分析单独使用一个侧推器和同时使用首、尾侧推器的效应。

1. 单独使用一个侧推器的效应

单独使用首侧推器产生侧推力 Y_{SF}，在侧推力的作用下，静止中的船舶将产生横向阻力（水动力）Y_H，在合力 $Y_{SF}+Y_H$ 的作用下，船舶横向运动状态发生变化。这时，由于船舶没有进速或退速，水动力中心在船中处，则不产生水动力矩。实际上，侧推力 Y_{SF} 和水动力 Y_H 是一对力偶，力偶臂等于两者作用点之间的距离，即 x_{SF}。船舶在侧推力矩 $N_{SF}=Y_{SF}\cdot x_{SF}$ 的作用下，船首将绕船中位置转动，见图 2-1-24（a）。

同理，单独使用尾侧推器时，其效应与单独使用首侧推器的情况类似，见图2-1-24（b）。

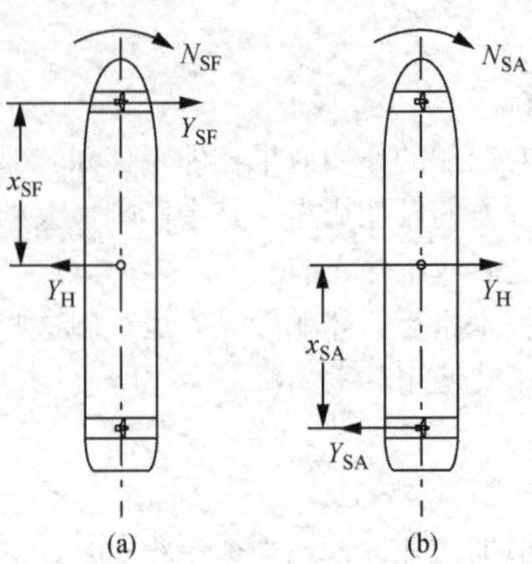

图2-1-24　静止中单侧推器效应

2. 同时使用双侧推器的效应

同时使用首、尾侧推器，其效应取决于首、尾侧推力的大小和方向。横移效应取决于首、尾侧推力合力的大小，转船效应取决于首、尾侧推力的方向。

若首、尾侧推力的方向相反，当 $Y_{SF} \neq Y_{SA}$ 时，则横移运动取决于合力 $Y=Y_{SF}+Y_{SA}+Y_H$ 的大小。转船效应取决于合外力矩 $N=Y_{SF} \cdot x_{SF}+Y_{SA} \cdot x_{SA}$ 的大小；当 $Y_{SA}=Y_{SF}$ 时，船舶横移运动状态不变，两者构成一对力偶，力偶臂为 $x_{SF}+x_{SA}$，由于力偶臂的增大，其转船效率比单独使用首或尾侧推器的效率高得多，从而使船舶加速转动。

若首、尾侧推力的方向相同，当 $Y_{SA} \neq Y_{SF}$ 时，横移运动取决于合力 $Y_{SA}+Y_{SF}+Y_H$ 的大小。转船效应取决于合外力矩 $N=Y_{SF} \cdot x_{SF}+Y_{SA} \cdot x_{SA}$ 的大小；当 $Y_{SF}=Y_{SA}$ 时，船舶横移运动取决于合力 $Y=Y_{SA}+Y_{SF}+Y_H$ 的大小，这时，如果首、尾侧推器位置距离船中相等，则将不产生转船效应，仅产生横移效应。若 $Y=0$，则船舶匀速横移。

（七）船舶前进中侧推器效应

1. 首侧推器的效应

以使船舶向右转向为例，单独使用首侧推器产生侧推力 Y_{SF}，在侧推力的作用下，前进中的船舶将产生横向阻力（水动力）Y_H，在合力 $Y_{SF}+Y_H$ 的作用下，船舶横向运动状态发生变化，产生横移速度，即产生漂角，使船舶处于斜航状态。由于船舶前进中水动力中心在船中之前，则产生水动力矩 N_H，在合力矩 $N_{SF}-N_H$ 的作用下，船舶将产生转动角速度，使航向角发生变化，见图 2-1-25（a）。这时，力偶矩等于 Y_{SF}（$x_{SF}-x_W$），转船效果取决于力偶臂和侧推力的大小。船速较低时，水动力中心在船中之前但较接近船中，力偶臂较大，且有效侧推力也接近船舶静止中的情况，这时的转船效应比较接近静止中使用首侧推器的情况；随着船速的提高，水动力中心逐渐向前移动，力偶臂逐渐缩短，且有效侧推力也逐渐降低，则转船效应也不断降低。理论上，当船速提高至水动力中心达到首侧推器的位置时，力偶臂 $x_{SF}-x_W=0$，这时，首侧推器失去效应。实际上，随着船速的提高，水动力中心还未达到首侧推器位置之前，其已经不能发出有效侧推力，即首侧推器失去转船效应。

2. 尾侧推器的效应

同样以使船舶向右转向为例，单独使用尾侧推器时，其效应见图 2-1-25（b）。与单独使用首侧推器的情况不同，力偶臂为$x_{SF}+x_W$，这时，力偶矩等于Y_{SF}（$x_{SA}+x_W$），同样，转船效果取决于力偶臂和尾侧推力的大小。低速时的效应较接近静止中的情况。随着船速的提高，水动力中心逐渐向前移动，力偶臂逐渐变长，虽然有效推力逐渐降低，但与首侧推器相比，有效侧推力相同时，尾侧推器的转船力矩要大得多，其转船效果要比首侧推器好很多。船舶前进中应使用尾侧推器来调整航向。随着船速的增加，尾侧推器也有失效的问题，这失效不是由于力偶臂的减小引起的，而是由尾侧推器附近的流态造成的。

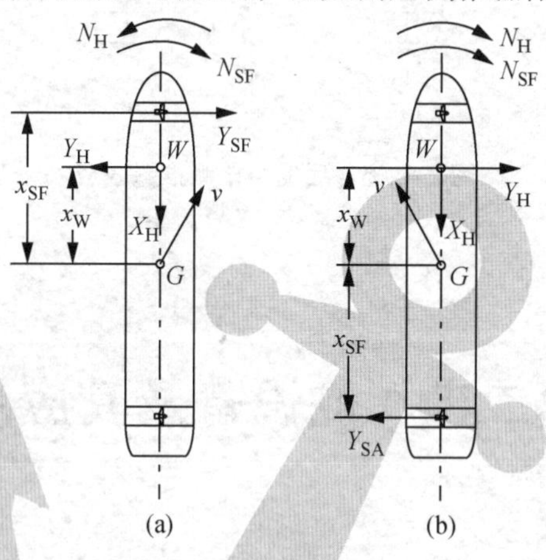

图 2-1-25　前进中单侧推器效应

（八）船舶后退中侧推器效应

1. 首侧推器的效应

以使船舶向右转向为例，单独使用首侧推器时，其效应见图 2-1-26（a）。与船舶前进中使用尾侧推器的情形类似，力偶臂为$x_{SF}+x_W$，这时，力偶矩等于Y_{SF}（$x_{SF}+x_W$），同样，转船效果取决于力偶臂和首侧推力的大小。退速较低时的效应较接近静止中的情况。随着退速的提高，水动力中心逐渐向后移动，力偶臂逐渐变长，虽然有效推力有所降低，但与前进中的情形比较，后退中的首侧推器的转船效果要好很多。故船舶后退中应使用首侧推器来调整航向。

2. 尾侧推器的效应

同样以使船舶向右转向为例，单独使用尾侧器产生侧推力Y_{SA}，在侧推力的作用下，后退中的船舶将产生横向阻力（水动力）Y_H，在合力$Y=Y_{SA}-Y_H$的作用下，船舶横向运动状态发生变化，产生横移速度，即产生漂角，使船舶处于向后斜航状态。由于船舶后退中水动力中心在船中之后，产生水动力矩N_H，在合力矩$N_{SF}-N_H$的作用下，船舶将产生转动角速度，使航向角发生变化，见图2-1-26（b）。显然，其效应与前进中使用首侧推器的情形一样。

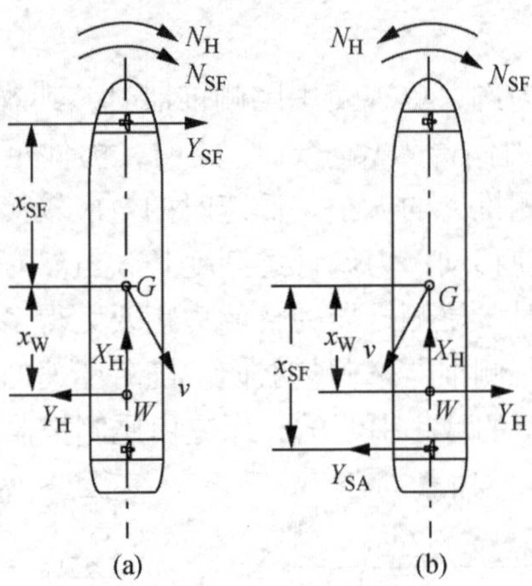

图2-1-26　后退中单侧推器效应

第二节●舵设备及其应用

船舶为了操纵的需要，必须具备变向性能和保向性能，即控制航向性能。舵就是这种控制航向的重要操纵设备，是船舶自航时控制方向的设备。船舶操纵过程中，舵的作用主要包括用小舵角保持航向、中舵角改变航向和大舵角紧急避让与旋回。为此，船舶驾引人员有必要了解有关舵设备的性能及其控制方法。

一、舵设备的作用及组成

舵一般位于螺旋桨的后方，舵的功能是利用流经船舶和舵面的水的作用力，在船尾产生一个横向的舵力，从而使船转动。舵设备是船舶在航行中保持和改变航向及旋回运动的主要工具。它由舵装置（rudder）、舵机与转舵装置（steering gear）、操舵装置的控制装置（steering gear controller）及其他附属装置（auxiliary equipment）组成，如图2-2-1所示。

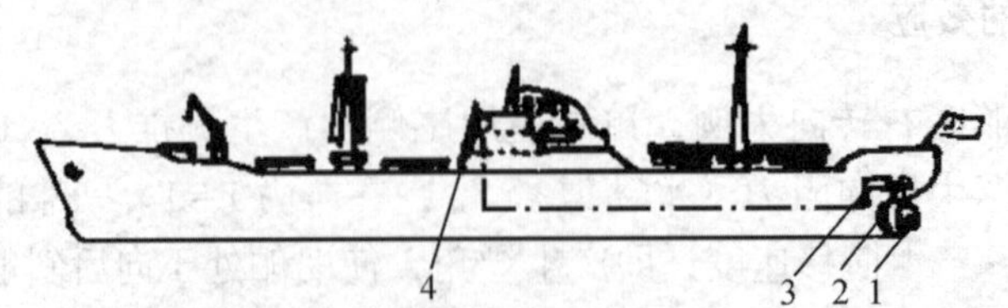

图2-2-1　舵设备主要组成部分

1—舵装置；2、3—舵机与转舵装置；4—操舵装置的控制装置

操舵人员转动舵轮或扳动操舵手柄（或应急装置），启动机械、液压或电力操舵装置即可控制舵机正转、反转及停止。转舵装置又称传动装置，其作用是把舵机的动力传到舵轴，驱动舵叶转动。舵机和转舵装置又统称为操舵装置，均装于船尾舵机室内。目前，绝大多数船舶装有自动操舵仪（简称自动舵），在开敞、安全的水域中航行时取代了人工操舵。另外，目前较先进的自动航迹舵操舵仪，不但具备一般自动舵的航向保持功能，还有使船舶位置自动保持在预定航迹内的功能。

二、舵力转船力矩

（一）舵力及转船力矩

舵是舵设备中承受水动力以产生转船力矩的构件，现在大部分海船舵面为流线型。如果不考虑外界的干扰和自身偏转的效应，船在正舵航行时，应该做直进运动。即船相对水运动时，水流对称地流过舵叶两侧，两侧面所受的水动力相等，不产生舵力，也就没有转船力矩，船也不会产生偏转。当舵向任一侧转出一舵角 δ 时，水流的对称性被破坏，舵叶两侧的流场随之发生改变，相对水流速度产生差异，迎水流一面的流速比背水流一面的流速慢，因而，迎水流一面的压力增加而舵背面的压力降低，见图2-2-2所示的流线型舵的受力分析。

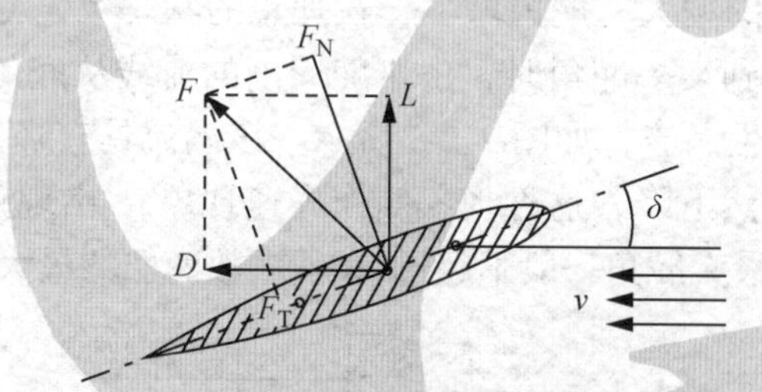

图2-2-2　流线型舵的受力分析

当舵置于流速为 v 的均匀流场中，且与流向保持某一角度时，根据机翼理论，舵将受到水流合力 F 的作用，此合力即为舵力。舵力 F 垂直于水流方向的分量称为升力 L，平行于水流方向的分量称为阻力 D；舵力 F 也可以分解为垂直于舵平面的分量 F_N 和平行于舵平面的分量 F_T，F_N 称为舵的法向力，F_T 称为舵的切向力。F_N 也称为舵的垂直压力或舵的正压力，舵力及舵力转船力矩是指舵的正压力及其产生的转船力矩。

使船产生转头的力就是舵压力 F_N。舵压力 F_N 的近似计算式：

$$F_N = k\rho S_R v_R^2 \sin\delta \tag{2-2-1}$$

式中：

F_N——舵压力（N）；

k——舵力系数；

S_R——舵面积（m^2）；

v_R——舵速（m/s）；

δ——舵角（°）；

ρ——水的密度（kg/m³）。

在计算转船力矩时，可以近似地认为舵力作用中心位于尾垂线处，则舵力对重心的转船力矩为：

$$M_\delta = F_N \times \frac{L}{2}\cos\delta = k\rho S_R v_R^2 \sin\delta \times \frac{L}{2}\cos\delta = \frac{1}{4}k\rho S_R v_R^2 \sin 2\delta \quad (2\text{-}2\text{-}2)$$

式中：

L——船长（m）；

S_R——舵叶面积（m²）；

v_R——舵速（m/s）；

δ——舵角（°）；

ρ——水的密度（kg/m³）。

（二）影响舵力的因素

从式（2-2-1）可知影响舵力的因素除与舵的浸水面积、舵角和舵速等有关外，还与下列因素有关：

1. 失速现象

一般说来，随着舵角的增大，舵力增加，在理想的状态下，当 δ ＝45°时，舵力转船力矩为最大值。但当舵达到某一舵角时，由于舵周围的流线从舵的边缘分离，在舵叶的上、下两缘和后边处将产生涡流，如图 2-2-3 所示。该涡流具有降低舵力、提高舵的阻力的作用，舵力系数则将骤然下降，这种现象叫作失速现象。出现升力系数骤然下降的舵角称为临界舵角，因此，最大舵角一般不超过40º，多数商船的最大舵角为 35º。

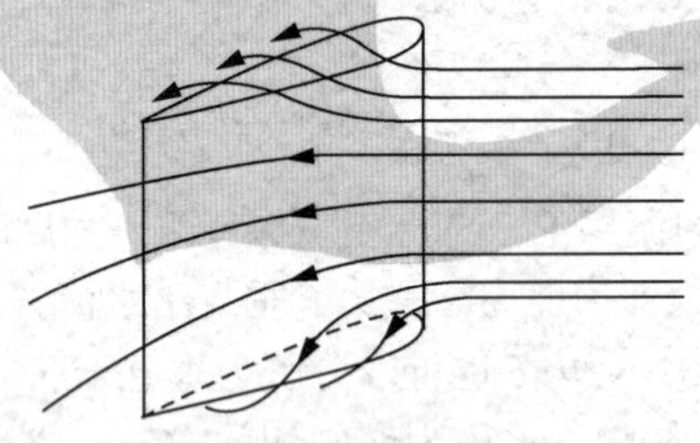

图2-2-3　舵的涡流

2. 空泡现象

当使用大舵角或舵的前进速度相当大时，特别是舵叶的前缘横截面曲率较大时，舵的背面压力将剧烈下降，当下降至或接近该温度下的汽化压力时，在舵的背面将出现空泡现象。该现象使舵力系数下降的同时还会使舵金属表面产生剥蚀。

3. 空气吸入现象

舵叶背面吸入空气，从而产生涡流，使舵力下降。此现象多出现于舵叶的浸水高度较小时。

4. 舵与船体之间相互影响

船舶操纵过程中，操舵后，舵叶两边的压力差会波及船体两侧，即形成船体两侧的压力差，从而增加了船尾舵的舵力。舵与船体之间的相互影响使船尾舵的舵力比单独舵的舵力增加20%～30%，船尾钝材越大，舵与船体的间隙越小，其作用越明显。

5. 舵速

舵速（单独考察船尾舵的相对水流速度）由船速、船体伴流和螺旋桨排出流组成。由于船舶前进时船尾处的伴流方向与船舶前进的方向相同，伴流的存在降低了舵速，从而使舵的正压力减少60%左右；对于双螺旋桨船，舵的正压力亦减少50%左右；船尾舵位于螺旋桨的后部，进车时必然受到螺旋桨排出流的影响，它增大流向舵的流速。据统计，排出流打在舵叶上的流速平均增加值是船速的50%左右。但双车单舵几乎不受排出流的影响。船体伴流和螺旋桨排出流对舵力的影响相反。伴流的作用是减小舵力，而螺旋桨排出流是增加舵力。

6. 船舶旋回中舵力下降

船舶旋回中舵力下降的原因是船舶旋回中的船速下降。另一方面由于船舶在横移（向操舵相反一舷）或回转（向操舵一舷）过程中，舵的有效攻角因为船尾的横向运动而减小（一般情况下，所操舵角为35°时，有效舵角会减小10°～13°），导致舵力下降。

三、舵效及其影响因素

（一）舵效的概念

舵效（steerage）是舵力的转船效果的简称，指航向角对操舵的反应能力，即舵效是保持航向和改变航向的效率。操船运动中的舵效是指船舶操一定的舵角，船舶在一定的时间、一定的水域内转头角的大小。船舶在某一舵角时，在较短的时间内所需水域越小、转头角越大，其舵效就越好；反之舵效差。

（二）影响舵效的因素

1. 舵角

舵角越大，舵力矩越大，舵效越好。

2. 舵速

舵速的增加会增加舵力，相对来讲也增加了舵效。有关资料表明，在不用车的情况下，手操舵所能保持舵效的最低航速约为3 kn，30万吨级船舶由于伴流的影响其能够有效保向的最低航速一般为4～5 kn，而自动舵能够有效保向的最低航速为8 kn。

3. 船舶的排水量

船舶的排水量越大，其转动惯量也越大，舵效越差。因此对于大型船舶一般宜用大舵角、早用舵、早抑制船舶的旋转角速度。

4. 船舶倾斜

船舶纵倾时，船舶首倾舵效差，适当尾倾舵效好。船舶横倾时，低速时，低舷侧阻力较大，水流动压力小，船首易向低舷侧偏转，即向低舷侧操舵舵效好。高速时，水流动压力作用大于水阻力时，则可能相反。

5. 舵机性能

操舵所需时间越短，舵效越好。电动舵机来舵快、回舵慢，不易把定。电动液压舵机来舵快、回舵也快，易把定。

6. 风、流及浅水

空载慢速时，顺风转向较迎风转向舵效好；船舶顶流较顺流舵效好；浅水中船舶的旋回阻力较深水中大，舵效也较深水中差。

7. 舵的安装位置

单车船、双车双舵船，排出流打在舵叶上，舵效好。双车单舵船，舵在两车之间，则舵效差。

（三）提高舵效的措施

在实际船舶操纵中，船舶通过狭水道或航道的转角较大的弯曲地段时，大多采用降低船速、增加螺旋桨转速的方法提高舵效。船舶在港内宽度和深度受限的直航道中航行时，既要保持一定的船速以克服横风、横流的影响，即要增加螺旋桨转速，又要考虑船舶下沉量的影响，即船速不宜过高，这时，可以在船尾系带一拖船协助减速，同时增加螺旋桨转速，以提高舵效。

第三节●锚设备及其应用

锚设备是甲板设备之一。船舶在装卸货物、避风、等泊位、检疫及候潮等情况下都需要在锚地抛锚停泊，锚设备的配置就是为了使船舶在锚泊时具有足够的锚泊力。除了保证船舶抛锚停泊之外，锚设备还可以在某些特定情况下协助操纵船舶。

一、锚设备的组成

锚设备由锚、锚链、锚链筒、制链器、锚机、锚链舱、锚链管和弃链器等几部分组成。其布置如图2-3-1所示。图2-3-2为大连海事大学实习船“育鲲”轮锚设备布置情况。

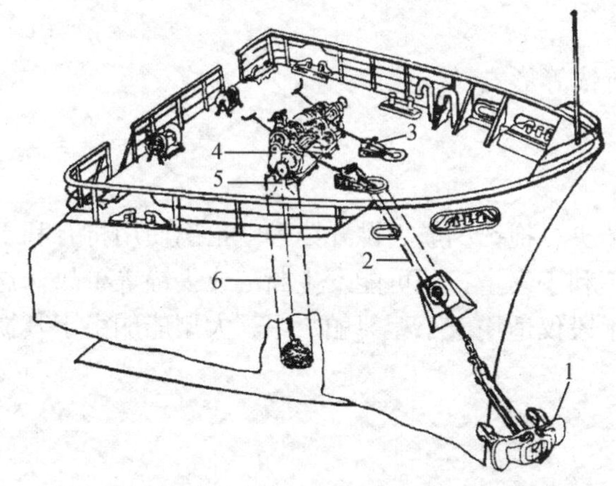

图2-3-1 锚设备布置

1—锚（anchor）；2—锚链筒(hawse pipe)；
3—制链器(chain stopper)；4—锚机(windlass)；
5—锚链管(chain pipe)；6—锚链舱(chain locker)

图2-3-2 “育鲲”轮锚设备布置情况

二、锚设备的作用

船舶抛锚后，船在外力作用下，拖着锚链向后使锚爪逐渐抓底，最后当锚牢固抓住海底时，作用在锚上的力达到平衡状态。锚泊时，锚的抓力与卧底锚链的抓力构成锚泊力，以抵御风、流等对船的作用力，最终使船舶被系留在指定水域。锚的系留作用如图2-3-3所示。

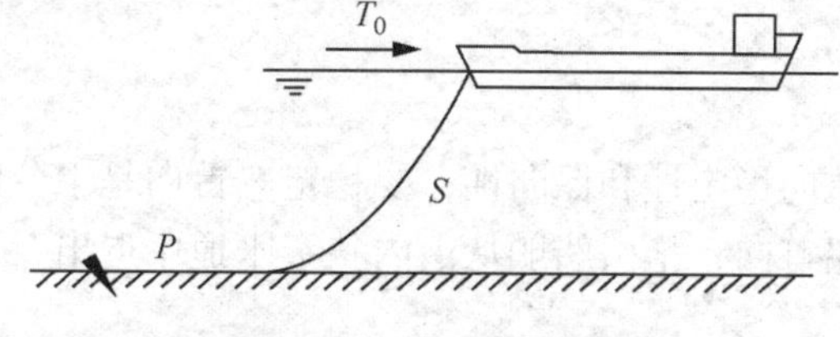

图2-3-3 锚的系留作用

船舶用锚通常可以分为系泊用锚、辅助操纵用锚和应急用锚三种方式。

（一）系泊用锚

船舶在装卸货物、避风、等泊位、检疫及候潮等情况下都需要在锚地抛锚停泊。根据锚地的自然条件和停泊时间，可采用单锚泊和双锚泊两种锚泊形式。

1. 单锚泊

当锚地水域开敞、船舶有足够的旋回区域、风流不大时，可以抛单锚停泊。松链的长度依水深、底质、风和流的大小及停泊时间长短而定。通常情况下松链长度在3～4倍水深以上。

2. 双锚泊

双锚泊常见的有八字锚、一字锚和平行锚等形式。

（二）船舶操纵用锚

港内操纵用锚主要有拖锚制动、拖锚掉头、拖锚倒航、抛开锚等。正确使用将有利于港内操纵安全；反之，如使用不当，不但不利于安全，还可能发生断链或丢锚等事故。这里值得注意的是，锚作为船舶操纵的辅助手段仅适用于小型船舶，中、大型船舶由于其惯性较大，不宜用锚协助船舶操纵。

1. 拖锚制动

港内低速航行过程中，为了降低船速，除使用主机倒车外，还可以抛下短链单锚，必要时抛下双锚，利用锚与海底的摩擦力来控制船速，减小冲程。倒车容易造成船首偏转，及时抛锚进行配合操纵，可收到良好的控制效果。特别是在靠泊操纵中，为减小横风、横流的影响，船舶往往不得不采用较大余速抵达泊位前沿。及时抛锚，并配合倒车进行制动，是一种常用而有效的措施。拖锚靠泊中，锚既有减小冲程的作用，又有控制船舶偏转的作用。例如，空船靠泊，若吹拢风较大，船舶轧拢码头的速度很快，可及时抛外舷锚予以抑制。

2. 拖锚掉头

船舶靠泊时多采用顶流靠泊方式，船舶如顺流进港，则要采取掉头操纵，然后顶流靠泊，如泊位前沿有足够的水域，则可在泊位前沿进行掉头。在专用掉头水域可借助流的作用进行顺流掉头。其具体的操纵方法参见港内操船的有关内容。

3. 拖锚倒航

船舶倒航时不具有航向稳定性和保向性，要稳定船首向是十分困难的。这时，可将首锚抛下利用拖锚来稳定船首向，拖引船舶从港内狭窄水道中退出，直至抵达可以掉头的水域再进行掉头操纵。

4. 抛开锚

在有些停泊水域，流向比较稳定，或拖船资源不足，小型船舶离泊时常采用绞开锚进行离泊的方法。所谓“开锚”是指靠泊时距离泊位前沿一定垂直距离时抛下外档锚，为离泊创造方便条件。

(三) 应急用锚

有时在紧急情况下，可拖锚刹减船速，以避免碰撞或减少碰撞损失。另外当船舶意外搁浅时，可延脱浅方向运锚抛下，绞收锚链以协助脱浅。在大风浪中航行的船舶，如果采取顶浪滞航的航法，可以抛锚并出链适当长度来增加船舶漂移阻力，控制船首向，辅助船舶抵抗大风浪。

三、锚抓力及其影响因素

不论是停泊还是操纵中，要想安全用锚，首先要了解锚的抓力性能。锚的抓力性能与锚型、底质、用锚形式以及水深等诸多因素有关。

(一) 锚的抓力

从物理意义来讲，锚的抓力（holding power）由锚与海底的摩擦力和锚的黏性阻力组成，一般用下式来表示：

$$P_A = \lambda_A \cdot W_A \tag{2-3-1}$$

式中：

P_A—— 锚的抓力；

λ_A —— 锚的抓力系数；

W_A —— 空气中锚的重量。

可见，锚的抓力与锚的抓力系数有关，而抓力系数与锚型、海底底质有关。抓力系数值可通过对各种不同底质所做的锚模型或实锚试验来确定。一般来说，抓力系数值的大小与锚的大小无关。

(二) 锚的运动及抓力

锚在海底被拖动的过程也是锚的抓底过程，如图2-3-4所示。在外力和抓力的作用下，其在海底的运动可用下列运动方程描述：

$$(m_A + m_S)\frac{dv_A}{dt} = T_H - P_A \tag{2-3-2}$$

式中：

m_A——锚的质量；

m_S——被锚拖动的泥沙质量；

v_A——锚的拖动速度；

T_H——作用于锚上的水平拖力；

P_A——锚的抓力，也称为锚阻力。

T_H 和 P_A 都与拖动速度 v_A 有关。方程中有些参数很难做出精确的估计，因此，大多用

试验方法进行研究。

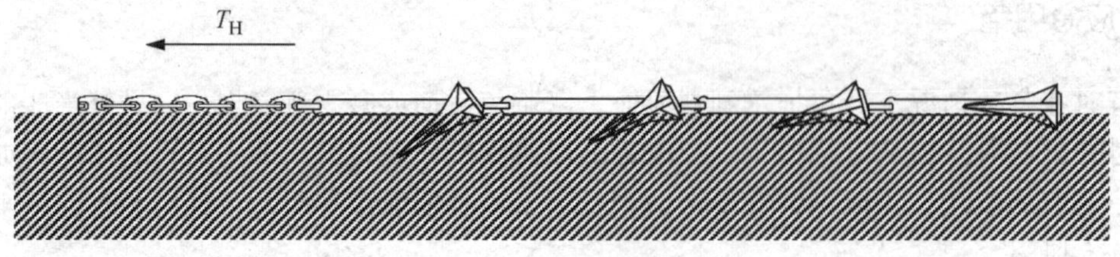

图2-3-4　锚的抓底过程

通过拖锚试验，可以详细了解从锚抛下至锚抓力达到最大值过程中抓力的变化情况，进而可通过试验结果获得锚的抓力特性曲线，如图2-3-5所示。特性曲线给出了各种锚型沙底拖锚抓力与拖锚距离之间的关系的试验结果。从抓力特性曲线可见：

在锚爪未插入海底之前，锚的抓力是有限的；随着拖动距离的增加，锚爪一旦插入海底，抓力将急剧增大，至2倍锚长距离时，抓力将达到最大值，而后保持该值；若拖力继续增大，锚在海底进一步被拖动，无杆锚就开始以锚干为轴偏转；当锚被拖动5～6倍锚长时，转角将达到45°，锚抓力急剧下降；当锚被拖动9～10倍锚长时，转角将达到180°，锚爪上翻出土，仅剩下锚与海底的摩擦力；如果锚爪能二次抓底，则又重复拖锚开始的过程。而有杆锚在抓力达到最大值后，由于不发生偏转现象，而一直保持该最大值。

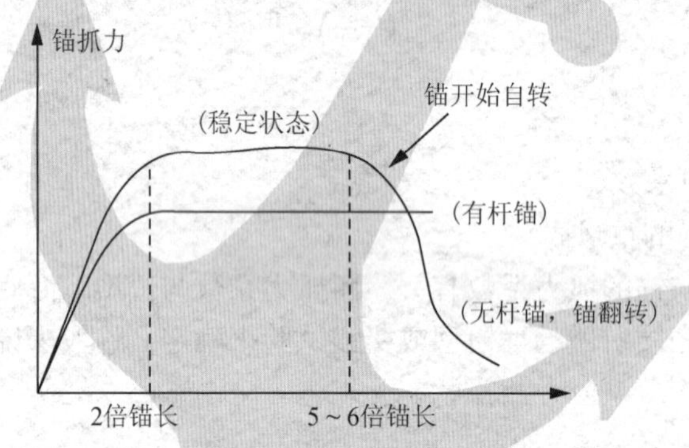

图2-3-5　锚的抓力特性曲线

由此可见，无杆锚的优点是其最大抓力较有杆锚大。但无杆锚的缺点是当外力超过最大抓力时，将急速失去其抓力，而有杆锚因其横杆能确保锚抓底姿势的稳定，故能保持锚爪的抓底状态。

另外，当外力 T_H 增大到等于最大抓力 P_A 时，如果出链长度较短，可能出现卧底链长为零的现象，有时甚至锚链将锚干向上提起，使锚不能发挥最大抓力。由试验可知，锚的抓力系数与锚的转环处锚链于水平面的垂直角有关。垂直角越大，抓力系数越小，这种情况相当于拖锚制动。垂直角为零时，锚的抓力系数最大。试验表明，当锚干仰角为5°时，抓力系数约减小1/4；当锚干仰角为15°时，抓力系数约减小1/2。出链长度不足时，将大大降低锚的抓力。因此，船舶锚泊时，为了保证锚发挥最大抓力，出链长度应足够。通常情况下，出链长度应不少于5～6倍水深。相反，在拖锚制动时，出链长度又不宜过长，否则，可能会发生断链或丢锚的事故。

上述的拖锚抓力与抛锚时船的运动情况有关。试验中，都是指将锚以某一速度拖动时的阻力。而实际上最需要的是将锚链刹住后锚爪插入海底使船停住时的抓力。因此，把抛锚后船停住时的最大抓力称为“静抓力”；而把船运动时的抓力称为“动抓力”。相对应地有静抓力系数和动抓力系数。

（三）锚的抓力系数

从上述分析可见，锚的抓力系数与船舶的运动状态、锚型、海底底质有关。其值可通过对各种不同底质所做的锚模型或实锚试验来确定。

1. 锚的静抓力系数

锚的静抓力指船舶在锚泊状态时的最大抓力。表2-3-1给出了运输船舶常用的几种锚型的静抓力系数。

表2-3-1　静抓力系数

锚型	霍尔锚	斯贝克锚	波尔锚	ZY-5型	AC-14型、DA-1型
抓力系数	4	4 ~ 6	7 ~ 11	8	7 ~ 11

2. 锚的动抓力系数

操纵用锚一般出链长度比较短，没有锚链平卧在海底，因此，操纵用锚的抓力仅为锚本身的抓力。操纵中用锚，例如拖锚掉头、拖锚制动等操作时，在船停止之前，锚在水底是处于拖动状态的。因此，锚的动抓力与走锚时的抓力基本相同。根据试验可知，当底质为一般泥沙时，锚的抓力（动摩擦力）与出链长度、水深的关系如表2-3-2所示。

表2-3-2　动抓力系数

出链长度/水深	1.5	2.0	2.5	3.0	3.5
抓力/水中锚重	0.76	1.16	1.60	2.00	2.40

注：水中锚重＝锚重×0.87。

（四）锚链的抓力

当出链长度足够时，将有部分链长平卧海底，这部分链长与海底的摩擦力称为锚链的抓力。其大小用式（2-3-3）表示：

$$P_C = \lambda_C w_C l \tag{2-3-3}$$

式中：

P_C——锚链的抓力（kN）；

λ_C——锚链的抓力系数；

w_C——单位链长在空气中的重量（t）；

l ——平卧于海底的链长，简称卧底链长（m）。

由上式可见，锚链的抓力与锚链的抓力系数、单位链长的重量和卧底链长的长度有关。试验表明，从安全锚泊的目的出发，锚链的抓力系数，沙底取为0.75，泥底取为0.6。

四、拖锚淌航距离的估算

拖锚制动距离是指拖锚制动操纵中的停船距离。正确估算停船制动距离，是确定落锚点的前提条件。拖锚制动距离与船舶的排水量、抛锚时船舶的余速、船体阻力、拖锚抓力以及流速等诸多因素有关。拖锚制动中的船舶运动十分复杂，精确地进行数学描述较为困难。

实践中需对本船在不同载态、余速下的拖锚淌航距离进行反复测定、对比和记录，做到心中有数。理论上为了进行估算，可对影响拖锚淌航距离的因素进行简化，考虑比较重要的因素，略去次要因素，用一个简单、合适的数学模型来描述停船运动。实际上，拖锚淌航过程中船舶有可能左右偏转，即船舶是沿曲线轨迹运动的。假设抛锚后船舶沿原航向直线运动，根据动能定理可得到船舶的拖锚制动距离的表达式：

$$s(P_A + R) = \frac{1}{2}(m + m_x)v^2 \tag{2-3-4}$$

式中：

s ——拖锚淌航距离（m）；

v ——拖锚时的船速（m/s）；

P_A ——锚的动抓力（kN）；

R ——船舶阻力（kN）；

m ——船舶质量（t）；

m_x ——船舶附加质量（t）。

式（2-3-4）中的船舶阻力、附加质量等都随时间变化，故进行精确计算较为复杂。在估算直线方向上的拖锚淌航距离时，可进行如下假设：

①船速在3 kn以下时，船体阻力相对较小，可以忽略不计，同时忽略附加质量的影响；

②锚的抓力在整个拖锚制动过程中是一个常量，等于最大动抓力。

则式（2-3-4）可简化为：

$$s = \frac{1}{2}\frac{m}{P_A}v^2 \tag{2-3-5}$$

将上式各因素的单位进行换算，可得：

$$s = 0.0135\frac{m}{P_A}v^2 \tag{2-3-6}$$

式中：

s ——拖锚淌航距离（m）；

v ——拖锚时的船速（kn）；

P_A——锚的动抓力（kN）；

m——船舶质量（t）。

从估算公式可得，万吨左右的船舶，2 kn余速拖单锚、3 kn余速拖双锚，在接近满载时拖锚淌航距离大致接近船长；2 kn余速拖双锚、1.5 kn余速拖单锚，前者较后者略短，拖锚淌航距离均接近0.5倍船长。由此可见，在通常情况下进入泊位，余速控制在1.5 ~ 2.0 kn时，应拖单锚制动；如余速稍快，可考虑拖双锚，这比拖单锚增加出链长度要稳妥。此外，操纵中在估算落锚点时，不但应考虑拖锚淌航距离，还应考虑到停船时，锚位与锚链孔之间的距离，即出链链长的纵向水平投影长度。

例：某轮排水量13500 t，船长135 m，锚重5 t，静水中余速3 kn时停车，抛单锚拖锚淌航45 m后，又抛出另一锚制动，若双锚均出链一节入水，两锚的抓力均以水中锚重的2倍计算，试求全部拖锚淌航距离。

根据式（2-3-4）可得：

$$\frac{1}{2}mv^2 = P_A \times 45 + 2P_A(s-45)$$

将质量 m =13500 t，船速 v =3×0.514 m/s，拖锚时锚的抓力 P_A=5×9.81×0.87 kN分别代入，可解得全部拖锚淌航距离为 s =116.6 m。

五、锚泊时的出链长度

无论采用哪种锚泊方式，都必须保证一定的出链长度，以使锚泊船具有足够的系留力。出链过长或过短都不利于安全锚泊，以下以单锚泊方式为例，说明安全出链长度。

（一）锚的系留力

锚的系留力是指船舶处在锚泊状态时所受到的约束力，也称为锚泊力。受重力的作用，锚泊船的出链长度分为两个部分，悬垂在水中的部分称为悬链长度，平卧在海底的部分称为卧底链长，如图2-3-6所示。

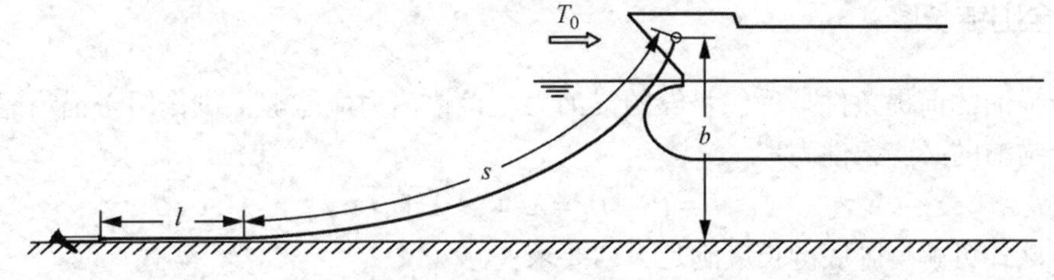

图2-3-6 锚泊船的出链长度

卧底链长与海底的摩擦力称为锚链的抓力，它增加了锚泊力，故锚泊力由锚的抓力和锚链的抓力两部分组成，即

$$P = P_A + P_C = \lambda_A \cdot W_A + \lambda_C \cdot W_C l \tag{2-3-7}$$

式中：

P —— 锚泊力（kN）；

P_A —— 锚的抓力（kN）；

P_C —— 锚链的抓力（kN）；

λ_A —— 锚的抓力系数；

W_A —— 空气中锚的重量（t）；

λ_C ——锚链的抓力系数；

W_C ——单位链长在空气中的重量（t）；

l —— 卧底链长（m）。

（二）悬链长度

悬链长度是指悬垂在水中的锚链长度，它等于出链长度减去卧底链长。由线积分计算可得悬链长度的表达式：

$$s=\sqrt{h_0(h_0+\frac{2T_0}{w_C})} \tag{2-3-8}$$

式中：

s ——悬链长度（m）；

T_0 ——船舶所受的水平外力（t）；

h_0 ——锚链孔至海底的垂直距离（m）；

w_C ——单位链长在水中的重量（约为0.87倍空气中的重量）（t）。

由式（2-3-8）可见，悬链长度与水平外力 T_0 的大小有关。T_0 越大，悬链长度越长；反之，T_0 越小，悬链长度越短。当 $T_0=0$ 时，悬链长度 $s=h_0$，可见，悬链长度是动态变化的。悬链长度尽管不直接产生抓力，但锚链的重量可使锚杆处的拉力保持水平，从而保证发挥锚的最大抓力；此外，悬链长度还可吸收一部分作用于船舶的外力，起到缓冲的作用。

（三）安全出链长度

安全锚泊的前提条件是确保足够的锚泊力，该锚泊力应能够抵御作用于锚泊船的合外力。安全锚泊的必要条件为：

$$P=P_A+P_C=\lambda_A W_A+\lambda_C W_C l \geqslant T_0 \tag{2-3-9}$$

通过该式可解得卧底链长应满足下列要求：

$$l \geqslant \frac{T_0-\lambda_A W_A}{\lambda_C W_C} \tag{2-3-10}$$

则保证单锚泊安全所需总的出链长度为：

$$S=s+l=\sqrt{h_0(h_0+\frac{2T_0}{w_C})}+\frac{T_0-\lambda_A W_A}{\lambda_C W_C} \tag{2-3-11}$$

式（2-3-11）中的水平外力 T_0 在理论上可分为两部分：其一是静力，即锚泊船静止中风和流的作用力；其二是动力，即锚泊船运动中的动力。两种力的计算相当复杂。因此，实践中单锚泊出链长度常常采用下列经验公式：

$$S=3\times h+90$$ 风速≈20 m/s（8级）时 (2-3-12)

$$S=4\times h+145$$ 风速≈30 m/s（11级）时 (2-3-13)

式中：

S——出链长度（m）；

h——水深（m）。

船舶配备的单舷锚链长度一般为300 ~ 385 m（11 ~ 14节），锚泊时需要保留一定长度的安全余量，可抛出的最多链长是有限的。在水深超过一定限度的深水区锚泊时，即使是最大出链长度也可能达不到上述经验公式的要求，这时，为了增加锚泊力，可考虑双锚泊方法。据统计，船舶在水深小于30 m的锚地水域锚泊时，在风力小于7级的情况下单锚泊，出链长度一般为5 ~ 6节；风力大于8级的大风浪中单锚泊时，小型船舶的出链长度一般为7 ~ 9节，中、大型船舶一般为9 ~ 11节。实际上，出链过长将会增大偏荡幅度，也不利于锚泊安全。

第四节 系泊设备

船舶停靠码头、系留浮筒、傍靠他船或顶推作业时，用于绞缆的设备统称为系泊设备。系泊设备由系船缆、导缆装置、挽缆装置、绞缆机械、卷缆车及属具组成。

一、系缆的名称、作用与配备

（一）靠泊码头时的系缆的名称及作用

系缆的主要作用是在靠泊、系浮筒时绑牢船舶，拖带中传递拖力，靠离码头时协助操纵及船舶在码头前后移泊时使用。根据各缆绳的位置、出缆方向和作用不同，有如下几种名称，如图2-4-1所示。

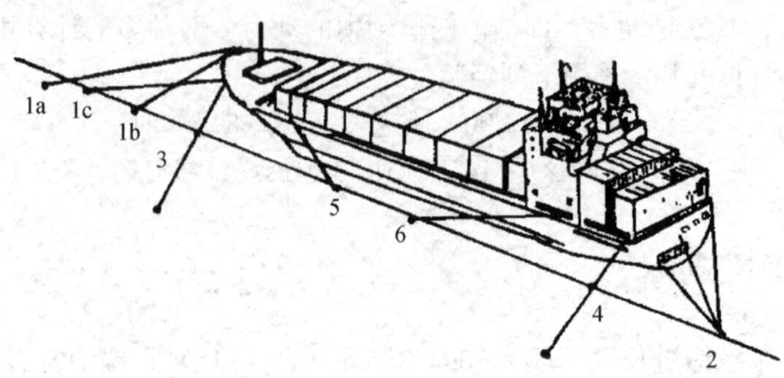

图2-4-1　系缆名称

1a—外档头缆；1b—包头缆；1c—里档头缆；2—尾缆；3—前横缆；4—后横缆；5—前倒缆；6—后倒缆

1. 头缆

头缆（head line）又称首缆，其中从外舷出缆者也可称为外档头缆。如果它绕过船头而与码头岸线交角很大，则俗称“包头缆”。从里舷出缆者也可称为里档头缆，俗称“拎水缆”。头缆主要承受船首方向风、流的外力作用，防止船身后退和船首外移。

2. 尾缆

尾缆（stern line）也有里档尾缆和外档尾缆之分，主要承受船尾方向风流的外力作用，防止船身前冲和船尾外移。

3. 前倒缆

前倒缆（fore spring line）主要承受来自船尾方向的作用力，防止船位前移。

4. 后倒缆

后倒缆（after spring line）的主要作用是防止船身后退。

5. 前、后横缆

前、后横缆（fore/after breast line）主要承受吹开风的作用力，防止船头（尾）外张。

系泊时，缆绳的具体使用要根据码头的情况、船舶长度、缆绳强度、停泊时间长短及天气、潮汐情况来决定。通常万吨级船舶靠码头时带头缆、尾缆各3根，前、后倒缆各1根。5万吨以上船舶除首、尾缆及前、后倒缆有所增加外，因船长较长，往往在船中附近还要增带几根缆，可以根据本船情况给予命名。抗台时或在涌浪大的港口，还应使用保险缆，以保证系泊安全。

（二）浮筒系缆名称及作用

船舶在某些港口停泊时，需要带浮筒。带浮筒的方式主要有两种：一种是只在船首带单个浮筒；另一种是首、尾均带浮筒。浮筒系缆若按所带缆绳的形式分有单头缆和回头缆

两种，见图2-4-2。

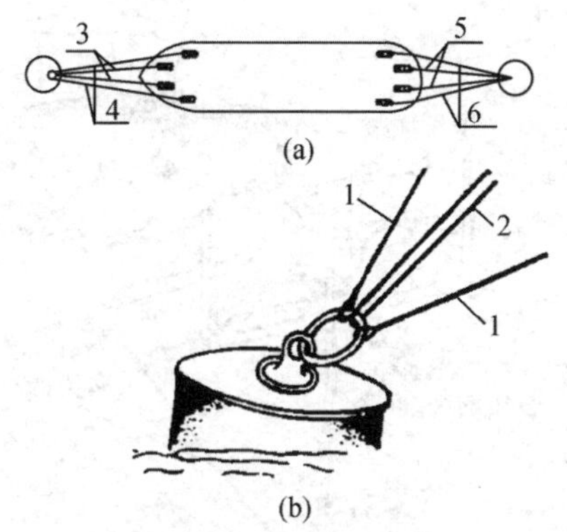

图2-4-2　浮筒系缆名称

1—单头缆；2—回头缆；3、5—前、后回头缆；4、6—前、后单头缆

1. 单头缆

单头缆（buoy line）从船头或船尾送出，其前端琵琶头（eye splice）与浮筒环（buoy ring）连接的系缆称为单头缆，俗称“单头”。单头缆首、尾至少各2根，用以承受系泊力。强风强流时，还应增加其数量。

2. 回头缆

在船头或船尾，由一舷送出，穿过浮筒环后再从另一舷拉回船上系牢。这种缆称为回头缆（slip line）。回头缆首、尾各1根，平时不承受系泊力（处于松弛状态），只在离浮筒时使用，作为最后解除的系缆，由船员自行解脱。

（三）应急拖带装置

IMO的决议MSC 256（84）对《海上人命安全公约》（SOLAS）Ⅱ-1/3-4应急拖带的要求进行了修正。当前，根据原《海上人命安全公约》（SOLAS）Ⅱ-1/3-4的要求，油船的应急拖带装置需经过审批。修正后的法规规定，所有船舶都需配备应急拖带程序。要求停泊中的船舶，在其外舷的首、尾处各垂下一根应急拖缆，其琵琶头应垂于水面上方，并在装卸与压载过程中保持此状。用于防止拖缆落入水中的绑扎小绳应便于拖船上的船员判断、解掉或拉断，如图2-4-3所示。

该装置在任何时候应能够快速用于失去主动力的被拖曳船并且易于与拖船连接。至少一个应急拖带装置应预先装备妥当以便快速使用；考虑到尺度和载重量以及预计到的恶劣天气条件下的受力，在船头和船尾的应急拖带装置应有足够的强度。

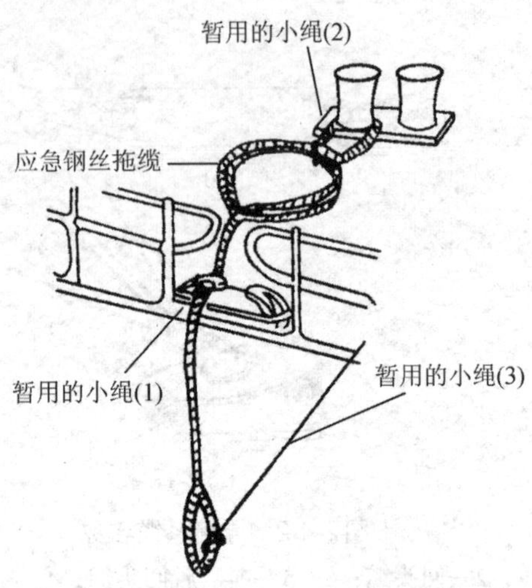

图2-4-3　船舶停泊应急拖缆布置方式

1. 一般要求

应急拖带装置的设计和构造应基于IMO开发的指南要求并由主管机关认可；船尾应急拖带装置应预先装备妥当以便在港内条件下由一人15 min内以可控的方式使用；后部拖缆端短索的提升装置的设计应考虑到失去动力和在拖带操作时遇到不利环境状况的可能性，至少可以由一个人手动操作，提升装置应受保护于可能遇到的天气及其他不利条件；前部应急拖带装置应可以在港内条件下不超过1 h内完成部署；符合后部应急拖带装置要求的前部应急拖带装置可以接受；所有应急拖带装置应清晰地标示使之即使在黑暗和能见度不良时也可以安全和有效地使用；所有应急拖带的构件应由船员定期检查和维护使之处于可用状态。

2. 布置

应急拖带装置的典型布置如图2-4-4所示。

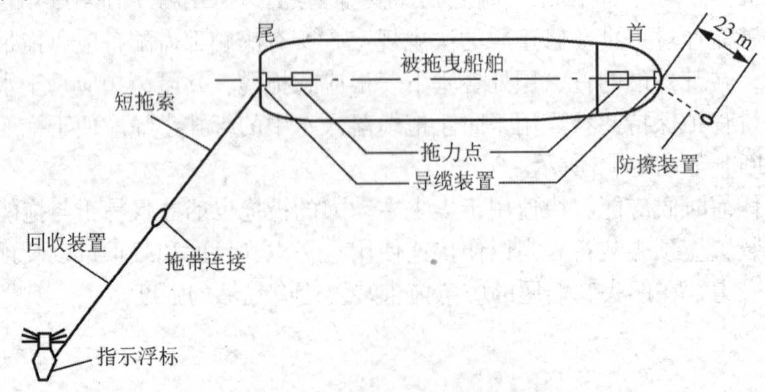

图2-4-4　应急拖带装置的典型布置

其中，首部和尾部的拖力点及导缆装置的位置应能确保从首部或尾部任一侧均易于拖

带，并最大限度地减小拖带装置的应力。安放应急拖缆有不同的方法并且其布置可因港口不同而不同。首选的方式是将船上的一端系固在双缆桩上，至少盘5花，然后通过导缆孔导向舷外，在船边悬挂成弓形并在甲板上无松弛部分。应急拖缆的舷外端部有琵琶头并与引缆连接带回甲板。在装卸货期间，定期调整引缆以保持应急拖缆的琵琶头在水线上1～2 m。

3. 装置与部件的要求

短拖索应具有一个硬质末端眼环，以便与标准的共性卸扣连接。短拖索的长度不小于$2H$+50 m。其中H为尾部导缆装置处的海上最轻压载时的干舷高度（单位为m）；导缆装置可为导缆孔或带滚柱的导缆器；拖力点是拖带装置在船上的紧固端，应为制链器或拖力眼板或其他等效强度的装置。

4. 附加标志

装有符合此规定的应急拖带装置（emergency towing arrangements）的船，可授予附加标志。

5. 图纸资料

下列图纸资料应提交船级社批准：
①应急拖带装置的布置图；
②应急拖带装置的拖力点、导缆装置结构图及相应的计算书；
③支撑拖力点和导缆装置的局部结构图；
④应急拖带装置的操作手册。

二、靠离泊中系缆的运用

（一）靠泊用缆

靠泊带缆时机和顺序取决于船舶排水量、载重状态、风流的影响以及靠泊操纵中系缆的作用等因素。

对于小型船舶，船舶靠岸之前，在撇缆能及的距离上即可进行带缆，以便借助系缆的作用力来控制船舶的靠岸过程；中、大型船舶一般在船舶靠岸之后进行带缆。

一般采用先带首部缆绳后带尾部缆绳的靠泊带缆顺序，而首部带缆顺序取决于风、流的影响。

1. 顶流靠泊带缆顺序

在有流港口，船舶多采用顶流靠泊的方式。为了防止船舶靠岸过程中受流的影响而后退，一般先带头缆，并迅速收紧挽牢。待船体靠岸并就位之后，再带前倒缆、前横缆。尾部先带尾倒缆，然后带尾缆和横缆。

2. 横风较强时的带缆顺序

有较强吹开风或吹拢风影响时，一般先带首横缆，无横缆缆桩时可将头缆和前倒缆同时带上，并迅速收紧。这样既可防止吹开风造成船首被吹开而陷入困境，又可防止吹拢风造成船尾轧拢过快而触碰码头。尾部先带尾横缆，并尽快绞拢。

（二）离泊用缆

1. 单绑

单绑（single up）是指船舶离泊前解除操纵中不起作用的缆绳。小型船舶自力离泊单绑时，保留缆绳的数量取决于流向，一般船首保留一根头缆和一根前倒缆，顺流时保留一根尾缆，顶流时保留一根尾倒缆。中、大型船舶一般在拖船就位并发挥作用后再进行单绑。

2. 离泊倒缆的运用

小型船舶自力离泊时，一般采用尾离法，即借助前倒缆的约束力，短时微速进车，操内舷满舵，使船尾慢慢离开码头。这时，前倒缆可能受力过大而断缆，进而使船舶失去控制而酿成事故。因此，应选择强度大、质量好的缆绳作为尾离前倒缆，尽可能地将其在贴靠码头边而又接近船中部的缆桩上挽牢，以使其有足够的长度，减少其所受的应力。离泊操作时应严格控制进车时间。

3. 溜缆

离泊时，首或尾部的最后一根缆，有时用来阻滞首、尾的偏转，或控制船身的前冲后缩，需将其做一时溜出、一时刹住的操作，这根缆绳俗称溜缆。

溜缆一般只用钢丝缆，一般只在小型船舶离泊时使用。

4. 绞缆移泊

船舶停靠中，常由于某种原因需要向前或向后平移若干距离。如此时非风大、流急，一般只要首尾配合绞缆即可移泊。

向前移动时，解掉里档首缆、尾缆，移向前方远处带上缆桩，前倒缆也适当前移，外档首缆上绞缆机，始终保持船首有一根首缆和一根前倒缆随时受力，使船首不致偏出码头过远而危及船尾的车舵；船尾也可同时绞收尾倒缆，松出尾缆，并适时将其带到较前的缆桩上，使船尾也保持较宽裕的受控状态。一次离泊距离不足，可反复进行，移泊完成后，带好并调整各缆绳受力均匀。

向后移泊时，可绞收尾缆及前倒缆，但同样要有一根首缆随时受力，以保持船身的平行移动。

绞缆时要前后配合，相互呼应，并在驾驶台统一指挥下进行。绞缆速度不宜太快，也不要硬绞，以防断缆。

如果风大流急，应用车舵配合或借助拖船进行移泊，以策安全。

三、系离浮筒作业

船舶系离浮筒作业时，除非有港口提供的带缆艇协助操作，否则需将本船的工作艇放下使用。

（一）缆绳系离浮筒作业

1. 准备工作

船首、船尾各备妥带卸扣的单头缆2～3根，回头缆及其牵引绳各1根。如果使用化纤缆，每根缆绳还要配一个司令扣。

2. 系浮筒作业

（1）首先系单头缆

当船舶驶近浮筒时，将单头缆及卸扣等从导缆孔送出至水面上。带缆艇接到缆绳后，在艇上盘放一部分，然后驶向浮筒。这时船上相应地松出缆绳。带缆艇抵达浮筒处后，将系缆与浮筒环用卸扣连接在一起。出缆孔应尽可能地靠近船首正中，也可集中从一舷的导缆孔出缆，以改善横风时仅一舷单头缆受力的状况。

（2）单头缆带好后，再带回头缆

将回头缆与其引缆分别从两舷送出，由带缆艇带到浮筒处，将引缆穿过浮筒环与回头缆相接。船上绞收引缆把回头缆从另一舷收回，两端均在缆桩上挽牢。有的船系挽回头缆采用活钩装置（如图2-4-5所示），解缆时较为方便。如果港口条件较好，拖船的功率、数量充足，也可以不带回头缆。

船舶系靠浮筒，一般是先带船首单头缆，次带船尾单头缆，再去船首带回头缆，最后带船尾回头缆。所有系缆带好、泊位调整就绪后，应将各单头缆绞紧，而使回头缆松弛些。

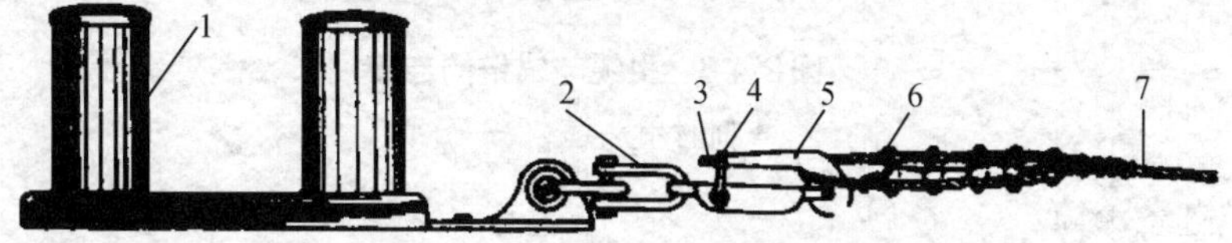

图2-4-5 回头缆活钩装置

1—系缆桩；2—卸扣；3—插销；4—扣环；5—活钩；6—扎索眼的细绳；7—回头缆琵琶头端

3. 离浮筒作业

（1）解单头缆

将首、尾单头缆全部解掉绞回船内，只留回头缆。在有流的港口，一般先解掉背流的单头缆，然后再解迎流一端的单头缆。如果风流较大，估计回头缆难于抵御风、流的冲击力时，往往需用拖船协助解缆。单头缆解完后，带缆艇还应在适当的距离外待命。

（2）解回头缆

先检查琵琶头是否扎好。当接到解缆命令后，立即解掉回头缆琵琶头一端使之溜出舷外，再迅速解掉回头缆的另一端，上卷筒绞回船内。

（二）锚链系离浮筒作业

台风季节或系泊时间较长，为安全起见，往往用锚链代替缆绳系浮筒。

1. 系浮筒作业

（1）准备工作

备大卸扣1只，带卸扣的钢丝缆2根（一根作为临时单头缆，另一根作为回头缆）。将锚悬挂在舷外，备妥锚链。

（2）系临时单头缆

船舶接近浮筒时，带缆艇将已备妥锚链一舷的钢丝缆作为临时单头缆引至浮筒系牢，然后船上绞紧单头缆，使船首尽量靠近浮筒，以便操作，并稳定船身。

（3）送锚链引缆（即回头缆）

带缆艇将另一舷松出的钢丝缆引至浮筒并穿越浮筒环，然后用卸扣连在松出的锚链的第二或第三个链环上，如图2-4-6所示。

图2-4-6　引缆与锚链的连接

1—临时单头缆；2—引缆

（4）锚链系浮筒

船上绞收锚链引缆，同时松出锚链。当锚链接近浮筒环时，用大卸扣将锚链与浮筒环相连，然后船上绞锚链使之受力。

（5）带回头缆

解开浮筒环上的临时单头缆，作为回头缆的引缆，再解开锚链引缆作为回头缆，然后用卸扣将回头缆和其引缆连接，接着绞收引缆将回头缆引至船上，在缆桩上挽好。

（6）调整锚链长度

如果船舶系单浮筒，则将锚链松出适当长度，合上制链器，使锚机不受力，回头缆根

端也相应地松出，使其处于松弛状态（如图2-4-7所示）。

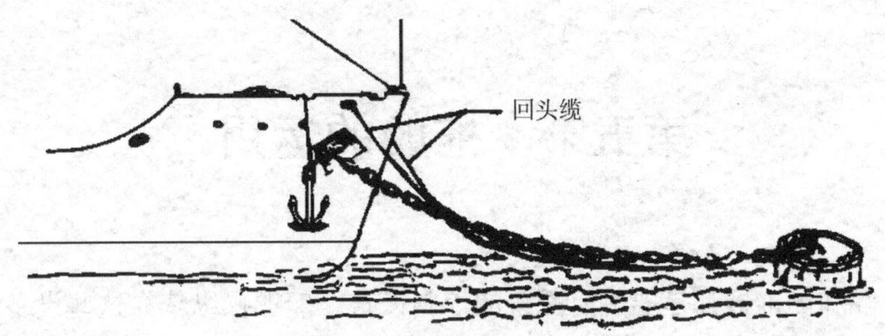

图2-4-7　锚链系浮筒

如果尾部也要系浮筒，则松出锚链与回头缆，使船尾接近浮筒。船尾系缆带好后，调整泊位，使锚链受力，合上制链器。

2. 离浮筒作业

锚链离浮筒作业时先将锚链从浮筒上解下。

（1）准备工作

备妥锚机、绞缆机和1根带卸扣的钢丝绳，并将该钢丝绳作为引缆从导缆孔松出至水面待用。

（2）送引缆

接到解锚链命令后，绞收回头缆，同时松出少许锚链，使回头缆吃力而锚链稍为松弛，然后带缆艇将引缆引至浮筒将其穿过浮筒环，用卸扣与锚链的第二个或第三个链环相连，如图2-4-8所示。

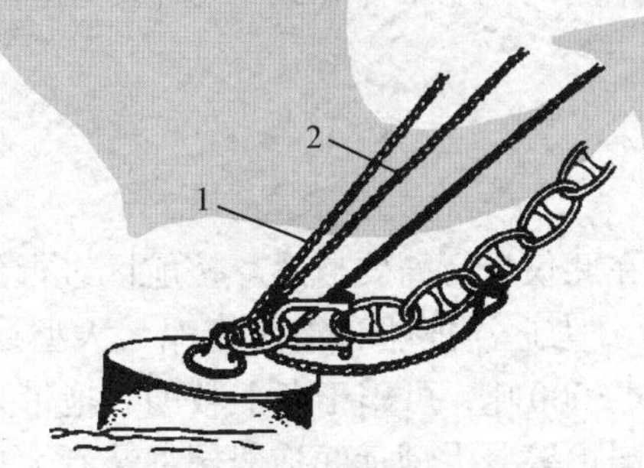

图2-4-8　离浮筒时解脱锚链

1—引缆；2—回头缆

（3）解锚链

绞收引缆，当锚链第一个链环不受力时，迅速解开大卸扣，松出引缆，绞收锚链悬挂在水面上，待带缆艇解去引缆后，将引缆和锚链绞回至船首甲板上，锚复位。

（4）单绑

解去船首、尾所有单头缆，而各留1根回头缆，准备离泊。

第五节●拖船的运用

螺旋桨、舵和侧推器都是船舶所配备的控制设备，船舶操纵依靠这些设备对船舶运动进行控制。然而，任何控制设备都有其能力极限，当外界影响超过这些设备的控制能力时，就需要外部力量的协助。目前，广泛用于船舶操纵运动控制的外部手段是拖船。鉴于拖船在协助船舶操纵中的重要性，IMO海上安全委员会（MSC）、设备委员会（FAL）和海上环境保护委员会（MEPC）在2003年9月8日分别以MSC/Circ.1101、FAL/Circ.100和MEPC/Circ.409的形式联合发布通函，建议以Henk Hensen船长的著作《港内拖船的应用》作为拖船的配备、使用以及协助方法等方面的指南，要求有关港口管理和经营当局配备合适的拖船。本章在讲述拖船特点的基础上，以全回转拖船为例讨论船舶不同运动状态下的拖船效应，并概述船舶操纵中拖船配备的要求等内容。

一、拖船的种类及其特点

作为一种辅助操纵手段，拖船广泛应用于海上拖带、海上救助、海洋打捞、海上钻井平台供给、协助船舶进出港以及靠离泊操纵等领域。港口进出港船舶类型、大小不同，通航条件和自然条件不同，所采用的拖船式样和大小也不尽相同。本节重点介绍港作拖船的特性和使用。

（一）拖船的种类

拖船有多种分类方法。在此仅进行简要概述。按航区进行分类，拖船可分为外海拖船和港作拖船。外海拖船又可分为远洋拖船和沿海拖船。大型远洋拖船的发动机功率可达20000马力以上，排水量超过5000吨，可用于海上救助、拖带大型船舶及其他大型水上构筑物，如海上钻井平台和浮船坞等。大型远洋拖船尾部装有大功率拖缆机，在风浪中能随着拖缆张力的变化而自动收放拖缆。按用途进行分类，拖船又可分为运输拖船、港作拖船和救助拖船。

（二）拖船的特点

拖船一般有较大的拖力和良好的操纵性，可以灵活地进行操纵。与运输船舶比较，由于其工作性质是提供推力或拖力，故拖船有其本身的特点。这些特点表现在船型、推力、操纵性等方面，如表2-5-1所示。

表2-5-1 拖船与运输船舶的比较

比较项目 \ 船舶种类	港作拖船	外海拖船	运输船舶
长宽比(L/B)	2.5~3.5	3.5~5	5.5以上
水下船体形状	半椭圆体	细长体	细长体
水下侧面积分布	集中于船中	整个船长	整个船长
功率/排水量(kW/t)	> 4	1.8 ~ 2.9	0.08 ~ 0.5
旋回直径	< 2L	(2 ~ 3)L	(3 ~ 4)L
推进器形式	FPP、CPP、ZP、VSP	CPP+首侧推	FPP、CPP

在船型方面，拖船船体较短，港作拖船长宽比（L/B）一般为2.5 ~ 3.5，外海拖船为3.5 ~ 5.0。港作拖船船体水下呈半椭圆体形状，且水下侧面积集中于船中附近。而外海拖船船体水下呈细长体形状，且水下侧面积分布于整个船长。港作拖船的推进器功率较大，每一排水吨所分配的主机功率一般为4.0 kW以上，而外海拖船一般为1.8 ~ 2.9 kW。在操纵性方面，拖船的旋回直径均小于运输船舶，港作拖船的旋回直径一般小于2倍船长，而外海拖船更接近运输船舶，为2 ~ 3倍船长。

（三）港作拖船的特性

船舶在港内低速航行，其自力操纵能力严重受限，因此在进出港口的保向、改向和控速方面，均需要拖船协助。使用拖船助操时，一般应提前预约。在助操前，大船的驾引人员应与拖船船长商定操纵方案。在操纵过程中，应充分考虑拖船的安全，体谅其操纵上的困难。为了双方的配合与协作，必须了解港作拖船的特性。

港作拖船根据推进装置的不同，分为ZP拖船（ZP传动推进器）、VSP拖船（平旋推进器）、CPP拖船（可变螺距推进器）和FPP拖船（固定螺距推进器）四种。FPP拖船因其助操效果差，在大多数港口已经淘汰。目前港口常用的是ZP拖船和VSP拖船，ZP拖船已成为港作拖船的主流。

拖船的使用特性见表2-5-2。

表2-5-2　拖船的使用特性

性能/种类	FPP拖船	CPP拖船	VSP拖船	ZP拖船
主机种类	低速柴油机	低速柴油机	中速柴油机	中高速柴油机
主机操作	仅可控制推力的大小	仅可控制推力的大小	可控制推力的大小及其方向	可控制推力的大小及其方向
启动/停止特性	差	良	优	优
旋回性能	差(旋回直径大，为3～4倍船长)	差(旋回直径较大，为1.5～2倍船长)	优(可原地掉头，旋回直径为1～1.5倍船长)	优(可原地掉头，旋回直径为1～1.5倍船长)
横移性能	不能横移	横移困难	可以横移	可以横移
耐波性能	差	差	优	优
前进拖力(每100马力)	1×9.8 kN	1.35×9.8 kN	0.95×9.8 kN	1.50×9.8 kN
后退拖力与前进拖力的比值	80%	60%	90%	90%

二、拖船的使用方式

(一) 拖带

拖带（pulling）是指通过拖缆将拖船的作用力传递给被拖船的一种协助方式，其产生的作用力称为拖力（pulling force）。

按照拖缆方向与拖船首尾线的交角 α 进行分类，拖带方式可分为直拖（direct pulling）和斜拖（indirect pulling）两种。

当 $\alpha = 0^{\circ}$，即拖缆方向与拖船首尾线平行时，称为直拖，也俗称“吊拖”或“拎拖”。直拖适用于被拖船船速较低的情况，一般船速在0～5 kn时适于采用这种方式，见图2-5-1（a）。

当 $\alpha \neq 0^{\circ}$，即拖缆方向与拖船首尾线有交角时，称为斜拖，也称为非直拖。斜拖适用于被拖船船速较高的情况，一般船速在3～10 kn时适于采用这种方式，见图2-5-1（b）。被拖船船速为10 kn以上时，已经超过了拖船的协助能力。

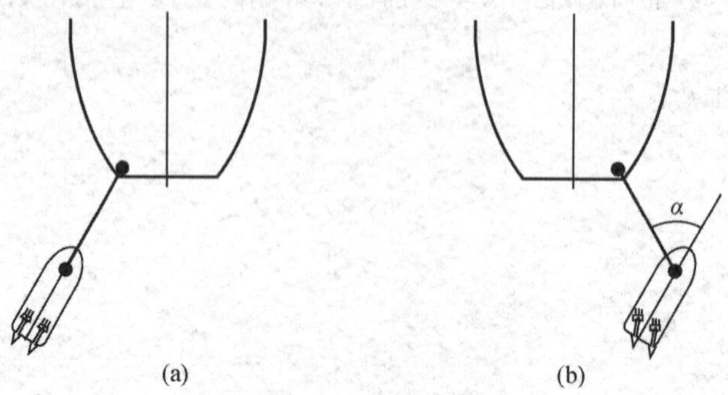

图2-5-1　直拖与斜拖方式

显然，普通FPP拖船和CPP拖船推进器推力方向仅为前、后两个方向，故仅适用于直拖方式，不适用于斜拖方式。而VSP和ZP拖船推进器推力方向是全方位的，故不但适用于直拖方式，也适用于斜拖方式。

港作拖船协助被拖船的拖带一般采用单拖缆，带缆方式有两种：一种是利用拖船缆绳直接系在大船缆桩上，目前大多数情况使用这种方式；另一种是由大船出缆系于拖船拖钩上。直拖方式一般采用一根拖缆。拖缆长度可根据港内水域宽度确定，实际应用上一般为拖船长度的2倍左右。为了充分发挥拖船的效率，保证操纵的灵活性，避免拖缆负荷过大，应使拖缆有最小的俯角，一般情况下应小于15º，即拖缆长度应大于被拖船拖缆出口至水面高度的4倍；即使被拖船拖缆出口至水面的高度很低，拖缆长度也不应少于45 m。

拖带是拖船协助船舶最常用的方式之一，它适用于力的作用点不变、方向经常变化的情况，改变拖缆与被拖船首尾线之间的交角可改变拖力的方向。利用拖带方式协助大船包括下列几种形式：

（1）当船舶无动力时，拖船系在被拖船船首，为被拖船提供动力，见图2-5-2（a）。

（2）在受限水域，当船舶主机倒车功率不足以停船时或无动力船需要后退时，拖船系在被拖船船尾，协助船舶减速或后退，见图2-5-2（b）。也可以采用这种方式提高螺旋桨转速来增加舵效。

（3）在受限水域，当船舶转向困难，同时需要减速时，拖船系在被拖船船尾或尾舷侧，协助船舶减速、转向。这时，直拖角度可进行调整，当船速较低时调整为横向直拖，拖船仅提供转向作用，见图2-5-2（c）。

（4）当大型船舶进行靠离泊操纵时，或吹拢风较大离泊时，两艘或多艘拖船系在被拖船舷侧，协助船舶横向移动，见图2-5-2（d）。

（5）在受限水域，当船舶需要掉头回转时，单拖船或两艘拖船系在被拖船舷侧，协助船舶掉头，见图2-5-2（e）。

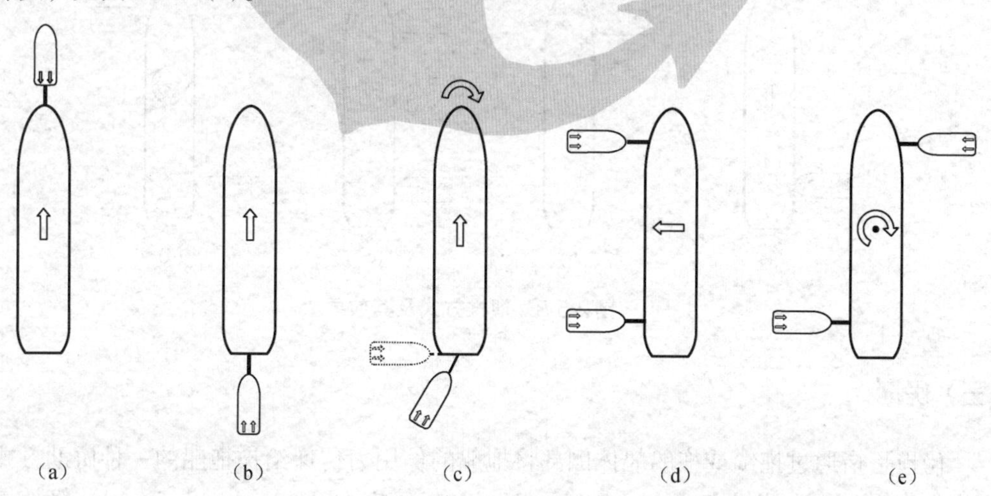

图2-5-2 拖带方式及其效果

（二）顶推

顶推（pushing）指通过拖船船体首部将拖船的作用力传递给被拖船的一种协助方式，其产生的作用力称为推力（pushing force）。

顶推一般采用单拖缆，带缆方式取决于拖船的种类。对于ZP拖船和VSP拖船，多数采用单首缆系缆方式，并采用拖船拖缆，也有不系缆的情况。由于ZP拖船和VSP拖船都装有拖缆自动收放装置（绞缆机），且推力和拖力之间可快速转换，则顶推方式可迅速转换为直拖方式。对于传统的单螺旋桨的FPP拖船和CPP拖船，一般也采用单拖缆，个别有双首缆的情况。

顶推也是拖船协助船舶最常用的方式之一，它适用于力的作用点经常变化的情况，改变拖船首尾线与被拖船首尾线之间的交角可改变推力的方向。利用顶推方式协助大船包括下列几种形式：

（1）当船舶有进速且进速较低时，单拖船系在被拖船尾部舷侧，协助被拖船转向或回转掉头，为了保持拖船始终与被拖船首尾线垂直，在拖船船尾与大船之间另加一稳定缆，见图2-5-3（a）。

（2）当船舶有退速且退速较低时，单拖船系在被拖船首部舷侧，协助被拖船转向或回转掉头，见图2-5-3（b）。

（3）当大型船舶进行靠泊操纵或吹开风较大靠泊时，两艘或多艘拖船系在被拖船舷侧，协助船舶横向移动，见图2-5-3（c）。

（4）在受限水域，当船舶需要掉头回转时，两艘拖船或多艘拖船分别系在接近船首和船尾的相反舷侧，协助船舶回旋掉头，见图2-5-3（d）。

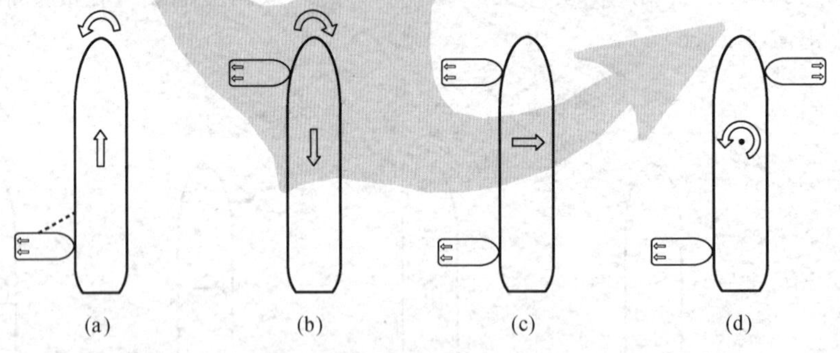

图2-5-3　顶推方式及其效果

（三）傍拖

傍拖是指通过拖缆或拖船船体侧部将拖船的作用力传递给被拖船的一种协助方式，其产生的作用力称为侧推力（side pushing force）或傍拖力（side pulling force）。傍拖属于舷侧协助方式。

傍拖的带缆方式取决于拖船的种类，对于普通FPP拖船和CPP拖船，一般采用双拖缆或三拖缆；带缆方式采用单首缆和单尾缆或双首缆和单尾缆系缆方式，船尾拖缆也称为稳

定缆。对于操纵灵活的ZP拖船和VSP拖船，有时仅系单首缆傍靠于被拖船舷侧，必要时进行侧向推进或直拖。

傍拖是拖船协助船舶较为常用的协助方式之一，它适用于力的作用点和方向基本不变的情况，改变拖船拖力即可改变作用力的大小。利用傍拖方式协助大船包括下列几种形式：

（1）当船舶无动力时，拖船系在被拖船的两舷，为被拖船提供动力，见图2-5-4（a）。

（2）在受限水域航行或通过航道时，拖船系在被拖船船尾两舷侧向推进，协助船舶保向，见图2-5-4（b）。

（3）接近泊位过程中，拖船在船舶一舷傍拖，协助保持船位，防止船速较低时受吹开风的影响造成船位漂移过大，必要时进行顶推，见图2-5-4（c）。

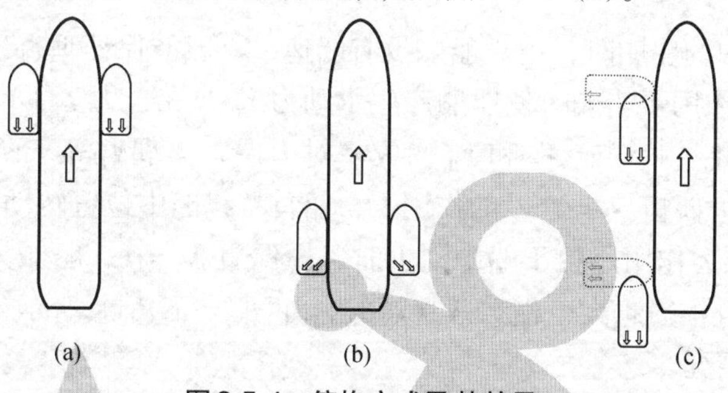

图2-5-4　傍拖方式及其效果

（四）其他协助方式

上述两种或三种方式的组合可用于不同情况下协助被拖船，称为组合拖曳。这种方法通常适用于在受限水域拖带无动力船或大型船舶通过航道的情况，其产生的作用力包括推力或拖力。组合拖曳时拖船的作用包括保向、变向以及提供前进或后退的动力等。

当拖动无动力的大型船舶或排水量较大的浮体（如钻井平台、浮船坞等）时，多艘拖船可布置成既可进退，又可原地回转的四角牵引的直拖方式，见图2-5-5（a），这样可大大改善被拖船或浮体的运动稳定性。

当大型船舶通过宽度受限的航道、转向或接近泊位时，舵产生的转船力矩不能有效地控制船舶，同时又需要进行减速，这就需要采用多艘拖船进行组合拖曳，见图2-5-5（b）。

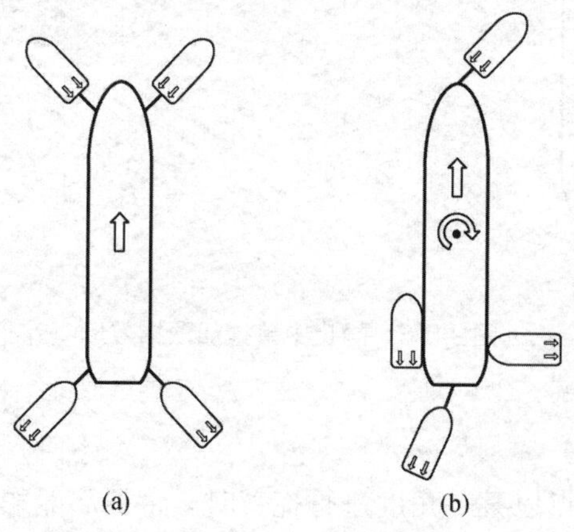

图2-5-5　组合拖曳

三、拖船作用下的船舶运动

（一）船舶静止中的拖船效应

静止中的船舶在拖船推力或拖力的作用下产生对水的相对运动，产生水动力 F_H。由于船舶没有进速或退速，水动力中心在船中处，不产生水动力矩。

1. 单拖船顶推效应

拖船顶推静止中的船舶时，由于船舶没有船速，一般能保证垂直顶推状态。使用一艘拖船产生的推力 Y_T 作用于船舶，使船舶产生水动力 Y_H，在合力 Y_T+Y_H 的作用下，船舶横向运动状态发生变化。这时，Y_T 和 Y_H 构成一对力偶，力偶臂等于两者作用点之间的距离，即 x_T。船舶在力偶矩 $N_T=Y_Tx_T$ 的作用下，船首将绕船中位置转动。

当 $x_T=0$，即推力作用点位于船中附近时，力偶矩 $N_T=0$，船舶只产生横移效果，而不产生转船效果，且推力越大，横移效果越好，如图2-5-6（a）所示，这相当于单拖船协助船舶靠泊操纵的情况。

当 $x_T>0$ 或 $x_T<0$，即拖船力作用于船中之前或船中之后时，力偶矩 $N_T>0$，则船舶不仅产生横移效果，而且产生转船效果，且推力越大，转船效果越好，如图2-5-6（b）所示，这相当于单拖船协助船舶回旋掉头的情况。显然，在推力一定的情况下，x_T 的绝对值越大，转船力矩越大，这说明要想获最大的转船力矩，应使拖力的作用点尽可能远离船中位置。

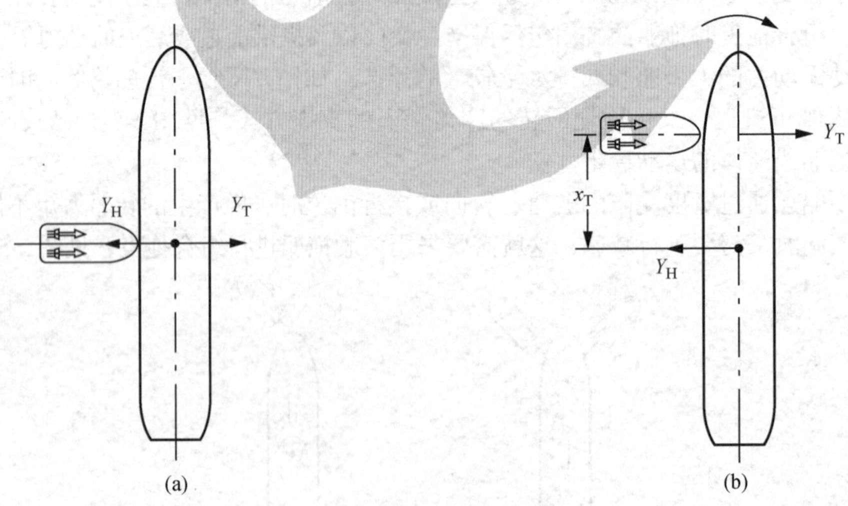

图2-5-6　静止中单拖船顶推效应

2. 单拖船拖带效应

一艘拖船在船舶某一点以某一角度进行拖带时，将引起船舶水动力的变化。船舶受力情况如图2-5-7（a）所示，其中 F_H 为水动力。拖力 F_T 可分解为船舶操纵运动方程中的纵向分量 X_T 和横向分量 Y_T，即

$$
\begin{aligned}
X_T &= F_T\sin\alpha \\
Y_T &= F_T\cos\alpha \\
F_T &= \sqrt{X_T^2+Y_T^2}
\end{aligned}
\tag{2-5-1}
$$

式中：

F_T——拖船作用力；

α——拖力角，定义为拖船力的方向与被拖船首尾线的交角。

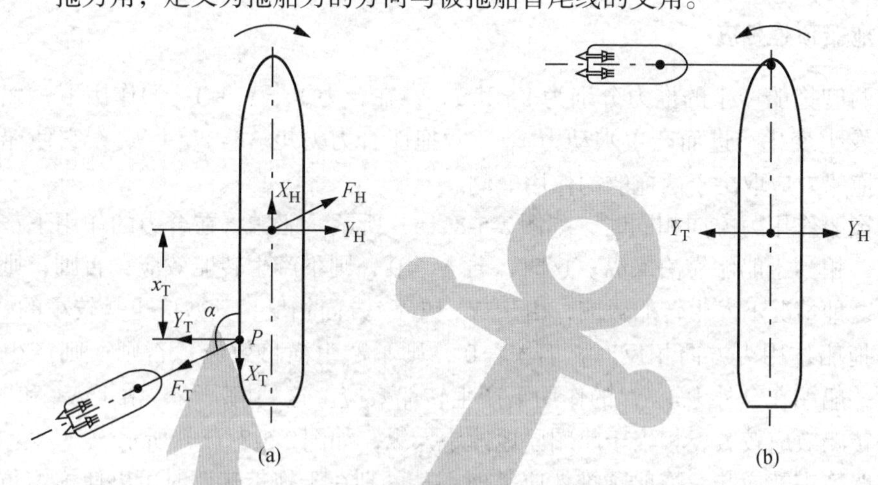

图2-5-7　静止中单拖船拖带效应

同理，F_H 也可分解为船舶操纵运动方程中的纵向分量 X_H 和横向分量 Y_H。

拖力的纵向分量 X_T 实质上是由拖力引起的船舶阻力变化量。船舶纵向受力为 X_H-X_T，可见，X_T 改变了船舶的纵向运动状态，使静止中的船舶发生纵向移动。

船舶横向受力为 Y_T-Y_H，可见，Y_T 改变了船舶的横向运动状态，使静止中的船舶发生横向移动。

拖力的横向分量 Y_T 和纵向分量 X_T 还会对船舶产生力矩，该力矩称为拖力转船力矩。这时，船舶所受的合外力矩为 $N_T=Y_Tx_T-X_T\dfrac{B}{2}$，$B$ 为船宽。

这里的平移和转船效应取决于拖力作用点、拖力角以及拖力的大小。在拖力 F_T 大小不变的情况下，拖力作用点和拖力角对平移和转船效果的影响如下。

拖力作用点位于舷侧船中位置：当 $\alpha=90°$，即垂直拖带时，$Y_T=F_T$，$X_T=0$，即横向拖力最大。这种情况类似于垂直顶推船中时的效果，即不产生转船效果，只产生横移效果；当 $\alpha>90°$或 $\alpha<90°$，即向前或向后拖带时，$X_T\neq 0$，$Y_T\neq 0$，则船舶产生平移效果，这时，转船力矩 $N_T=X_T\dfrac{B}{2}$，则船舶产生转船效果，其效果取决于 X_T 的大小。拖力角 α 越接近0°或180°，X_T 越大。但由于力臂只有 $\dfrac{B}{2}$，这种转船效果较差。

拖力作用点位于船首的中线上：当 $\alpha=90°$，即垂直拖带时，$Y_T=F_T$，$X_T=0$，即横向

拖力最大。这时，转船力矩 $N_T = Y_T\frac{L}{2}$，即转船力矩最大，转船效果最好，如图5-5-7（b）所示。故要想获最大的转船力矩，应使拖力的作用点尽可能远离船舶的重心，并使拖力角尽可能垂直于船舶首尾线；当 $\alpha = 0°$，即向前直拖时，$X_T = F_T$，$Y_T = 0$，即纵向拖力最大。这时，转船力矩 $N_T = 0$，不产生转船效应，仅产生纵移效应，这相当于为船舶提供动力的情况。

拖力作用点位于船尾的中线上：当 $\alpha = 180°$，即向后直拖时，其效果与向前直拖的情况类似。当 $\alpha = 90°$，即垂直拖带时，其效果与拖带船首的情况类似。

3. 双拖船顶推效应

使用两艘拖船产生的推力分别为 Y_{T1} 和 Y_{T2}，在合力 $Y_T = Y_{T1} + Y_{T2}$ 的作用下，船舶横向运动状态发生变化，进而产生水动力 Y_H。两拖船合力力矩 $N_T = N_{T1} + N_{T2}$，它使船舶发生转动。双拖船效应取决于两拖船的作用舷侧。

当两拖船作用力方向相同时，如图2-5-8（a）所示，船舶将在合力的作用下产生横向移动效应，相当于船舶靠泊操纵。这时，若 $N_T = 0$，则不产生转船效应；否则，则产生转船效应。这种情况下发生转船效应，由于 N_{T1} 和 N_{T2} 方向相反，其效应也是较小的。

当两拖船作用力方向相反时，若 $Y_T = 0$，则不产生横移效应；否则，则产生横移效应。这时，船舶在合外力矩 N_T 的作用下产生转船效应。这种情况下，由于 N_{T1} 和 N_{T2} 方向相同，故转船效应较大，相当于船舶原地掉头操纵，如图2-5-8（b）所示。

双拖船拖带效应与双拖船顶推效应类似。其区别在于拖带转船时可以使拖缆位于船首或船尾，以便获得最大的转船力矩。

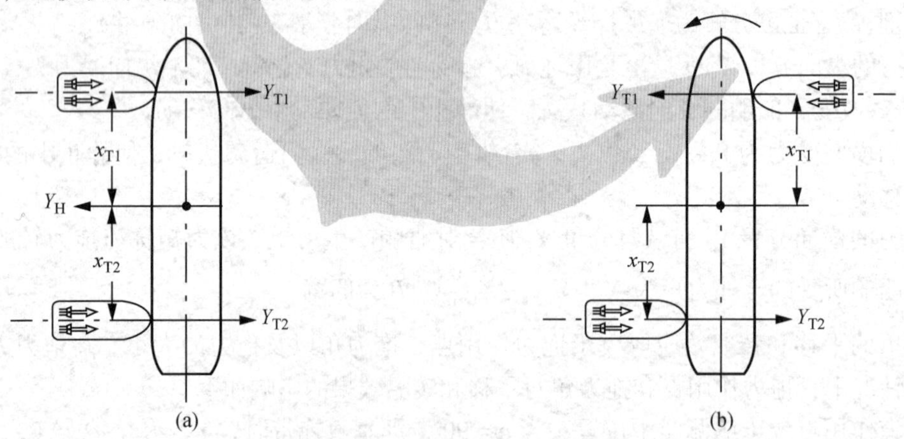

图2-5-8　静止中双拖船顶推效应

（二）船舶前进中的拖船效应

有前进速度直航中的船舶本身对水有相对运动，水动力中心在船中之前，在横向拖力或推力的作用下，水动力发生变化，产生横向水动力，进而使船舶运动状态发生变化。前进中的船舶受力情况比较复杂。在此仅以单拖船的转船效果进行讨论。

1. **单拖船顶推效应**

设船舶以船速 v 直航，并假设拖船能够以垂直于船舶首尾线的方向进行顶推（ZP拖船），则船舶受力情况如图2-5-9所示。推力 Y_T 和水动力 Y_H 产生的合外力矩为：

$$N_T = Y_T x_T + Y_H x_W \tag{2-5-2}$$

式中：

x_T —— 推力作用点距船中的距离；

x_W —— 水动力中心距船中的距离。

同样，Y_T 和 Y_H 构成一对力偶，力偶臂等于两者作用点之间的距离，即 $x_T - x_W$。船舶在力偶矩 $N_T = Y_T(x_T - x_W)$ 的作用下将发生转动，转船效果取决于拖船推力的作用点的位置和船舶的运动速度。

（1）拖船推力作用点在船中之前

这时，水动力中心也在船中之前，则力偶臂较小，转船力矩不大，且船速越高，水动力中心越远离船中，力偶臂越小，转船力矩越小，如图2-5-9（a）所示。

（2）拖船推力作用点在船中之后

这时，水动力中心在船中之前，则力偶臂较大，转船力矩也相应增大，且船速越高，水动力中心越远离船中，力偶臂越大，转船力矩越大，如图2-5-9（b）所示。

由此可见，单拖船在舷侧顶推前进中的船舶时，拖船位于船尾比位于船首的转船效应大，且船速越高，两者的差别越大。

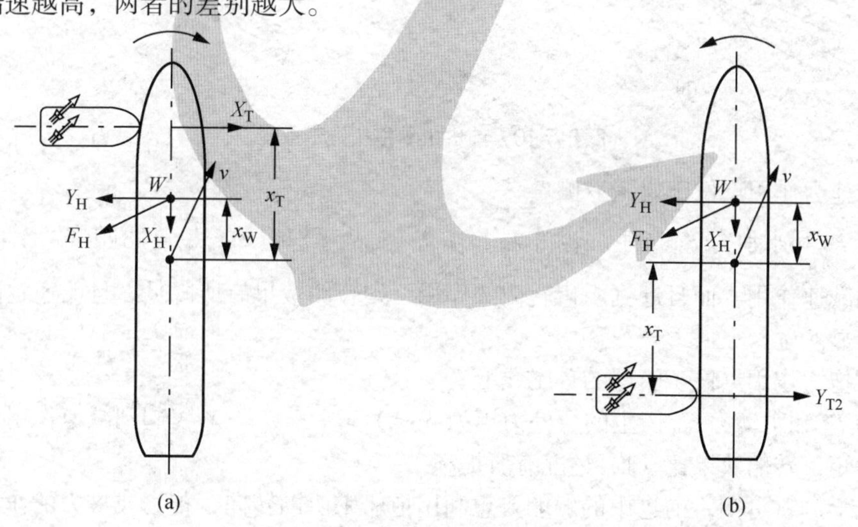

图2-5-9　前进中单拖船顶推效应

实际上，在船舶有运动速度的情况下，拖船不太可能始终保持垂直顶推姿态，一般都有一个向后的偏角，船速越高，该偏角越大。

2. 单拖船拖带效应

在前进速度较高的情况下，受船体周围的流场的影响，顶推时一般很难保持垂直顶推姿态，特别是在拖船位于船尾时，受倒车水流的影响，使其难以发挥最大功率。为了减少流场的影响，可采用拖带方式。与顶推的情况类似，船尾拖带比船首拖带转船效果好。下面以拖船在船尾直拖为例分析其转船效应。

设船舶以船速 v 直航，拖船在船尾以 α 角进行直拖，则船舶受力情况如图2-5-10所示。转船效果取决于拖力作用点的位置和船舶运动速度。

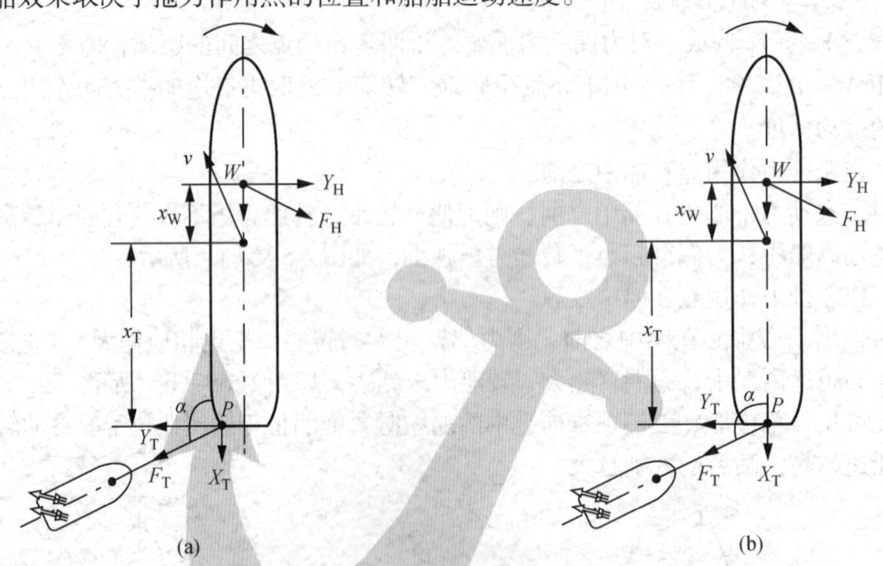

图2-5-10　前进中单拖船拖带效应

（1）拖力作用点位于船尾舷侧点

拖力 F_T 和水动力 F_H 产生的合外力矩为 $N_T = Y_T x_T + Y_H x_W - X_T \frac{B}{2}$。船舶将发生转动，$X_T$ 不但起到减速作用，而且起到阻碍转向的作用，则转船效果有所降低，且船速越高，这种降低越明显。

（2）拖力作用点位于船尾的首尾线上

拖力 F_T 和水动力 F_H 产生的合外力矩为 $N_T = Y_T x_T + Y_H x_W$。X_T 仅起到减速作用，而不产生转船力矩，转船效果比（1）情况有所提高。

从以上分析可知，前进中的船舶要想利用拖船来协助转向，拖力或推力的作用点在船尾比在船首效果好。

同理，船舶后退中拖船效应与前进中的效应相反，即后退中拖船位于船中之前比位于船中之后转船效果好。

四、协助操船所需拖船功率的估算

从经济和安全角度考虑，有必要对所需拖船的功率、数量和种类做出正确选择。对于小型船舶，一般根据引航员的经验和港口水域条件和自然条件进行选择。然而，随着船舶向大型化方向发展，传统的自力靠泊方法已不适用。对于大型船舶，由于其惯性巨大，操纵中不易控制，通常需要多艘拖船作为辅助动力协助操纵，所需拖船数量和功率一般很难根据经验做出正确选择。这时，如果对所需拖船的数量（或总功率）估计不足，靠泊船舶的安全可能得不到保障。所用拖船总功率过大，又会造成一定的浪费。本节在分析选择拖船应考虑的因素基础上，讨论正确选择拖船功率和数量问题。

（一）拖船功率选择应考虑的因素

诸多因素影响对拖船功率和数量的选择，诸如船型、排水量、水域条件，以及风、流、浪自然条件等。归纳起来，主要应考虑下列因素：

1. 港口地理条件

港口地理条件包括受限水域（航道）、港口入口、回旋掉头水域、泊位前沿操纵水域、可供停船操纵的距离、水深限制、码头形式与结构以及其他系泊船等等。

2. 船舶条件

船舶条件包括船型、排水量、吃水、富余水深、纵倾、受风面积、主机功率、螺旋桨种类、操纵性能以及是否装有侧推器等等。

3. 自然环境条件

自然环境条件包括风、流、浪、能见度、冰况等等。

在实际计算中，不可能考虑所有上述因素，在上述因素中，一般考虑风压力、流压力和波浪力三个主要因素。

（二）所需拖船总功率和数量

所需拖船总功率指确保船舶操纵安全所需要的拖船功率。它的大小取决于上述港口条件、船舶条件和自然环境条件等因素。拖船拖力与拖船种类和机器功率有关。对于同一种拖船，机器功率越大，拖力也越大。因此，首先要计算所需拖船总拖力，再根据不同种类拖船每100 kW（或100 hp）所给出的最大拖力，换算为所需拖船总功率。

所需拖船数量是协助船舶安全操纵所需要的拖船艘数。在确定了上述拖船总功率后，再根据港口拖船资源情况，决定所需拖船的数量。所需拖船的数量一般取决于船长、排水量和船型等因素。对于小型船舶，一般情况下1～2艘即可满足安全要求，且每艘拖船的

功率也不需要很大。但对于大型船舶，由于其排水量巨大，小功率的拖船对其作用不大，则不仅需要大功率拖船，而且需要多艘拖船协助。

（三）所需总拖力或总功率的估算

对于大型船舶，如大型油船和散货船，由于其排水量巨大，所需拖船总推力也相应较大，可用下列基于船舶排水量的简单估算公式计算：

$$Y_{\mathrm{T}}=\left(\frac{\Delta}{100000}\times 60\right)+40 \tag{2-5-3}$$

更为简单的总功率估算方法：

DWT 1万吨级船舶：　DWT×10%（hp）或 GT×15%（hp）

　　　　　　　　　　DWT×7.4%（kW）或 GT×11%（kW）

VLCC满载时：　DWT×7%（hp）

VLCC空载时：　DWT×5%（hp）

（四）实际使用拖船总拖力和数量的统计结果

目前，国际上还没有根据船舶尺度确定所需拖船总拖力和数量的统一模式。多数港口在使用拖船时，完全由引航人员根据经验自由选择安全操船所需拖船的功率和数量；某些港口或大型油船泊位的管理部门根据船型、船舶尺度、吃水以及自然环境等情况制定了使用拖船总拖力或数量的最低要求的强制性规定。图2-5-11、图2-5-12和图 2-5-13给出了目前一些国家对拖船的实际应用情况的统计结果。

图中阴影部分表示所用拖船的总拖力的统计结果。可见，即使同一船长或排水量，所用拖船总拖力也不尽相同，而且差别较大，主要原因是风、流、浪的影响程度不同。其上边界线为自然条件比较恶劣的情况下选择总拖力的数值，边界线为自然条件良好的情况下选择总拖力的数值。至于拖船数量，仅给出了使用拖船数量的平均值。

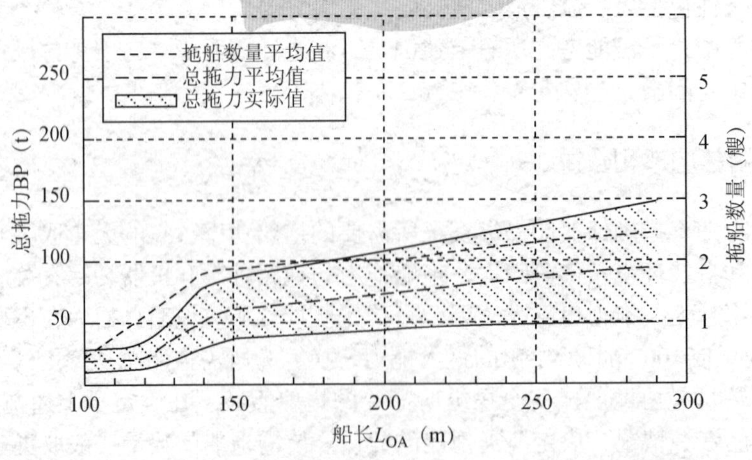

图2-5-11　杂货船和集装箱船所需拖船总拖力和数量与船长的关系

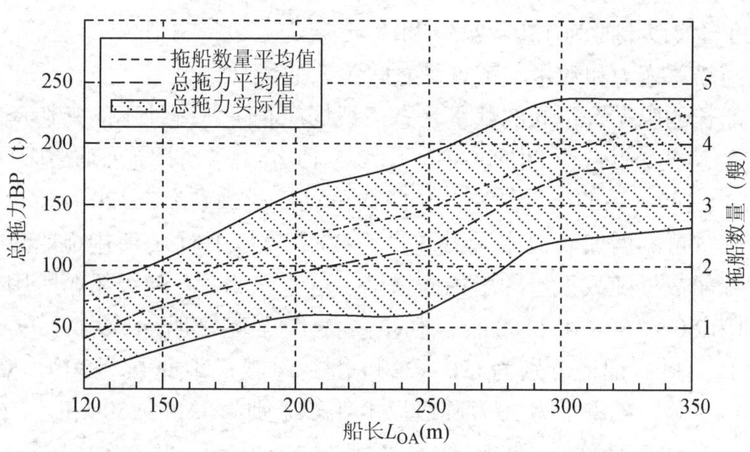

图2-5-12 油船和散货船所需拖船总拖力和数量与船长的关系

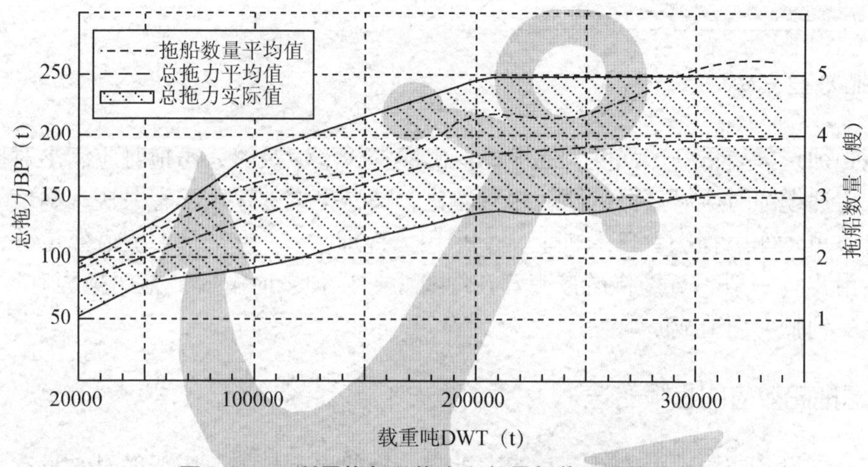

图2-5-13 所需拖船总拖力和数量与载重吨的关系

（1）所用拖船总拖力和数量与船长之间关系的统计结果

图 2-5-11 给出了杂货船和集装箱船所需拖船总拖力和数量与船长的关系的统计结果。从曲线可见，总拖力和数量随船长的增加而增加。由于杂货船一般为小型船舶，其船长最大一般为 150 m左右，故所需拖船总拖力为 35 ~ 80 t，平均拖船数量不超过 2 艘。现代化集装箱船的尺度不断增大，对拖船的依赖程度越来越高。如船长 290 m 的集装箱船所需拖船总拖力为50 ~ 150 t，平均拖船数量为2 ~ 3艘。

图中给出的数值包括使用首侧推器的情况。据统计，每100 hp 侧推器给出的侧推力约为1.0 t（100 kW 给出的侧推力约为 1.35 t），则可使所需拖船总推力相应减少。例如，某船装配有2210 kW 的首侧推器，最大可给出30 t的侧推力，则其可减少所需拖船总推力约为30 t。

图 2-5-12 给出了油船和散货船所需拖船总拖力和数量与船长的关系的统计结果。从曲线可见，船长为 120 ~ 300 m时，所用拖船总拖力和数量随船长的增加而增加。船长超过300 m之后；所用拖船总拖力基本变化不大，但所用拖船数量却随船长的增加而增多。对于船长为 200 m 的油船和散货船，所用拖船总拖力和平均数量分别为 60 ~ 170 t 和 2 ~ 3

艘；船长为300 m或以上时为130 ~ 235 t和3 ~ 5艘。

（2）所用拖船总拖力和数量与载重量之间关系的统计结果

由于同一船长的船舶有不同的载重状态，根据船长进行统计不能确切反映所用拖船总推力和数量与船舶载重状态之间的关系。图2-5-13给出了所用拖船总拖力和数量与船舶载重吨（DWT）之间关系的统计结果。从曲线可见，载重量为2 ~ 20万吨时，所用拖船总拖力和数量随载重量的增加而增加。载重量为20万吨以上时，所用拖船总拖力基本变化不大，但所用拖船数量随载重量的增加而增多。载重量为2万吨级船舶所用拖船总拖力和平均数量分别为50 ~ 100 t和1 ~ 2艘；载重量为10万吨级船舶分别为90 ~ 180 t和2 ~ 3艘；载重量为15万吨级船舶分别为120 ~ 220 t和3 ~ 4艘；载重量为20万吨级船舶分别为140 ~ 250 t和4 ~ 5艘；载重量为30万吨级以上船舶分别为150 ~ 250 t和5 ~ 6艘。

五、拖船协助操纵注意事项

（一）拖缆及其系带

拖缆必须选择质量好、强度大的缆绳，出缆的长度应足够，吊拖时应满足对拖缆长度的要求，传递缆绳时应尽量保持两船相对静止，放松拖缆的速度不宜太快，确信与推进器无障碍时方可动车。拖缆系于缆桩上，应采用大挽即“∞”形，且上桩道数足够，以防拖缆受力后滑出。一般不直接将琵琶头套在缆桩上，以便及时解脱。拖船拖力宜逐渐增大，以防拖缆受到顿力而造成断缆。

（二）考虑拖船效应的极限船速

任何控制设备或协助手段都有其能力极限，拖船也不例外。当船舶对水没有相对速度（静止中）时，拖船作用效果是最好的。然而，当船舶有运动速度时，其效应随着船速的提高而降低，当船速达到一定值时，拖船将失去其作用。操船中应用拖船时，除了考虑拖船的最大拖力，还要考虑正确的拖力或推力作用点和拖船的种类。

当拖船推力作用点位于船中之前某一点时，其受力情况如图2-5-14所示。当船舶以较低的速度航行时，ZP拖船要想以垂直于船舶首尾剖面的方向顶推时，其发出的推力及产生的力矩必须满足：

$$\begin{aligned} X_T + X_L &= R_T \\ X_T \times b &= R_T \times c \end{aligned} \tag{2-5-4}$$

式中：

X_T —— 拖船推力在船舶纵向的分量；

R_T —— 拖船的横向阻力；

X_L ——拖缆力或碰垫的摩擦力；

b ——拖船推力中心距拖船首的距离；

c ——拖船阻力中心距拖船首的距离。

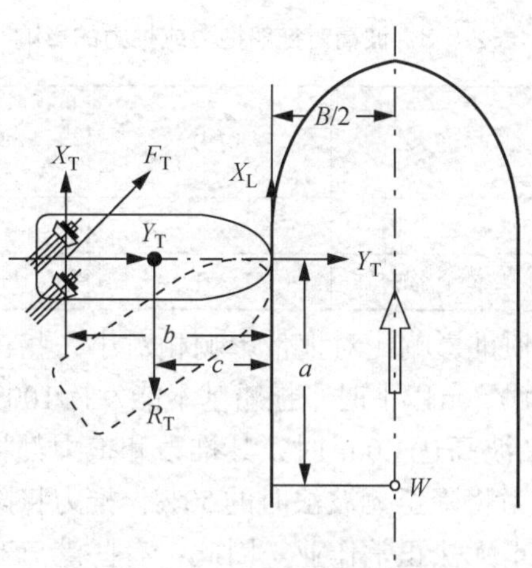

图2-5-14 顶推时拖船受力情况

随着船速的提高，拖船推力随之减小，而其阻力不断增大，当船舶达到一定船速时，将发生 $R_T \times c > X_T \times b$ 的情况，拖船将沿船舶前进方向发生偏转（见图中的虚线部分）。因此，船速较高时，拖船一般很难保持垂直顶推姿态。

当拖船拖首（或顶首）协助前进中的大船掉头时，船舶相对来流速度产生的水动力转船力矩与拖船拖力产生的转船力矩相反，随着船速的增加，水动力转船力矩增加，而拖船的转船力矩因图2-5-14所示的情况而减小。当水动力转船力矩大于拖力转船力矩时，拖船协助转头将毫无效果，甚至出现相反的效果。船舶在前进中操舵并有拖船协助转头时，也有类似的情况。

经验表明，当大船航速超过5~6 kn时，就可能出现与平常拖带效果相反的结果。后退顶尾也有类似的情况，且后退时的极限速度更低。

（三）考虑波浪对拖船拖力或推力的影响

与海洋中的涌浪比较，港口附近水域的波浪有周期较短、波长较小的特点。其波长与大型船舶的船长相比相对较小，故一般不会造成较大的纵摇、横摇和垂荡运动。然而，这种波长与拖船长度比是比较大的，将造成拖船的纵摇、横摇和垂荡运动，这种运动不但影响拖船的姿态，还会影响拖船最大拖力或推力的发挥。

在风、浪较大的情况下，如果拖船在船舶上风舷侧顶推，拖船在风浪的作用下，将发生较大的摇摆，这不但影响推力的发挥，还会在拖缆上造成较大的负荷，严重时可能发生断缆的情况。故一般宜采用在风浪较小的下风向舷侧拖带的方式。这样做，拖缆还可以缓解波浪作用力。

由于ZP拖船和VSP拖船比传统的FPP拖船或CPP拖船操纵灵活，其受波浪的影响程度小一些，且更为安全，故在有波浪影响的水域，宜采用ZP拖船和VSP拖船。但无论如何，波浪对拖船的发挥毕竟有明显的影响。日本神户海难防止研究会对ZP拖船的调查和船模试验研究资料显示，不同高度的波高对拖船拖力或推力的影响不尽相同，如表2-5-3所示。

表2-5-3　波高对拖船拖力或推力的影响

协助方式 \ 有义波高(m)	0.5	1.0	1.5	2.0
拖带——拖力(%)	基本无影响	80	50	40(无法正常作业)
顶推——推力(%)	基本无影响	80	60	50(无法正常作业)

表2-5-3表明，波浪对顶推影响比对拖带影响相对小一些；拖船拖力或推力随波高的增大而减小。当有义波高为0.5 m以下时，拖船基本能发挥100%的作用，即推力和拖力等于无波浪时的数值；当有义波高达1.0 m时，其推力和拖力都将降至无波浪时的80%；有义波高达到1.5 m时，其拖力将降至无波浪时的50%，推力将降至无波浪时的60%；有义波高达到2.0 m时，拖船基本无法正常作业。因此，有些港口对拖船的作业标准做出了具体规定，一般规定有义波高不宜超过1.5 m，同时，增加拖船总功率的配置。

（四）防止横拖和倒拖

1. 横拖

当拖船正在快速拖曳大船时，如拖大船的船首大船的冲势过大或拖大船的船尾大船的退势过大，而造成拖缆与拖船的首尾线的夹角大于45°（如图2-5-15所示），致使拖船大角度向大船一侧横倾，严重时拖船有倾覆的危险，这种现象称为横拖（girding）。

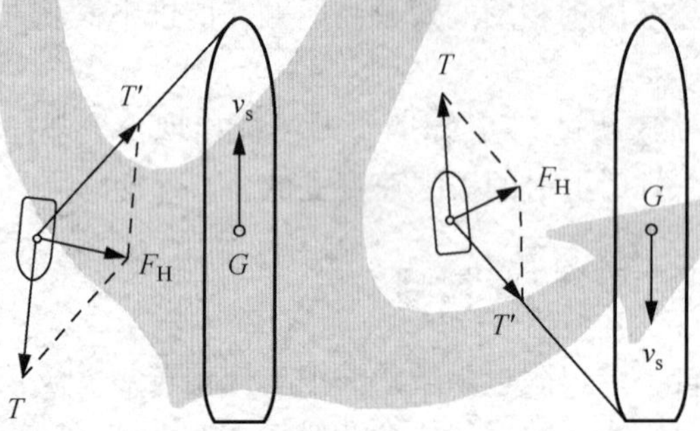

图2-5-15　横拖

2. 倒拖

倒拖（reversed towing）是拖船发现有横拖危险而停车转向，但大船的前冲或后缩仍然未控制时，或拖船已将拖缆拉直而大船用车太久时，拖船被大船拖动倒行，在拖缆及水动力的作用下，很快接近大船的现象，如图2-5-16所示。严重的倒拖可能导致拖船与大船碰撞。

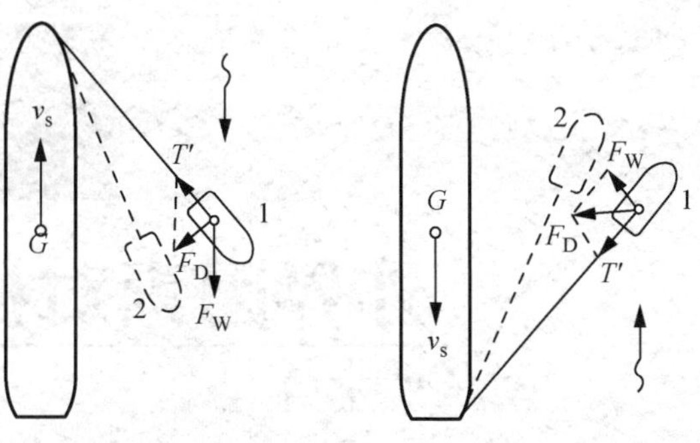

图2-5-16 倒拖

倒拖和横拖均是运用拖船不当而出现的极有害的现象，应予以严格防止。为此应注意在用拖船助操时，大船的主机和舵是从属的，是第二位的。在拖船助操中大船应严格控制用车，充分发挥拖船的作用，减少因大船动车而出现的明显的前冲后缩现象，一旦发生倒拖或横拖现象，若不能立即缓解拖缆受力，立即解掉拖缆是最有效的应急措施。

（五）拖船就位良好

为充分发挥拖船的效率，拖船就位必须良好，包括拖力作用点位置的选定、拖力方向的控制和带缆方式的选择等方面。如欲使其有最大的转船力矩，拖力的作用点应远离大船重心。如需大船平稳横移，则应尽可能在重心附近。拖力的方向与大船的首尾线越接近90°，横向分力越大，转船力矩和横移速度也越大，前冲后缩就越小。

（六）解拖后收绞尾拖缆

若尾拖，解拖缆前，大船需停车，尽快收清拖缆后方可动车，以免拖缆缠进螺旋桨内。

第三章

外界因素对操船的影响

本章学习目标

航行环境意指自然环境，包括气象、水文和水域等条件。在海上，空气的运动产生风，海水的运动产生海流、潮汐、波浪等。水面船舶在海上航行时，其运动状态无时无刻不受到这些气象、水文要素的影响。此外，在港湾水域，船舶运动状态还受到水域环境的影响，如宽度受限的航道、水深受限制的浅水等等。因此，船舶操纵的安全性不但涉及船舶操纵性能，而且还要考虑各种航行环境的影响。操船者应对这些影响进行全面正确的评估，以利于船舶安全航行。

要求学员了解风、流对船舶操纵的影响；掌握浅水效应及其对操纵的影响及富余水深的确定；掌握受限水域操作方法及掉头所需水域的估算及操纵方法，首尾波的危害及预防；掌握船间效应、岸壁效应及其对操船的影响。

第一节 风对操船的影响

对于在水面的船舶，船体水面以上部分暴露在空气中，因而受到风压力的作用，进而影响船舶操纵的安全性。船舶航行时，对船舶运动造成影响的是相对风，也称为视风。

一、风压力与风压力转船力矩

船舶水面以上的面积（简称受风面积）的风压总和称为风压力。风压力改变了船舶的

动力学状态，进而改变了船舶的运动状态。

(一) 风力的大小

作用于受风面积中心的风压力也称为风压合力，如图3-1-1所示。最早的风压力计算方法是Hughes在1930年提出的，其表达式为：

$$F_a=\frac{1}{2}\rho_a v_a{}^2 C_a\left(A_a\cos^2\theta+B_a\sin^2\theta\right) \tag{3-1-1}$$

式中：

F_a——风力（N）；

ρ_a ——空气密度（1.226 kg/m^3）；

C_a——风力系数；

v_a——相对风速（m/s）；

A_a——水线上船体正面投影面积（m^2）；

B_a——水线上船体侧面投影面积（m^2）；

θ ——相对风舷角。

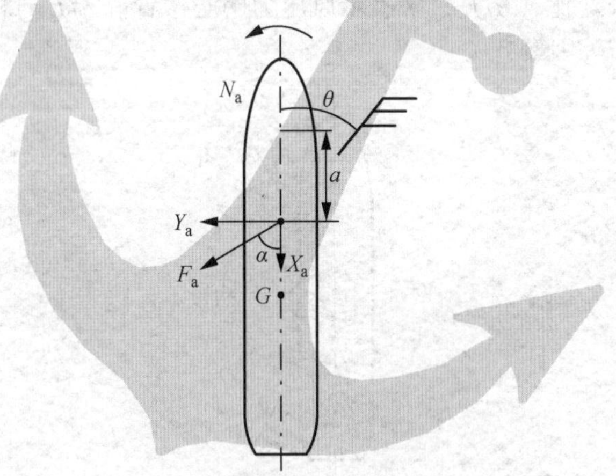

图3-1-1 风压力及风压力矩

由式（3-1-1）可见，作用于船舶的风压力大小与风速、受风面积、风舷角以及风压力系数等因素有关。风速增加，风压力也增大。在风速、风向一定的情况下，受风面积越大，风压力也就越大。例如，船舶压载状态比满载状态受风面积大，则压载状态下风压力相应较大；集装箱船和客船比油船和散货船受风面积大，则风压力也相应较大。

风力系数 C_a 的大小主要决定于风舷角 θ 的变化，也与船舶吃水及船体上层建筑形状和面积分布有关。

（1）当 $\theta=0°$或180°时，C_a值最小；当 θ 在40°或140°附近时，C_a值最大。

（2）C_a随船型及船舶吃水不同而不同。上层建筑较少的油船，C_a值较小；而受风面积较大的滚装船、集装箱船的C_a值则较高；三岛型货船由于船体水线上投影面积比较大，C_a也较大。同一船舶随着吃水增大C_a值略有减小，满载时较轻载时略有减小。

（二）风力的方向

风力 F_a 与船舶首尾线的夹角，称为风力角。风力角 α 与相对风向相对应。风力 F_a 是作用于船体正面积上的纵向风力 X_a 与作用于船体侧面积上的横向风力 Y_a 的合力，风力角取决于横向分力 Y_a 与纵向分力 X_a 之比，如图3-1-1所示。

风压力角 α 取决于相对风舷角 θ、受风面积以及船型等因素。一般船舶侧面受风面积远大于正面受风面积，且在不是顶风或顺风时，横向风压力系数通常大于纵向风压力系数，因此，风压力的方向总是较风的来向更接近于正横方向。

风压力角 α 随相对风舷角 θ 的变化而变化，当相对风舷角 θ 约为0º或180º时，风压力角 α 约为0º或180º，即顶风或顺风时不产生横向风压力；当 θ 约为90º时，风压力角 α 约为90º，即横风时不产生纵向风压力；当风舷角 θ 为40º～140º时，风压力角 α 为80º～100º。

（三）风压力中心位置

风压力中心位置是指受风面积中心沿船舶纵向的位置，如图3-1-2中的 A 点。一般以距船首的距离与船长之比（a/L）来表示风压力中心位置。a/L 与相对风舷角 θ 和船舶受风面积沿纵向的分布等因素有关。

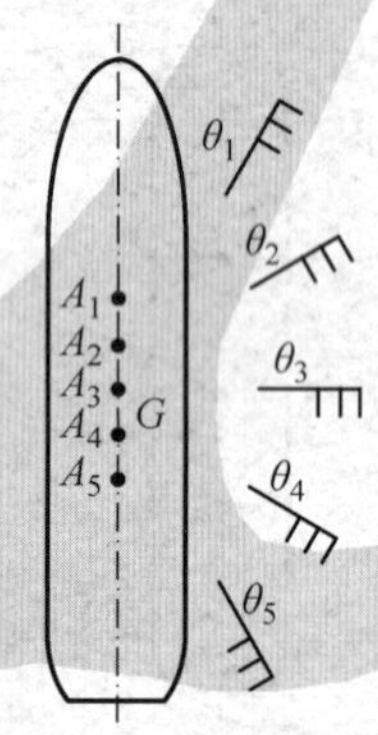

图3-1-2　风压力中心位置

船型一定时，风压力中心位置 a/L 随风舷角的增大，逐渐向后移动，a/L 一般为0.3～0.8。当 $\theta < 90º$，即正横前来风时，风压力中心位置在船中之前；当 $\theta \approx 90º$，即正横来风时，$a/L \approx 0.5$，说明风压力中心位于船中附近；当 $\theta > 90º$，即正横后来风时，风压力中心位置在船中之后。

对于运输船舶，船舶受风面积在船中前后的分布多数不是对称的。平吃水时，受风面积中心大多位于船中之后，则其风压力中心大多比较靠后；船舶压载状态尾倾较大时，受风面积中心可能位于船中之前，则其风压力中心比较靠前。

（四）风压力矩

在知道风力的大小、方向、作用点之后，风力转船力矩的大小应根据船舶在不同状态

时的支点位置来确定。

（1）当船舶处于漂浮状态时，以重心为支点，则风力转船力矩 M_a 为：

$$\begin{aligned} M_a &= F_a \sin\alpha (l_G - a) \\ &= \frac{1}{2}\rho_a v_a^2 C_{M_a}\left(A_a \cos^2\theta + B_a \sin^2\theta\right) \end{aligned} \tag{3-1-2}$$

式中：

l_G——重心至船首的距离；

C_{M_a}——风力转船力矩系数，$C_{M_a} = C_a \sin\alpha (l_G - a)$。

C_{M_a} 值的大小随船舶种类、载况和船舶受风面积的大小与分布的情况以及风舷角的不同而不同。

图3-1-3为一油船和集装箱船的 C_{M_a} 曲线。由图可知，这两类船舶在正横稍前受风时，C_{M_a}=0；θ=90°即正横受风时，C_{M_a} 很小；斜顶风、斜顺风时，C_{M_a} 最大；正横后受风时，C_{M_a} 又比正横前受风时大；θ 为0°或180°时，C_{M_a}=0。

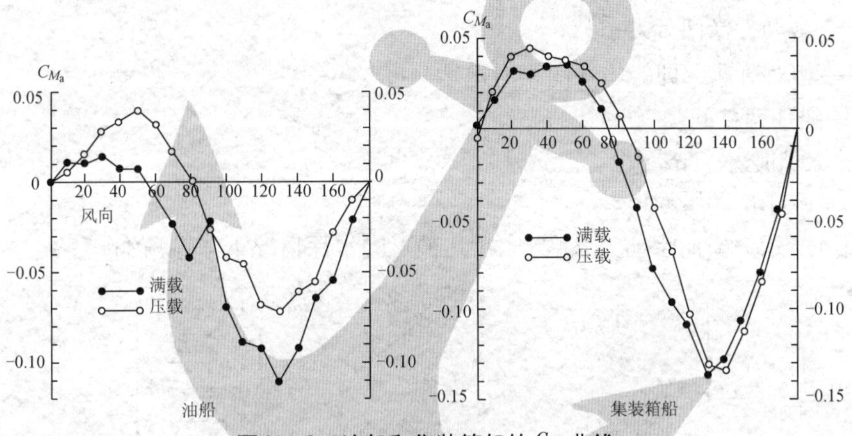

图3-1-3 油船和集装箱船的 C_{M_a} 曲线

（2）当船舶靠离泊中受风作用时，如船首固定或尾离方式离泊，船舶以船首为支点，则 M_a 为：

$$M_a = F_a \sin\alpha a \tag{3-1-3}$$

（3）当采用首离方式离泊或船尾一端固定时，则船舶以船尾为支点，风力转船力矩 M_a 为：

$$M_a = F_a \sin\alpha (L - a) \tag{3-1-4}$$

二、水动力与水动力转船力矩

船舶与其周围的水有相对运动时，船体就会受到水的作用力，这种作用力统称为水动力。船水之间的相对运动，可能是由船舶本身自力（车、舵、锚、缆）作用，也可能是由外力（拖船、风力、水流）作用所引起的。

（一）水动力

既然是力，必然具有力的三要素，即力的大小、方向、作用点。水动力的三要素均与船和水的相对运动方向（即漂角）有关。

1. 大小

水动力 F_w 是由作用于船首尾方向的分力即纵向分力 X_w 和横向分力 Y_w 合成的合力。船舶前进时，由于水线下船体在首尾方向流线型好，纵向分力 X_w 一般较小，且该力也不会引起船首偏转，所以通常我们主要研究水动力横向分力 Y_w，其大小可用式（3-1-5）估算。

$$Y_w = \frac{1}{2}\rho_w C_{Y_w} v_w^2 Ld \tag{3-1-5}$$

式中：

ρ_w ——水的密度（海水中取1025 kg/m³，淡水中取1000 kg/m³）；

C_{Y_w} ——水动力横向分力系数；

v_w ——相对流速，即船与水的相对运动速度（m/s）；

L ——船舶两柱间长（m）；

d ——船舶吃水（m）；

Y_w ——横向水动力（N）。

图3-1-4所示为横向水动力系数 C_{Y_w} 在几种不同水深情况下与漂角β的关系。

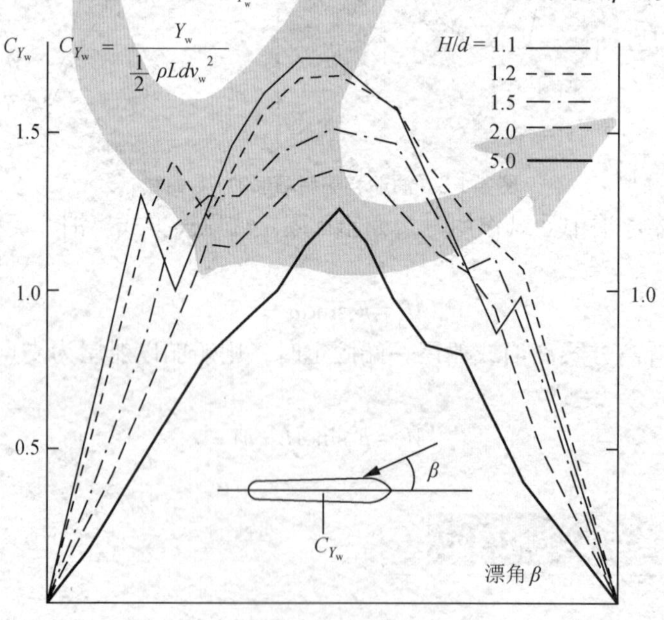

图3-1-4　横向水动力系数

由图可知，横向水动力系数 C_{Y_w} 随漂角β的变化情况近似于正弦曲线，同时水深与吃水之比减小 C_{Y_w} 增大，说明浅水中船舶所受水动力增加。因此，C_{Y_w} 的大小与漂角β及水深与

吃水之比 H/d 的关系可用下式表示：

$$C_{Y_w} \propto k\sin\beta$$

其中，系数 k 表示水深的影响，H/d 减小，k 增大。

2. **方向**

水动力方向与船舶首尾线的夹角，称为水动力角 γ，如图3-1-5所示，则

$$\tan\gamma = \frac{横向水动力Y_w}{纵向水动力X_w} \tag{3-1-6}$$

船体水线下正面积很小，故 X_w 很小，所以水动力角 γ 在90°左右。

3. **作用点**

如图3-1-5所示，水动力作用点 W 的位置受漂角、船体水下侧面积形状及分布情况所影响。

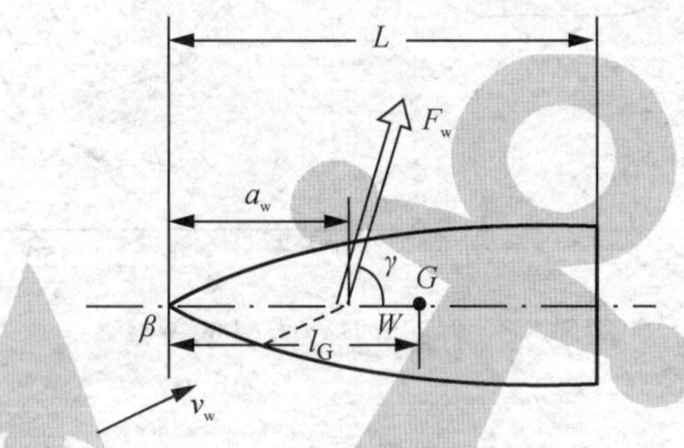

图3-1-5　水动力作用点和方向

水动力中心 W 至船首的距离 a_w，随漂角β的增大而增大。漂角β由0°向180°变化过程中，水动力作用点 W 距船首从0.25L处渐次移至0.75L处。

当β=90°时，$a_w \approx 0.5L$，即水动压力中心在重心 G 附近；

当β<90°时，W 在 G 之前；

当β>90°时，W 在 G 之后。

同一船舶，空载或压载时尾倾较大，水动力中心位置比满载时明显后移，尾机型船更甚。

（二）水动力转船力矩

当水动力大小、方向、作用点求出后，即可据船舶转动的支点确定水动力转船力矩。若以船首为支点，水动力转船力矩 M_w 为：

$$M_w = F_w \sin\gamma a_w \tag{3-1-7}$$

若以重心为支点，相当于船舶在航行中，则 M_w 为：

$$M_w = F_w \sin\gamma(l_G - a_w) \tag{3-1-8}$$

$$= \frac{1}{2}\rho_w C_{M_w} v_w^2 Ld \tag{3-1-9}$$

式（3-1-9）中：

$$C_{M_w} = C_{Y_w}\sin\gamma(l_G - a_w) \tag{3-1-10}$$

C_{M_w} 称为水动力转船力矩系数。C_{M_w} 与漂角 β 及 H/d 的关系如图3-1-6所示。由图可知，

当 $\beta=0^\circ$ 或180°时，$C_{M_w}=0$，$M_w=0$；当 $\beta=90^\circ$ 时，C_{M_w} 近似为0，$M_w=0$；$\beta>90^\circ$ 时 C_{M_w} 值比 $\beta<90^\circ$ 时大，说明由于船体首瘦尾肥，向船尾方向运动时水动力构成的转船力矩较大。

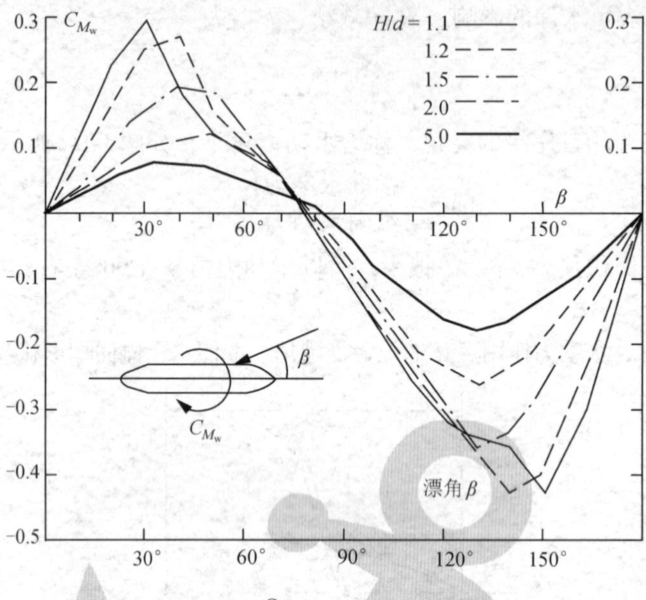

图3-1-6　C_{M_w} 与 β 及 H/d 的关系

三、风致偏转和漂移的规律

（一）风致偏转规律

船舶在受风作用下偏转运动的方向决定于风力转船力矩 M_a 和水动力转船力矩 M_w 的合力方向。定性分析偏转方向关键要弄清风力和水动力的大小、方向和作用点的位置，即在定性说明船舶在风中的偏转方向时，风力中心 A、船舶重心 G、水动力中心 W 三者位置关系具有重要意义。

船舶重心 G 一般情况下在船中稍后。

风力中心 A，如前所述，当风自正横前吹来时，一般在重心之前；横风时一般在重心附近；正横后来风时，则一般在重心之后。

水动力中心 W 决定于水、船相对运动的方向。船舶前进行驶，或风来自后方吹船向前漂移时，水动力中心在重心之前；船横移时 W 在重心附近；船舶后移时，W 在重心之后，以下按船舶运动状态来分析风致偏转的规律。

1. 船舶静止中受风

船舶停船时，若风从正横前吹来，$\theta<90^\circ$、A 在 G 之前，风动压力力矩 M_a 使船首向下风偏转，同时船身向下风侧漂移。在船舶偏转和漂移的同时，船体水线下部分受到水动压力作用，$\beta>90^\circ$、W 在 G 之后，构成水动压力转船力矩 M_w，M_w 有助于船身向下风偏转。

直至变成正横附近受风时 M_a 和 M_w 趋向于0，停止偏转，并将以接近正横状态向下风漂移，如图3-1-7所示。

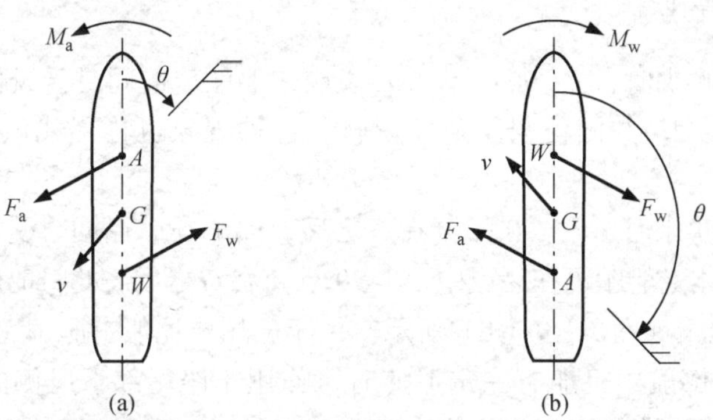

图3-1-7 船舶静止中受风受力及运动情况

不难分析，如果停船时风从正横后吹来，船首将向下风偏转，最终同样也将转至接近正横受风状态并向下风漂移。

船舶类型不同，上层建筑布置也不同。静止中的船舶最终漂移时受风相对方向略有差异。油船和尾机型船多保持正横稍前受风状态（$\theta=80^\circ$），客船多维持正横受风状态（$\theta=90^\circ$），而一般货船往往尾吃水较深，多维持在正横稍后受风状态（$\theta=100^\circ$）。

2. 船舶前进中受风

正横前来风，$\theta<90^\circ$ 时，如图3-1-8（a）所示，A 在 G 之前，船舶受风的作用，边前进边向下风侧漂移，但总体上仍在前进中，因此 W 在 G 之前。M_a 和 M_w 方向相反，船首偏转方向将依 M_a 与 M_w 的代数和方向而定。当 $M_a>M_w$ 时，出现顺风偏；当 $M_a<M_w$ 时将出现逆风偏。根据经验：空船、慢速、尾倾、首受风面积大时，多为顺风偏；反之，满载或半载、快速、尾受风面积大时，多为逆风偏。风速越低、航速越高、风向来自正横前后各约30°范围时，船首迎风偏的倾向越明显，需操下风舵，才能保向航行。

当风从正横后吹来时，$\theta>90^\circ$，A 在 G 之后，由于船舶前进的同时受 F_a 作用向下风侧漂移，但总体上船舶仍在前进中，故 W 在 G 之前。M_a 和 M_w 方向相同，共同使船首逆风偏转，如图3-1-8（b）所示。

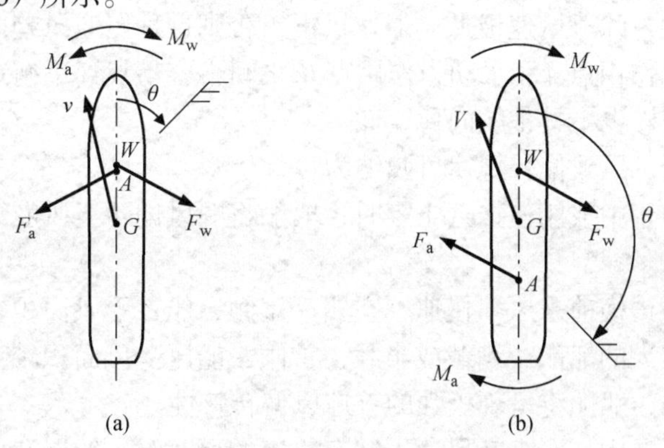

图3-1-8 船舶前进中受风受力及运动情况

由此可见，船舶前进中，斜顶风航行时比斜顺风航行时易于保向。

3. 船舶后退中受风

当风从正横前吹来时，$\theta<90^\circ$，A在G之前，船舶后退同时受风作用向下风侧漂移，W在G之后，M_a与M_w共同使船尾逆风偏转。这种现象也称尾找风，如图3-1-9（a）所示。

当风从正横后吹来时，$\theta>90^\circ$，A在G之后，船舶在后退同时受风动压力F_a作用向下风侧漂移，但总体上船舶仍在后退中，$\beta>90^\circ$，W在G之后。此时船舶偏转方向由M_a与M_w之代数和来决定，如图3-1-9（b）所示。由于船尾要比船首肥大，且船尾还有舵及车叶等设备，所以当倒航中且船有一定退速时，作用于船尾部下风侧的水动力F_w迅速增大，而且W比A更靠近船尾，M_w往往大于M_a，使船尾迎风。但若退速较低，F_w较小，此时则受M_a作用，船尾偏向下风，其偏转规律基本上与静止中相同。

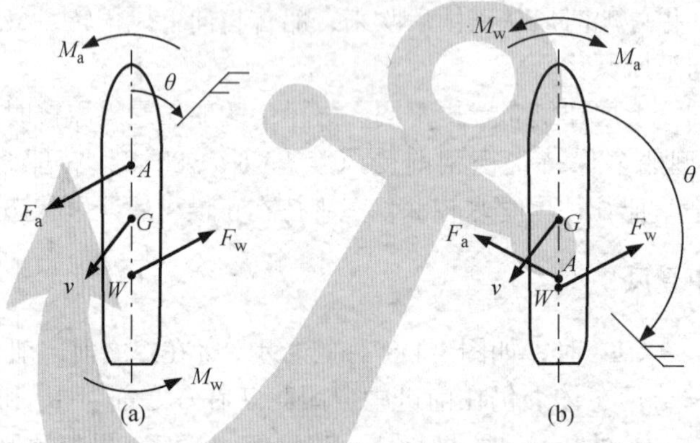

图3-1-9　船舶后退中受风受力及运动情况

对于右旋单车FPP船而言，如遇来自左舷正横后的风，由于倒车时螺旋桨排出流和沉深横向力的作用，尾迎风将来得更早、更急，即使退速不大，风力不太强时，也会出现尾迎风现象。如遇右正横后来风，尾迎风则必须以一定的后退速度和一定的风速为条件，不具备这种条件，船尾便向下风偏转。正横后来风时，左舷来风比右舷来风“尾找风”显著。

后退中的船舶，即便不考虑螺旋桨的影响，一直用正舵，也不具备航向稳定性，加之舵效又极差，因此，除非风速极低，退速极慢，否则这种尾迎风趋向很难控制。而且在尾迎风后，由于风力作用点A和水动力作用点W之间不容易找到平衡点，船尾还会左右偏荡难以稳定下来，同样也不具备航向稳定性。

通过上述分析，风致偏转规律可归纳为：

（1）船舶在静止中或船速接近于零时，船舶将顺风偏转至风舷角接近100°左右并向下风漂移。

（2）前进中，正横前来风，慢速、空船、尾倾、船首受风面积较大的船舶，船首顺风偏转；前进速度较大的船舶或满载或半载、首倾、船尾受风面积较大的船舶，船首将迎风偏转；正横后来风，船舶将呈现极强的首迎风偏转特性。

（3）船舶在后退中，在一定风速下并有一定的退速时，船尾迎风偏转，这就是通常所

说的“尾找风”现象。正横前来风比正横后来风显著，右旋单车FPP船左舷来风比右舷来风显著；退速极低时，船舶的偏转与静止时的情况相同，并受倒车横向力的影响，船尾不一定迎风。

通过上面的讨论，我们已经知道，船舶在风中航行一般会发生转动。假设通过操舵产生的舵力转船力矩可以克服风压力矩造成的船舶转动，则船舶将不发生转动，仅做平移运动。这种平移运动包括船舶纵向运动和横向运动。

（二）风致漂移

1. 风压差角

风压力对船舶运动的影响与风的作用时间长短有关，时间越长，影响越大。船舶在静水中以一定船速直航时遇到风的影响，风压力作用于船舶一定时间之后，改变了船舶对水的运动状态，使船速v发生了变化，这种变化不但改变了纵向速度v_x，而且产生了横向速度v_y。显然，在风压力的纵向分量作用下，船速会发生变化。在主机功率不变的情况下，船舶正横前来风，阻力增大，船速降低；船舶正横后来风，阻力减小，船速提高；正横附近来风，对船舶阻力基本没有影响。如图3-1-10所示，风作用下的漂角可表示为：

$$\beta = \arctan^{-1}\left(\frac{v_y}{v_x}\right) \tag{3-1-11}$$

式中：

v_x—— 风中船速在x轴方向的分量；

v_y—— 风中船速在y轴方向的分量，也称为漂移速度。

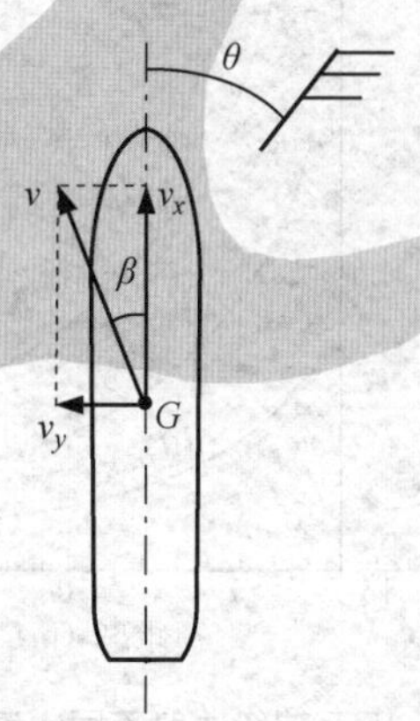

图3-1-10 风作用下的漂角

实际上，船舶在风中的运动产生的漂角就是我们平时所指的“风压差角”，其大小与风速、风向、船速等因素有关。在风速一定的情况下，风压差角的大小随相对风舷角和船速的变化而改变。

当$\theta \approx 0^{\circ}$，即正顶风时，基本不产生漂移速度，则漂角$\beta \approx 0$。这时，改变船速仅仅可以调整风造成的船舶纵向移动量。

当$0^{\circ} < \theta < 90^{\circ}$，即正横前斜顶风时，产生漂移速度，则漂角$\beta \neq 0$。其大小随$\theta$增大

而增大。当 $\theta \approx 90^{\circ}$，即横风时，漂角 β 最大。同时，漂角 β 还与船速有关。由式（3-1-11）可知，船速越高，漂角越小，即风压差角越小；反之，船速越低，风压差角越大。故提高船速是减小风造成船舶向下风漂移的有效措施。

2. 风作用下的横向漂移速度

在风压力横向分量的作用下，船舶横向运动状态发生变化，产生横移速度，简称漂移速度。在比较宽阔的水域，漂移速度将主要影响船舶的航行效率，但在受限水域，如船舶进出港、航道航行、靠离泊位等，它可能危及船舶的安全，使船舶存在搁浅、碰撞等风险。

船舶在风中的漂移速度与船型、相对风速、相对风向、水深和船速等因素有关。船型和相对风速一定时，漂移速度取决于相对风向、船速和水深。一般情况下正横方向（相对风向 $\theta \approx 90^{\circ}$）受风时漂移速度最大，船首或船尾来风，对漂移速度影响不大。漂移速度的方向总是指向下风舷侧。以下讨论正横受风时船速对横向漂移速度的影响。

（1）前进中受风漂移速度

船舶前进中受风时，船速 $v>0$，图3-1-11给出了某15万吨大型油船在正横受风（$\theta \approx 90^{\circ}$）时不同水深情况下的漂移速度与船速的关系。

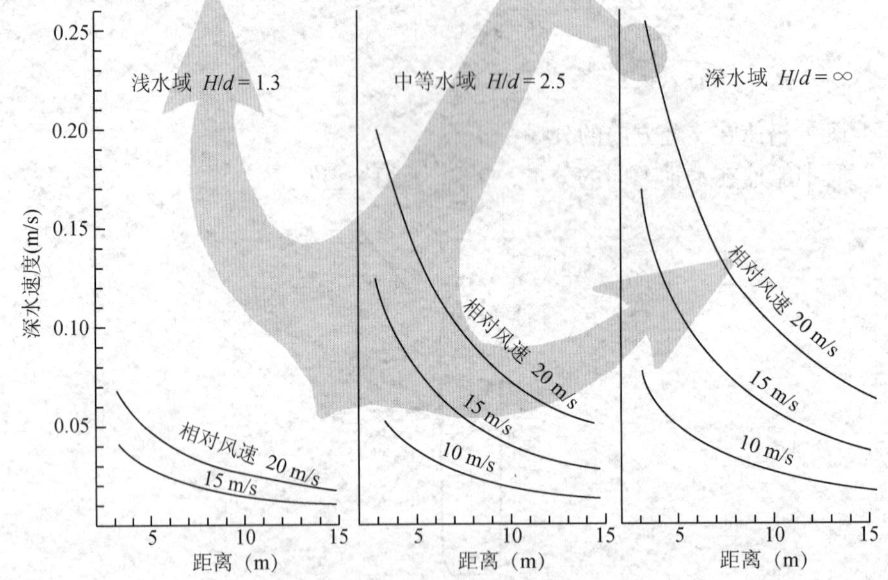

图3-1-11　DWT 15万吨级油船不同水深情况下的漂移速度

从图中不同水深的漂移情况比较来看，在船速和相对风速一定的情况下，在浅水中（如图中的水深吃水比 $H/d=1.3$）水动力较大而漂移速度较小。随着水深的增加，水动力逐渐减小，漂移速度逐渐增大。

在水深和相对风速一定的情况下，船速越高，漂移速度越小；随着船速的降低，漂移速度将逐渐增大。特别在低速情况下，漂移速度将随船速的降低而急剧增大。当船速 $v=0$ 时，漂移速度最大。

在水深和船速一定的情况下，相对风速越大，漂移速度越高；反之，相对风速越小，漂移速度越低。

在实践中，由于船速过低致使漂移速度过大而造成碰撞、搁浅等事故屡见不鲜。特别是压载状态船舶在大风中进行靠离泊或掉头操纵时，由于这时的船速一般都比较低，漂移速度较大，就更增加了发生碰撞、搁浅等事故的可能性。

（2）静止中受风漂移速度

通过以上分析可知，船舶静止中受风时，最终将以相对风向 $\theta \approx 90^{\circ}$ 的方向漂移，即匀速向下风漂移，这时横向风压力等于横向水动力，即 $Y_a = Y_w$，如图3-1-12所示。

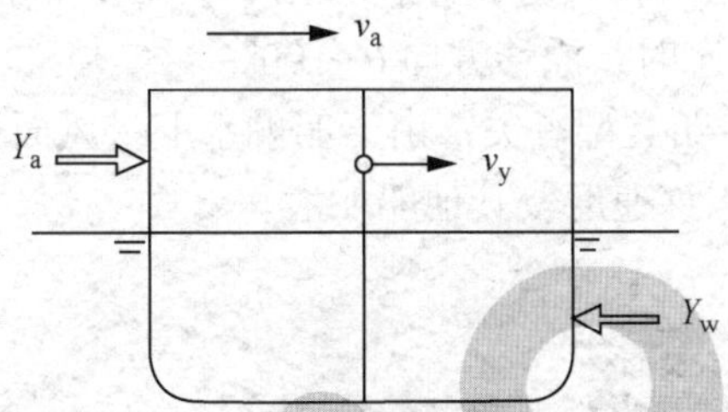

图3-1-12　船舶停于水上时的风致漂移

$$F_a = Y_a = \frac{1}{2}\rho_a C_a B_a (v_a - v_y)^2 \tag{3-1-12}$$

$$F_w = Y_w = \frac{1}{2}\rho_w C_w B_w v_y^2 \tag{3-1-13}$$

式中的横漂速度 v_y 比风速 v_a 小得多，故可用真风速直接代入得到停船时的漂移速度 v_y：

$$v_y = \sqrt{\frac{\rho_a}{\rho_w}\frac{C_a}{C_w}\frac{B_a}{B_w}}\, v_a \tag{3-1-14}$$

式中：

C_a——风舷角 $\theta = 90^{\circ}$ 时的风动压力系数，一般压载时取为1.2，满载时取为1.4；

C_w——深水中横向漂移时（$\beta = 90^{\circ}$）的水动力系数，一般取1.0；

ρ_a——空气密度（1.226 kg/m^3）；

ρ_w——海水密度（1025 kg/m^3）；

B_w——水线下船体面积（m^2），按 $L_w d$ 计算。

所以

$$v_y = 0.038\sqrt{\frac{B_a}{B_w}}\, v_a = 0.038\sqrt{\frac{B_a}{L_w d}}\, v_a \tag{3-1-15}$$

式中：

v_y——深水中停船时受风横向漂移速度（m/s）；

v_a——真风速（m/s）；

B_a——船体水线上侧面积（m^2）；

L_w——水线面长度（m）；

d——船舶当时实际平均吃水（m）。

根据研究，若满载横向漂移时C_a取1.4，则式中的系数可取为0.041。实际上该系数随船型、排水状态以及水深与吃水之比的变化而不同。同一船舶在浅水中，横向漂移时水动力增加，横向漂移速度相应要减小，因此当估算港内等浅水域中的漂移速度时，应按实际水深与吃水之比H/d对深水中的漂移速度加以修正。

一般大型船舶空载时$\frac{B_a}{L_w d} \approx 1.8$，则$\nu_y = \frac{1}{20}\nu_a$；满载时$\frac{B_a}{L_w d} \approx 0.8$，则$\nu_y = \frac{1}{30}\nu_a$。

这些数据曾经在搜救遇险船舶时得到广泛应用。实际上，静止中的船舶的漂移方向并非$\theta \approx 90^{\circ}$，其方向取决于船体水上侧面积中心在首尾线上的分布。侧面积中心在船中之前时，如某些船舶压载状态尾倾较大时，漂移方向$\theta > 90^{\circ}$；侧面积中心在船中之后时，如VLCC或大型散货船满载状态时，漂移方向$\theta < 90^{\circ}$。

船在风中漂移速度与船舶类型有关，由于船舶水上受风面积大会导致大的漂移，故集装箱船、客船和LNG船的漂移速度较其他船舶大。

四、强风中操船的保向界限

上面讨论的风对船舶操纵的影响实质上就是风作用下的船舶操纵性能。由于风压力属于不可控制的外力，只能通过控制力来减小其对船舶运动的影响。但是，船舶能产生的控制力（如舵力、推力等）是有限的，如果风压力的影响超过船舶本身控制力所能及的界限，则不能控制船舶，该界限称为控制界限，就控制航向来说，就是保向界限。

1. 保向界限的概念

船舶在风中航行时，要使船舶保持某一航向，则需要进行操舵，用舵力产生的力矩来克服外力矩的影响。这时，作用于船舶的横向合力和合力矩为：

$$\begin{aligned} Y &= Y_R + Y_H + Y_a \\ M &= M_R + M_H - M_a \end{aligned} \tag{3-1-16}$$

式中：

Y_R——舵力横向分量；

M_R——操舵产生的力矩。

当$Y=0$、$M=0$时，螺旋桨推力、舵力、船体水动力和风压力构成一个平衡力系，使船舶横向速度和航向角不发生变化，即船舶将以某一航向和固定的漂角保持斜航状态，这种状态称为保向状态。要想使船舶处于保向状态，则应：

$$M_R = M_a - M_H \tag{3-1-17}$$

由式（3-1-17）可见，如果操舵产生的力矩大于风压力矩和水动力矩的代数和，这时，我们称船舶在风中具有保向能力；反之，则不具有保向能力。船舶在风、流中是否具有保向能力的界限称为保向界限。

2. 影响保向界限的因素

舵力转船力矩与舵角和船速等因素有关，风压力矩又与风舷角、相对风速、船型以及船速等因素有关，故船舶在风中的保向界限取决于舵角、船速、风舷角、相对风速、船型、载况等诸多因素的影响。

图3-1-13和图3-1-14给出了某船在不同水深情况下操不同舵角时的风中保向界限的试验值。图3-1-15和图3-1-16给出了某5万吨级散货船不同载况、操不同舵角时的风中保向界限的估算值。其中纵坐标为相对风速与船速之比，横坐标为相对风舷角。

可见，保向界限可用连续的U形曲线来表示，U形曲线的上方为不可保向的区域，下方为可保向的区域。船舶在风中的保向范围是船舶重要操纵性能之一。可保向的范围大，船舶在风中的操纵性能好；反之，则操纵性能差。从控制船舶航向能力的意义上讲，U形曲线的上方为不可控制船舶航向区域，下方为可控制船舶航向区域，也称为可操纵区域。

由此可见，不同船型、不同载况的保向界限各不相同。船型和载况一定的情况下，舵角、船速、风舷角、相对风速等对保向范围的影响各不相同，各因素的影响情况如下。

（1）风舷角的影响

风舷角对保向界限的影响较为明显。越靠近正横来风，即在风舷角 θ 为60º ~ 120º时，可保向范围越小；越接近首尾来风，可保向范围越大，且船首来风比船尾来风可保向范围大，即船首来风比船尾来风更容易保向。

（2）舵角的影响

舵角对保向界限的影响非常明显。舵角越大，可保向范围越大；反之，则越小。无论船型、载态如何，操35º舵角都比操15º舵角的可保向范围要大。

（3）船舶载况的影响

船舶载况对保向界限的影响较为明显。船舶压载比满载时的受风面积大，则压载时可保向范围小，满载时可保向范围大。

（4）船速、风速的影响

对于给定的船型，在载态、舵角和风舷角一定的情况下，船舶是否可以保向，取决于相对风速与船速之比（v_a/v_s）。如果 v_a/v_s 在保向界限以下，则可保向；反之，则不可保向。

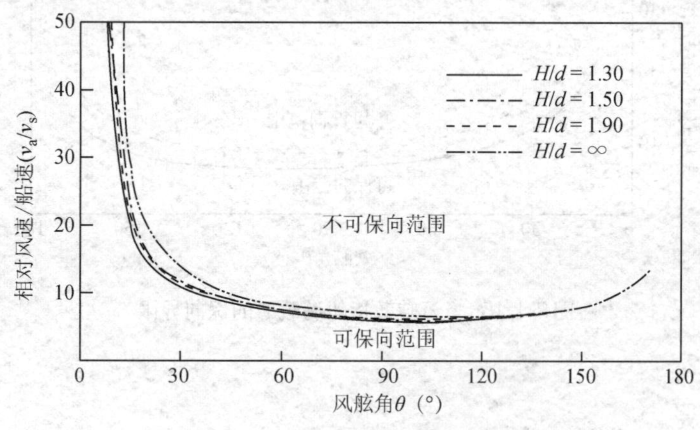

图3-1-13　15º舵角的保向界限

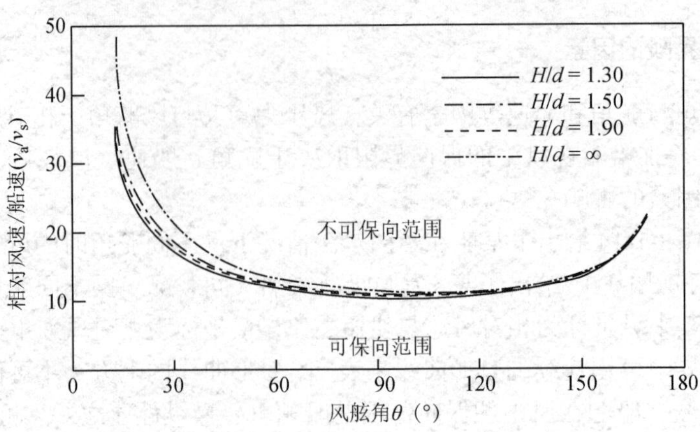

图3-1-14　35°舵角的保向界限

（5）水深的影响

水深对保向界限有影响，但影响不是很明显。

3. 保向界限的应用

随着人们对船舶在风中操纵性的逐渐重视，按照IMO有关操纵性资料的配备方面的建议，对于新造船舶，《船舶操纵性手册》提供的船舶在风中的操纵性能的资料也逐渐多了起来。如果有这种资料，可以加以利用。

例如，由图3-1-15和图3-1-16可见，在正横受风、相对风速为20 m/s（8级）的情况下，船速为10 kn时，$v_a/v_s\approx4$，则无论满载还是压载，操15°舵角即可保向；船速为5 kn时，$v_a/v_s\approx8$，则满载时，操35°舵角基本还可以保向，操15°舵角不能保向，压载时，即使操35°舵角也不能保向。

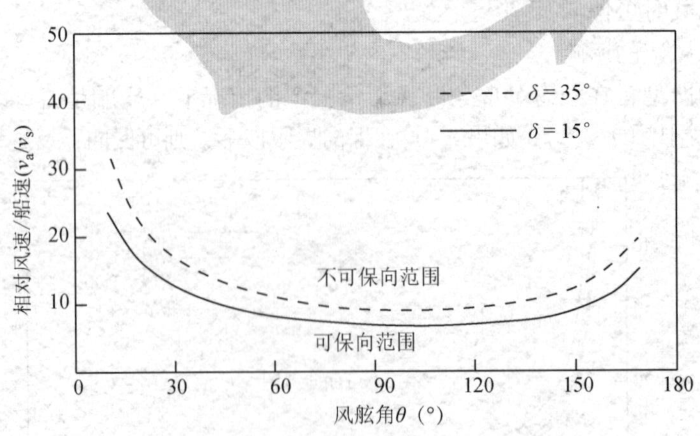

图3-1-15　5万吨散货船满载时的保向界限

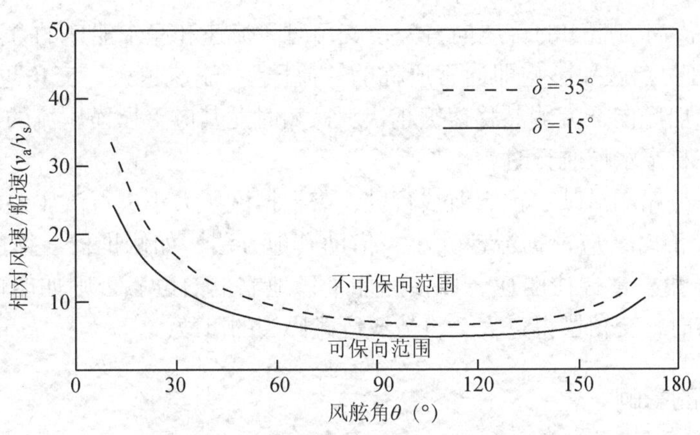

图3-1-16　5万吨散货船压载时的保向界限

第二节 ● 流对操船的影响

流是一种外界影响因素，对于开阔水域的航行船舶来说，需要采取措施抵消流对船舶运动的影响，从而保证船舶按照设定的航线航行。在受限水域，如船舶进出港、航道航行、靠离泊位等，流可能危及船舶的安全。

一、流对航速、冲程的影响

（一）流对航速的影响

船舶在单向流场中航行，船舶对地的速度为船对水速度与流速的合成：

$$\vec{v}_0=\vec{v}+\vec{v}_c \tag{3-2-1}$$

式中：

$\vec{v}_0$——航速，也称对地速度；

$\vec{v}$——船速，船舶对水速度；

$\vec{v}_c$——流速。

顺流航行时，实际航速：

$$v_0=v+v_c$$

顶流航行时，实际航速：

$$v_0=v-v_c$$

因此，在静水船速和流速不变的条件下，顺流航行时对地船速比顶流航行时对地船速大2倍流速。当流向与船舶的首尾向有一定交角时，流速和净水船速的合速度将使船向来流的相反一舷运动，这种影响即通常所称的“流压”。流速越大，交角越大，船速越慢，流压角就越大，船舶向下流侧漂移速度越快。操船时尤其应警惕横压流的影响，特别是船舶以较低航速在狭窄水域航行时。

航行中为保持船舶沿某一预定航线行驶，需根据流压大小进行流压差修正。当船舶在有流水域顶流靠泊时，应根据流速大小，借助其他方法，如侧推器、拖船、锚等外力协助，控制好流压角，掌握住船速，以使船舶平稳地靠上泊位。否则如船速与交角控制不当，尤其在急流时，交角摆得过大，将造成压碰码头的事故。

（二）流对冲程的影响

因冲程是船舶对水移动的距离，船舶顶流和顺流航行时，若其他条件相同，停车冲程是一样的。

但在其他条件相同时，船舶在顶流制动时对地移动的距离小。进港靠泊过程中为控制余速，通常选择顶流靠泊。在顺流进港时，针对停车后降速过程非常缓慢的特点，一方面应及早停车淌航，另一方面应及时地运用倒车、抛锚或拖船进行减速制动。

在航中若停车避让前方锚泊他船，如果其他条件相同，则顶流时可以比顺流时在更短的距离采取行动。若停车避让前方在航他船，流的作用不应当计入冲程，顶流时与顺流时应在同样的距离采取行动。

二、流对旋回、舵效的影响

（一）流对旋回运动的影响

在均匀流场中，船舶对水的旋回运动与上述静水中的情况一样，即对水的旋回圈大小不发生变化。但对地的旋回圈将在流的方向上以流速发生漂移而变形。

船舶在受限水域中旋回掉头或转向时，应对流的影响有足够的估计，预留足够的水域，选择适当的时机进行操舵。在静水中转向时，可根据船舶旋回性试验资料，选择适当时机操舵进行转向；在有流的水域转向时，应根据掉头方向与流的关系选择好转向时机。顺流时操舵时机应适当提前；顶流时操舵时机应适当延迟。这样在流压的作用下，使船位在转向后仍能保持在预定的航迹上。

船舶在有流水域中旋回时，顺流漂移的距离可以利用下式简单估算：

$$D_d \approx v_c \times \Delta t \times 80\% \qquad (3\text{-}2\text{-}2)$$

式中：

D_d——旋回中的流致漂移距离（m）；

v_c——流速（m/s）；

Δt——掉头所用的时间（s）。

掉头所用的时间Δt因船而异，主要取决于船舶的排水量。船舶满载时的掉头时间见

表3-2-1。

表3-2-1 不同吨位船舶旋回180° 所需时间

吨位	旋回180°约需时间
0.5万吨	3.0 min
1.0万吨	3.5 min
5.0万吨	4.5 min
10.0万吨	5.5 min
20.0万吨	6.5 min

(二) 流对舵力、舵效的影响

舵力及舵力转船力矩与舵相对于水的速度（舵速）有关，而舵速又与船舶相对于水的速度（船速）有关，与船舶对地的速度（航速）无关。在均匀流场中，船舶随流漂移，船速不发生变化时，流的影响仅使航速发生变化，而不改变船舶对水的相对速度。因此，无论顶流还是顺流，舵对水的相对速度保持不变，所以在舵角相等的条件下，均匀流场中的舵力将保持不变，其舵力转船力矩也不发生变化。

考虑均匀流的影响，则船舶顺流航行与顶流航行时，对地航速差2倍流速。因而，船舶在相同的时间，顶流对地航行的距离小，顺流时大。如果从船舶转过一定角度的时间内前进的距离的角度衡量舵效，显然顶流对地舵效好，顺流对地舵效差。

第三节 受限水域对操船的影响

受限水域是指相对于不同吃水和船宽的船舶而言，水深相对较浅和航道宽度相对较窄的水域。船舶在受限水域中航行时，水动力将发生显著变化，其运动状态也将随之改变。因此在受限水域中操船时，船舶运动会出现不同于宽广的深水域时的现象和特点。由于水域的水深相对较浅而使船舶运动特点发生的变化，称为浅水效应。由于水道的宽度相对较窄而使船舶运动特点发生的变化，称为岸壁效应。船舶往往同时受到浅水效应和岸壁效应的影响，统称为受限水域效应。

一、浅水效应

浅水是一个相对的概念，同一水深，对于小船可能是深水，而对于大船可能是浅水。显然它与船舶吃水有关，通常采用相对水深的概念来表示水深的大小，即水深吃水比（*H*/

d）。对于一般运输船舶，从对船体前进时阻力的影响来区分，低速船$H/d \leqslant 4$时，高速船$H/d \leqslant 10$时，即可作浅水域对待。

从水深对船舶操纵性能影响的角度，当$H/d > 3.0$时，船舶操纵性基本不受水深的影响，该水深称为深水。从对船体横向运动的影响来区分，以$H/d \leqslant 2.5$为界，该数值也可作为对船舶前进中的操纵性有影响的水深界限。当$H/d < 1.5$时，船舶操纵性将受到明显影响，并达到易发现程度，此时的水深就是我们通常所指的浅水。当$H/d < 1.2$时，船舶操纵性将受到显著影响。

（一）浅水对船速的影响

1. 浅水对附加质量和附加惯性矩的影响

船舶在水中运动的同时，会带动其周围部分的水一同运动。船舶前进运动、横移运动时，相当于在船舶本身质量上增加了一部分质量，增加的质量称为附加质量；船舶作回转运动时，会比船舶本身转动惯矩相应增加一部分惯矩，增加的惯矩部分称为附加惯矩。附加质量与船体质量之和称为虚质量；附加惯矩与船舶惯矩之和称为虚惯矩。

在深水中，船舶运动的附加质量及附加惯矩的比例大致可取值为：前后方向运动时的附加质量为船体质量的0.07～0.10倍；横向运动时的附加质量为船体质量的0.75～1.0倍；附加惯矩为船体惯矩的1.0倍。

在浅水中，船舶运动时附加质量和附加惯矩比深水中明显增加。实践证明，随着相对水深H/d减小，船舶附加质量和附加惯矩增加。当$H/d \leqslant 2$时，增加比较明显；当$H/d \leqslant 1.5$时，这种增加将急剧地增大。此外，船型越肥大、船速越高，附加质量和附加惯矩越大。

船舶在静止中使用同样拖力的拖船来转首时，在浅水中的转首运动要比深水中来得慢。

2. 浅水对船舶阻力的影响

船舶阻力与相对水流的流速、排水量、船型等多种因素有关，在浅水中，船体周围的流场发生较大变化，受其影响，航行阻力变大：

（1）船体周围水流加速，增加了船舶摩擦阻力。同时，船体周围压力降低，引起船体下沉，吃水增大，进一步增加了湿水面积。

（2）由于船舶在浅水域中兴波增强，故增加了兴波阻力。

（3）螺旋桨盘面附近涡流增强，推进器效率降低。

3. 浅水对兴波的影响

船舶航进中，船体周围水压分布特点是：在船首处，因前进时船首推压水，水流流速降低，压力增高，水位上升，呈高波峰；在船侧中部，水流流速大，水位下降，形成低压区，呈波谷；在船尾部，因通过船侧和船底的水流在尾部汇合，形成又一水位较高的区域，压力较高，呈低波峰。这种水压力的变化、高低及沿船长分布情况与船型、船速、水深与吃水之比有关。对于肥大型船，船速越高，这种压力变化越激烈，兴波也越大。

以上是深水中航行时船体首尾向水压力变化的一般特点，当船舶驶入浅水域时，随着水深变浅，具有一定船速和吃水的船舶，其船体中央部分的低压区将逐渐向船尾方向扩展，兴波阻力进一步增大。

船舶进入浅水后，会出现下列现象：首散波变小，水花声减小；尾波增大，船尾及其两侧由于螺旋桨流作用而致水变混浊；船尾伴流增强，螺旋桨上下桨叶推力之差较深水明显，船体振动加剧。

以上因素的综合影响结果使船速降低，而且，航道越狭窄、水深越浅，船舶所受阻力增大越明显，船速也相应降低。这就是港内船速比海上船速低的原因之一。

（二）浅水对船体下沉和纵倾变化的影响

在浅水中，由于船体周围水的流动由三维流动变为二维流动，流速增加，使船体周围水压力的变化加剧，船中低压区扩展至船尾，船体下沉和纵倾变化均较深水中更为显著。同理，如果宽度同时受到限制，船体周围流速进一步变快，使船体下沉量比无限水域中更大。

1. 深水中船体下沉和纵倾变化

在深水域中船体下沉与纵倾变化，主要决定于船型和船速。试验结果表明，肥大型船舶船体下沉和纵倾变化激烈；航速越快，船体下沉和纵倾变化越激烈。

船舶在深水中船体下沉和纵倾变化随船速的关系，可用船速的无因次量弗劳德数 Fr 来衡量。

$$Fr = \frac{v_s}{\sqrt{gL}} \tag{3-3-1}$$

式中：

v_s——船速（m/s）；

L——船长（m）。

（1）当 $Fr \approx 0.06$ 时，开始出现船体下沉现象。

（2）当 $Fr \leqslant 0.3$ 时，船首和船尾均下沉，并出现首下沉量大于尾下沉量的倾向。由于多数商船的速度在该速度范围内，所以静止时若为平吃水状态，在深水域航行时表现为平均吃水增加，并出现首倾。

（3）当 $Fr > 0.3$ 时，尾下沉量增大，可能超过首下沉量。静浮时为平吃水状态的船舶，此时将变成尾倾。

（4）当 $Fr > 0.6$ 时，尾倾更大，同时船体逐渐上浮超过静浮位置，并保持尾倾状态，呈滑行于水面的状态。

船舶在深水中船体下沉和纵倾变化与船型的关系，可用肥脊率（$\Delta/0.1L^3$，其中 Δ 为排水体积，L 为船长）来衡量。对于中低速船，吨位较大、船长较大者，速长比均较小，一般船首和船尾均是下沉的，而且，首下沉量要大于尾下沉量，所以表现为首倾。肥脊率越高的船，该首倾及下沉情况越显著。当然，低速时，这种首倾现象是很小的。

2. 浅水中船体下沉和纵倾变化

浅水中的船体下沉及纵倾的变化较深水中更为激烈。除与船型、船速有关外，还与水深有关。由于水深较浅时，船体周围的水位下降现象范围更大，还受到水深较浅时产生的孤立波影响，所以船体下沉及纵倾变化与深水中相比有其特点，其变化与船速及水深的关系可用水深弗劳德系数 Fr_H 来表示。

$$Fr_H = \frac{v_s}{\sqrt{gH}} \tag{3-3-2}$$

式中：

v_s——船速（m/s）；

H——水深（m）。

船速较低时就开始下沉。

$Fr_H < 0.6$ 即 $v_s < 0.6\sqrt{gH}$ 时，首下沉量大于尾下沉量，静浮时平吃水状态变成首倾。

$Fr_H > 0.6$ 即 $v_s > 0.6\sqrt{gH}$ 时，船体下沉加剧，尾下沉量增大，超过首下沉量，原为平吃水状态的船舶将变为尾倾。

$Fr_H = 1$ 即 $v_s = \sqrt{gH}$ 时，船体尾倾最大，阻力最大，船体下沉加剧。

$Fr_H > 1$ 时，船体以尾倾状态上浮。

图3-3-1为浅水和深水中船体首、尾下沉量的比较。由图可知，浅水中船体下沉和纵倾的特点是：

（1）船速较低时就开始出现船体下沉；

（2）随着船速增加，下沉量增加率比深水中大；

（3）船体达到首纵倾最大值及由首倾变为尾顷时所需船速低。

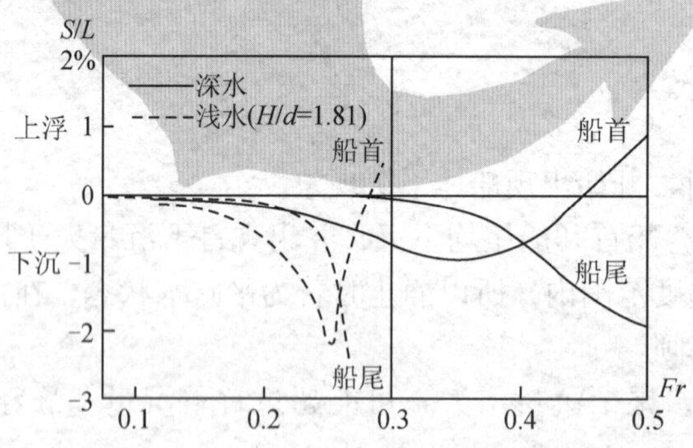

图3-3-1　浅水与深水中船首和船尾下沉量的比较

一般商船速度范围内的船舶在浅水中航行时，通常表现为首下沉量大于尾下沉量，即原为平吃水的船舶将变为首倾。但是，如果船舶在浅水中回转，却有可能呈尾倾状态，一方面是由于旋回中船速下降，首、尾下沉量均减小；另一方面是由于旋回时，转心位置接近船首，旋回时船尾切线速度比船首大，即船尾切向水流流速大，水位下降多，导致船尾下沉量增大。

试验结果表明，受限水域中船体下沉及纵倾较无限水域中更加明显，使基线以下富余水深变得更小，不但使船舶操纵性能降低，严重时可能造成擦底或搁浅，对船舶安全构成威胁，这也是船舶在受限水域航行所面临的危险之一。

（三）浅水对船舶操纵性的影响

船舶驶入浅水水域过程中，与深水情况比较，其操纵性会发生明显的变化。

1. 舵力略有下降，舵效下降

浅水中，舵叶周围的水流发生了变化，伴流、涡流增加使舵力下降。另一方面，由于相同转速时浅水中船速下降，增大了螺旋桨的滑失，又提高了舵力。但总的结果是舵力下降实际上并不大。

由于浅水中回转阻力大大增加，舵效却明显变差。

2. 浅水对旋回性的影响

船舶附加惯性矩、旋回阻尼力矩均有所增大，其中旋回阻矩的增加较虚惯矩增加得更快，因此，浅水中船舶旋回性变差。

3. 航向稳定性

当水深吃水比小于1.5时，由于旋回阻尼力矩增加较快，航向稳定性随着水深的减小而不断变好。

4. 停船性能

船舶驶于浅水域时，由于船体下沉、首倾、兴波增强、二维流增速等，船体阻力将有所增加。另外，由于螺旋桨推进效率的降低，船速有一定的减小，缩短了停船距离。特别是刚停车后余速较高的一段时间内，浅水阻力较大的特点将有利于较快降速而减小冲程。当船速降至较低时，因为上述作用因素的减弱，减速情况趋缓，所以对减小冲程的作用减弱。

二、岸壁效应

（一）岸壁效应的表现形式

水道宽度对操船有影响。根据Hooft的研究结果，航道宽度与船长之比$W/L \leqslant 2$时，出现岸壁效应（bank effect）；当$W/L \leqslant 1$时，操纵性受到明显影响。这里所述的水道宽度是指航道的底部宽度。

在受限水域，由于边界（如航道岸壁或码头岸壁）的限制，船体周围的流态必然发生变化，相应的水动力特征也随之改变。船舶运动形式不同，岸壁影响也不同。岸壁影响主

要体现为如下两种形式：

1. 岸壁效应

船舶偏离航道中线而靠近航道一侧岸壁时，靠近岸壁的一侧水流加速、压力降低，产生使船舶靠向岸边的附加作用力，即岸吸力，它可能导致船舶触碰岸壁；同时还产生一个使船首偏离岸壁的力矩，即岸推力矩。岸吸力和岸推力矩统称为岸壁效应，它可能导致船尾触碰岸壁，船首冲向航道中央，如图3-3-2所示。

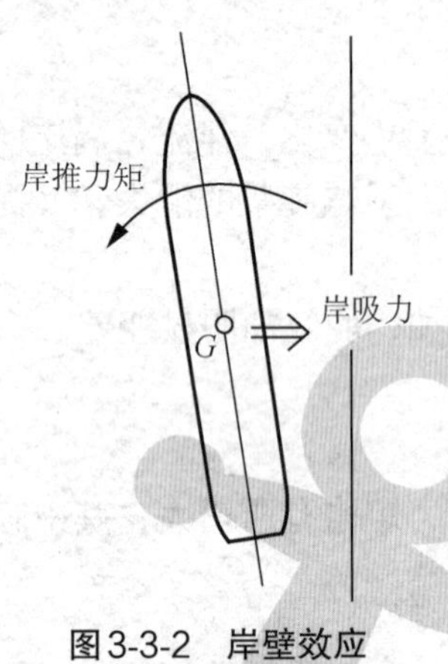

图3-3-2　岸壁效应

2.弹性效应

船舶以一定横向速度接近岸壁过程中，作用于船体上的水动力随离岸距离的减小而增加。

（二）岸壁效应的影响因素

模型试验和实船试验表明，岸壁效应与下列因素有关：

（1）距岸间距越小，岸壁效应越明显。船岸间距达1.7倍船宽时，便可出现岸壁效应。

（2）水道宽度越窄，岸壁效应越激烈。

（3）航速越高，岸壁效应越激烈。

（4）船型越肥大，岸壁效应越明显。

（5）水深越浅，岸壁效应越激烈。

（6）岸壁的几何形状的影响：试验表明，岸壁的坡度、淹没率等几何参数对岸壁效应影响较大。

对于直立岸壁，岸吸力和岸推力矩与船型、船速、距岸距离以及水深等因素有关。方形系数越大、船速越高、距岸距离越小、水深吃水比（H/d）越小，岸吸力和岸推力矩越大，岸壁效应也越剧烈。

对于斜坡岸壁，岸吸力和岸推力矩不但与船型、船速、距岸距离以及水深等因素有关，还与斜坡岸壁的坡度有关。岸壁的坡度越陡峭，岸吸力和岸推力矩越大，这时，更接近直立岸壁的效应；反之，岸壁的坡度越平缓，岸吸力和岸推力矩越小。

对于淹没岸壁，淹没岸壁水下部分越高，越接近直立岸壁的情况，岸壁效应越明显。

（三）航道宽度

1. 决定航道宽度必须考虑的事项

航道宽度是指具有必要水深的（满足操船要求而必须具有的水深）航道海底宽度。决定宽度时应考虑下列因素：通行船舶的尺度、速度及操纵性能；他船的动态与交通流量；浅水效应和岸壁效应；风、浪等外界条件；助航设施状况；为减轻操船者的心理紧张负担而留有一定的富余宽度。

2. 航道宽度的基本构成

（1）保向宽度（船舶操纵宽度）

无风、流时，保向航行所需的宽度因船舶操纵性的优劣而不同。据研究，以船速5 kn通过运河时的模型试验表明：操纵性好的船舶，需宽度1.6*B*（*B*为船宽）；操纵性一般的船舶，需宽度1.8*B*；操纵性较差的船舶，需宽度2.2*B*。

在有风流时，还应考虑风流产生的漂移量；船舶驶经长直的航道时，必须考虑船位误差导致的横向偏位；用舵保向时，要考虑转舵产生的船尾反移量等。

（2）两船间距及船岸间距

并航时船舶间的相互作用力主要取决于航速、船型、水深、间距等。一般情况下，以备车速度（12 kn左右）航行的船舶，两船间距至少应取船长的一倍左右，船岸间距应保持在船长的一半左右。

通过模拟计算，得出了船速和船岸间距的影响关系。如船速为12 kn时所需的航道宽度为1*L*，则船速为16 kn时所需航道宽度增加40%。有岸壁效应时，船速12 kn时需增宽60%，16 kn时需使航道增宽2倍以上；而当船速降至5 kn时，在可行驶的水道中，两船间隔可窄至船宽*B*左右，距岸间隔取1.5*B*，则操5°压舵角即可保向。

但应注意的是，在浅水域内河中行驶时，考虑到由于浅水效应可能导致转首发生碰撞，航速应降至10 kn以下。

（3）操船时为减轻紧张心理而增加的宽度

国外对大型船船长所做的调查表明，在较长航道中能缓和操船紧张心理的航道宽度一般为（4～5)*L*。当然，这个值在设计航道时显得较大，但可作为操船者的心理要求加以考虑。心理上要求的航道宽度因地形、交通、水文气象等航行环境的变化而不同。

表3-3-1　航道的宽度

航道类型	船舶交通情况	航道宽度(*L*:可通过的最大船舶长度)
较长的航道	航道内船舶会遇频繁	2*L*
	非上述交通情况时	1.5*L*
上述情况之外的航道	航道内船舶会遇频繁	1.5*L*
	非上述交通情况时	*L*

3. 港湾航道的宽度

港湾航道的宽度可根据实际需要如航道的长度、会遇频繁程度、船舶的尺度等因素来确定。

三、狭水道中船舶保向操纵

船舶在宽度受限的水域航行时，岸壁效应使船产生先直航，然后变为回转，再变为横漂的运动。为保持船舶在预定的航线上航行，势必要向岸壁侧（即内舷）压舵。航道宽度越窄、航速越快、岸壁效应越明显，保向所需压舵量越大。另外，水道断面面积与船体横断面面积之比（也称阻塞比）亦影响船舶的保向性。

1. 接近岸壁航行时的保向

接近岸壁航行时，为了抵消岸吸力的作用，抑制激烈的岸壁效应，正确的操船措施是向岸壁方向压某一舵角。通过连续调整压舵角可使船舶保持一定近岸距离航行。运河航行中，如上述平均压舵角高达5°以上仍不足以保向，应引起操船者重视，需尽可能使船舶的近岸距离增大，或降低船速，以保持船舶直航。

2. 驶于中心航道时的保向

船舶驶于类似苏伊士运河的狭窄水道时，即使行驶于水道中央，也需不断操舵保持航向，且船速越高，所需操舵的平均舵角也越大。根据模型试验结果并结合实际引航经验，在水道宽度接近船长的浅窄水道内，行驶于航道中央的船舶应将其船速降至10 kn以下，以便于保向。

3. 驶于海底倾斜的浅水域时的保向

当船舶驶于海底沿船宽方向有明显倾斜的浅水域时，将因海底倾斜效应出现与受岸壁效应影响相类似的运动，即整体向水浅的方向横移，船首则向水深的一侧转头。海底倾斜效应本质上是一种岸壁不垂直水面时的岸壁效应，为保持航向，也需不断地朝浅水一舷操舵。

四、富余水深

浅水中操船，由于受限水域的影响往往引起操纵困难，横移阻力过分增大，不得不依靠拖船的协助；航行中船体下沉增大，有时会使船底与海底接触而导致船体损伤、主机和推进器故障。因此，在浅水域中为保证船舶安全和航行安全，水深必须满足一定的要求，以适应水域的条件和状况、适应操船的方法和条件，使水深超过实际吃水，并保持一定的

安全余量，这个安全余量通常称为富余水深（under keel clearance）。如图3-3-3所示，富余水深可由下式求出：

富余水深 = 海图水深 + 当时当地的基准潮高-船舶静止时的实际最大吃水

（一）确定富余水深应考虑的因素

在确定富余水深时，应考虑以下因素：

1. 船体下沉和纵倾变化

船舶在浅水域中航进时，船体下沉量增大。在通常商船速度范围内，直航时一般为首倾，故尤应注意船首下沉量。

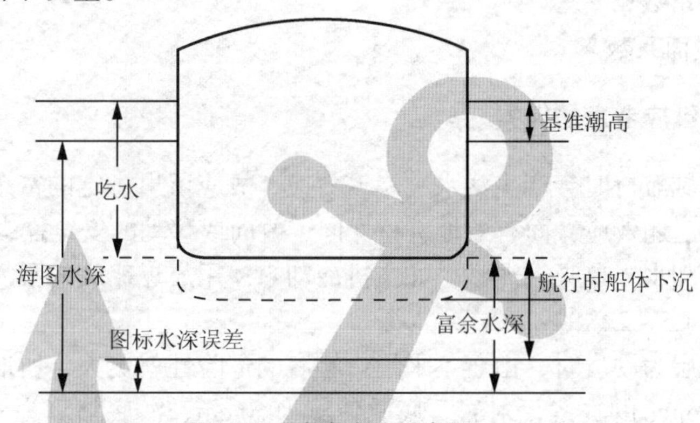

图3-3-3 富余水深示意图

2. 波浪的影响

船舶因波浪引起的摇荡、横摇、纵摇和垂荡使吃水增加。

横摇时的吃水增加量 $\Delta d_R = \frac{1}{2}B\sin\theta_m$；

纵摇时的吃水增加量 $\Delta d_P = \frac{1}{2}L\sin\phi_m$；

垂荡时的吃水增加量 Δd_Z = 垂荡振幅。

式中：

θ_m——最大横摇角；

ϕ_m——最大纵摇角。

3. 海图水深的测量误差

根据国际测深标准，海图的图标水深中含有的测量误差为：

水深范围20 m以下，允许误差为0.3 m；

水深范围20 ~ 100 m，允许误差为1.0 m；

水深范围100 m以上，允许误差为水深的10%。

与此同时还应考虑海底碍航物、地形及其变化。

4. 水位的变化量

（1）当时当地的潮高误差。

（2）气压变化引起的水位变化。气压每升高1 hPa，水面下降1cm。

（3）水的密度变化引起的吃水变化。

设船舶由海水（密度为ρ_1）进入淡水（密度为ρ_2），则吃水变化量为：

$$\Delta d = d_1 \frac{C_b}{C_W}\left(\frac{\rho_1}{\rho_2} - 1\right) \tag{3-3-3}$$

式中：

d_1——在海水中的吃水；

C_b——方形系数；

C_W——水线面系数。

5. 为安全操纵应考虑的因素

（1）受限水域航行时会产生浅水、岸壁效应，故应留出一定的富余水深，以保证船舶安全航行，克服上述效应，而有效地进行保向、改向或移动的安全操纵。

（2）主机冷却水入口吸入泥沙。如主机冷却水使用靠近船底的吸入口时，至少需有冷却水吸入口直径1.5～2倍的船底富余水深。

（3）海底表层为硬岩时，由于不平坦，触底的危险性就更大，所取富余水深应比软泥底时大。根据Bojtch的提案，对岩石底质估算为60 cm、沙底估算为30 cm的富余水深是必要的。

（4）在港内操船时，往往为制动或掉头而用锚，锚的抓底情况因底质不同而异，当底质为泥时，一般都是锚爪向下全部埋入泥土。而在结实的沙底上拖锚时，往往锚爪未能充分埋入，所以船底下应留有相当于锚头宽度的间隙，一般取锚冠凸缘的宽度。

在具体确定富余水深时，应将上述各因素根据具体航行条件加以考虑进行取舍。

（二）确定富余水深的参考实例

（1）欧洲引航协会（EMPA），对进出阿姆斯特丹、鹿特丹、安特卫普诸港的船舶，建议采用表3-3-1所示的富余水深：

表3-3-1　推符富余水深

水域	大型船	VLCC
外海航道	吃水的20%	吃水的15%
港外航道	吃水的15%	吃水的10%
港内	吃水的10%	吃水的5%

（2）马六甲海峡、新加坡海峡规定过境的吃水15 m以上的深吃水船及DW 15万吨以上的VLCC至少应保持3.5 m富余水深。

（3）虾峙门外深水航槽规定过境的超大型船舶的富余水深不小于实际吃水的10%，且最小不少于2 m。

（4）上海引航站规定，通过长江口南槽水道的船舶，应留0.6 m的富余水深。

第四节 船间效应

船舶在近距离上对驶会船、追越或驶过系泊船时，在两船之间产生的流体作用，将使船舶出现互相吸引、排斥、转头、波荡等现象，称为船间效应。船间效应是有害的流体现象，在船舶操纵中应引起充分注意，以防止造成事故。

一、船间效应产生的现象

1. 吸引与排斥

航进中的船舶，首、尾处水位升高，压力增高，从而给靠近航行的他船以排斥作用；而船中部附近的水位下降，压力降低，给靠近航行的他船以吸引作用。

2. 波荡

船舶航行产生的兴波，其水质点本身并不随波形移动，在深水中，波浪的水质点以一定的速度做轨圆运动，当水质点处于波峰时，其运动方向与波的传播方向相同（向前运动），处于波谷时则与波浪的传播方向相反。

处于他船发散波中的船舶，如果船首向与波传播方向接近平行，则当处于发散波之波峰之前时，由于水质点的运动方向与波的传播方向即船舶前进方向一致，船被加速；当处于波谷时，由于水质点的运动方向与波的传播方向相反而被减速，如图3-4-1（a）所示。这种由于相对于波的位置不同而受到加速或减速的现象，称之为波荡或无索牵引。

显然，引起兴波的船舶排水量越大，船速越高，兴波越激烈；而受到波荡的船舶的船长及排水量越小，波荡现象越明显。

3. 转头

处于他船发散波中的船舶，当其船首向与他船发散波方向存在夹角时，即船舶斜向与发散波遭遇时，由于波中水质点做轨圆运动，导致波峰处的船体部分受波的前进方向的力，而波谷处的船体部分受相反方向的力，其结果构成了力矩使船转头，如图3-4-1（b）所示。

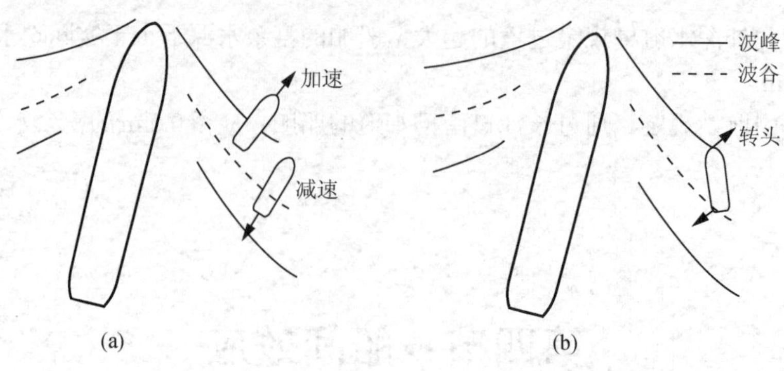

图3-4-1 波荡与转头

二、影响船间效应的因素

船间效应的大小取决于两船相互作用力、作用时间以及船舶排水量，因此与下列因素有关：

1. 船间距离

两船船间距离越小，相互作用力越大。船间作用力的大小约与两船间横距的4次方成反比；船间作用力矩约与两船间横距的3次方成反比。一般当两船间的横距小于两船船长之和时，就会直接产生这种作用；两船间横距小于两船船长之和的一半时，相互作用明显增加。两船过度接近则有碰撞的危险。

2. 船速

船速越大，船体周围压力变化越剧烈，兴波也越激烈，船间相互作用也越大。船间作用力和力矩约与船速的平方成正比。

3. 作用时间

双方航向相同且船速差别较小时作用时间长，相互作用也更大。航向相反时，作用时间短，相互作用较小。

4. 船舶大小

大小不同的两船互相接近时，小船受到的影响大。

5. 航道浅窄

在浅窄的受限水域航行时，船体周围的水压力的变化及兴波均较深敞水域中更为激烈，因此船间效应也就更为激烈。

三、追越中两船相互作用

追越中两船间的船速差别较小，持续时间较长，船间效应影响较大，尤其是对较小的船舶，如果不予以充分注意并采取适当措施，近距离追越时极易发生碰撞事故。

关于追越中两船的吸引与排斥、内侧转头与外侧转头的力矩变化情况，1960年R.E. Newton进行了深水中的船模试验，1977年I.W.Dand进行了浅水中的船模试验。两个试验结果比较接近，双方的回转力矩倾向几乎是相同的。

据模型试验结果可以得出以下结论：

1. 追越过程中的船间作用

试验结果显示，追越过程中随两船相对位置的变化，船间作用力的大小和方向也相应发生变化，产生不同的作用效果。如图3-4-2所示，A船为追越船，而B船为被追越船，定性分析如下：

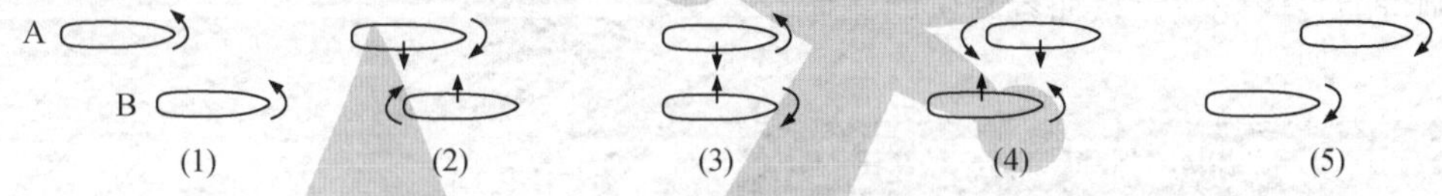

图 3-4-2 追越中船间作用效果

（1）当追越船A船首接近被追越船B船尾时，B船船尾受到A船船首高压排斥使船首内转，可能挡住A船进路，而与A船船首部发生碰撞。尤其是在被追越船明显小于追越船时。

（2）当追越船A船首接近被追越船B船中，两船船体部分重叠时，由于两船首、尾分别受到另一船船中低压吸引，B船船尾内转，A船船首内转，与此同时，两船体相互靠近。此位置两船转船力矩最大，极易发生大幅度回转而使A船船首与B船船中、尾发生碰撞。追越中碰撞事故的统计分析充分说明了这一点。

（3）当追越船A船首接近被追越船B船首，两船并驶时，其间流速加快，压力下降，产生最大的吸引力，导致两船互相接近，因此该位置也是容易发生碰撞的位置之一。与此同时，两船船首高压互相排斥而导致外转。

（4）当追越船A船尾接近被追越船B船中，两船船体部分重叠时，由于两船首、尾分别受到另一船船中低压吸引，A船船尾内转，B船船首内转，与此同时，两船体相互靠近。此位置两船转船力矩仍处于最大，极易发生大幅度回转，但追越船船速比被追越船高，此时易发生B船船首与A船船中、尾擦碰。

（5）当追越船A船尾接近被追越船B船首，A船船尾受B船船首高压排斥而外移并船首内转，B船船首受A船船尾高压排斥而外移。此时，追越过程已经结束，如果两船维持船速，通常不会引起碰撞。

2. 追越中碰撞的预防措施

通常在开阔水域中，追越中两船的间距应当远远超过可能产生船间效应的距离。在受限水域，近距离追越过程中，应当采取有效措施，减轻船间效应，避免发生碰撞事故。

（1）尽量避免在狭窄弯段或浅滩处追越，应选择平直、通航密度小的允许追越的航段进行追越。

（2）应尽量保持足够的横距。深水中快速追越时，两船间应至少保持大船的一倍船长的距离，最好能大于两船船长之和。在港内低速追越时，两船间的横距可以减少到最少保持一倍船宽。但若考虑操船上的安全，最好能大于大船的一倍船长。

（3）必须用VHF或声号征得被追越船的同意方可追越。

（4）被追越船如同意追越，应尽量让出航道，减速至能维持舵效的速度行驶；追越船应尽可能加大两船的间距，适当加车，以便增大两船间的速度差，减小两船平行的时间。

（5）一旦出现明显的相互作用而有碰撞的危险时，追越船应减速、停车或倒车，并用相应的舵角制止偏转；而被追越船则应适当地加车以增加舵效，抵制偏转。被追越船如果减速则可能丧失舵效，反而容易引起碰撞。

四、两船对驶时的船间效应及其防止

1. 对驶过程中船间作用

两船对驶会船时的相互作用情况，与追越过程类似，随两船相对位置的变化，船间作用力的大小和方向也相应发生变化，其作用结果可用图3-4-3简要表示。

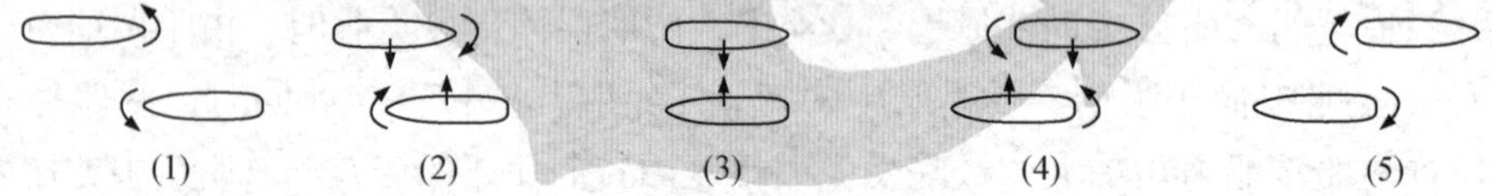

图 3-4-3　两船对驶时船间效应

（1）两船船首接近时，受到内侧高压互相排斥，船首各自外转。

（2）两船前半部分重叠时，船首被对方船中的低压所吸引，船首各自内转，同时船体相互靠近。

（3）两船首尾重叠时，两船内侧各为低压，互相吸引。

（4）两船后半部分重叠时，船尾被对方船中的低压所吸引而内转，船首外转，同时船体相互靠近。

（5）两船船尾重叠时，船尾内侧高压相互排斥而外转，船首各自内转。

两船对驶会船时，船间的这种相互作用力和力矩非常大。所幸的是，在对驶会遇的情况下，这种非常大的力和力矩的出现是短暂的，而且力矩的方向是周期性变化的。在其所产生的运动发展之前，两船已经相互驶过了，使这种力和力矩的作用效果大大减轻。

对驶会船时，为避免因激烈的船间效应而发生碰撞，而应采取的预防措施是：

（1）应避免在复杂的航段会船。

（2）对驶会船前应减速缓慢行驶，尽量保持两船间的横距大于大船的船长。

（3）两船船首相平时，切忌用大舵角抑制船首外转，否则将导致船首进入对方船中部低压区时加速内转而引起碰撞。正确的措施是适当加车以增加舵效，稳定船首向，减少通过的时间，使相互作用迅速消失而安全通过。在两船对驶会船时，两船间相互作用造成碰撞的危险虽比追越过程中低，但当两横距过小，一船船首或船尾分别处于他船内舷的高压区或低压区时，则有可能因剧烈的转头而使该船船首或船尾碰撞他船。

2. 两船对驶时的注意事项

在受限水域近距离会船过程中，同样应当重视船间效应，采取有效措施，避免发生碰撞事故。

（1）两船横距应尽量拉开；

（2）两船船首平行时，切忌用大舵角抑制船首外转，否则将导致船首进入对方中部低压区时加速内转而引起碰撞；

（3）适当加车以增加舵效，稳定船首向，以减少通过时间。

五、驶过系泊船时的相互作用

当船舶近距离驶过系泊船时，船间的相互作用使得驶过船受到的影响类似于岸壁效应。但除船间作用力和力矩的影响之外，系泊船也会受到驶过船的船行波及其岸壁反射波的影响。这种影响常表现为船舶的首摇、横摇、纵摇，以及横荡、纵荡及垂荡六个自由度的运动。其中对船舶影响最大、幅度最大的则是纵荡。不良后果是可能造成系泊船靠岸舷侧的擦损、断缆等事故。

根据经验，航行船舶近距离驶过系泊船时，系泊船所受影响的大小与下列因素有关：

（1）航行船舶排水量越大、航速越高，系泊船所受影响越大；

（2）水深越浅、船间距离越小，系泊船所受影响越大；

（3）系泊船排水量越小，这种影响也就越大；

（4）风强流急又将助长这种影响。

为了避免对系泊船造成过大影响，航行船舶近距离驶经系泊船时，宜减速行驶，同时尽可能加大与系泊船的横距。

系泊船在有航行船舶驶过时，为了避免受航行波影响而造成事故，应当采取有效措施：

（1）加强值班，保持系缆受力均匀，避免某根缆绳单独过紧或过松；

（2）必要时对系缆和碰垫做必要的调整，以增加船舶系泊稳定度；

（3）发现有大船快速驶过时，系泊船应对舷梯做出必要调整，停止有关可能受影响的作业，避免发生事故。

第四章

港内操船

本章学习目标

港内操船是指船舶进行接送引航员、靠离泊、系离浮筒、掉头和锚泊等的操纵。港内操船时需要合理运用船舶操纵性能，合理使用船舶操纵设备及港作拖船，准确把握外界环境对船舶操纵的影响，以便对船舶的航向、航速和船位三要素进行实时的控制，保证船舶操纵的安全。要求学员掌握接、送引航员时的操船方法及SOLAS公约关于引航员软梯的布置要求；掌握靠离泊作业方法；掌握锚地选择方法及各种环境条件下锚泊作业方法；掌握船舶进出船坞、船闸的操纵方法；掌握走锚、锚链绞缠的处置方法；了解大型船舶操纵；掌握船舶进出港操纵；掌握船舶掉头所需水域的估算及操纵方法。

第一节 进出港操船

一、进出港的准备

港口的水域、气象、水文条件不同，船舶操纵方法也存在很大差异。船舶操纵人员首先要了解航行水域情况，针对其特点，制订相应的计划。

（一）掌握港口及泊位信息

1. 航道宽度

航道宽度，即航道的有效宽度，是指可供船舶安全航行的宽度。航道宽度是衡量航道水平方向通航最大船型尺度（船长与船宽）的重要标志。

2. 航道水深

航道水深通常是指理论最低潮面至海底的深度，即海图水深。航道水深是衡量航道垂直方向通航最大船型尺度（吃水）的重要标志。

3. 航道方向与弯度

航道方向是指航道中线的方位角。航道方向是衡量风、浪、流影响程度的依据。进港航道的布置一般顺着主流向的方向。在往复流水域，如河口港，航道方向与流向基本平行；然而在沿海或有旋转流的水域，航道方向或多或少与流向都有一定的交角，有的甚至为横流，在急流、横风的情况下船舶可能难以安全通过航道。

受地形、地貌的影响，在整个进港航道长度范围并非一个航道方向，可能存在一个甚至多个转向角。尽管在航道设计时考虑了转向点附近水域宽度的具体要求，但弯曲航道的确增加了实际操船的难度，而且转向角越大，难度越大。特别在通过弯曲河道时，由于弯处流场比较复杂，更要足够重视。转向角较大的水域，中、大型船舶应考虑使用拖船协助转向。

4. 乘潮水位

对于吃水较大的船舶，如果某一航段的水深不足以使其安全通过航道，则需要在一定的时间内利用一定的潮位确保船舶安全通过该航段。这种能使船舶在一定时间内安全通过航道的潮位称为乘潮水位。考虑乘潮水位涉及的航道不能全天候通航。对于需要乘潮进出港的船舶，需要考虑进出港的时机和时间。

5. 掉头水域

掉头水域也称为回旋水域。掉头水域是指船舶在靠离码头、进出港口需要掉头或改变航向时的专用水域。掉头水域的大小与船舶尺度、掉头操纵方式、流向流速及风向风力等因素有关。

6. 船舶制动水域

船舶制动水域是指供船舶靠泊过程中停船操纵的水域。船舶制动水域一般设在进港方向的直线上，有时也可能是曲线。制动距离的大小与船舶尺度、制动操纵方式、流向流速及风向、风力等因素有关。

制动距离是船舶靠泊过程中选择船速的依据。船速过高，可能不易停船；船速过低，又可能由于风流的影响而产生较大的漂移。因此，应根据可供制动的距离和水文气象条件选择合适的进港船速。

7. 码头前沿停泊水域

码头前沿水域是指供船舶靠离泊操纵和装卸作业的水域。码头前沿水域一般水流比较稳定，具有足够的水深和宽度，能满足船舶安全靠离泊操纵和装卸作业的要求。按码头布置形式可分为顺岸码头前的水域和突堤码头间的水域。其大小按船舶尺度、靠离码头的方式、水流和强风的影响、转头区布置等因素确定，一般为2.0B（B为船宽）。

8. 泊位信息

船舶最常见的停泊方式是码头系泊。应掌握泊位的结构、走向、长短、拟靠泊泊位前后是否有船停靠、实际泊位的空当的大小（一般为船长的115%~120%）。

9. 锚地信息

专供船舶（船队）在水上停泊及进行各种作业的水域。如装卸锚地、停泊锚地、避风锚地、引航锚地及检疫锚地等。应掌握其锚地的大小、用途、底质、水深，以备本船之需。

（二）掌握港口气象及管理规定

1. 气象水文信息

气象水文信息包括靠泊过程中遭遇的风、流、浪、潮汐等信息。对于风或流的影响，应掌握风向或流向与航道方向及码头方向的交角，确定是吹拢风还是吹开风，顶流还是顺流或开流还是拢流，并掌握风力或流速的大小及变化趋势。对于浪的影响，应掌握浪向与航道方向及码头方向的交角，并注意浪高对船舶吃水及拖船作用效果的影响。对于乘潮进出港的船舶，还应掌握当地潮汐的变化情况。

2. 通航管理规定

通航管理规定诸如分道通航制、港内限速、VHF 的使用、引航点的位置及登轮速度等。

3. 导航设施

导航设施诸如航标、导标的配布等。

（三）掌握本船情况

船舶操纵人员应充分了解本船的操纵性能，并结合港内条件、船舶载态，根据实测或经验修正。

操纵人员应了解本船各种操纵设备的准备情况，如车、舵、锚、缆等情况。

另外，操纵人员应掌握本船的实际运动信息，充分利用ROT等设备监控船舶的转头角速度。

二、进出港时船速的控制

进出港操纵是船舶从航行状态转为停泊状态或由停泊状态转为航行状态的必经阶段。这一阶段，由于船速的降低，船舶自力控制航向的能力变差，航行水域的宽度和深度受限，通航密度增大，更增加了船舶搁浅、碰撞的可能性。航速过快会增大船舶的下沉量和惯性冲程，航速过慢会增大船舶的风、流致漂移和航迹带宽度。因此，要根据船舶操纵性能、通航情况、航行水域的水文气象和地理环境对进出港船速进行掌控。

（一）船舶进港减速运动控制过程

船舶进港过程为减速操纵，船舵控制航向的能力随着船速的降低而减弱。为了保证船舶操纵的安全，在仅靠操舵控制航向的情况下，船舶抵达停泊位置时应具有一定的舵效。

船舶在进港过程中，一般采用主机转速逐级递减的方式进行减速操纵。具体船速递减方式取决于船舶情况、航行环境以及操船人员等因素，即根据船舶种类及载重状态、减速性能、进港水域、水文气象等情况分阶段进行减速。根据操舵对航向的控制能力，将船速递减过程分为四个阶段，即高速阶段、中速阶段、低速阶段和制动阶段。

1. 备车与减速

船舶由沿海水域驶入港口水域并向停泊位置接近的过程中，由于港内航行需要频繁改变船速，首先要进行备车。处于备车航行状态时，船舶是否降速取决于船舶距停泊位置的距离、船舶吨位、操纵性能、通航环境以及船型种类等因素。

（1）对于中、小型船舶，通常距离停泊位置约5 n mile时或提前1 h进行备车；如操船环境较好，进港备车时机应至少在至锚地前剩余航程5 n mile以上时，并采用“港内全速”航行。

（2）大型油船与散货船，特别是超大型油船与散货船由广阔水域驶入泊位时，由于排水量大，相对主机功率低，其备车减速要比其他种类的船早。在实际操纵中，其减速的过程可参考表4-1-1中的数据进行，该方法被称为“7-5-3减速要领”。

表4-1-1　7-5-3减速要领

距泊位航程	15~10 n mile	7 n mile	5 n mile	3 n mile	0.5 n mile
应发出的换车令	备车	前进二	前进一	停车	后退二
换车时的船速	—	12 kn	8 kn	6 kn	不大于2 kn

当距离泊位1.5 n mile时，大型船舶的船速一般应小于4 kn；距离泊位0.5 n mile时，速度需控制在2 kn左右；距离泊位1个船长时，速度不大于1 kn。在满载情况下，如采用

微速倒车，可将船舶前行余速1 kn左右的船舶在1个船长距离内停住。如采用后退一或后退二，则停船时间将会相应缩短。另外，大型船舶在靠泊驶近码头时，其减速过程也可以采用以下所述减速法，即

距离泊位3 n mile时，船速控制在6 kn左右；

距离泊位2 n mile时，船速控制在4 kn左右；

距离泊位1 n mile时，船速控制在2 kn左右；

当接近到离泊位前1个船长时，速度不大于1 kn。

(3) 大型集装箱船由于其配备主机的马力大，操纵性能也比较好，所以这类船舶的船速控制较大型油船与散货船方便。但是由于这类船舶吨位大、载重量大、吃水大、惯性大，船舶减速除了尺度大等因素引起降速相对较慢外，大多数船上还专门设置了由海上速度到港内速度的减速程序，以延长减速时间而达到保护主机的目的。因此，船舶进港靠泊前船长和引航员应充分了解本船的减速程序，并合理准确地运用。

一般在至锚地剩余航程5 n mile左右时或提前0.5 h进行备车；若交通条件复杂，通常在至锚地剩余航程10 n mile或提前1 h备车，并采用“港内半速”航行。

在备车减速过程中，大型集装箱船也可以采用两倍距离船速递减（见表4-1-2）的方式，运用“9-7-5-3-1”规律平滑减速。

表4-1-2　两倍距离船速递减法

距泊位航程	9 n mile	7 n mile	5 n mile	3 n mile	1 n mile
应发出的换车令	备车	前进二	前进一	停车	后退一
换车时的船速	—	14 kn	10 kn	6 kn	3~4 kn

在实际操船中，大型集装箱船因为主机功率大，倒车拉力大，船舶在速度3 ~ 4 kn时可以用后退一的车速在一倍船长左右的距离内把船停住。

引航员操船进港靠泊的速度相对比较快，而减速也比较晚。有时因考虑风、流影响，在接近码头时速度仍达到3 ~ 4 kn。但是船长一定要从本船的实际出发，根据当时环境情况及时做出判断，并及早提醒引航员采取减速措施。特别是当时环境与条件不理想时，比如风力强的吹拢风、能见度不良等，靠泊速度千万不能过快，务必保证靠泊安全。

2. 减速过程中的航向控制

在进港操船中，随着船速逐步降低，舵的控向能力将会变得越来越差，此时需要侧推器或拖船协助控向。根据实践经验，需要注意的是不同的控向手段需要有相应的船舶速度域，以达到有效地控制船舶航向的目的。

一般说来，操船者应当知道下列数据：

(1) 自动舵可有效控制航向的速度域为8 kn以上；

(2) 万吨级船舶手操舵有舵效的最低速度约为2 kn，而大型船舶约为3 kn；

(3) 侧推器发挥作用的速度域范围为4 kn以下；

(4) 港作拖船发挥作用的速度域范围为4 ~ 6 kn以下。

船舶在减速过程中的航向控制问题，在实际操船中并不完全像上述四条那样单一。各

种控向手段可实施控制的有效速度域经常随船舶种类、船型、载态、外界环境条件的不同而不同。因此，需依据具体船舶及其所处的具体环境对船速加以订正。

（二）船舶出港加速运动控制过程

船舶出港过程为逐级加速操纵过程，船舵控制航向的能力随着船速的提高而增强。比较而言，船舶出港操纵较船舶进港操纵容易。

船舶出港航行于港口水域时，应根据船舶状况、外界水文气象环境、航道及交通流情况决定行驶航速，一般航行速度以不超过6～8 kn为宜。

三、接、送引航员时的操船方法

为维护港口秩序和保障船舶安全，一般港口都对进出港船舶实行强制引航制度。如此，船舶进出港过程中，安全接送引航员成为船长的主要责任之一。

（一）引航员登离船装置的要求

引航员登离船装置是影响引航员登轮安全的因素之一。2010年12月3日，MSC第88次会议上，通过了第308号关于SOLAS公约修正案的决议，该决议自2012年7月1日起生效。IMO和IMPA按照SOLAS第V章第23条和IMO决议A.1045（27）更新了引航员登离船装置。更新后“引航员登离轮装置要求示意图”如图4-1-1所示，引航员登离船装置规定要点如下：

“1. 引航员登离船装置的安装应由负责驾驶员进行监督，并对安装和操作设备的人员就安全操作程序进行指导。

“2. 负责驾驶员应携带与驾驶台进行通信的装置，并护送引航员经由安全通道前往和离开驾驶台。

“3. 对干舷为9 m及以下的船舶所设置的引航员软梯要求：

“（1）扶手立柱（handhold stanchions）直径至少32 mm、高出舷墙120 cm，两柱之间距离在70 cm和80 cm之间；

“（2）根据引航员的需要，准备两根直径在28 mm和32 mm之间的扶手绳（man ropes）；

“（3）软梯边索（side ropes）直径至少18 mm，两根边索之间的间距至少为40 cm；

“（4）软梯的所有踏板（all steps）必须保持水平并稳固地紧靠船舷侧，两块踏板之间间距为31～35 cm；

“（5）设置防止软梯扭转的横撑踏板（spreader）至少1.80 m长；

“（6）最下方的4块可用具有足够强度和刚度的橡胶制成，第5块必须是防止软梯扭转的横撑踏板；

“（7）两块防止软梯扭转的横撑踏板之间最多设9块踏板；

“（8）软梯离海面高度由引航员决定。

“4. 对干舷为9 m以上的船舶，必须设置组合梯（combination ladder），其要求如下：

“（1）舷梯的设置应导向船尾，舷梯必须紧靠船舷侧，最大坡度不超过45°，宽至少600 mm，下端的平台必须保持水平，并离海面至少5 m以上，舷梯和平台两边均应装有立柱和坚固的栏杆；

“（2）软梯自舷梯下端平台还需向上延伸2 m以上，其中平台以上1.5 m的软梯必须紧靠船舷侧，软梯和该下端平台之间的水平距离应在0.1 m和0.2 m之间，引航员所需要攀爬的软梯长度在1.5 m和9 m之间；

“（3）推荐在设置引航员登离船装置附近的船舷上涂一个上白下红的“9 m干舷标志（9 meters freeboard mark）”，其尺度是宽50 cm、高4 m，标志的中间线代表9 m干舷高度的位置（如果没有看到标志的红色部分，表明干舷高度小于9 cm；看到标志的红色部分，表明干舷高度大于9 m）。

“5. 在转送人员时，应备有带有自亮灯和烟雾信号的救生圈、吊绳。

“6. 应配备适当照明，照亮舷外的登离船装置、甲板上人员登船和离船的位置。”

（二）引航员登离船时的船舶操纵要点

引航员登离船时船舶的运动状态也是影响引航员安全的因素之一。船舶在锚地接送引航员无须讨论船舶动态问题，比较而言，航行中接送引航员的风险较大，而且由于引航员登离船水域往往通航密度较大，更要引起足够重视。引航员登船前，除了要做好以上装置的安放和检查外，还要较精确控制船舶，其操纵要点如下：

（1）调整进港船速，准确预报和控制抵达引航员登船点的时间。过早或过晚都不利于船舶安全，尤其是过早抵达引航地点而引航员还未抵达，因水域狭窄，往往会造成被动局面。

（2）根据引航员的要求，调整航向，通常将引航员梯或舷梯放在下风舷侧，以利用船体的遮蔽作用减小下风舷侧的风浪。在引航员上下船时，应保持航向和航速。

（3）降低船速，以适应引航船或拖船的并靠，但有强横流影响时，船速不宜过低，以免漂移过大而造成搁浅，一般以保持舵效的船速为准。

（4）能见度不良时，本船位置不易被引航船识别，必要时开启雷达为引航船导航并鸣放合适的声号供引航船识别。

（5）引航船附近往来船舶交通密集，应加强瞭望，注意及时用VHF与VTS和他船取得联系并及时避让。

（6）引航员登离船的最佳时机是，当引航船艇在风浪中摇摆到最高的一点时，这个时机是上下船舶的最佳时机。因被引船比引航船艇大得多，故被引船的摇摆可不计入。换言之，引航员必须等到引航船艇处于波峰的时机，立即采取行动登船或离船，其他时机行动容易发生危险。

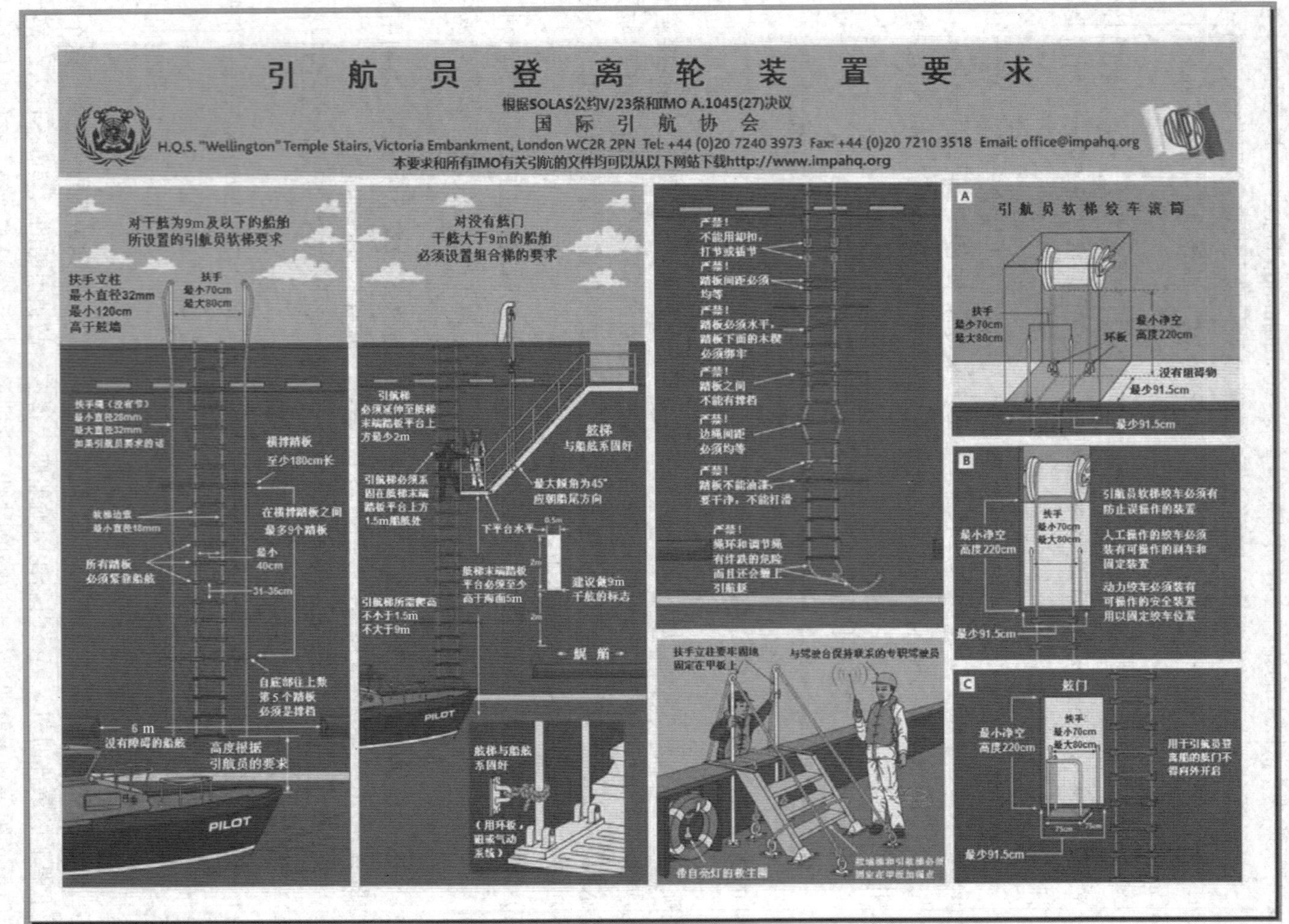

图 4-1-1　引航员登离轮装置要求示意图

第二节 港内掉头

船舶在港内常常需要将航向掉转较大的角度（一般为180º)，这种操纵称为掉头操纵。例如，顺流进港的船舶需要掉头进行顶流靠泊、出港航道位于停泊船的船尾方向以及特殊靠泊舷侧要求等，都需要进行掉头操纵。一般在指定的“掉头水域”进行掉头操纵。

一、掉头所需水域的估算

船舶掉头所需水域的大小，因所采用掉头方式的不同而异。掉头方式可分为自力掉头和拖船协助掉头两种。

（一）自力掉头

自力掉头是指依靠船舶本身的控制设备产生的力矩使船舶回转的掉头方式。按照所用设备的不同，自力掉头又分为操舵旋回掉头和顺流拖锚掉头两种方式。港内自力掉头通常采用顺流拖锚掉头方式。

操舵旋回掉头先使船舶降速，而后需要主机进车增加舵力，则所需水域范围较大，一般不小于3*L*（*L*为船舶总长）。如果船舶装有侧推器，则使用侧推器进行掉头可减小所需水域范围，但无论如何不得小于2*L*。单桨船利用锚和风、流有利影响掉头所需水域应为2*L*。值得注意的是，在低速情况下，操舵控制航向的能力有限，同时，锚链负荷和锚的抓力也是有限的，故自力掉头方式仅适用于小型船舶、气象条件较好、水域较为宽阔的情况。

（二）拖船协助掉头

拖船协助掉头是指船舶借助拖船的拖力或推力产生的回转力矩使船舶掉转的操纵方式。这种掉头方式应用最为普遍。一般根据船舶排水量和水文气象条件，选择单拖船、双拖船或多艘拖船协助掉头操纵，例如，小型船舶进出港需要掉头时，在气象条件比较恶劣的情况下，可采用单拖船协助掉头。中型船舶一般使用两艘拖船拖船协助掉头，所需掉头水域至少为1.5*L*。大型船舶，特别是VLCC，一般使用3～4艘拖船，拖船协助掉头所需水域范围一般不小于2*L*。

二、顺流拖锚掉头

在气象条件较好、流速为1～1.5 kn时，小型船舶需要顺流掉头时，可采用顺流拖锚掉头方式，拖锚掉头操纵示意图如图4-2-1所示。

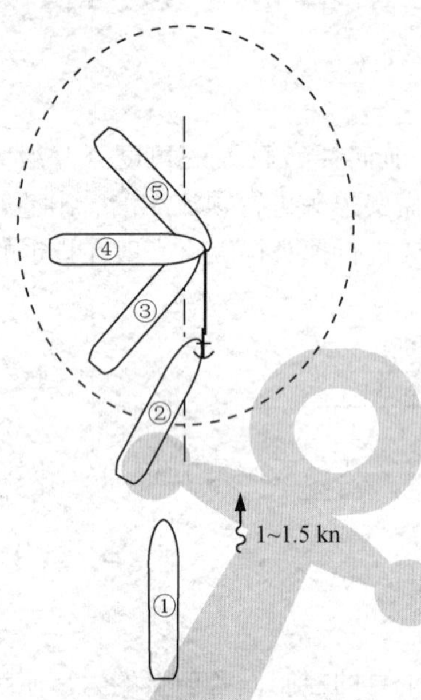

图4-2-1 拖锚掉头操纵示意图

（一）掉头方向的确定

（1）一般单桨右旋FPP船宜采用向右掉头，以便必要时倒车借助沉深横向力和排出流横向力加速船舶右转；

（2）当遇到4～5级以上的横风时，为争取上风位置，减少风致漂移，宜采取迎风掉头，特别是空船更应如此；

（3）在弯曲水道处，因凸岸侧水浅流缓，而凹岸侧水深流急，为了借助首尾的流压差加快船舶回转速度，缩短掉头时间，应向凸岸侧掉头。

（二）接近掉头水域的操纵

船舶接近掉头水域的过程中，根据本船的停车冲程，适时停车淌航，必要时进行倒车减速。抵达掉头水域之前约2*L*时，船位应摆在掉头区中心线稍偏左的位置（或航道左侧1/3处），船速控制在2～3 kn，操右满舵，使船首向右转动，如图4-2-1中的位置①所示。

（三）抛锚位置及出链长度

顺流抛锚掉头的抛锚位置应为掉头水域的上游。抵达掉头区抛锚位置时，使船舶对水速度减至0，航向角与流向成20º～30º交角，如图4-2-1中的位置②所示，抛下右锚，并一

次送出所需链长，然后制动刹牢。

一般出链长度2.5 ~ 3倍水深。如抛锚后发现船舶冲速过大，拖锚淌航速度过快，应当倒车，必要时加抛左锚，出链长度1节入水，或者申请拖船在左船首顶推助操。切记不要抛出过多锚链，以防断链和丢锚。

（四）船舶转动过程的控制

船舶在锚链力矩和水动力矩的作用下开始向右转动，如图4-2-1中的位置③所示，随着船舶的转动，水动力矩逐渐增大，一般当船首转过70°左右后，由于流压和锚链的张力的作用，船身易出现后缩现象，应注意船舶首尾与岸距离和周围情况，必要时进车加以抑制。当转向至横向受流（如图4-2-1中的位置④所示）时，水动力、锚链受力和转向角速度都达到最大值。这时，可根据当时船舶运动和锚链受力情况，运用车舵抑制船舶运动，缓解锚链受力。

（五）进车、起锚时的姿态

船舶航向掉转90º之后，水动力矩逐渐减小，转向角速度也随之降低，当转向角约为150º时（如图4-2-1中的位置⑤所示），可进车，操右舵协助右转。当转向角约为180º时，可进行起锚操纵。如加抛了另一只锚，应先绞后抛的锚，以免双锚发生绞缠。

三、拖船协助掉头

大型船舶港内掉头或小型船舶狭窄水域顶流掉头时，需要借助拖船进行。利用拖船协助掉头可分为单拖船协助和多拖船协助。多拖船协助时，将拖船分别布置在远离掉头船舶船中的首尾部位，根据掉头方向的需要，首尾一端的拖船顶推，另一端的拖船拖曳，从而完成掉头操纵。多拖船协助时因船舶横移较小，掉头占用水域较单拖船协助时小。在此重点叙述单拖船协助掉头的方法。

（一）单拖船协助掉头的配置

在无流的水域，单拖船协助掉头时，拖船的协助方式及其作用点的位置取决于周围障碍物的情况。为了避免掉头过程中船舶接近障碍物，拖船的作用方向应为障碍物所处位置的相反方向。

在有流的水域，单拖船协助掉头时，拖船的协助方式及其作用点的位置取决于流向。为了减小船舶向下游漂移，顶流掉头时，宜采用拖船在船尾部顶推（推尾）或在船尾吊拖（拖尾）的协助方式；顺流掉头时，宜采用拖船在船首部顶推（推首）或在船首吊拖（拖首）的协助方式；横流掉头时，由于需要选择向上游的掉头方式，则宜采用拖船拖首或推首的协助方式。

吊拖的拖缆可以带在船首最前端或船尾最后端，从而可以获得最大转船力矩；同时，

吊拖还可以改变拖力的作用方向，可利用拖缆沿船舶纵向的分力控制掉头过程中的船舶前进和后退。而顶推力的作用点只能位于船首稍后某一可以顶推的部位，且基本不能改变推力的方向。因此，采用单拖船吊拖方式协助掉头比顶推方式协助掉头的效果好。

（二）顶流单拖船协助掉头

为了便于控制船速，缩短掉头水域，一般情况下流速不宜超过1 kn；最好在平流时抵达掉头区，争取掉头在流速较缓时进行。对于右旋FPP单桨船，为了利用掉头过程中可能的倒车操纵产生的横向力，最好选择向右掉头。

顶流的情况下单拖船协助掉头时，可采用推尾方式（如图4-2-2左图所示）或拖尾方式（如图4-2-2右图所示）。下面以顶流情况下单拖船推尾向右掉头为例，简要介绍其操纵步骤及要领。单拖船拖尾掉头与顺流拖首掉头操纵要领相似，参见下面的有关内容。

（1）拖船顶推之前，船舶对地的速度应为0，为此，往往需要低速进车，使船舶对水的速度为流速。船位应位于掉头水域的上游偏右的位置，如图4-2-2右图中的位置①所示。

（2）船尾拖船开始顶推，随着船舶航向的变化，水流造成的漂移逐渐显现出来，当航向变化30º ~ 40º时，适时停车，防止船舶前冲，如图4-2-2中的位置右图②所示。

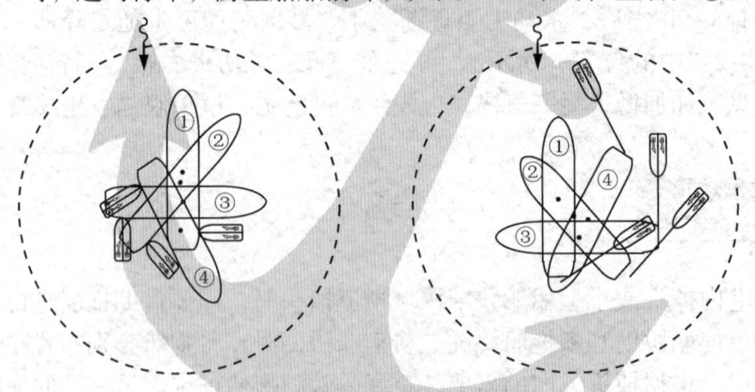

图4-2-2　顶流单拖船协助掉头

（3）随着转动角速度的增大，船舶逐渐转为横向受流，如图4-2-2右图中的位置③所示。应加大拖船推力，迅速转过横流状态，以免造成过大的漂移。横流时，一旦发现船舶前冲或后退，应及时倒车或进车予以纠正。

（4）船舶转过横向受流之后，应适当减小拖船推力，进而减小转动角速度。当船首向变化约150º时，拖船停止顶推，依靠转动惯性转过剩余角度，如图4-2-2右图中的位置④所示。这时若转动角速度仍然很大，则需及时慢速进车、操左满舵，以减小转动角速度，直至船舶稳定在出港航行的新航向上。

（三）顺流单拖船协助掉头

为了便于控制船速，缩短掉头水域，一般情况下流速不宜超过1 kn；最好在平流时抵达掉头区，争取掉头在流速较缓时进行。对于单桨右旋FPP船，为了利用掉头过程中可能的倒车操纵产生的横向力，最好选择向右掉头。

顺流情况下单拖船协助掉头时，可采用推首方式（如图4-2-3左图所示）或拖首方式（如图4-2-3右图所示）。下面以顺流情况下单拖船拖首向右掉头为例，简要介绍其操纵步骤及要领。单拖船推首掉头与顶流推尾掉头操纵要领相似，参见上面的有关内容。

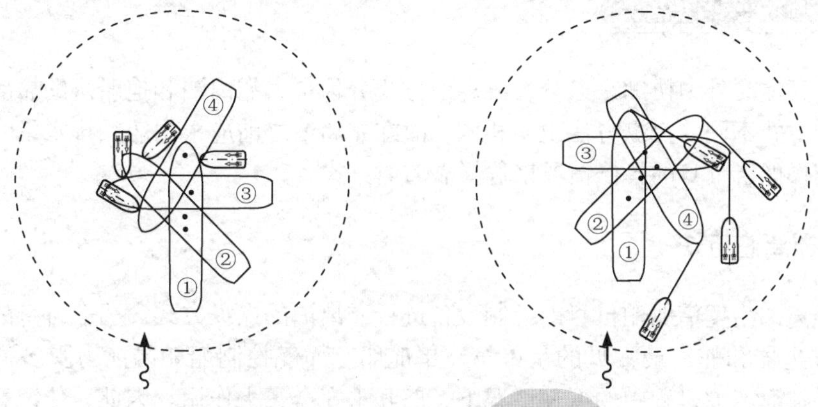

图4-2-3 顺流单拖船协助掉头

（1）拖船发出拖力之前，船位应位于掉头水域的上游偏左的位置，且船速为0。船首拖船开始发出拖力。为了减小船舶向下游的漂移，开始时拖缆方向应指向船舶右后方，如图4-2-3右图中的位置①所示。

（2）随着船舶航向的变化，水流造成的漂移逐渐显现出来，当航向变化30º ~ 40º时，为防止船舶后退，将拖缆方向逐渐改为垂至于船舶首尾线，以增大转船力矩，如图4-2-3右图中的位置②所示。

（3）随着转动角速度的增大，船舶逐渐转为横向受流，如图4-2-3右图中的位置③所示。应加大拖船拖力，迅速转过横流状态，以免造成过大的漂移。横流时，一旦发现船舶前冲或后退，应及时倒车或进车予以纠正。

（4）船舶转过90º横向受流之后，拖缆方向应逐渐向船舶右前方过渡，这样不但可以减小转动角速度，而且可以借助拖缆向前的拖力来减小向下游的漂移。当船首向变化约150º时，拖船停车，依靠转动惯性转过剩余角度，如图4-2-3右图中的位置④所示。这时若转动角速度仍然很大，须及时进车、操左满舵，以减小转动角速度，直至船舶稳定在新航向上。

第三节 靠离泊操纵

船舶靠离泊操纵时，由于低速行驶，船舶受风、流影响较大，且泊位附近可供操纵水域十分有限，对船舶的安全操纵造成困难，对操船者在技术知识和实践经验上有更高的要求。因此，操船者应结合当事船舶的操纵性能，正确运用车、舵、锚、缆、侧推器和拖船，克服风、流、浅水和受限水域的影响，以便安全、顺畅地完成靠离泊操纵。

一、靠离泊方式的选择

按照是否需要外力协助来区分，靠离泊方式分为自力靠离泊和拖船协助靠离泊两种方式。靠离泊方式不同，操纵方法也不相同，故在靠离泊之前应根据船舶排水量、当时的操船环境以及操船者本身的具体情况来选择靠离泊方式。

（一）自力靠离泊方式

自力靠离泊指凭借船舶自身的控制设备进行靠离泊的操纵方式。船舶自身的控制设备主要包括推进器和舵，最常见的是单车、单舵船。而舵控制船舶的能力受多种因素的影响，特别是在靠离泊过程中的低速情况下，舵几乎完全失去作用。因此，传统意义上的自力靠离泊方式一般仅适用于小型船舶（万吨级以下船舶），且仅限于在气象条件不太恶劣、水文条件不太复杂的情况下进行。

随着船舶控制技术的发展，船舶自身的控制设备也在不断完善，船舶自力靠离泊能力逐渐增强。例如，现代化集装箱船因装备了侧推器大大减小了对拖船的依赖程度。双车船自身的控制能力要高于单车船。因此，在气象条件不是很恶劣的情况下，有些装有侧推器和具有双车的大中型船舶也可采用自力靠离泊方式。

（二）拖船协助靠离泊方式

船舶航进速度越低，船舶失控的概率越大，且船舶吨位越大，操纵风险也就越大。因此，一般情况下，中、大型船舶均采用拖船协助靠离泊的方式。实际上，为了降低靠离泊操纵风险，万吨级船舶有时也采用拖船协助靠离泊方式。

拖船协助靠离泊时，所用拖船总功率及数量根据船舶排水量、环境条件以及船舶的操纵性能等因素确定，并留有一定的富余量。

二、靠泊操纵的准备工作

船舶进港靠泊之前，应做好充分的准备工作，包括了解港口水域环境、水文气象条件以及本船的操纵性能等方面的信息；制订周密的靠泊操纵计划等。

（一）掌握有关信息

掌握相关信息是制订靠离泊计划的前提条件。进港靠泊有关信息包括港口水域信息（航道、泊位、掉头水域等）、水文气象信息（风、浪、流、潮汐等）以及船舶信息（操纵性、载重状态、排水量）等。主要掌握下列信息。

1. 港口水域信息

进出港航道信息包括：

航道平面布置，如有效宽度、航道长度、实际水深、航道方向、航道弯势等。

掉头水域信息，主要包括掉头水域直径、水深及其位置等。

码头泊位信息，包括两方面的内容：

泊位附近可航水域，诸如航道与码头附近的连接水域有无转角、掉头水域范围及位置、码头前沿停泊水域宽度等；

泊位平面布置方面的信息，诸如码头方向、泊位长度、泊位水深、泊位前后他船停泊情况、实际泊位空档大小（一般为船长的120%）等。

2. 水文气象信息

水文气象信息包括风、浪、流、潮汐等。

（二）制订靠泊操纵计划

在了解和掌握上述信息的基础上，结合本船的载重状态和操纵性能，在靠泊前预先制订一个完整的靠泊操纵计划。靠泊操纵计划一般由船长或港口引航员制订。该计划中应对靠泊中的关键操作的时间、地点及操纵要点做出概要说明，以便有关人员做好充分准备。靠泊操纵计划一般应包括但不限于下列内容：

（1）预计靠泊操纵过程中及抵泊时的流向、流速、风向、风力、波向及波高；

（2）确认靠泊舷侧，准备相关舷侧的系缆、锚及设备；

（3）拖船协助靠泊时，确定拖缆在船上的系带位置及带缆时船舶抵达的地点；

（4）确定从锚地起锚的时机，如果从港外直接进港，确定抵达某一地点或引航站的时间；

（5）估计通过航道的时间，如果需乘潮通过航道，确定满足乘潮水位的时间段；

（6）如果需要掉头操纵，确定掉头操纵的地点及掉头方向；

（7）确定船舶抵达泊位的时机及时间；

（8）靠泊中可能遇到的险情及其预防和应急措施。

三、靠泊操纵过程

从船舶操纵特点来看，靠泊过程可分为两个阶段：第一阶段是指船舶从制动开始至抵达泊位前沿水域运动的过程。该阶段是船舶抵达泊位的过程，故简称为“抵泊过程”。抵泊过程中的船舶运动参数有抵泊速度、抵泊横距和抵泊角度等。第二阶段是指船舶从泊位前沿水域向码头靠拢的运动过程。该阶段是船舶靠岸的过程，故简称为“靠岸过程”。靠岸过程中的船舶运动参数有靠岸角度和靠岸速度等。相应的泊位前沿水域也可分为“抵泊区”和“靠岸区”。如图4-3-1（a）所示。抵泊区是一个范围较广的扇形区域，也就是说，船舶可能从抵泊区的任意方向接近泊位前沿水域。靠岸区是一个长度约为船长、宽度为“横距”的矩形区域，即船舶靠岸运动过程应局限在该区域内。在进入靠岸区之前需对船舶姿态进行调整，以便适合于靠岸。在靠岸区内，在外力作用下船舶将以一定速度靠拢泊位。

四、靠泊操纵要点

靠泊操纵过程实质上就是利用有效操纵手段对船舶靠泊过程中运动状态进行控制的过程。这里的运动状态是指船速、航向和距离等运动和其几何参数。合理选择这些参数有利于靠泊操纵的安全。这些参数的选择一般与船舶排水量、载重状态、停船性能、靠泊操纵方式以及水域环境、水文气象条件等因素有关。下面以船舶靠泊开敞式码头为例简要说明操纵要领，如图4-3-1（b）所示。

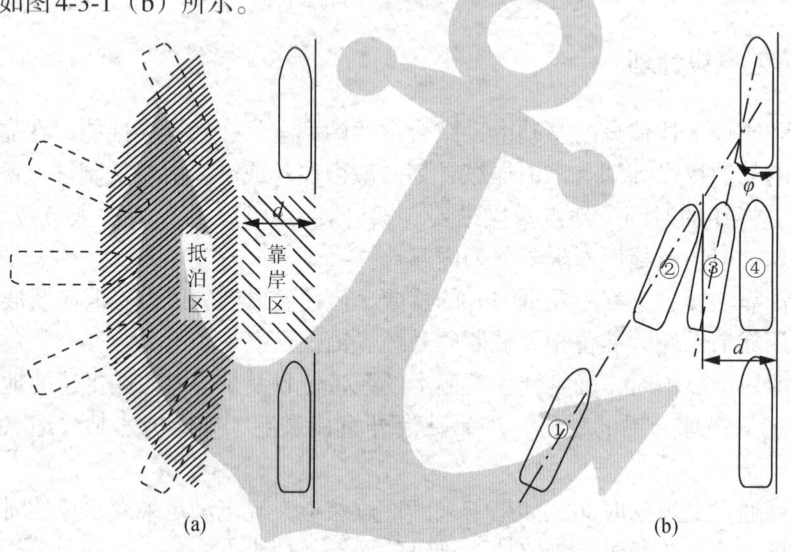

图4-3-1　靠泊操纵过程示意图

（一）惯性余速

在靠泊过程中，船舶抵达制动水域［距泊位前沿（3～5）L］时，推进器一般处于停车状态，这时的船速称为“惯性余速”。此后，船舶将以惯性余速滑行至泊位前沿，并要求抵达泊位前沿“靠岸区”（位置②）时基本为静止状态，因此，抵泊过程也是惯性递减过程。惯性余速过高，可能不易停船；惯性余速过低，又可能由于横风、横流的影响而造成船舶向下风、下游的漂移过大。在能保持舵效的前提下，船舶抵泊位前沿的船速越低越好；实践表明船首抵达泊位后端是船舶控制余速的最佳时机；一般小型船舶首抵泊位中间位置时余速最好控制在2 kn以下，而大型船应控制在0.5 kn以下或停住。故严格控制惯性余速是安全靠泊的条件之一。

在风、流影响较小的情况下，通常，船舶排水量越大、停船性能越差，则惯性余速应越低。船舶距泊位前沿（3 ~ 5）L时，小型船舶余速一般不宜超过5 kn，在该船速下，可利用主机倒车制动和（或）拖锚制动等措施使船舶抵达泊位时停下来；中型船舶不宜采用拖锚制动方法，可用主机倒车制动，故惯性余速一般不宜超过4 kn；大型船舶，特别是超大型油船（VLCC），倒车功率严重不足，需要拖船协助制动，此时的余速一般不宜超过3 kn。

上述参考数据应根据具体情况进行调整。重载船舶的惯性余速应比压载船舶略低；压载船舶有横风影响时，惯性余速不宜过低；顺流时的惯性余速应比顶流时略低；横风较大时，船速不宜过低；顺风较大时，船速不宜过高；船舶在静水港内靠泊时比有流港控速、倒车及拖锚时机一般均早。

（二）抵泊横距

任何形式的靠泊，在船舶驶至泊位外档之前，总是要合理地选择横距，以便为下一步入泊操纵打好基础。这里所指的横距是指靠泊船的船首在进入泊位后端和驶抵泊位前端时距码头外缘线的垂直距离。一般情况下，船舶排水量越大，横距应越大；有拖船协助靠泊时，可适当增加横距。

1. 小型船舶

小型船舶自力靠泊时，一般选择横距（1.5 ~ 2）B（B为船宽）或20 m左右。

2. 大型油船与散货船

为了确保靠泊的安全，大型船舶应严格控制停船时与泊位的正横距离。该距离应根据当时环境和条件的具体情况而定，主要是应充分考虑靠泊现场的风与流的影响。一般情况下，大型油船与散货船靠泊时里泊位的横距可采用船长的1/3 ~ 1/2。但是当风或（和）流压拢影响较大时，需保持1倍船长的横距，然后再取用多艘拖船边顶边拉的方式缓慢地逐步靠岸。

3. 集装箱船

由于大型集装箱船舶的操纵性能较大型油船与散装船好，所以在控制船舶距泊位的横距和逐步靠拢泊位方面的操纵相对容易，所以在正常情况下靠泊时，其相对于泊位的横距可以小些。通常可在停车淌航及倒车控制船舶前进速度与船位的过程中，通过操舵及使用拖船调整船位，使船舶驶抵泊位外档时保持2 ~ 3倍船宽的横距（如果港口航道条件不允许的除外）。但是在有强吹拢风的情况下，需适当增大横距，以便留有更大的余地，通过拖船的协助与自身车舵的使用，控制好船舶靠拢泊位的船位与速度。

上述参考数据应根据具体情况进行调整。通常，压载船舶有吹拢风影响时，应适当增加横距，有吹开风影响时，应适当减小横距；当重载船舶富余水深较小时，船舶横移困难，则应适当减小横距。

（三）抵泊方向

抵泊方向是指船舶接近泊位过程中的航迹向与泊位岸线之间的交角，也称为抵泊角度，用φ表示，如图4-3-1（b）中①、②位连线与岸线的夹角。按照抵泊角度进行分类，可分为大角度抵泊和小角度抵泊两种方式。

小角度抵泊时，进港航道方向与泊位方向平行，这时，可对抵泊角度进行选择。在这种情况下，如果船舶顺风流抵达泊位，为了保证船舶具有较好的操纵性能，船舶应顶风流靠泊，则船舶不得不在抵泊过程中完成掉头操作。

大角度抵泊时，进港航道方向与泊位有较大交角，有的甚至接近90º，这时，抵泊过程可能是一个连续转向过程，其轨迹是一弧线，则无法选择抵泊角度，只能根据具体情况进行适当调整。

在可选择抵泊角度的情况下，一般排水量大的船舶宜采用小角度抵泊，且排水量越大，抵泊角度应越小；有较大吹拢风或吹开风影响时，为了减小船舶向下风漂移，宜采用大角度抵泊；泊位后方有他船停泊比无他船停泊时的抵泊角度要大；顺岸流流速较高时，宜采用小角度抵泊。

（四）靠拢角度

靠拢角度是指位于靠岸区船舶向泊位靠拢过程中船首向与泊位方向之间的交角，用α表示。靠拢角度也称为“入泊角度”。靠拢角度一般不等于抵泊角度。在进行靠拢操作之前，需将抵泊角度调整至适宜的靠拢角度。当进港航道方向与泊位有较大交角时，靠拢角度的调整过程相当于大角度的转向过程。按照靠拢角度进行分类，可分为平行靠拢和小角度靠拢两种方式。

靠拢角度决定了船舶靠拢时的接触面积，$\alpha \neq 0^{\circ}$时，接触面积小，船体可能仅与一个护舷接触，如果靠岸速度较大，则可能造成码头或船体损坏。因此，无论采用何种靠拢方式，船舶接触码头的瞬间都应采用平行靠拢方式（$\alpha = 0^{\circ}$）。

一般来说，船舶排水量越大，靠拢角度应越小；重载船顶流较强时，靠拢角度宜小；轻载船吹开风较大时，靠拢角度宜大。

通常，小型船舶可采用小角度靠拢方式；中、大型船舶由于其惯性巨大而难以控制，则必须采用平行靠拢方式。

（五）靠拢速度

船舶向泊位靠拢的速度简称为靠拢速度或入泊速度。采用平行靠拢方式时，靠拢速度等于船舶横移速度。船舶接触码头瞬间垂直于泊位的速度称为法向靠岸速度，简称靠岸速度。控制靠拢速度就是控制法向靠岸速度。靠拢过程实质上就是靠拢速度的递减过程。

开始时，可以靠拢快一些，之后逐渐降低靠拢速度，直至在快要接近码头时达到所要求的法向靠岸速度。

由于码头设计标准和船体强度的限制，一般对靠岸速度都有严格要求，操纵中应根据船舶排水量大小严格掌握。我国有关设计标准对海港船舶靠岸速度做出了明确规定，见表4-3-1。表中较大的值适用于靠泊条件较为恶劣或流速较大的河港情况。

由表中数据可知，船舶排水量越大，法向靠岸速度应越小。一般万吨级船法向靠岸速度应低于15 cm/s，中型船舶应低于10 cm/s，大型船舶应低于8 cm/s，对于超大型船舶，应控制在5 cm/s以下。

表4-3-1 海港码头船舶靠泊法向靠岸速度

船舶排水量Δ(t)	法向靠岸速度v(m/s)	
	有掩护码头	开敞式码头
Δ≤1000	0.20～0.25	0.25～0.45
1000<Δ≤5000	0.15～0.20	0.20～0.40
5000<Δ≤10000	0.12～0.17	0.17～0.35
10000<Δ≤30000	0.10～0.15	0.15～0.30
30000<Δ≤50000	0.10～0.12	0.12～0.25
50000<Δ≤100000	0.08～0.10	0.10～0.20
Δ>100000	0.06～0.08	0.08～0.15

五、离泊操纵的准备工作

（1）离泊前，应实地观察风、流及泊位前后情况，前后有无动车余量，锚链方向及长度，系缆的角度及受力状态，以及水域内来往船舶的动态。凡不适宜部分应做必要的调整。

（2）制订离泊方案。应根据气象、潮汐、泊位特点、船舶动态、装载情况，按照本船实际操纵性能，正确决定离泊时机、离泊方案，并于出航前的会议上向有关人员进行布置。

（3）如有拖船协助，应交代协助操纵方案，以便使其主动配合。

（4）机舱试车前，驾驶员应到船尾察看系缆及推进器附近是否清爽，舷梯、吊杆及岸上装卸设备是否有碍，在确认无碍后方可试车。另外试舵、试声光信号，并按规定悬挂信号。

（5）备车和拖船就位后再做单绑。使用倒缆摆首或甩尾时必须确保其强度，里档锚不应与码头护舷齐平，突出部位或触岸部位应垫好碰垫，等水面清爽时即可实施离泊操纵。

六、离泊操纵

船舶单绑后，运用车、舵、锚、缆和侧推器，有时在拖船的协助下，克服风流等外界因素的影响，使船舶离开泊位，此后的出港过程是“加速”运动过程，随着船速的增加，舵控制航向的能力逐渐增强，风、流造成的漂移逐渐减小，操纵相对较容易。因此，离泊操纵较靠泊操纵容易进行。

通常船舶离泊操纵要领包括确定离泊方式、掌握首尾摆出角度和控制船舶的前后运动。离泊操纵方法一般取决于船舶排水量、载重状态以及水域环境、水文气象等因素。船舶离泊的操纵要领如下：

（一）离泊方式

按照离泊操纵时船首向与码头岸线之间的交角进行分类，离泊方式可分为首离、尾离和平行离三种方式，如图4-3-2所示。

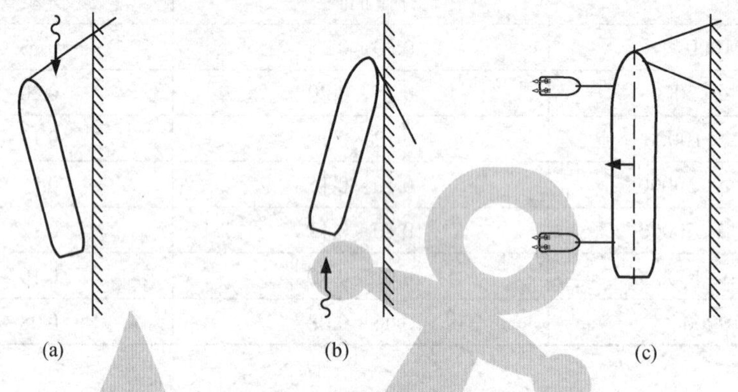

图4-3-2　离泊方式示意图

1. 首离方式

首离方式是指使船首先离开码头，再进行船尾离开的离泊方式，如图4-3-2（a）所示。小型船自力离泊时，在顶流或吹开风、泊位前方清爽，且船首摆开15°时车舵不会触碰码头的情况下，可采用首离方式。

2. 尾离方式

尾离方式是指使船尾先离开码头，而后再使船首离开的离泊方式，如图4-3-2（b）所示。小型船舶自力离泊时，一般采用尾离方式，特别在静水港或顺流情况下。尾离时，一般借助首倒缆，采用内舷舵、进车将船尾摆开。

3. 平行离方式

平行离方式是指船舶首尾平行离开码头的离泊方式，如图4-3-2（c）所示。采用首离和尾离方式，操纵风险都比平行离方式要大。因此，在有拖船协助离泊的情况下，普遍采用平行离泊方式。中、大型船舶需拖船协助离泊，均采用平行离泊方式。

（二）掌握摆出角度

离泊中的摆出角度，指为进行后续船舶操纵，船首（首离时）或船尾（尾离时）需摆

出的角度。首离或尾离时，其摆出角度的大小决定于当时外界环境影响程度和摆出后的操船需要。

当风、流影响有利摆出时，摆出角度应适当减小，如顶流吹开风采用首离方式，或顺流吹开风采用尾离方式。相反，当外力不利摆出时，摆出角度应适当增大，如顶流吹拢风采用尾离方式就是如此。

（三）安全操纵横距

船舶离开泊位后，可能进行掉头、移泊或出港等后续操纵。这些后续操纵都需要有足够的安全操纵范围，具体讲就是指船舶离开泊位的安全横距。该安全横距取决于风、流的影响、泊位前后的活动空间、后续操纵的需要等因素。直接出港时，泊位前后无他船停泊，安全横距一般至少保证2*B*，泊位前后有他船停泊，一般至少保证3*B*。离泊后需在泊位前沿掉头操纵时，安全横距一般至少保证1倍船长。

（四）控制前冲、后缩

船舶刚离开泊位时，因受到风流的影响会产生前后运动或首尾偏转的现象。此时，操船者应密切注意船舶周围的操纵余地，并利用附近的参照物灵敏地判断船舶的运动状况，有效地通过用车、舵、缆、侧推器或拖船控制。

七、系离单、双浮筒操纵

（一）系单浮筒的操纵方法

系单浮筒一般应取顶风或顶流方向驶向浮筒进行系浮操作。当船舶顺风或顺流进港抵达单浮时，可在浮筒下风或下游侧掉头或抛锚后再行顶风或顶流系浮筒；风流同时存在时应参考泊位附近载重状态相近船舶的船首向，顶风、流的合力方向驶近浮筒，如图4-3-3所示。

（1）风流较弱时顶风流系单浮，应使船成顶风状态，右旋单车FPP船舶应将浮筒置于右舷（1~1.5）*B*处，以保持舵效的最低船速淌航驶向浮筒，当船首距浮筒的纵向距离（1/2~1）*L*时，视实际船速适当倒车将船拉停，保持船首近乎与浮筒靠上的状态后，送出系浮缆或系浮链等。

（2）顶风流较强时系单浮，为防止停船后，船首很快压向下风或下游并给系浮带来困难，先在浮筒左侧（约1/2*L*）上风处抛左锚，出链1.5倍左右水深（视风流情况而定，以能拖锚为宜，但应注意拖锚不要和固定浮筒的索具发生绞缠），利用风流作用力、辅以必要的倒车或进车用舵使船首接近浮筒，完成系浮后应尽可能将锚绞起。风流较强时，最好借助拖船协助进行系浮筒的操纵，中、大型船更应由拖船协助进行系浮操纵。

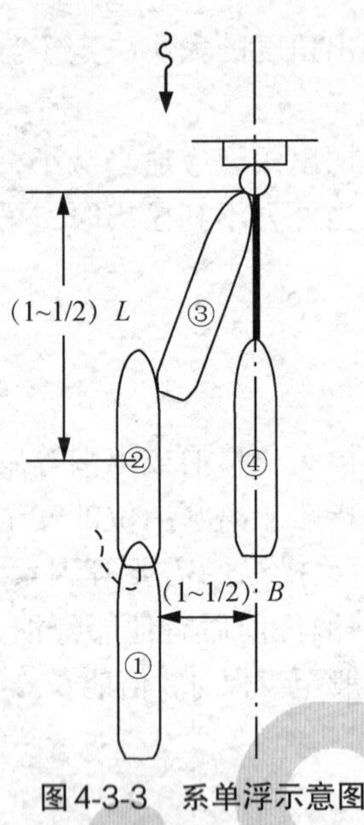

图4-3-3　系单浮示意图

（二）离单浮筒

离单浮筒操纵较为简单。一般情况下先将系浮链或系浮缆中的单头缆解掉，最后解去回头缆，进车做舵避开浮筒即可开航。

（三）系双浮筒

船舶系双浮筒时，应将两浮筒连线比作码头，顶风或顶流驶向上端浮筒，驶向上端浮筒的方法与系单浮筒相同，如图4-3-4所示。系好船首浮筒后，船舶后退再系船尾浮筒。

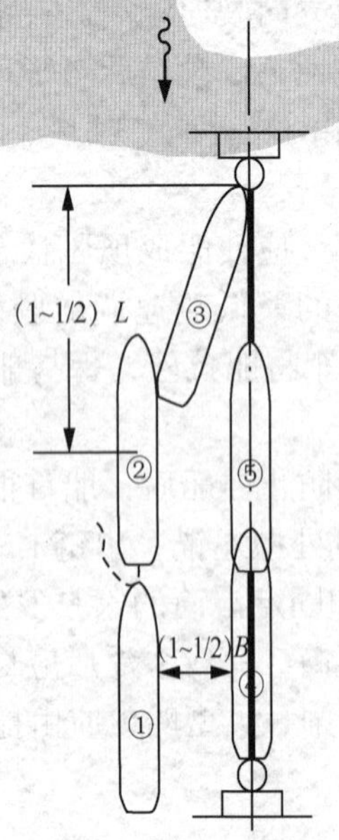

图4-3-4　系双浮示意图

（四）离双浮筒

无论顶流离还是顺流离均应解除下游端的所有缆绳，顶流端只留回头缆。用拖船向顶流方向沿30°～50°方向起拖，以顶流端摆出两浮筒连线为度，然后解掉顶流端回头缆，进车做舵并保持船身与流向成20°左右（满载、流急时该角度不可过大）使船舶驶离浮筒连线。

（五）系离浮筒注意事项

（1）系离浮筒过程中由于无码头作为依托，总的来说风、流影响较码头为大，加上带缆需时长，要求操纵者应认真分析客观条件，制订周密计划，精心操纵船舶，以防碰撞浮筒、触碰泊位前后他船等事故。

（2）迅速带缆是系浮中的一个重要环节。要求本船船首尽可能接近浮筒，一般纵向距离约为20 m，横向距离约为10 m。系浮时尽量保持船首与浮筒之间相对静止。

（3）系浮筒时如需抛锚，应充分考虑锚与浮筒固定装置发生绞缠的可能性，此时的抛锚操纵应特别谨慎，不可将锚轻易抛出，为安全起见应考虑拖船协助。拖锚抛锚位置距浮筒不宜过近，一般距浮筒连线30～40 m。

（4）系双浮筒时，应避免在转流时进行，以防船首系好浮筒后，因转流使船尾无法接近下端浮筒。

（5）双浮筒系泊过程中，如遇较强的横风会使系缆受到过大的作用力，此时应注意检查缆绳受力情况，保证各缆受力均匀。当受力过大时如可行，可改用单浮筒系泊法，或必要时离泊改用其他安全方式。

（6）系浮停泊过程中，单头缆受力，回头缆不受力。

八、尾系泊操纵方法及其注意事项

为在有限水域容纳较多船舶，在遮蔽良好的港内（多为静水港）可进行尾系泊，俗称尾靠方式。这是一种用单锚或双锚向外固定船首，用系缆使船尾固定于浮筒、岸线、突堤或码头之上的船身与码头接近垂直的停泊方式。

采用尾系泊方式的商船多为临时性系泊。对于大型船舶，尾缆通常采用4根，船首则采用双链交角较小（如20°左右）的八字锚形式予以固定。出链长度视外力影响而定（从2.5～6节不等），也无须两链等长，为能在横风时单船出泊而又无碍于邻船，也可使两链保持平行。

（一）尾系泊船的靠泊

尾系泊一般取与码头平行的接近路线进泊。系泊时应特别关注锚抓底的可靠性。上风舷的锚位应偏于本船停泊泊位的上风一侧，而船尾上风舷的系缆也应予以加强。

1. 无风时尾系泊操纵要点

（1）平行于码头线淌航驶向泊位，船与码头所保持的横距应为船长、尾缆长和船首出链长三者之和。

（2）根据本船实际情况及时控制余速。

（3）抛锚采用进抛法时，应考虑不应妨碍周围他船的锚及链，并使抛出的锚位于泊位的正前方附近。如采用退抛法抛锚，应根据本船冲程情况将船停在预定的锚位处。

（4）利用车、舵、侧推器或拖船，并伴随松出锚链至预定长度，使船到达预定系泊位置，带上船尾各缆。

（5）如抛双锚，则应按抛八字锚方法抛锚。

2. 有风时尾系泊操纵要点

（1）可按平行码头的方向淌航驶向抛锚位置，接近上风侧锚位时，宜控制余速于1 kn之内，出链2.5倍水深。

（2）利用车、舵拖锚驶至下风侧锚位后，抛出下风侧锚。倒车、控制船的退速，运用舵、侧推器或拖船使船尾渐渐对向码头泊位。锚链带力后，进一步松链至预定长度，以控制船尾与码头之间的距离，然后先上风舷、后下风舷依次带好各尾缆，绞紧挽牢即可。

（二）尾系泊船的离泊

（1）尾系泊船在无风条件下离泊时，操纵较为简单。解掉尾缆后，收短两舷锚链，先绞起短链锚或非出航一侧的锚链，出航侧的锚作为支点，使船首对向出航方向后，起锚出航。

（2）强横风条件下离泊操纵要点：

①离泊单绑时，绞紧上风舷锚链，尾部留有两条缆绳并尽可能收短，以便为及早动车创造条件。由船尾下风舷引出一保险缆并带到上风侧码头较远距离的缆桩上。

②开始离泊时，绞进上风舷锚链并徐徐松出下风侧尾缆，待船首转向上风并向前启动时，立即解掉尾缆并收进。快进车配合操舵、侧推器或拖船避免船舶落向下风，在船舶前进过程中对保险缆做溜缆操作。

③当船首抵两锚位时分别绞起惰锚和力锚，并配合车、舵、侧推器和拖船使船首面向出港航道。

九、船舶并靠操纵方法及注意事项

（1）并靠的船舶，最好不要有向并靠一舷的横倾。并靠侧突出于舷外的部件，如舷梯等应一律收进。同时应备好固定于舷边或手提的碰垫。

（2）贴靠时应尽量平行靠拢，使两船平直的船舶部分相互接触，以免造成点接触而损及船体；并靠接触位置最好在大型船的中部附近，干舷高的船首、船尾不要自上而下地凌于干舷低的船舷上方，以免损及栏杆、舱面设施或甲板建筑。

（3）风浪天并靠大型船舶，当风力小于5级时，为了便于船舶的贴靠应选择在上风舷进行；而当风力大于5级时，为了减小涌浪对并靠操纵的影响应选择在下风舷进行。风力和涌浪较大时，船舶颠簸剧烈则不宜靠泊，应等待条件好转后再行靠泊。

（4）有流水域并靠时，应注意由于两船间流速加快、水压力减小，当两船接近时会发生船舶偏转或船舶快速靠拢的现象。

（5）抛锚时应预先掌握对方船的锚位、链向及出链长度，以免使锚与锚相互绞缠。靠锚泊船舶，如条件允许，应靠其未抛锚舷侧。靠毕应将本船的锚绞起。

（6）并靠系浮筒的他船时，一般应先带好两船之间的相缆（即固定用缆），浮筒缆要后带，以防引起两船之间的相互移动及错位，各系缆应尽量均匀受力、系紧挽牢，防止其从导缆孔跳出或严重磨损。

（7）锚泊船在风大流急时会产生严重偏荡，这给靠泊带来一定困难。偏荡速度在中间的平衡位置最快，在两边极限位置最低，而且往往成顶风态势，故并靠偏荡中的船舶应选在被并靠船偏荡到极限位置时进行。

十、船舶进出船坞操纵方法及注意事项

（1）船舶进坞前，应调整到要求的吃水差、无横倾的状态，并收妥双锚。按厂方要求做好其他入坞前的准备工作。

（2）船舶进出船坞宜在涨末流速较缓时进行。一般情况下潮流港浮坞的方向和流向基本一致，而干坞的方向与流向垂直。

（3）船舶进出坞，因本身无动力，需借助拖船助操。通常情况下需3艘拖船，其中之一绑在船尾的一舷，以代替进坞船的车舵；一艘用于拖船首；另一艘用来提尾；如果船舶较大或风、流较急，根据需要另配拖船在下风流舷侧顶推。处于船尾的一艘拖船应具有较高的主机功率。

（4）船舶接近坞门时的余速、船身与风流的交角，以及与岸边的横距等因素，取决于对拖船的全面指挥和正确的配合。

（5）船抵坞门前，应保持船舶位于船坞中心线上，并尽可能使首尾线与船坞中心线平行。

（6）船抵坞门后，分别从船首左、右舷各送出一根缆绳系于坞边的缆桩上，以校正和稳定船首的位置；另送出一根缆绳引至坞前方的绞车上，以便在坞内绞船前进。随船身在坞中的前移，船尾可带缆时，再带上左、右各一根缆以稳定船尾，取代拖船。

（7）船首刚进入或船尾刚驶出坞门时，应防止因坞内海水的涌出或涌入导致船首或船尾的偏转，及时采取必要措施避免碰撞船坞。

十一、船舶进出船闸操纵方法及注意事项

（一）进船闸

（1）控制船速维持舵效，使船沿导标中线低速接近闸口，横风较强时，受风面积较大的船舶应保持在导标线上风一侧行驶。至闸口前适当距离（例如200～300 m）处，使用车、舵，领直船身进闸。

（2）船首进入闸口，闸口两侧水被挤出。应适时进车，保持入闸趋势，并力求勿使船首偏向船闸的任何一侧。这可以通过船首缆或及时使用车舵加以调整，必要时请求拖船协助。横风时，在保证进闸口船首领直的前提下，使船舶靠向上风侧。

（3）船首带缆时，通常应先带左侧后带右侧缆，以抵御倒车时的不利偏转。横风较强时，半载或空载船舶可视需要用拖船在下风舷顶推，带首缆时则应先带上风侧缆后带下风侧缆。

（4）船进闸后，船尾左、右舷再各带一缆，并保持船舶在船闸的中心线上。横风时，上风舷侧所带的首、尾两缆应绞紧。船停于闸内后，在放水前和放水中应调整前后各缆，尽可能使其受力均匀，以防调水时出现前冲、后缩。

（二）出船闸

准备出闸前调整缆绳使船舶处于导标中心线略靠上风侧，船尾先解下风缆并收进后，再解上风舷缆，快速收进后开慢车前进；船首缆松弛后也解掉，由船闸工提着前行，待船首出闸时收进；横风较强时，船尾上风舷缆解去后，由船闸工提着前行，等船舶起速后再停车收进，以免船尾推向下风。

第四节 锚泊操纵

锚泊是船舶最常用的停泊方式之一。锚泊操纵涉及锚地的选择、锚泊方式的选择、安全出链长度以及锚泊过程中减缓偏荡和预防走锚措施等。

一、锚地的选择

一般港口都有指定的通用或专用锚地，但具体的锚泊位置可以由操船者在有限范围内自由选择。锚地水深、船舶密度、避风条件等差别较大，须根据船舶本身的特点选择合适的锚泊位置。在选择锚地时，一般须考虑锚地水深、底质和地形、回旋余地、避风条件等因素。

（一）锚地水深

选择锚地最小水深时，应考虑船舶吃水、海图水深、当地潮差、波浪高度及船舶的摇摆程度等因素。同时锚地水深的选择既要保证船舶有较好的操纵性能，又要保证锚泊过程中的停泊安全。锚泊时，最低潮时所需锚地最小水深可按下式进行估算：

$$h = dk + 2/3h_w \tag{4-4-1}$$

式中：

h—— 最低潮时的锚地最小水深，即海图水深；

d—— 锚泊时船舶最大吃水；

k—— 系数，无浪涌或遮蔽良好时取1.2，有浪涌或遮蔽不良时取1.5；

h_w——最大波高，无浪涌或遮蔽良好时取0。

例如，一艘最大吃水为12.5 m的船舶，在遮蔽体条件较差的锚地锚泊，则所需最小水深约为19 m；而在遮蔽体条件较好的条件下，仅需约15 m。据此推算，万吨级船舶选择锚地的水深为15 ~ 20 m。

有些大型船舶可能需要在深水水域锚泊，在深水区域选择锚地最大水深时，应考虑锚机的额定起锚能力和锚的有效抓力等因素。考虑到锚的有效抓力，锚地最大水深一般不宜超过一舷锚链总长的1/4。考虑到锚机的起锚能力，深水抛锚的水深极限一般可取85 m。

（二）底质和地形

锚抓底之后能否发挥出较大的抓力与底质的关系极为密切。软硬适度的沙底和黏土质海底抓力均好，泥沙混合底次之，硬泥、软泥底质较差，石底、珊瑚礁底不宜抛锚。锚地的海底地形以平坦为好，若坡度较陡（等深线较密），则将影响锚及锚链的抓力，容易出现走锚。另外，在底质不明的水域不宜锚泊。

（三）回旋余地

除了要满足水深和底质条件外，锚泊时还要有足够的回旋水域。所需回旋直径取决于水文气象条件、出链长度、船舶长度、水深等因素。

单锚泊占用水域范围为圆形，如图4-4-1所示。

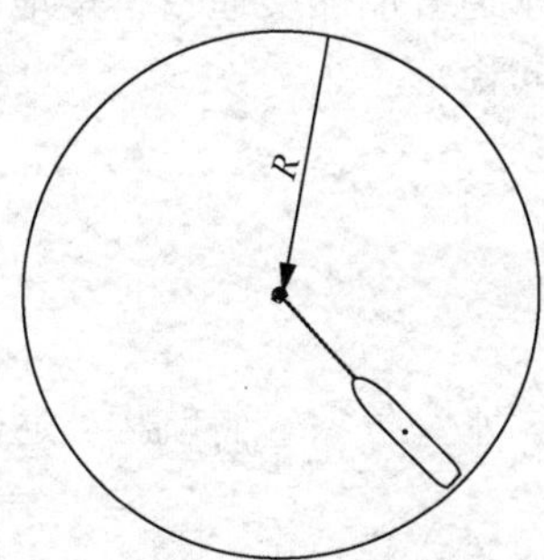

图4-4-1 单锚泊船回旋水域

港外锚地或开阔水域锚泊时，所需锚泊水域半径为：

（1）固定物标：

$$R = L + L_c + 2r \tag{4-4-2}$$

（2）活动物标：

$$R = L + 2L_c + 4r \tag{4-4-3}$$

式中：

R——锚泊所需水域半径；

L——船长；

L_c——出链长度；

r——测量误差，在雷达定位时约为测定船位至物标距离的2%。

港口水域或遮蔽良好水域锚泊时，所需锚泊水域半径为：

（1）单锚泊时：

$$R = L +（60 \sim 90）\text{m} \tag{4-4-4}$$

（2）双锚泊时：

$$R = L + 45\text{ m} \tag{4-4-5}$$

式中：

R——锚泊所需水域半径；

L——船长。

大型船舶在大风浪中锚泊时，为保证锚泊安全，应保证锚位距离下风侧10 m等深线3 ~ 5 n mile，当条件受限时与10 m等深线的距离不应小于2 n mile。

（四）避风条件

水域周围的地形应能成为船舶躲避风浪的屏障，以保证锚泊水域海面的平静。尤以可防涌浪袭扰的为水域最好。

当根据当地气象预报、海浪预报和所处海区盛行的季风选择锚地时，应以免受强风袭扰，靠上风水域一侧为原则（避风水域内）。

（五）其他方面

所选锚地附近应远离航道或水道等船舶交通较密集地区，无海底电缆、输油管路等水中障碍物的水域，水流宜缓且方向稳定。

二、进入锚地操船法

（1）驶向锚地过程中，应根据水文气象、碍航物、通航密度及本船惯性适时停车，抵锚位前船舶应保持一定的舵效。

（2）按照“宁尾勿首”的原则通过其他锚泊船。由于驶向锚位的船舶航速低，受风流影响较大，为防止船舶被风流压向其他锚泊船，应从锚泊船船尾通过，尽可能避免从锚泊船船首通过。

（3）加强瞭望，应特别注意正在起锚准备开航的船舶，也应注意与锚地中在航船舶的避碰。

三、锚泊方式

按照使用锚的数量进行分类，锚泊方式可分为单锚泊和双锚泊两种方式。按照双锚泊两锚链方向的交角进行分类，双锚泊又分为八字锚、一字锚和平行锚三种方式。锚泊方式的选择取决于锚地条件、底质、风、浪、流等。

（一）单锚泊

单锚泊是指船舶在锚地采用单锚进行锚泊的停泊方式，如图4-4-2（a）所示。一般情况下，船舶多采用单锚泊方式。

与双锚泊方式比较，单锚泊方式具有操作简单，抛、起锚方便，适用范围较为广泛等优点，中、大型船舶多采用单锚泊方式；其不足之处是大风、急流情况下锚泊力略显不足，且偏荡严重，容易走锚。

（二）八字锚泊

八字锚泊是双锚泊方式之一，是船舶先后抛出左右两个锚，使两锚链保持一定水平张角的锚泊方式，如图4-4-2（b）所示。

与单锚泊比较，八字锚泊方式具有锚泊力较大，回旋水域较小，大风、急流情况下对偏荡有一定的抑制作用等优点。适于底质差、风大、流急、单锚泊抓力不足或为有效防止风、流所致偏荡的情况；其缺点是操作较为复杂，当风、流方向经常改变时两锚链容易绞缠，故使其应用范围受到一定的限制。目前，即使是小型船舶，也很少采用这种方式进行锚泊。但有些组合系泊方式中常采用八字锚。

八字锚泊时，通常两链的夹角为30°～60°；为防止偏荡两链夹角为50°～60°，为防止大型船的偏荡两链夹角取60°～90°。八字锚泊的锚泊力为单锚泊的1.7～1.8倍。

（三）一字锚泊

在狭窄水域内，船舶沿流向先后抛出左右两个锚，使两锚链水平张角保持在180°左右的锚泊方式称为一字锚泊，如图4-4-2（c）所示。

在流的作用下，产生锚泊力的锚称为力锚，另一锚则称为惰锚，相应的锚链分别称为力链和惰链。通常力链长度为3～4节，惰链长度为3节左右。

一字锚泊方式具有最大限度地限制锚泊船运动范围的优点，故多用于往复流的狭水道或河道内临时锚泊；其缺点是作业较为复杂，风、流方向经常变化后两锚链容易绞缠，且大风、急流情况下锚泊力不足，一般仅适用于小型船舶。

（四）平行锚泊

船舶同时抛下左右两锚，使双链长度相等并保持平行，即两锚链水平张角保持在0°左右的锚泊方式称为平行锚泊，也称为“一点锚”，如图4-4-2（d）所示。

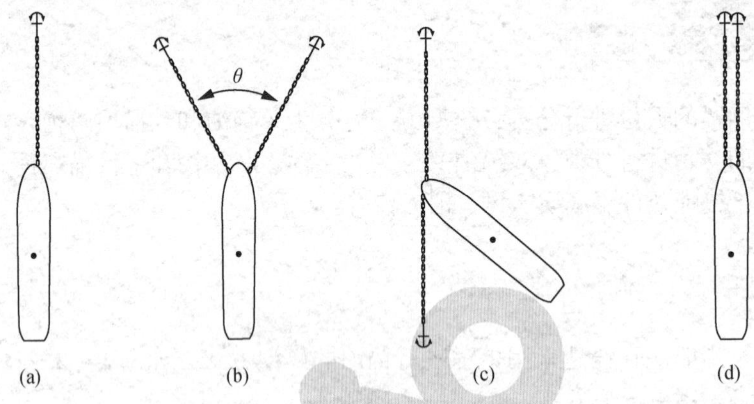

图4-4-2　锚泊方式示意图

平行锚泊方式具有锚泊力较大（约为2倍单锚泊的锚泊力）的优点。我国南海海域常受台风袭扰，有些船长采用平行锚泊方式来抵御台风，取得了良好的效果。风、流方向经常变化时两锚链容易绞缠，平行锚泊方式也不能有效抑止偏荡。

四、单锚泊操纵方法

对于运输船舶来说，无论是小型船舶还是大型船舶，最常用的锚泊方式是单锚泊，故首先介绍单锚泊操纵方法。传统上讲，单锚泊操纵方法有前进抛锚法和后退抛锚法两种。前进抛锚法仅适用于小型船舶，军舰为求锚位准确也多采用前进抛锚法。一般商船多采用后退抛锚法。

（一）备锚

备锚是指使锚和锚链处于预备抛出状态。包括启动锚机，解开制链器，合上离合器，用锚机将锚从锚链孔处送至预定抛出高度，刹紧制动器，脱开离合器等操作步骤，然后等待抛锚指令。

锚备妥后，锚冠至海底的高度称为预定抛出高度，简称抛锚高度。锚的下降相当于自由落体运动，抛锚高度越大，下降速度越快，严重时不但可能造成刹车失效或锚机损坏，还可能引起锚与海底撞击而变形或损伤。因此，抛锚高度不宜太高。

按照抛锚高度进行分类，抛锚方法可分为浅水抛锚和深水抛锚两种。从锚链孔处直接抛锚或在水面以上1～2 m处进行抛锚的方法称为浅水抛锚法。这种方法适用于中、小型船舶在水深吃水比（H/d）为1.5以下的水深抛锚，如图4-4-3（a）所示。浅水抛锚法一般

适用于25 m以下的水深。

备锚时将锚送入水中距海底一定高度预备抛出，从这一高度抛锚的方法称为“深水抛锚法”，如图4-4-3（b）所示。这种方法适用于小型船舶在水深吃水比约3.0以上；中型船舶在水深吃水比约2.5以上的水深抛锚；大型船舶，特别是超大型船舶，其吃水达25 m以上，则要求采用“深水抛锚法”。

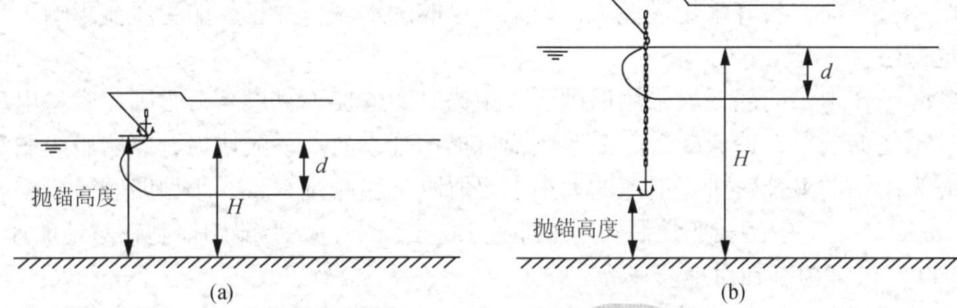

图4-4-3 不同水深的抛锚高度

据有关调查资料统计，在水深为40 ~ 80 m，平均抛锚高度约为12 m。实际上，为保险起见，水深为25 ~ 50 m时，即应采用这一抛锚高度，水越深抛锚高度应越小。水深为50 ~ 80 m时，可利用锚机先将锚送达海底，即抛锚高度为0。在水深超过80 m时，可利用锚机将预定需抛出的锚链全部送出，并使锚链横卧海底。

（二）抛锚时的船首向

根据船舶进港船速和停车冲程确定停车位置，用余速接近锚泊位置。接近过程中注意风、流等外界因素的影响，适时进车操舵控制船首向，减小横向漂移。船舶抵达抛锚位置之前的船速不宜过快，否则，为了减速不得不使用长时间的倒车，将对抛锚时的姿态产生影响。

船舶进入锚地的船首向最好为风、流作用的合力方向。锚地有他船锚泊时，可根据其他锚泊船的船首向和锚链的松紧程度大致判断当时的风、流作用力的方向和大小。通常，压载船舶遭遇大风且流速较小时，宜采用船首顶风抛锚方式；重载船舶遭遇急流且风力较小时，宜采用船首顶流抛锚方式。风舷角或流舷角越小越安全，一般不宜大于15º，切忌在横风、横流时抛锚。

（三）抛锚的方法及船速的控制

1. 退抛法

控制船舶到达预定抛锚点，当船舶在倒车作用下有微小退势时停车并将锚抛下。当锚抓牢且锚链向前后，利用船舶缓慢的退速采用松松停停的方式松至所需的链长。

2. 进抛法

控制船舶到达预定抛锚点时船速在0.5 kn以下，把锚抛下，当锚抓牢后，利用船舶缓

慢的进速抛锚，出链至预定的链长。

以上两种抛锚方式各有优缺点：退抛法能避免锚链吃力时擦掉船壳外板的油漆，但倒车时间相对长，不利于控制船首方向，锚的抓力较好；进抛法倒车时间相对短，有利于控制船首方向，抛锚位置较准确，但锚链吃力时容易擦掉船壳外板的油漆，锚的抓力较小。

采用进抛法或是退抛法可视具体情况而定，如果锚地拥挤，船舶受风流影响较大，较难把定船首方向，最好采用进抛法；如果有足够的水域，并且船舶受风流影响不大，则可采用退抛法。

在实际工作中，商船一般采用退抛法。抛锚时的退速不宜过高，否则，容易出现出链过快而刹不住的现象，造成断链、丢锚或锚机损坏等事故。一般认为，停船后船舶对地略有退速时为抛锚的最佳时机。退速的大小主要取决于船舶排水量，小型船舶一般控制在对地船速2.0 kn以下，中型船舶控制在对地船速1.0 kn以下，大型船舶控制在对地船速0.5 kn以下，VLCC最好控制在对地船速为0 kn。

正确判断船速是选择落锚时机的关键。传统上可用正横附近灵敏度较高的串视物标之间的相对运动来判定。还可充分用精度较高的DGPS的船速进行判断。此外，长期的海上实践经验表明，当倒车排出流水花抵达船中部时，一般船舶已对水停止运动，即船对地略有退势。但值得注意的是，如有流的影响，这时船舶对地的速度约等于流速。

（四）调整姿态及松链

将锚抛入水中，一般先出短链，视锚链滑出的长度适时将锚机刹车刹紧。这样既可防止锚链堆积过多，又可缩短拖锚距离，迫使锚很快抓底。可根据水深情况确定短链长度，一般抛出2～2.5倍水深的短链长度时，应将锚链刹住，利用船后退的拉力使锚爪啮入土中。

抛出短链后，抛锚操作人员应随时将水面以上锚链部分的松紧程度和方向情况向驾驶台报告。锚链方向通常用整点时钟表示，例如，“12 clock”表示锚链指向正前方，“3 clock”表示指向右正横，“6 clock”表示指向正后方，“9 clock”表示指向左正横，以此类推。

船长或引航员根据报告的具体情况采用进车、操舵或倒车措施调整船舶运动状态，使之便于松链。在锚链指向正横之后时，即使锚链受力较大，也不可进行松链。这时，应适当倒车使锚链指向正横之前，再进行松链。

一般根据锚链的松紧程度进行松链，锚链受力时送出锚链，锚链松弛时刹住锚链，这样反复几次，直至松至所需链长。

（五）锚抓底情况的判断

锚链松到所需链长后，应将刹车刹牢、合上掣链器等操作。此后抛锚操纵人员切不可立即离开船首，应对锚链受力状态进行仔细观察，判断锚是否有效抓底，如图4-4-4所示。

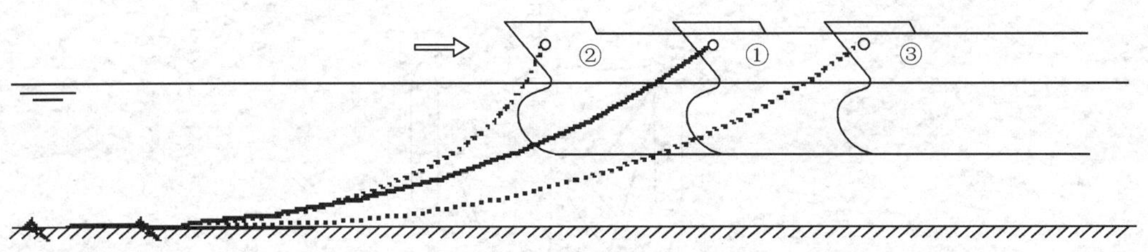

图4-4-4 锚的抓底情况判断方法

停止松链后，船舶在风、流的作用下将以微小速度后退，锚链随着船舶的后退逐渐绷紧，这时，锚链受力最大，露出水面的锚链长度也最长，如图4-4-4中的位置①。如果锚链绷紧之后短时间内变得松弛，即露出水面的锚链长度缓慢缩短，锚链成自然悬垂状态，则说明锚已经稳定抓底，如图中的位置②；反之，如果锚链长时间处于绷紧状态或锚链绷紧时抖动，则说明锚没有稳定抓底，而处于走锚状态，如图中的位置③。如果船舶处于走锚状态，应起锚，并重新抛锚。

五、双锚泊操纵方法

双锚泊方式分为八字锚泊、一字锚泊和平行锚泊三种方式。各种锚泊方式的操纵要领如下：

（一）八字锚泊操纵方法

根据抛锚时风的来向不同，八字锚的操作方法分为顶风后退抛锚法和横风抛锚法两种，而横风抛锚法又分为前进中抛锚和后退中抛锚。下面分别对各方法的操纵要点加以叙述。

1. 顶风后退抛八字锚

如图4-4-5所示，使船迎风、迎流或迎风流之合力方向缓速航进到位置①，在略有退势时，抛下任一舷锚（风流不一致时，应先抛上风锚）。

倒车后退松链2节左右，船退到位置②。进车，向未抛锚舷施舵，控制已抛锚的链长（此时等于两锚间距）达预定长度的0.5～1倍，即能保证夹角θ为30°～60°（位置③时），用舵调整船身，并抛下另一锚。然后，随着风、流作用船体后退，继续松链至预定长度，使两链均衡受力，并保持有一舷的连接卸扣留在甲板上，船在位置④停泊稳妥。

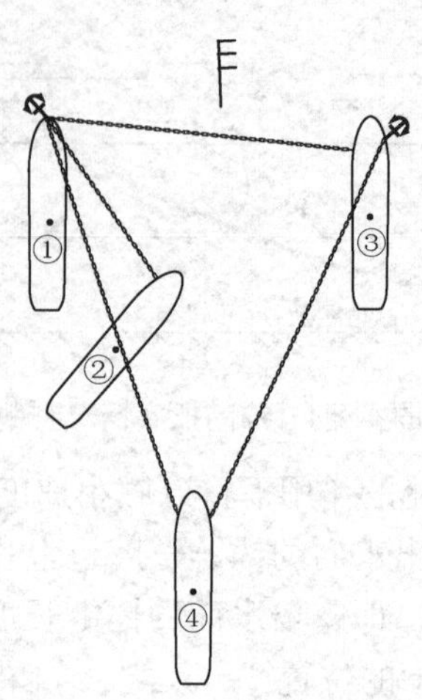

图4-4-5　顶风八字锚操纵示意图

2. **横风流抛八字锚**

横风条件下抛八字锚，分为前进抛锚法和后退抛锚法两种。图4-4-6采用的是横风、流前进抛锚法。

船横风、流缓速航进至位置①时，抛上风（流）锚，进车松链，达位置②时抛下风（流）锚，微倒车，让风、流将船压向下风下游方向，同时相应松出两链至预定长度并调整使其受力均匀，在位置③稳定锚泊。

若采用后退抛锚法，则应先抛下风、流锚，后抛上风、流锚。

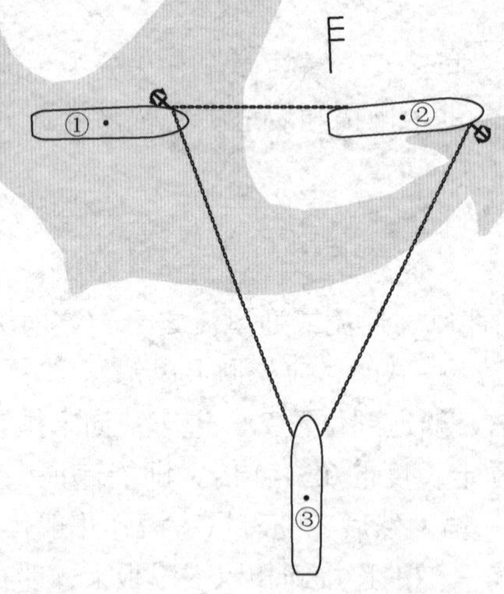

图4-4-6　横风、流抛八字锚操纵示意图

（二）一字锚泊操纵方法

一字锚泊一般采取顶流操纵方式，可分为前进抛锚和后退抛锚两种操纵方法。先抛惰锚后抛力锚的方法称为顶流前进抛锚法，如图4-4-7（a）所示；先抛力锚后抛惰锚的方法

称为顶流后退抛锚法，如图4-4-7（b）所示。

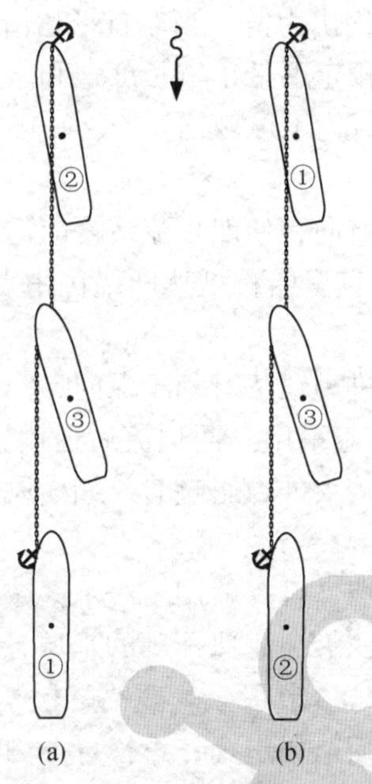

图4-4-7 一字锚泊操纵示意图

1. 顶流前进抛锚法

（1）适时抛出惰锚

船舶及早停车淌航使之顶流前进，保持对地余速为1 kn左右抵达惰锚位置［图4-4-7（a）中位置①］时，抛出惰锚［有侧向风影响时，为防止两锚链绞缠，惰锚应为上风舷锚］。抛出短链后即刹住，使之受力。

（2）前进中松出惰链

根据需要，进车、操舵保持航向，使船首顶流前进，并慢速松出惰链。当船首抵达力锚位置附近［图4-4-7（a）中位置②］时，松出的惰链长度约为预定两舷出链长度之和，然后刹住惰链。在使船舶对地略有退速时，抛出力锚（有侧向风影响时为下风舷锚），出短链即刹住，使之受力。

（3）绞进惰链、松出力链

随着船舶的缓慢后退，慢速松出力链，同时绞进惰链，直至船首抵达两锚位中点附近［图4-4-7（a）中位置③］时，调整两锚链长度至预定的出链长度。

2. 顶流后退抛锚法

（1）适时抛出力锚

抛力锚的方法与单锚泊抛锚方法相似。船舶及早停车淌航使之顶流前进，船舶抵达力锚位置，并稍有退速［图4-4-7（b）中位置①］时，抛出力锚（有侧向风影响时为上风舷锚），抛出短链后即刹住，使之吃力。

（2）后退中松出力链

随着船舶的缓慢后退，慢速松出力链。当船首抵达惰锚位置附近［图4-4-7（b）中位置②］时，松出的力链长度约为预定两舷出链长度之和。然后进车，在使船舶对地略有进速时，抛出惰锚（有侧向风影响时为下风舷锚）。

（3）绞进力链、松出惰链

进车、操舵调整船速及保持航向，使船顶流缓慢前进。惰链受力后，随着船舶的缓慢前进松出惰链，同时绞进力链。直至船首抵达两锚位中点附近［图4-4-7（b）中位置③］时，调整两链至预定出链长度。

两种抛锚方法比较，顶流前进抛锚法有利于保向、锚位准确、风流作用下两锚均保持良好抓底状态等优点，因而被普遍采用。而顶流后退抛锚法具有防止惰链受力过大的优点，但不利于保向，特别是受到较大外力影响时，如横风等，很难有准确锚位和良好的锚泊状态。

一字锚泊不适用于长时间停泊，且一般用于浅水区域，因此，力链和惰链出链长度一般相同，约为3节甲板。但在涨、落潮流速不等的水域，流速较大方向的锚链可出链4节甲板，流速较小方向的锚链可出至3节甲板。两锚链松紧程度应适当。遭遇横风影响时，两锚链过紧可能因锚链受力过大而造成走锚；过松可能因船舶向下风漂移距离较远而失去一字锚的作用。为便于锚链绞缠后的清解，应使两链的卸扣位于甲板。

（三）平行锚泊操纵方法

平行锚泊的操纵方法相对简单，适时控制船速，当船舶顶风流抵达锚位且略有退势时，将两锚同时抛出，然后两锚松链至所需长度并相等即可。

六、锚泊船的偏荡

锚泊船在风、流、浪等外力、水动力和锚链力的作用下，将产生围绕锚泊点的周期性左右摆动，这种现象称为“偏荡”运动。偏荡运动使锚链水平方向增加了额外动力，这种额外的动力是船舶走锚的主要原因之一，严重的偏荡会导致断链。除一字锚外，单锚泊、平行锚、八字锚以及单点系泊等停泊方式都存在偏荡现象，其中单锚泊、平行锚及单点系泊的偏荡运动幅度较大。在此，以单锚泊船在大风中的偏荡运动为例进行概述。

（一）偏荡运动轨迹

锚泊船偏荡运动过程中，船首、重心和船尾的运动轨迹呈横“8”字形，并与风向垂直，如图4-4-8所示。

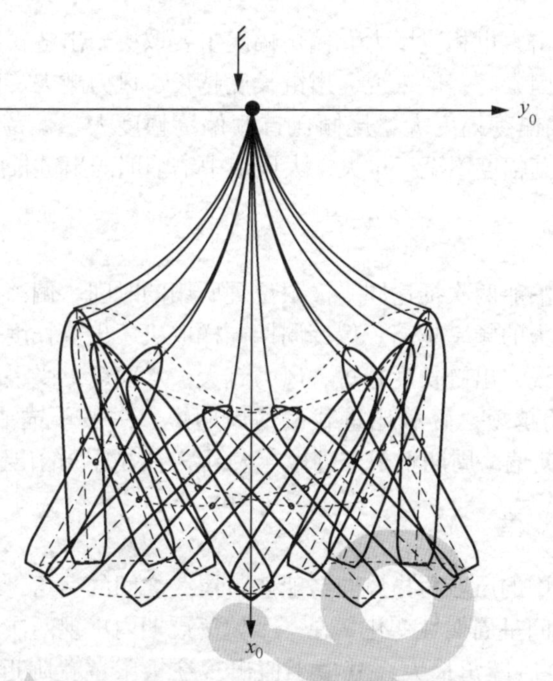

图4-4-8 单锚泊船的偏荡运动轨迹

（二）偏荡运动特征参数

偏荡运动的特征参数有偏荡幅度、周期、角速度、锚链张力、锚链方位等。实船试验结果表明，偏荡运动过程中，各参数随时间呈周期性变化，如图4-4-9所示。

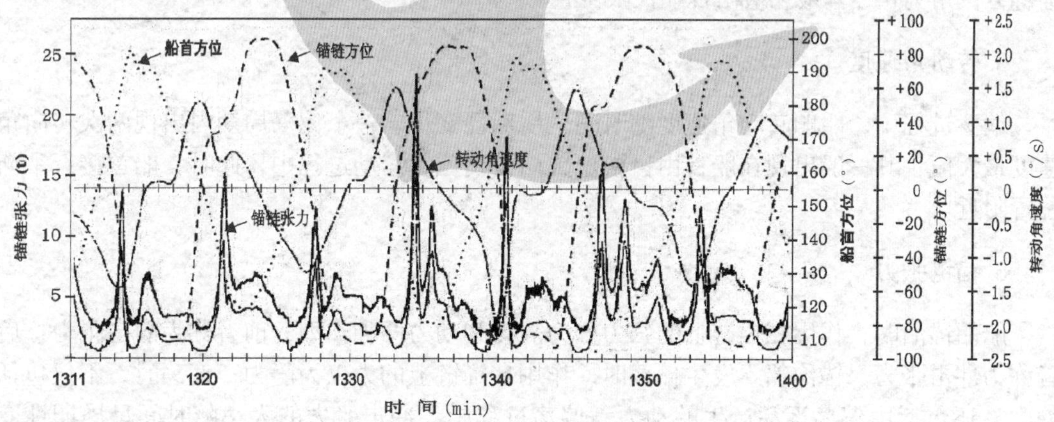

图4-4-9 偏荡运动参数随时间的变化

1. 偏荡幅度

偏荡过程中，船首在 y_0 方向所能达到的最大值称为“极限位置”，坐标 y_0=0时，称为“平衡位置”。一般将沿 y_0 轴方向左右两个极限位置之间的水平距离称为偏荡幅度。偏荡幅度越大，锚链冲击力也相应增大。偏荡幅度主要取决于出链长度、风力的大小、船舶载况以及纵倾姿态等因素。一般来说，出链长度越长、风力越大、船舶吃水越小，偏荡振幅越大；轻载比重载偏荡幅度大；尾倾比首倾偏荡幅度大。偏荡振幅最大可达2.5倍船长。因此，为了使偏荡幅度不至于过大，大风浪中锚泊船的出链长度不宜过长。

2. 偏荡周期

偏荡周期是指锚泊船两次抵达同一极限位置所用的时间。偏荡周期越小，偏荡运动越剧烈，锚链受到冲击力的频率越高。偏荡周期同样取决于出链长度、风力的大小以及船舶载况等因素。一般来说，出链长度越短、风力越大、水面以上受风面积越大、风压力中心位置前移，偏荡周期越短；轻载比重载偏荡周期短。一般单锚泊船的偏荡周期为10～15 min。因此，为了使偏荡周期不至于过短，大风浪中锚泊船的出链长度不宜过短。

3. 风舷角的变化规律

锚泊船偏荡过程中的风舷角指风向与船舶首尾线之间的交角，也称为船首方位。偏荡过程中，风舷角随时间呈周期性变化。在一个偏荡周期内出现两次风舷角最大值。一般船首接近平衡位置时，风舷角最大，其最小值出现在极限位置附近。最大风舷角可达50°以上。

4. 锚链方位角

锚链方位角是指船首处锚链方向与船首向之间的交角。偏荡过程中，锚链方位角随时间呈周期性变化。在一个偏荡周期内出现两次锚链方位角最大值。船首位于平衡位置时，锚链方位角为0°，其最大值出现在极限位置。

5. 转动角速度

偏荡过程中，船舶转动角速度随时间呈周期性变化。一个偏荡周期内出现两次转向角速度最大值，其一般出现在船首由极限位置向平衡位置运动过程中，此时，船首接近平衡位置附近。

6. 锚链张力

船舶锚泊时，作用在锚链上的张力分为静力和动力两种类型，前者称为静态张力，后者称为冲击张力。锚泊船不发生偏荡时，作用在锚链上的力仅为静力；偏荡时，不仅包括静力，还包括由偏荡运动产生的动力。偏荡过程中，冲击张力的大小随时间呈周期性变化。一个偏荡周期内出现两次最大冲击张力。最大冲击张力一般出现在船首由极限位置向平衡位置运动过程中转动角速度发生最大值之后的时刻，此时，船首接近平衡位置，风舷角最大，锚链方位角较小。最大冲击张力一般为静态张力的2～3倍，最大可达5倍。小型船偏荡时锚链受冲击张力为正面所受风压力的3～5倍，压载大型油船约为3倍，满载大型油船约为2倍，空载集装箱船约为3倍。船舶偏荡周期越短，锚链的张力越大。

(三) 减轻偏荡的措施

偏荡使船舶产生纵向和横向的周期性运动，严重时会导致断链或走锚，因此，有必要采取措施以减轻锚泊船的偏荡。这些措施包括：

1. 增加船舶吃水和调整纵倾状态

轻载或尾倾的锚泊船偏荡剧烈，可通过增加船舶吃水（如使船舶吃水为满载吃水的75%）、调整为平吃水或首倾的方法来减小偏荡幅度、增大偏荡周期。

2. 加抛止荡锚

如果偏荡幅度较大，并有走锚的危险，可将另一舷首锚在船首刚从极限位置向平衡位置过渡时抛出，出链长度为1.5～2.5倍水深并刹牢，使之处于拖锚状态，该短链锚称为“止荡锚”。利用止荡锚与海底的动摩擦力来抑制偏荡幅度，可以大大减轻偏荡幅度和增大偏荡周期，这种方法最为普遍。

3. 改变锚泊方式

由单锚泊改为八字锚泊方式可有效防止偏荡的产生。

4. 利用车、舵等手段抑制偏荡

大风来临之前，锚泊船应将主机备妥，并启动舵机。在锚泊船偏荡过程中适时使用车、舵配合，不但可以用进车缓解锚链张力，还可利用微进车减小偏荡幅度。但当船舶偏荡到左右极限位置时，若动车过多，反而会加大锚链的负荷，增加走锚或断链的危险。如船舶装置有侧推器，也可在偏荡时灵巧运用侧推器抑止偏荡。

七、船舶走锚

走锚是指锚在外力作用下离开锚泊位置而持续拖动的现象。锚泊船走锚可能造成搁浅、碰撞等事故，因此，须采取措施防止走锚。

(一) 走锚的原因及姿态

锚泊船走锚的根本原因是外力大于锚泊力。具体讲走锚是由多种原因造成的，这些原因包括锚地底质不佳、出链长度不足、外力增大（大风、急流、浮冰等）以及偏荡运动等等。其中重要原因是剧烈的偏荡。

走锚时，锚泊船的船首一般位于偏荡运动轨迹的平衡位置附近，处于风舷角最大，且基本固定不变的姿态。

（二）走锚的判断

预防走锚是安全锚泊的必要条件，但预防措施并不一定能完全防止意外走锚。锚泊船走锚之后，防止船舶搁浅、碰撞等事故的关键是发现走锚，并采取适当的应急措施。下面介绍一些行之有效的走锚判断方法及应急措施。

（1）锚泊时，根据锚地锚泊船的密度和气象水文情况设置雷达和GPS等定位系统的“警戒圈”范围，使之能在锚泊船走锚时将发出警报。也可根据与锚地的其他锚泊船，特别是下风、下游的船舶的相对位置变化来判断是否走锚。

（2）仔细观察锚泊船的偏荡运动，如果周期性偏荡运动突然停止，船舶变为一舷受风，锚链处于上风舷侧，且风舷角基本保持不变，则可断定发生了走锚。

（3）条件允许时，派人到船头观察锚链的受力情况。偏荡运动中，锚链应周期性地张弛。如发现锚链始终处于绷紧状态或发生间歇性的剧烈抖动，即可判断有走锚可能。

（三）走锚的应急措施

（1）单锚泊船一旦发现走锚，切不可松长锚链，因为松长锚链不利于锚的二次抓底。应立即抛出另一舷首锚并使之受力，防止船舶由于走锚距离过大而发生搁浅、碰撞等事故。

（2）通知机舱备车、报告船长、悬挂及鸣放“Y”信号，并用VHF等通信手段及时报告有关当局并发出航海警告。

（3）主机备妥后进行起锚，择地重新抛锚。

八、绞缠锚链的清解

船舶抛双锚时，由于风向、流向的变化，使船舶围绕锚泊点回旋，导致左、右两根锚链相互绞缠（绞花）。

绕一道称为“单花”，绕两道称为“双花”。一旦锚链绞缠，必须及时清解才能开航。如果当地有拖船则可请拖船向绞花的相反方向顶推回旋，逐个解开绞花。如果无拖船协助则必须依靠船员自行清解，清解时必须一花一花地分别清解。清解锚链宜在平流或缓流时进行，以便于操作。

（1）备妥挂缆、保险缆、引缆、送出缆各一根和若干卸扣，备好升降坐板。如果有可能，应放下一艘救生艇协助。

（2）绞紧“力链”使绞花露出水面。必要时用白棕绳在绞花下面系结，以防绞花下滑，如图4-4-10所示。

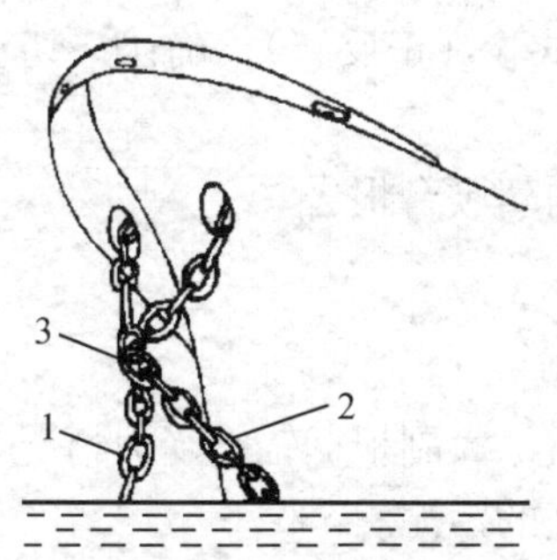

图4-4-10 锚链绞缠

1—力链；2—惰链；3—系绳结位置

（3）从“惰链”一侧船舷送出挂缆和保险缆，用卸扣与惰链相连。挂缆和保险缆的另一端则收紧挽在船首部的缆桩上，如图4-4-11所示。

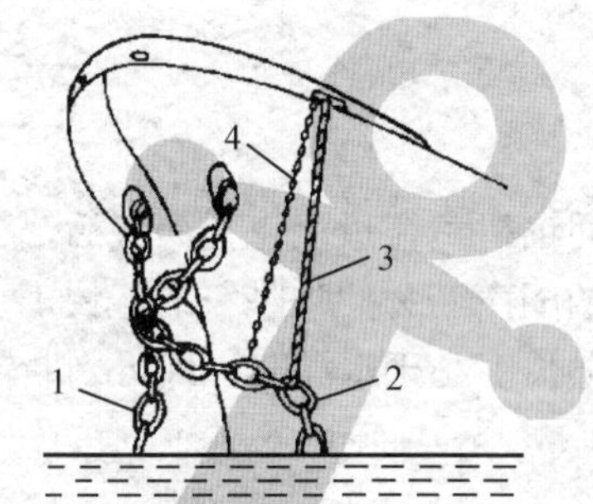

图4-4-11 出挂缆和保险缆

1—力链；2—惰链；3—保险缆；4—挂缆

（4）用制链器夹住惰链，再用锚机将惰链倒出排列在甲板上，直到下一个连接链环松到甲板上。

（5）解开连接链环，在其末端链环上系妥送出缆，送出缆的另一端挽牢在缆桩上。

（6）将引缆的一端接在卸下的惰链末端链环上，另一端从惰链锚链筒送出，在力链上按惰链缠绕的反方向绕一道，再从惰链锚链筒收回，绕在卷筒上。

（7）打开制链器，绞引缆，同时松送出缆。惰链绕过力链解一花后，仍经惰链锚链筒由引缆绞回到甲板上。

（8）如果为单花，则可装上连接链环，解掉引缆和送出缆，绞紧锚链后解掉挂缆和保险缆。如果为双花，可将送出缆两端交换一下位置而改作引缆，原引缆改为送出缆，重新操作一次即可。

九、起锚作业

（一）准备工作

（1）通知机舱送电，供锚链水。

（2）锚机加油润滑，空车试验（正反转），确认一切正常后再合上离合器，打开制链器和刹车带，让锚机受力。

（3）准备工作完毕，立即向驾驶台报告。

（二）绞锚操作

（1）接到驾驶台起锚口令后，大副根据锚链受力情况指示木匠以适当速度绞锚。

（2）开启锚链水冲洗锚链上的污泥。

（3）绞锚过程中，大副应随时将锚链的方向报告给船长，以便驾驶台使用车、舵配合绞锚。绞锚操作人员应报告锚链在甲板以下的节数。

（4）绞锚时若风大流急，锚链绷得很紧，则不能硬绞，要报告驾驶台，进车配合，等船身向前移动锚链松弛后再绞，以防损伤锚链和锚机。若锚链横越船首，应利用车、舵将船逐渐领直后再绞进。

（三）锚离底的判断

首先，锚爪出土的瞬间锚机负荷最大，锚离底后锚机负荷突然下降，此时锚机转速由慢变快，声音由“吭吭”的闷声变为“哗哗”的轻快声。其次，对比海图水深（考虑潮高变化）和出链长度，当出链长度小于水深时，即可判断锚离底。

（四）锚离底

锚离底时应报告，同时降下锚球或关闭锚灯。锚出水后，要观察锚爪上是否挂有杂物，若有应及时清理，然后根据需要将锚悬于舷外待用或收妥。

（五）结束工作

（1）若锚不再使用需收进锚链筒时，应慢慢绞进直到锚爪与船舷紧贴为止。

（2）合上制链器，用锚机倒出一点锚链，使制链器受力，然后上紧刹车，脱开离合器。

（3）关闭锚链水，盖上锚链筒防浪盖，罩好锚机，用链式制链器加固锚链，封好锚链管口，通知机舱关闭锚机电源。

十、值锚更

船舶在锚地抛锚，驾驶员要值锚更班。值班人员应坚守岗位并做到：

（1）密切注意周围环境和天气的变化；

（2）注意过往船只和其他锚泊船动态；

（3）注意本船的号灯、号型是否正常；

（4）勤测锚位，勤查锚链；

（5）若天气恶劣，风力增大，必要时应备妥主机；

（6）偏荡剧烈或走锚时，应立即报告船长，采取措施；

（7）如发现他船走锚向我船而来，应马上报告船长并设法与走锚船取得联系并采取行动，避免碰撞。

第五节 大型船舶操纵

根据我国主管机关相关规定，船长大于250 m或DWT 8万吨以上的船舶为大型船舶。与普通万吨级船舶相比较，大型船舶在很多方面上存在特殊性。

一、大型船舶的结构特点

（一）大型油船与散货船

1. 长宽比小

从船舶尺度上来看，大型船舶的一个重要倾向是增加钝度，即长宽比L/B减小，目前大型油船的L/B=6.0～6.5。L/B的减小使船舶首摇的阻尼减小，因此，此类船舶的旋回性能比L/B大的船舶要好一些，但航向稳定性有所降低。

2. 舵面积与船体水下侧面积的比值小

大型船舶的一个特点是舵面积占船体水下侧面积的比例（A_R/Ld）小，大型油船的A_R/Ld一般在1/60以下。A_R/Ld的减小，使舵的转船力矩减小，因此，此类船舶的旋回性能和舵效比A_R/Ld大的船舶要差一些。

3. 方形系数大

船舶另一个船型参数C_b较一般货船有明显的增大趋势。此类船舶的C_b一般在0.8以上。C_b的增大，使船舶首摇的阻尼减小，因此，此类船舶的旋回性能比C_b小的船舶要好一些，但航向稳定性相对差一些。

4. 马力/吨位值小

从船舶的主推进动力装置来看，与一般货船相比，此类船舶单位载重吨分配的主机马力PS/DW要小得多。一般大型船舶的PS/DW为0.25以下，这就造成大型船舶的紧急停船性能较一般货船差很多。因此，对于紧急停船距离，不论是绝对值还是相对值，都比一般货船大很多。启动距离较一般船舶也大得多。

5. 船舶质量大

巨大的船舶排水量，使得对该类船舶进行机动操纵时其反应异常迟缓和笨重。因此，要早用舵、早回舵而且要用较大舵角；港内航行时，通常都用两艘或两艘以上的拖船来协助变速与改向。

通常转向时的转头速率不应超过15°/min，否则使船舶停止转头非常困难。

（二）大型集装箱船

1. 长宽比小

为了提高船舶的速度和稳定性，大型集装箱船长宽比较大型油船与散货船大。

2. 方形系数小

由于船舶营运的特点与需要，大型集装箱船在船舶设计中充分考虑到线型和速度的关系，所以这种船舶的方形系数都较大型油船与散货船小得多，一般为0.60～0.65。

3. 舵面积与船体水下侧面积的比值大

为确保船舶操纵需要的舵力和舵力转船力矩，大型集装箱船在设计和建造中还充分考虑到舵面积与船体水下侧面积的比值问题，所以这种船舶的舵面积与船体水下侧面积的比值都要比大型油船与散货船大得多，一般达到1/50左右。

4. 马力/吨位值大

从确保船舶航行速度和具有较好操纵性能的角度出发，大型集装箱都装备了特大推进功率的主机。一般大型船舶的PS/DW为0.6以上。

5. 侧推器

船首装有侧推器（有些船首尾均有侧推器），对低速时的保向、掉头、靠离泊均有很大的作用。

二、大型船舶的操纵特点

（一）大型油船与散货船

由于这两类船舶在结构上均具有几何尺度大、本身质量大、方形系数大和马力/吨位值小的特点，所以它们操纵性能的共同特点如下：

（1）船舶的伴流较大，失去舵效的时机较早，当停车淌航船速下降到3～4 kn时基本无舵效。

（2）初始旋回性能差（即追随性差），反应迟钝，故在改向或过弯曲航道时，最晚施舵点均比小型船舶提前，须充分估计，及时施舵。

（3）首摇抑制性能较差（即航向稳定性差），转向惯性大，故须施大舵角、早施舵。

（4）保向性能差，在风浪中航行因长宽比（*L/B*）较小，易产生偏航。

（5）旋回性好，旋回圈虽较大，但其旋回直径与船长比（*D/L*）值较小，呈良好的旋回性能。但旋回中的速度下降较大，旋回时间长。

（6）由于PS/DW小，启动、停车惯性大，变速操纵时反应较为迟钝笨重，紧急停船性能差（停车惯性大）。

（二）大型集装箱船

1. 旋回性能相对较差

长宽比大的船舶首摇的阻尼也较大。因此，大型集装箱船的旋回中的直径与船长的比值较大。但是由于大型集装箱船动力大，所以旋回角速度较大，旋回中的速度下降较大型油船和散装船小，其旋回时间短。

2. 航向稳定性和保向性较好

大型集装箱船的方形系数约为0.65以下，所以大型集装箱船的航向稳定性和保向性均比大型油船和散装船好。

3. 舵效较好

大型集装箱船较大型油船的舵力和转船力矩要大，舵效也好（旋回角速度大），集装箱船在高速航行时转向或避让时，应避免使用大舵角，以免使船舶出现大的横倾角危及船舶的安全。

4. 倒车性能较好

大型集装箱船单位载重吨分配的主机功率较大型油船和散装船大得多，大型集装箱船的倒车停船性能较大型油船要好。对于紧急停船距离，不论是绝对值还是相对值都比大型油船小得多。

5. 侧推器的配置提高了旋回性能

为了提高船舶靠、离码头的效率，大多数大型集装箱船装配有首侧推和（或）尾侧推装置，这种装置能在船速较低时有效提高大型集装箱船的旋回性能，并在短时间内获得较为理想的转向角速度。

6. 最低航速较大

由于主机马力大，相应的最低航速也较大，一般为6～7 kn，有的超过9 kn。

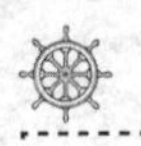

7. 船体干舷高，受风面积大

当集装箱船满载集装箱时，船舶的受风面积很大，因此在靠离泊、狭水道或岛礁区航行时，受风的影响非常大，操纵时应有充分的估计并留有充足的余地。

8. 盲区大

集装箱船甲板上装满集装箱，加上驾驶台离船首又较远，从而存在着较大的盲区和瞭望死角，因此，在航行、靠泊中的瞭望位置应经常变换，及早发现船舶周围的状况，准确做出判断。

（三）大型船舶在受限水域中航行时所产生的各种效应更为明显

1. 浅水效应明显

由于大型船舶船体肥大，浅水区航行时，船体的下沉量比一般船舶大，必须要有足够的富余水深，同时船尾伴流也会明显增大。故浅水区停车淌航时，大型船舶失去舵效的时机更早，在无拖船协助时，浅水区停船淌航应对舵效加以足够注意，必要时应微进车航行。

2. 岸壁效应明显

由于大型船舶船体肥大，靠岸壁行驶时，易产生船体向岸壁靠拢而船首转向航道中央的现象——岸壁效应。

操船中，应尽可能使大型船舶位于航道中央，如不得不靠岸壁行驶，可适当向岸壁侧压舵，以预防岸壁效应。

3. 船间效应明显

由于大型船舶船体肥大，船间效应更为明显，特别在浅而窄的水域航行且与小型船舶会遇时应引起足够的重视。

（四）大型船舶在大风强流中的操纵更为困难

从总体上说，大型船舶受风与流的影响非常明显，特别是大型油船和散货船在重载时，由于其水下体积大而受流的影响更为严重，船体极易被流压向下游一侧；大型集装箱船无论载重情况如何，都因其水上受风面积很大而受风影响严重，即船体易被风吹向下风一侧。同时，这些风、流的影响给大型船舶在使用车舵进行转向和控制船位时的操纵带来很大的难度。

三、大型船舶的锚泊操纵特点

（一）接近锚地

应以本船的减速性能为基础，借助经验，结合水道长度、形状、宽度、船舶通航密度以及水文、气象等条件进行减速操作。大型船，由于质量大，在相当远的距离处就应控制向锚地的接近速度。

（二）锚泊的准备工作及抛锚操作

大型船舶的锚地一般水深较大，而锚和每米锚链重量又较一般船为大，所以不允许如同一般船一样，将锚从锚孔直接抛出，否则易引起锚机刹车失灵、烧损等不良后果。应按深水抛锚法进行准备和操作。

当水深不足1节链长时，利用锚机将锚链送出至水面下接近海底，然后再利用刹车以极小余速抛锚。

当水深超过1节链长时，也采用锚机送链法将锚送至海底，以极小余速抛锚，或者索性将预定锚链全部用锚机送出，并配合船舶后退，使锚链横卧海底。

（三）抛锚时的余速

大型船舶抛锚多采用后退抛锚的单锚泊方式，以便于控制余速及出链速度，避免锚链承受过大应力。

为使锚很好抓入海底，必须具备适当的后退速度，但若该速度过大，则又要考虑锚机、锚链等条件的制约。通常余速应低于0.5 kn。

四、大型船舶港内操纵特点及其注意事项

（一）系泊方式

大型船舶吨位大，吃水也大，为了满足泊位对水深的要求，大型船舶系泊分为码头系泊、船墩系泊、单点系泊和多点系泊等。

（二）开敞式泊位

为了满足大型船舶吃水对水深的要求，大多数大型船舶的泊位位于远离陆地的开敞水域，船舶停泊过程中受流及风浪的影响大。因此，在大的风浪来临前，应根据泊位的情况决定船舶的防风措施，如在泊位避风应增加系缆和加强值班。

（三）系泊用缆

为了保证大型船舶的系泊安全，系泊用缆应为高强度的尼龙缆或钢丝缆。码头或船墩系泊时，通常用头缆、尾缆、前后倒缆以及前后横缆各4~8条，组合起来，全部共用到20条以上。单点系泊时，如波浪很小，最适合的系缆长度是水面至导缆孔高度的1.5倍左右；当波浪较明显时，稍长些为好。

（四）需拖船协助

大型船舶不同于中、小型船舶，无论是进行系离泊操纵，还是掉头或较大角度转向操纵均需拖船协助，并且需要多艘拖船，有时甚至5~6艘以上。

协助大型船舶操纵的拖船多采用组合带缆方式，即行进时船首需要做动力的吊拖，船体两侧需要做动力或做舵船的傍拖，船尾则需要制动或做舵船的吊拖；靠泊或掉头时首尾需要吊拖方式带缆，船体两侧需要顶推方式带缆。

（五）控制余速

抵达泊位前，大型船舶应控制余速为0，以保证安全，此后，借助拖船使船舶入泊。入泊横移过程中，为防不测，在距码头适当横距前先使船舶停止横移，特别是油船、LNG、LPG或化学品船等装有危险品货物的船舶更应如此；随后再使船舶慢慢向码头贴靠，贴靠泊位的法线速度应控制为2~5 cm/s。

特殊水域中的船舶操纵

本章学习目标

通过本章学习，掌握狭水道船舶操纵的要求和方法、掌握冰区水域船舶操纵的方法、掌握使用分道通航制和船舶交通管理区域的船舶操纵并掌握桥区安全航行方法和注意事项，以期达到特殊水域安全操船的目的。

第一节 狭水道中的船舶操纵

一、狭水道中的船舶操纵特点

狭水道是指相对水深或水道相对宽度较小因而给通过该水域的船舶进行操纵带来各种影响的水域。例如，港区、江河、运河、锚地、岛礁区、雷区及狭窄海峡等。

在狭水道内，航道狭窄弯曲，水浅滩多甚至还有暗礁、沉船或渔栅等障碍物，另外狭水道航道具有航道弯曲，灯浮较多，潮流湍急、流向多变，航区复杂碍航物多，水文气象条件多变，船舶交通密集往来频繁等特点。

为确保狭水道内航行安全，必须经常研究和掌握该水道的地理特点及水文气象条件，加强瞭望并谨慎驾驶，避免发生碰撞和触浅等事故。

二、狭水道中的操船要点及其注意事项

（一）狭水道中操船要点

1. 狭水道的全面调查

全面的水道调查应从大比例尺海图、航路指南出发，结合潮汐表、气象资料以及船员实际操纵经验进行，一般应在过狭水道之前完成，其要求是：

（1）掌握狭水道水域附近的地形地貌，其中包括两岸山形、岛屿、岬角、岸滩、弯头角度、居间障碍以及航行障碍物等。

（2）掌握狭水道内可航水域的水文情况，其中包括流速、流向、水深、可航宽度、最大可偏航距离，以及潮汐、潮流甚至洪峰等 。

（3）掌握狭水道助航标志系统，不但应准确识别并判明其意义，而且应熟记其号码和配布，包括其间的距离和驶至各航标的大致时间等；不仅要掌握航标系统，而且对必记的岸形也应予以熟记。

（4）掌握狭水道附近的风浪等自然情况，并配以适当风压差。

（5）掌握狭水道内的船舶交通状况，其中包括狭水道内航行船舶和锚地船舶的动态等。必须牢记海上交通安全法、分道通航制的适用水域及有关航道、航速等方面的特殊规定，并能正确解释和运用。

2. 保证船舶行驶在计划航线上

实现这一点需要随时掌握船位，并采用正确的避险方法和导航方法。

（1）为了随时查验本船是否驶在计划航线上，可采用的导航方法有浮标导航、岸标导航（如人工叠标、自然叠标等）、单标方位导航等。

（2）为防止船舶相对于计划航线偏离过远而发生危险的避险法可用物标方位线避险法、距离圈避险法等。

3. 准确掌握转向点

准确地转上新航向需要根据船舶的航速 v_s、追随性指数 T、操舵时间 t、旋回性指数 K、舵角δ及转向角度φ求出新航向距离后，按提前施舵点进行转向。

实践中，应根据船舶所受风、流情况，正确选择转向依据和转向时的船位，按所处的地理环境和弯势等适当用车用舵，使船驶于新的航线上，要根据实际情况正确掌握转向时机。比如顺流转向宜早，顶流转向宜迟；船位偏外转向宜早，船位偏内转向宜迟。

（二）狭水道中操船时的注意事项

（1）随时确认船位，注意是否偏离航线。大风浪、急流中的航道浮标有移位的可能，用来导航时应多方参照而不可盲目相信不确切的资料。

(2) 根据情况需要适时备车、备锚，必要时需不间断测深。

(3) 浅水域航行，估计船舶富余水深不足时，最好应选高潮时通过，必要时应降速航行以减小首倾。应尽量避免在该类水域追越他船，以免因海底不平或倾斜产生较大偏航，操舵时应尽量做到有预在先、充分预防。

(4) 通过潮流比较强的水道时，应选于视界良好、交通量较少的平流时进行，以免陷入被动局面。

(5) 距岸较近高速行驶，船行波将引发沿岸系泊船的激烈摇摆运动，有时导致系泊船船体受损或缆绳绷断。因此，在有此类担心的狭水道中航行时必须减速通过。

(6) 夜间或雾中驶于狭水道时，因视界较差往往兼用雷达进行瞭望。狭水道内用ARPA协助瞭望尽管可给出有关碰撞危险的信息并将其显示出来，但仍应在确认实际情况之后才可进行避让操纵。

(7) 在狭水道中避让时，一般按照车舵锚的设备使用顺序进行。但在操纵困难和紧急避让时，应毫不犹豫地抛单锚或双锚配合车舵助操。

(8) 航行于船舶交通管理区域，应服从有关当局水上交管中心的指挥，根据要求实时报告船舶动态及有关情况。

三、在有流弯曲航道中的船舶操纵

弯曲水道中的水流向凹岸一边冲压，近凹岸边流速大，水也相对较深。凸岸边流速小，水深较浅，加上岸壁效应，使操纵变得困难。

1. 顶流过弯

顶流过弯时应使船保持在水道中央略偏凹岸一边，把首对着流，用慢速顺着凹岸的弯势一点一点地内转，即随时保持船身与岸线平行，尽量使船沿着水流流线航进，如图5-1-1所示。

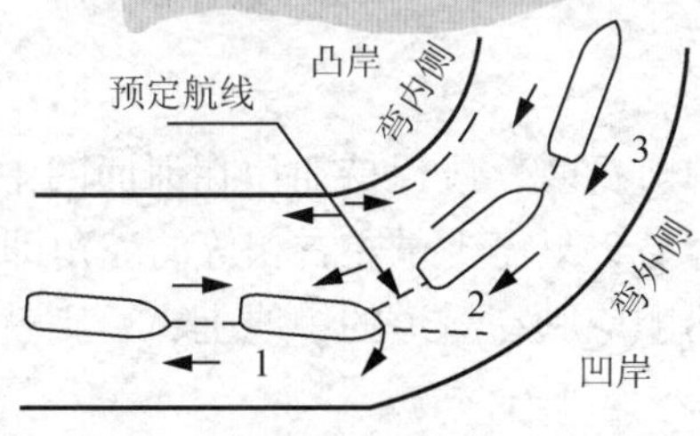

图5-1-1 顶流过弯

一旦用舵太迟或过早把定，就会使船首内侧受不同强弱的流的影响而外偏。此时，应迅速加车用舵纠正。当措施无效时，应果断抛双锚，快倒车，以防发生事故。

2. 顺流过弯

顺流过弯，过于靠近凹岸航行时，船首将被排开，船尾被吸拢，使船产生转头而横越水道；反之，过于靠近凸岸，船首会受到弯嘴回流的作用而偏转，同时船尾也受到流压，使船冲向凸岸，如图 5-1-2 所示。

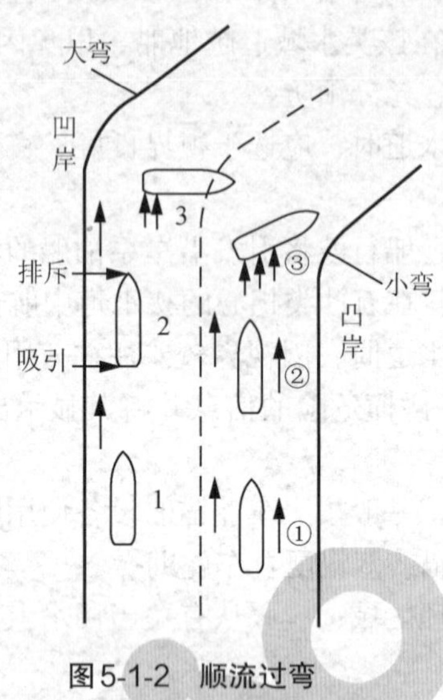

图 5-1-2　顺流过弯

在顺流中过弯，应保持在水道的中央，使船尾坐着流，沿着弯势依次操舵转过，顺流中速度不易控制，舵效比较迟钝，为保证顺利过弯，可以提前停车淌航，在到达弯段前突然加车，以提高舵效。

四、运河中的船舶操纵

有些运河航道非常狭窄，船舶只能单程航行，水深也不大，给船舶航行带来一定的困难，因此，应备车、备锚，挑选操舵技术好的舵工操舵。并准备一艘艇，以便必要时放艇系缆；夜间可用探照灯照亮航道和两岸。运河中操船特别应注意岸壁效应的影响。

（一）保持在航道中线上航行

在河床基本对称的运河中航行时，应保持船位在河面的中线上，则两岸对船的推力与吸力趋于平衡，操纵将比较容易，只需少量左右相等的舵角即可保持所需航向。

在河床不对称的河段，船舶应驶在航道的中线上，否则就可能出现由于岸推、岸吸而产生船首的偏转。

当有风影响时，应稍偏向上风一边。当用小舵角或左右相等的舵角即能稳定航向时，则说明船舶正好在航线上。

过弯道时，应适当靠近弯道凹岸的一边行驶，如航线掌握得当，可以不必用舵，船沿弯道自然转过。船舶如沿航道中线过弯，要用舵转过，如靠近凸岸一边过弯，则往往出现船首冲向凹岸一边的危险现象。

船在运河中航行，受浅水和水域宽度的影响，又加上航速限制，舵效比海上差得多，

操舵时必须思想集中，用舵要及时、准确。

（二）选定航速

运河航行中如速度太大，船岸间的流体动力作用增强，情况严重时甚至导致搁浅或触碰；速度过小，则保向及旋回性下降，在有流的水域操纵时，更易陷入困境。

各运河都有航速限制。船舶的实际航速应根据船舶的载况、风流影响等在限制航速范围内适当调整，以确保航行安全。但必须注意，用主机转速来推算航速时，同样的转速在浅水中的船速要比在深水中的船速小。

如果发现船速太快需减速时，应逐渐地减下来，否则突然停车或大幅度减速，舵速急剧下降，舵效大受影响，船可能发生偏转。减速如需采用倒车，应先驶到中线上，即使出现偏转，尚有纠正的余地。

（三）偏转的产生与克服

在受限水域中航行，往往由于操舵不稳、速度突变、海底不平、水深变浅或偏离航道中线等原因，使船突然偏转，这种现象在人工运河中更易发生。克服偏转的措施必须十分迅速和果断，否则会酿成事故。

1. 单推进器船克服偏转的措施

一般偏转时可用满舵纠正。根据需要可瞬时加车以助舵效，待船摆正后立即减速。偏转迅速时可用倒车，但应选择恰当的时机。例如，大角度向左偏转，用右满舵不能克服，则船首冲向左岸，首受左岸影响，又被推向右，而尾被吸向左岸，其结果是船向右岸冲去。此时，应全速突进、左满舵，当首停止或即将停止右偏时，全速倒车，继续左满舵，而推进器倒车横向力可防止船尾甩向右岸，此后再开进车将船驶到航线上。

假如开始时是向右偏转，则倒车横向力将增加尾甩向左岸的力量，因此，先用左满舵，当首停止或即将停止右偏时，全速倒车。这时，倒车的横向力可防止尾被吸向右岸，并减弱首向左偏的力量。

另一种克服严重偏转的有效方法是在减速的同时抛下偏转相反一舷的锚，利用短链拖锚，可防止船冲向对岸。

2. 双推进器船克服偏转的措施

一般的偏转可将偏转相反一舷的车停住，向偏转相反一舷操舵，当首停止偏转并开始向相反一舷转动时，再将停止的车开进车，用舵驶入中线。如果在克服最初的偏转后，船首向另一舷偏转很快，可将偏转相反一舷的车倒转。

低速时发生偏转，可将偏转一舷的车加速，另一车减速或停车，并用满舵配合。

高速时发生偏转，可将偏转相反一舷的车全速倒车，另一车减速或停车，同时用满舵配合。这种方法可以减少冲力，改善操纵条件。

（四）运河中会船

有的运河，如基尔运河、巴拿马运河的某些航段，航道宽度和深度比较大，两船对驶而过时，只要双方配合得当，影响并不明显。而在苏伊士运河中，影响则较大，因此只能在规定的湖泊中会船。如果特殊情况下会船，一般是一船系缆，让另一船驶过。

（1）系缆：系缆靠岸时，应尽量不用倒车，一般在1 n mile前就需减速。有风时，若条件许可应靠下风一边。操纵性能差些的船靠岸时，可将船停在中间，用艇带好缆后再绞拢。双车船应注意螺旋桨不要碰及岸壁。除有流及强顶风外，一般带2根横缆即可。

（2）驶过船必须以慢速保持在航道的中线上航行。这样，虽与系泊船距离较近，也可避免船舶过分靠近另一岸而出现的岸壁效应。

（五）狭窄入口处的操纵

港口防波堤、船闸或运河入口的口门往往很窄，且常受到横风、流的影响，给操纵带来困难。进口操纵时，一般应按下述方法操纵：

（1）将船的航线选在与口门连线中心成直角的方向上，如图5-1-3所示。

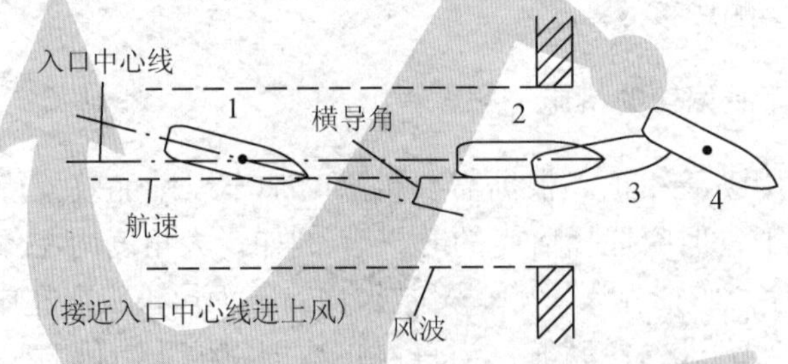

图5-1-3　狭窄入口处的操纵

（2）在较远的距离即应走上预定的航线，并保持一定的风、流压差。

（3）当船首接近口门时，将船首拎直，使船首尽可能靠拢上风一侧进入口门。

（4）当船首通过口门后，为防止船尾压向下风侧，应立即加车用舵将船尾甩向上风，顺利通过口门。

横风、流通过口门时，船速不能太小，否则风流压差角过大会给进口操纵造成更大困难。

五、恒定旋回速率技术的运用

大型船舶驾驶台一般都安装了用于显示船首转动情况的旋回速率指示器(Rate of Turn, ROT)。该指示器能量化地显示出船舶每一时刻的回转角速度，从而使驾驶人员能在船舶转向和过弯道时及时了解船舶首向的变化与趋势，更好地利用车舵进行操纵，确保船舶安全航行。

（一）船舶定常回转时对地速度、回转半径和回转速度间的关系

船舶在回转中进入定常回转时，其对地速度、回转半径和回转速率三者之间的关系可按以下计算公式求得：

$$ROT=\frac{v_s}{R} \tag{5-1-1}$$

式中：

ROT——回转速率（°/min）；

v_s——对地速度（kn）；

R——回转半径(n mile)。

（二）船舶过弯时的运用

在船舶航行过特定的弯曲水道前，船舶驾驶人员可在海图或其他相应的图纸上先测算出弯道的曲率半径，再根据船舶实际航行速度预算出航行过弯道时应保持的回转速率。

在船舶抵达弯曲水道前的适当时机，操满足弯曲水道弯势变化的恒定旋回速率ROT对应的舵角。

在过弯的整个过程中，适当调整舵角，只要保证船舶的恒定旋回速率满足要求，就能保证船舶沿弯曲水道的弯势连续内转顺利通过弯曲水道。

（三）船舶转向时的运用

船舶通过转向点时，为了保证船舶转向过程中的轨迹在航道内，需要选定满足航道安全需要的船舶运动轨迹对应的旋回半径，在船舶航速确定的情况下，可获得船舶转向时所需的船舶旋回速率。

在船舶抵达转向点前，操满足转向旋回半径需要的恒定旋回速率对应的舵角。

在转向的整个过程中，适当调整舵角，只要保证船舶的恒定旋回速率满足要求，就能保证船舶的运动轨迹在航道中，顺利完成转向。

（四）使用旋回速率指示器应注意的事项

船舶在大幅度转向的初期阶段将产生船速逐步下降和角速度逐步加大的呈非线性变化的现象，加上外界气象及地理水文等条件的影响和限制，驾驶人员在船舶操纵中使用旋回速率指示器时应注意以下几点。

1.船舶操纵性能的影响

在船舶以一定的船速和舵角开始回转的初始阶段，船舶会产生船速逐步下降和回转角速不断加大的现象。船舶只有在回转一定时间后才能进入定常回转，即船速和旋回速率基本稳定。这一时间因船舶不同而异，即使同一船舶，在采用不同的舵角或船速进行回转时

也会有所不同。在实际操纵中应充分地考虑这些因素，在施舵后应通过旋回速率指示器密切观察回转速度，一旦发现原定的车、舵得到的回转速率不符合实际航行的需要或难以保证船舶的安全，应毫不迟疑地改变所采用车或舵，使回转速率满足船舶安全航行的需要。

2.外部环境的影响

（1）风、流的影响

船舶在回转中受到外部环境（如风、流）的影响时，船体与风、流的相对交角及方位的不断改变会使船舶定常回转时的船速和旋回速率发生变化，即船速和回转速度难以完全保持稳定。因此，在受到风、流影响时，驾驶人员可对转向或过弯道的平均旋回速率值作相应的预算，但在实际操作中应充分考虑风、流对船舶转向或回转的影响，并根据回速率指示器给出的船首变化和实际航行的需要适时地采用和改变车、舵，以控制好船舶。

（2）航道水深及地形变化的影响

船舶在航道水深变化较大的水域中航行时，旋回速率将受到一定的影响。另外，在狭窄航道或靠岸航行时，斜坡或岸壁效应也会使船舶的旋回速率发生变化。因此，船舶在采用定常回转法进行大幅度转向或回转时，驾驶人员应充分了解和掌握以上这些影响因素，并根据旋回速率指示器显示的船舶回转情况及变化趋势，及时采取相应的措施，以确保船舶航行安全。

第二节 冰区水域的船舶操纵

一、冰区航行的准备工作

（1）参阅航路指南、冰情报告及其他资料，摸清冰区的规律及其特性。

（2）检查船体结构，特别是船首部分，必要时在首尖舱内加撑纵向和横向的冰梁，以增加首部强度。

（3）做好防冻工作：

①航行灯：航行中不论昼夜应保持常亮，不仅能在严寒中保持灯内干燥，驱除水汽，还可防止灯丝骤冷骤热，以延长使用寿命。

②标准磁罗经、船尾露天应急舵磁罗经：罗经柜内照明灯泡应常开，柜外帆布套应扎紧。

③室外陀螺罗经复示器、转速表复示器和舵角指示器：其内的照明灯泡不论昼夜，应保持常开。

④救生艇淡水箱等存放淡水容器：存放的淡水只能装至其容器容量的3/4，并用帆布包妥或暂时移至室内。

⑤甲板集装箱的系固设备：箱底脚的紧锁器在航行中如果受海浪冲击或被海水打湿，会被冻住并陷于冰中，到港后此冰块仍会坚固不化。建议用草包包住箱的底脚，虽然仍会结冰，但较容易清理。另外建议在未进入寒冷区域前将法兰螺丝内的残水倒尽，冰防止雨水和海浪再度进入而造成结冰。

⑥上部边水舱，首、尾尖舱，双层底水舱：在严寒中舱内存水结冰导致膨胀变形或崩裂，故要求上部边水舱和首、尾尖舱的存水不要太满，其实际存水量不应超过满舱的85%；而双层底水舱一般在低温下不易结冰，除非船体已搁浅在冰中或冰面上，故建议严寒时其存水量至多为其容量的90%。

⑦消防水管、室内外淡水管和冲洗管：上述水管在使用后均应将管内的残水放尽，室内的可用稻草包扎，防止冻裂 。另外若在短时间内停用消防水，必须保持消防泵与冲锚链水出口阀常开，以保持管系内海水不断流动 。

⑧机电设备和应急消防泵：大型船舶机舱内的设备所占空间比例比小船要小得多，在寒冷地区停泊时，机舱内的温度很低，对主机、电器、燃油与其他设备都很不利，可使用电热等设备以及减少通风量，以调节机舱与舵机间的温度与湿度；在严寒时关键的机电设备可根据情况保持常开；甲板机械和电机中有加温防潮的设备的也应开启；应急消防泵常设于船首或船尾近船底处，应放尽其残水，防止进水管和泵壳被冻裂。

此外，在空舱或无货物时舱内无须通风，应及时关闭通风筒，以防冷空气入内，使舱内或相隔的舱内存水结冰；还应采取其他防冻措施，如甲板通道和甲板上结冰，可撒少量黄沙；若甲板上有积雪，应在甲板下风侧扫出一条通道，并安置扶手绳；若船上有游泳池，其池水阀在冬季应常开，以防雨水流入管内而被冻裂 。

（4）载货时，应把不怕湿或不贵重的货物配在首舱和各底层舱。货舱内两边最好留有通道，并保证污水易于流入污水沟（井）。

（5）船舶必须保持一定的吃水，以使螺旋桨和舵没入水中一定深度，并保持1~1.5 m的尾倾。这样能使船舶具有良好的操纵性能和破冰能力，同时又能保护车叶和舵以及增加船舶稳性，也可避免船底海水阀门被碎冰堵塞。

（6）检查排水设备及救生设备，使之处于良好工作状态；增添防水堵漏设备以备应急。

（7）一般不应配置甲板货，如实在需要，必须考虑到上甲板及其设备与货物结冰的可能，这会使船舶重心提高，稳性降低。另外应保证甲板排水畅通。

（8）桅顶应加设瞭望台，并和驾驶台之间建立有效的通信联络。

（9）还要配备下列专用物品：保温衣及靴、护目镜、防冻润滑油、御寒食物、冰锚用具以及除冰排冰物料或材料等。

（10）使主机冷却器中输出的热水在进水阀处循环，以免进水阀被冰阻塞时主机停转。

（11）船首准备好拖缆一根，船尾做好拖带他船的准备。

（12）冰区航行比正常航行需准备更多燃料、淡水和食物（冰区航行船舶如图5-2-1所示）。

（13）船舶露天甲板如果没有防冰设施，应配备移除积冰和积雪的设施。

图5-2-1　冰区航行船舶

二、冰情探测

（一）海冰及其分类

1. 冰山

冰山（iceberg）与海水冻结而成的海冰不同，它是南北两极周围山麓的冰河和冰棚崩塌滑落而浮落于海洋的巨大冰块，多为淡水冰。沿阿拉斯加湾的冰河的小冰山，南界的平均位置在58°N，个别的南下可达40°N 。临近北大西洋航线的冰山多为格陵兰及其周围岛屿与 冰河流出的冰山，沿拉布拉多寒流南下，然后进入暖流。南极的冰山有时也进入太平洋、印度洋航线，威胁船舶航行安全。

冰山浮于海面以上的部分只不过是其整体的1/8 ~ 1/7。因此，船舶在其附近航行时万不可认为其是外形很小的冰山，应对其整体有充分的估计和戒备，尽量远离。

冰山按其大小可分为：

冰山（berg）：直径超过30 m；

小冰山（berg bit）：直径6 ~ 30 m；

冰岩（growler）：直径2 ~ 6 m。

2. 海冰

海冰（sea ice）为海水冻结（低于-1. 9 ℃）的生成物，系海水冰。

（1）海冰的名称

从其生成过程看有如下名称：

①冰晶（ice crystal）：薄片状的结晶；

②冰泥（ice slush）：浮于海面的初期极薄冰层；

③软冰（sludge ice）：由冰泥固结的软冰层，直径一般为3 ~ 30 m，圆盘状，对低速航行船舶无碍；

④荷叶冰（pancake ice）：硬度比软冰略大，结冰气温下2 ~ 3日可达30 cm左右厚

度，直径1. 8 m以下；因其相互接缘，船舶以常速航行将损伤外板或推进器。

在风浪和潮流的影响下，海岸或冰原破碎产生的大量冰块称为冰群（pack ice）。有的冰群较为平坦，但与冰相互挤压重叠冻结为冰丘（ice ridge）。因此，冰群又是浮冰（float ice）聚集、具有各种形式海冰的水域的总称。

冰群按其直径（D）的大小可分为：

⑤碎冰（brush）：$D<2$ m；

⑥块冰（b1ock）：2 m$<D<$10 m；

⑦小型浮冰（small floe）：10 m$<D<$200 m；

⑧中型浮冰（medium floe）：200 m$<D<$1000 m；

⑨大型浮冰（giant floe）：1000 m$<D<$9620 m（5 n mile）；

⑩冰原（ice field）：$D>$5 n mile。

（2）冰量

冰量指的是冰群在海面上的覆盖量。通常采用十分法度量出视界范围内海上浮冰覆盖的比例数，冰量占十分之几即称为几度冰量（又称十分八度法）。从船舶在冰区中航行的困难程度看冰量有以下名称：

①无屏蔽水域（open water）：冰群覆盖面积为1/10以下，船舶可自由航行；

②稀疏冰（scattered ice）：冰量1 ~ 5度（1/10 ~ 5/10），船舶不能按预定航向航行；

③疏散冰（broken ice）：冰量5 ~ 8度（5/10 ~ 8/10），船舶航行有障碍；

④密集冰（close ice、close pack、packed ice）：冰量8度（8/10）以上，无破冰船（ice breaker）支援难以航行；

⑤固结冰（consolidated ice）：冰量10度，冰布满视界并形成冰原。

（3）冰的颜色与硬度

生存期较长的冰比初生冰硬度大，淡水冰比海水冰硬。冰的硬度可通过冰的颜色来识别：

①灰色或铅灰色（多为冰泥）——软；

②纯白色（多为荷叶冰）——稍硬；

③白色带青色——硬；

④铁青色、灰色或灰绿色——最硬。

（二）冰山与海冰的探测

1.冰山的探测

（1）使用雷达能否发现冰山取决于回波的强度，这与冰山的大小和反射面的角度有关。露出水面3 m以上的冰山，可探知距离往往只有2 n mile左右；而水面上高度不足0.3 m者则难以被观察到；而高大的冰山则可在10 n mile以外观测到。

（2）在晴朗的白天，大冰山的视距可达10 n mile以上。夜间，如月亮与冰山都位于船舶前方，有冰山也难以发现；如月亮处于和冰山相反的方位上，则冰山视距几乎与白天相同。也可凭借其上空呈黄白色的冰光来做出判断。

（3）驶入风力急剧减缓，浪涌也突然减低（波高2 ~ 3 m的波浪也将在接近冰原1 km

以内安静下来）的水域，驶入海水温度急剧下降（例如，由15～20 ℃急降至0～2 ℃）的水域，则说明在2 n mile左右有冰山并已相当逼近。

（4）发现本船发出的汽笛声有回声或大浪击壁发出的声响，则说明可能有大冰山。

冰山对船舶航行威胁极大，必须引起操船者的高度警觉。

2.海冰的探测

冬季在高纬度水域（北半球10～次年3月，40°N以北；南半球4～9月，50°S以南）应按时收看冰情传真图和收听冰情预报。此外，还应加强瞭望，谨慎驾驶，并根据下列信息判断是否已驶近冰区；

（1）冰光（ice blink）是被雪和冰覆盖的表面所反射的太阳光线在其上空云底空间的现象。雪的反射光白而明亮，冰的反射光则为黄白色，下部明亮而上部暗淡，其高度因冰的远近而异。白天当天空有云时云底部呈白色，无冰水域或陆地上空则呈灰色。

（2）冰区边缘往往出现浓雾，并有少量冰块漂流。

（3）风浪突然减弱或浪涌突然减弱而风力无减，如上风方向无陆地则表明可能有冰区。

（4）水温降低预示可能正在接近冰区。处于非寒流中的船舶如发现水温为1.1 ℃左右，则距冰区在100～150 n mile；水温若在0.5 ℃，则距冰区已不足50 n mile。

（5）虽远离陆地却发现海豹、海狮或海鸟等，则预示附近有冰区存在。

（6）听到冰的撞击或挤压声，说明冰区已经临近。

三、冰区的船舶操纵

1. 迂回航线的选择

在航线上有冰山、冰群时，只要情况许可，最好采取迂回航线，以免遇到障碍和困难。

即使有冰的水域很广，迂回航线在航行时间和燃料消耗上还是比穿过冰区要少得多，当然也更加安全。

根据冰情预报，通过本船的瞭望，尽早探清冰区的范围及可航的水域；如能看到冰区的边缘，可沿其上风侧的边界航行 。

2. 进入冰区

冰量在5/10或6/10时，在冰块之间常可找到通航水道，只要冰厚不超过30 cm，就可以通航。冰量在6/10以上时，船舶行动比较困难，应争取破冰船引航。船舶驶进冰区时，要仔细瞭望，选择适当的地点、时机和方法：

（1）从冰区的下风侧进入比上风侧安全。上风边缘冰块密集，在有涌浪时碎冰涌动，容易损坏船体。

（2）涨潮冰易结聚，退潮时碎裂 。当厚冰随流快速漂移时，应等待缓流或无流时

进入。

（3）当海面涌浪较大或有 5 级以上横风时，不宜进入。

（4）冰区的边缘是不规则的，应选择舌状突出之间较平坦处进入，这里受浪的影响也较小。

（5）进入冰区时应保持船首与冰缘垂直，并将冲力降到最小。当船首顶住冰块时，再逐渐增加车速，推开冰块，驶向冰块松散的方向。

3. 通过冰区

进入冰区后，在冰中航行时，应注意下列各点：

（1）根据冰量正确选择航速：

冰量4/10~5/10——可常速航行；

冰量6/10~7/10——应慢速航行；

冰区夜航——应较白天为低；

能见度不良——应大量降速（至可保持舵效为止）。

（2）有离岸风时，近岸边常有可航水道；有向岸风时，不能从冰的靠岸一边通过。

（3）通过冰区时最好少改变航向。如被大冰块挡住去路而用船首冲击未能使冰破碎，应立即退出。倒车前正舵，先用短暂的进车，将尾部的碎冰排开，再开倒车后退。待船后退接近碎冰时停车，让惯性把船带进碎冰，然后再进车，利用冲势在冰中撞出一条通路。一次不行，可反复几次。冲撞时，要严格掌握冲势，及时停车，并保持船首与冰块正面相撞。与雪混合的软而厚的冰，不易撞碎，要避免被冰困住。

（4）冰区航行，要增加首尖舱及污水沟的测量次数，并注意海底阀可能被冰堵塞。

（5）冰中转向，切不可一次用30°舵角，要用小舵角慢慢转过，每次改向 5°~10°以防舵及螺旋桨损坏。在冰中无法前进而需脱离时，从原路驶出较为便利。

4. 冰困后的措施

破冰前进中，若船的前部被冰夹住而不能进退时，应立即按下列方法脱出，否则船将随冰漂流，可能漂到危险水域或船体被冰毁坏。

（1）全速前进，左右满舵，以使船首有所松动，然后再用快倒车正舵退出。

（2）交互排灌各压载水舱的水，使船身左右或前后倾侧，以松动船身。

（3）先将压在船首下边的冰块敲碎，再用竹篙把船旁的冰块推向后方。

（4）在船尾抛下冰锚（冰锚抛法见后），带缆绞船，并配合倒车。

（5）上述方法均失败后，可试用炸药爆炸使首起浮。船首被冰困住，可在首前方或首左右用炸药爆破冰块。

冰困中，不论是在采取脱险措施还是在等待破冰船或天气转好，都应保持螺旋桨和舵的转动，以免尾后的水道被冰封住。

5. 破冰船护航

一般非冰区航行专用的船舶，在冰量超过6/10时，最好使用破冰船导航。编队时把船壳较弱、功率较小的船放在船队的中部。船间的距离一般编队第一条船与破冰船保持2 ~ 3倍的破冰船船长；后面的船间距要保持2 ~ 3倍的本船船长。后船要密切注视前船的信号，调整两船的间距，当前船减速而后船来不及停住时，可转离前船的航迹来避免碰撞。

护航中的航速，当冰量小于4/10时，可维持8 kn速度，冰量每增加1/10就减速1 kn。

护航发生困难时，可以由破冰船拖航，拖带中，一般用20 ~ 40 m长龙须缆，必要时，10 ~ 20 m即可。拖缆最好从锚链孔中穿进，再用木棒穿过拖缆的琵琶头，卡在锚链筒的口子上。

在坚冰中拖航时，压力很大，当破冰船航过后，水道立即封闭，要使被拖船的首与破冰船的尾紧挨在一起，两者形成一体，此时破冰船的操纵较为困难。

6. 冰中锚泊

冰中下锚应选择薄冰或碎冰的浅水区（冰厚不超10 cm，水深不超过1节链长），锚链长度不超过2倍水深，否则将会发生被冰困住或断链等事故。锚泊中，锚机和主机应随时处于准备状态，必要时可起锚驶离。

7. 冰中停泊

在岸边的冰上或海中冰群的边缘可以抛冰锚带缆停靠，先在冰上挖好槽，将长为0.07 m、宽为0.25 m、高为2 m的硬木块冰锚放入槽中，套上缆绳，再浇上水，使冰锚与水冻结在一起。这种操作又叫“抛冰锚”。

8. 冰中靠泊

港内结冰时，常因船身与码头间冰块堆积而不能靠拢，此时，应令拖船在泊位边来回破冰，然后驶靠。

（1）如泊位下端有余地，可对准泊位后端，向码头靠拢，带头缆至泊位前端较远的桩上，绞头缆，进车，外舷舵，使船首紧贴码头扫过，将碎冰排挤出去。当船首到达前端位置时，如里档尚有少量浮冰，则可带上前倒缆及尾缆，开进车，利用排出流将碎冰排出，再逐步靠上船尾。

（2）如泊位后端无余地应将船首先对准泊位前端插入。带好头缆、倒缆及尾缆，用进车外舷舵，并在拖船顶推协助下挤压里舷的积冰，然后再用排出流将碎冰排出。按上述方法反复进行多次，可逐渐将冰挤碎排出，使船尾靠拢。

四、船体积冰的危险和处置

1.船舶积冰的方式

船舶积冰的方式包括甲板上浪、飞沫积冰、雨雪积冰和冰晶凝结。

（1）甲板上浪：受风浪影响，海浪涌上甲板而造成甲板积冰。

（2）飞沫积冰：在船舶航行过程中，由于风浪的影响，海浪在船壳附近破碎并产生大量的海浪飞沫，直径较大的飞沫重新回到大海里，而直径较小的飞沫在船体运动和风的影响下，落在船舶甲板和上层建筑上，在低温和风的作用下形成积冰。

（3）雨雪积冰：雨雪天气，未及时扫除船上的积雪或雨水排除不畅造成结冰。

（4）冰晶凝结：船舶航行于冰区水域，空气中的水蒸气遇冷凝结在船舶栏杆和上层建筑上形成冰晶。

2.积冰对船舶安全的影响

船舶在冰区航行时，船体积冰除会增加船体重量、增加船舶阻力，使旋回性受限及舵效变差等外，还包括：

（1）对船舶稳性的影响：船体和上层建筑上积冰会造成船舶剩余浮力减少，提高船舶的重心高度，造成船舶初稳性高度降低。

（2）对设备天线的破坏：雾、雨和雪会造成索具、电缆和天线结冰，可能会使电台和航海仪器天线工作失灵。

（3）船体覆冰会影响锚机、绞缆机和所有起货设备的操作。

3.防止雨雪结冰及除冰的处置方法

（1）尽早接收冰况预警，如有大风或者空气温度低于-2 ℃时，船舶应尽快驶往相对温暖的水域或者寻求其他庇护场所，以减少积冰或将积冰融化清除。

（2）如无法快速驶往温暖水域或者寻求其他庇护场所，应调整航向顶风并降低船速以减少甲板上浪。

（3）如船舶已安装除冰设备和系统，应启动该设备和系统。

（4）利用铲、镐等工具将冰层剥离或击碎进行人工除冰，如无法实施，应申请在港口安排岸方施工队化冰。

第三节 分道通航制和船舶交通管制区域的船舶操纵

分道通航制是指用分隔线、分隔带等方法把相反或接近相反方向行驶的航行船舶分隔开的一种制度。分道通航制的实施对改善水上交通秩序，避免碰撞事故的发生有显著的效果。分道通航制尤其适用于狭水道、沿岸海域、江河、港口附近等通航密度较大的海区。世界上许多通航密度大的海区建立了分道通航制，部分已被IMO所采纳。

在被IMO所采纳的分道通航制区域内航行，必须遵守《国际海上避碰规则》第十条和有关的地方规则；在尚未被IMO所采纳的分道通航制区域内，也应遵守其主管机关对分道通航制区域所做的具体规定。

一、分道通航制和船舶交通管制区域船舶操纵的注意事项

（1）及时收听和改正航海通告，研究、查核最新海图，特别注意水深、浮标的变动情况，熟悉分道通航制和交通管制及其附近水域的各种情况。

（2）备车航行，以便随时控制航速，根据情况加派瞭头。

（3）检查船舶操舵系统、声光信号设备、助航仪器是否正常，以确保安全。

（4）严格遵守分道通航制和交通管制等各种航行规定。

（5）近岸航行应减速，防止浪损。

（6）确认船位，走规定的通航分道，尤其是在横流地段，更应经常观察前后方物标，及早发觉偏航并纠正。

（7）大风浪常造成浮标移位、漂失或灯光失常、熄灭，故航行中对浮标不应盲目信赖，可利用前后浮标之间的方位及本船的航向或其他浮标、陆标进行定位核对。

（8）通过每一浮标时均要进行核对、记下其名称与正横时刻，以防错认或遗漏。根据前一浮标距离和航速推算到达下一个浮标所需的航行时间。同时根据船与浮标之间的横距，来确定下一个航向，或者采用推迟或提早转向的办法，使船舶驶在预定航线上。转向后还必须核对下一个浮标的相对方位或舷角，以防认错。

（9）应选视线良好、平流、交通较疏的时刻通过涨、落流较强的区域，航行中应掌握流向、流速及其变化，正确配以流压差。

（10）夜航或能见度不良时应加强瞭望并开启雷达或ARPA，避让时仍需再次确认水

面环境和情况。

（11）驶于浅水区域应连续测深，保证足够富余水深并选高潮通过，应减速航行，向浅水侧施舵，制止首向深水侧偏转。

（12）航行中转向或变速后应核对舵角指示器、车钟、转速表，防止船的动态与发令效果不符。

二、分道通航制和船舶交通管制区域船舶操纵要点

1. 航线标绘要顺着船舶的总流向，并取分道的中线

众所周知，通航分道往往比较狭窄，加之船多拥挤，受风浪影响和避让他船等原因，不能使船舶始终走在预定的计划航线上，故需要经常定位和修正偏差，而航线标绘宜取通航分道中线。切忌为图省事和方便，在分道内有几个航向变动的情况下，以一直向线代之；或在分道内确定转向点和端外区域驶进和驶出时，不考虑和船舶总流向的角度，以免在遇有追越他船、避让、转向等情况时，尤其在狭窄和浅点多的区域（如马六甲海峡的一拓浅滩）没有足够的回旋余地。

2. 认真瞭望观测，注意连续定位

分道通航区内船多拥挤，船速快慢不一，受风流影响明显，这就需要值班驾驶员做到认真瞭望和观测，连续定位，随时掌握自己的准确船位和他船动态，熟悉和了解分道区域内明显的、重要的定位航标，正确处理好避让和定位的关系，切忌偏重定位而疏忽避让。在夜间，由于在灯光的反向散射和岸边背景亮光的影响和能见度较差的情况下视力对船舶的动态的判定和距离的估计都可能有误差，故更需要我们保持正规的瞭望和观测，以便及早采取对策，避免险情出现。

3. 在转向、交叉警戒区内要小心谨慎，并采用安全航速

分道通航制区域内根据需要还设立有交叉警戒区，当接近到转向点和航经这些区域时，应特别谨慎和小心，除应弄清他船的动态和意图外，还应采用安全航速行驶，尤其当本船处于追越他船状态时更要注意。切不可自以为船速快，就盲目穿越两船中间，要充分考虑到可能出现的意外情况，视需要和实际可能采用灵活措施，如提前和推迟转向时间等，以达到不使本船和他船构成紧迫局面的目的。

切忌机械地按海图标示点转向或在刚追越过他船船头后即改向，应按避碰规则的要求做到驶过、让清，并考虑他船在航行操作上的困难。

4. 及时用 VHF 沟通联系、协同避让

在分道通航区内航行，常因船多密集和可航水域的限制，形成“你追我赶、互不相让”的局面，尤其在转向点附近、狭窄地段和分道交叉区域，有时会出现几艘船齐头并进的情况，由于相互间距离太近、相对位置变化和操舵不稳等原因，极易形成紧张和危险的局面。要及时运用标准航海用语和他船沟通联系，做到互相配合，协同避让。

第四节 桥区水域的船舶操纵

一、桥区水域的特点

船舶桥区通航具有自然环境特殊、通航水域受限、风险性大、交通流密集等特点。桥区水域的水深状况、深水航道、水流方向、岸标异常复杂，且随着水下地势的变化而渐渐发生改变。桥梁的修建很大程度上改变了水域原有通航环境并给船舶航行安全带来不利影响。桥梁修建前后，桥区水域通航环境的改变体现在航道宽度缩减、通航高度受限、流场特性发生改变、交通流密集度增加等方面。

桥梁选址通常为航道曲率半径较大的平直航道水域，一般情况下的桥梁选址应满足《内河通航标准》《通航海轮桥梁通航标准》《海港总平面设计规范》及有关桥梁建设规范的相关要求，桥梁轴线的法线方向与主航道方向夹角小于5º；但大桥在实际设计和建设过程中往往只考虑便于桥梁及其接线与道路路网相衔接，或只考虑降低桥梁建造成本等因素，而忽略通航要求，使船舶通航条件极度恶化。

除了单孔、单跨桥梁对航道可航水域的影响较小外，其他设计工艺的跨海、跨江桥梁都会因为在航道中设置桥墩而缩减船舶原有通航水域宽度；另外，桥墩的修建将明显改变该水域原有流态，使原有水流受阻而产生水位升高引起壅水现象，容易导致船舶失控而发生碰撞桥墩的事故；并且桥墩的修建使桥区水域局部交通流密集度增大，容易导致船桥之间及船舶之间碰撞事故的发生。

桥区通航风险主要有两个方面：一方面是外界条件导致的通航风险，如强风、强流等自然环境导致的通航风险；另一方面是船舶自身因素导致的通航风险，如船舶失控、操纵失误等造成的安全事故风险。

二、桥区水域的操纵要领

（一）桥区水域的操纵要领

通过桥区水域时的操纵难度较大，因而操船时应集中精力，谨慎驾驶。操纵船舶使船舶航迹带所占宽度尽可能小，并维持船位在航道中心线附近是桥区船舶操纵的关键所在。特别是在横风流较强的桥区水域，更应做到船舶、人员、设备都处于最佳状态，以确保船舶顺利通过桥梁通航孔水域。

图5-4-1所示是船舶在桥区水域横风流作用下单向通航的航行示意图。

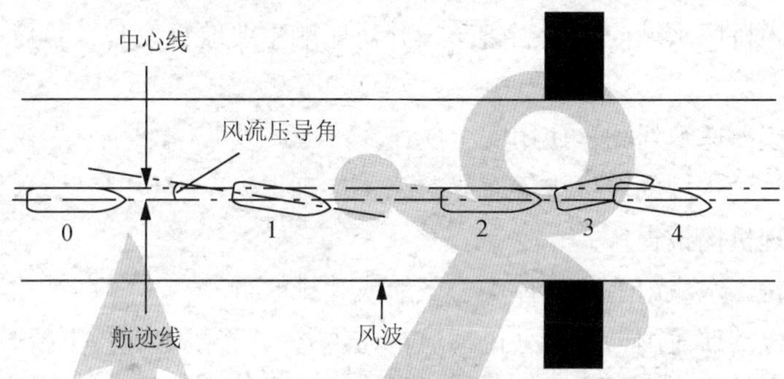

图5-4-1　横风流作用下单向通过桥区水域航行示意图

船舶通过桥区水域时，船长或驾驶人员应调用全船一切可用资源确保船舶在桥区水城的航行安全。轮机部应确保主机、舵机工作状况良好，备车航行；甲板部大副亲自或指派人员到船首备锚瞭头；驾驶台当值人员紧密配合船长或引航员监控驾驶台仪器资源；船舶应接受主管机关的统一指挥，主动联系附近船舶进行协调避让。

1. 调整航向，确认船速、船位

位置0为初始船位，船舶进行过桥前的准备工作，驾驶人员在船舶过桥前进行初始船位调整；位置1为船舶根据自然条件预设风流压差，使船舶计划航线与桥梁通航孔轴线方向呈直角，并保持船首向稍微靠近中心线的上风一侧。

2. 桥墩入口处的操纵

船舶首部进入桥墩连线水域之前，驾驶人员调整船舶风流压差，使船体保持平直通过桥墩连线水域，并尽可能保持在航道中心线上（位置2）。当船舶尾部驶出桥墩连线水域时（位置3），船首向由于横风流的作用向下风舷产生一定的偏转，偏转程度越大，船舶碰撞桥墩的风险越大。

3. 船舶整体通过桥区水域后的操纵

船舶整体通过桥墩连线水域后，桥区水域的船舶操纵仍然没有结束，桥区水域横风流等自然条件对船舶的影响仍然存在，如位置4所示，如驾驶人员不采取适当的操作，重新设置风流压差，船舶仍然会因为过大的风流压导致漂移撞击桥墩。因此，有必要重新设置风流压差。

（二）桥区水域船舶通航注意事项

（1）根据自身情况选择合适的通航桥孔通过，保留足够的富余高度、富余水深，并与桥墩边缘保持足够的安全间距；禁止船舶从有禁航标志的桥孔通过。

（2）船舶进入桥区水域前，应当备车，并对船舶主要航行设备、号灯等进行检查，确保其处于良好状态。

（3）加强瞭望，速慎驾驶，使用安全航速。

（4）如发现桥区水域助航标志等有异常，不能确保安全过桥时，应采取安全措施，同时向当地海事管理机构报告。

（5）禁止在桥区水域内追越、掉头、试航或并排航行。

（6）配备有效的航海图书资料（包括航行通告），并按规定进行更新。

（7）除非紧急情况，船舶不得在桥区水域内停泊或锚泊。船舶因紧急情况在桥区水域锚泊或停泊时，应立即向当地海事主管部门报告，并按规定显示信号、用甚高频等发布船舶动态，采取有效措施尽快驶离桥区水域。

（8）船舶应注意接收天气预报和有关航行安全信息，如过大风、能见度不良、汛期急流等异常情况，不能确保安全过桥时，不得冒险通过，并应及早采取安全措施。

（9）下列情况下，船舶不得通过大桥：

①能见度低于规定要求时；

②风力达到限制通航的风力等级时；

③汛期流速达到限制通航的速度时；

④其他严重影响航行安全的情况。

（10）主管机关的其他规定。

第六章

大风浪中的船舶操纵

本章学习目标

船舶在海上航行，不但受到风、流的影响，还受到波浪的影响。波浪是风对海水作用产生的，从对船舶的影响程度来看，波浪的影响要远比风本身的影响大。波浪不但影响船舶的运行效率，而且还危及船舶和货物的安全，严重时会导致货物移位，甚至导致船舶倾覆。船舶在风浪中的摇摆幅度与船舶操纵方式密切相关，因此，为避免船舶在大风浪中发生危险，学员应掌握大风浪中的船舶操纵方法和避离台风的船舶操纵方法。

第一节 大风浪中的船舶操纵

波浪会引起船舶和其他海上浮体的运动，这种影响主要体现在船舶摇荡方面，它不但影响船舶的运行效率，而且影响人员、船舶和货物的安全。与前面所讨论的船舶在静水中的运动不同，船在波浪中有六个自由度的运动。改变航向和（或）船速，可以改变船舶的摇摆程度。了解船舶在风浪中的运动规律，有利于大风浪中的船舶航行安全。

一、波浪及其要素

波浪是指水质点在重力以及表面张力的作用下，以其原有平衡位置为中心，在垂直方向上做周期性运动的现象，即波浪传送能量但不传送质量。

波形是指位移对于质点坐标的曲线形状。它是在波的传播过程中，由波线上一系列质点在某一时刻的位移的点所连接而成的曲线图形。

图6-1-1（a）给出了表示波形的空间坐标系，其坐标原点O位于静水时的水平面上，z为指向上方垂直于该水平面的坐标轴，x为指向波浪传播方向的坐标轴。图6-1-1（b）给出了表示波形随时间变化的坐标系。

用于描述海浪的特征的物理量称为波浪要素，主要包括波高、波周期、波长和波速等等。

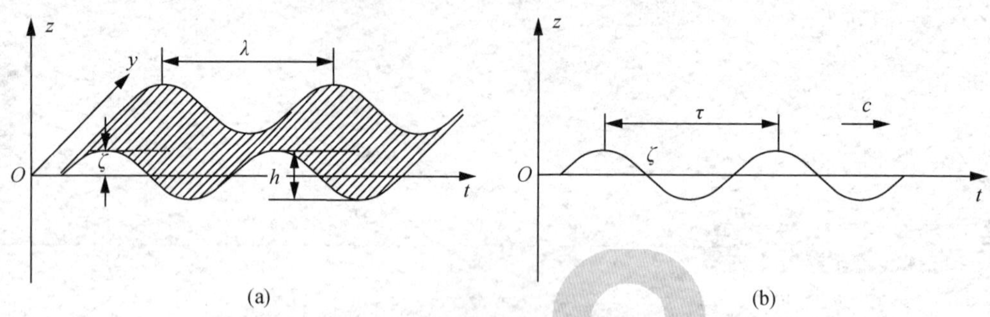

图6-1-1　规则波波形及波浪要素

（一）波峰、波谷、振幅与波高

波形最突起的地方或波面的最高处称为“波峰”，波峰处的纵向位移为正向最大值。同理，波形最凹下的地方或波面的最低处称为“波谷”，波谷处的纵向位移为反向最大值。振幅是用来表示波浪强弱的物理量，它是指从静止水平面至波峰或波谷的距离，一般用符号ζ表示。

波高指相邻波峰和波谷间的垂直距离，一般用符号h表示，显然，波高等于2倍的振幅，即$H=2\zeta$。

（二）波浪周期

波动的快慢一般用周期表示。波浪完成一次波动所需要的时间或两个波峰（或波谷）相继通过一固定点所经历的时间，称为“波浪周期”，简称“波周期”，一般用符号T表示。波浪的显著特点是周期性，即位移、速度、加速度经过一定时间之后又重复地回到原来的数值。根据简谐振动原理，有$T=2\pi/\omega$，其中ω为“角频率”，也称波频率。

（三）波速

波速指波浪传播的速度，一般用符号c表示。波速取决于水的惯性和弹性，而与波的频率无关。波速有两种含义，在物理意义上有明显的区别。

1. 相速度

相速度是等相位面或波峰（或波谷）在单位时间内的水平位移。我们平时所说的“波速”指的就是“相速度”。

2. 群速度

群速度即群波传播能量的速度。群波是由一系列波长和频率不同的波叠加而成的合成波，群波的波形随时间变化。若各个分波在水中传播的相速度各不相同，其振幅最大部分的运动速度称为群波的群速度，其值约为相速度（波速）的一半。

（四）波长

沿着波的传播方向，两相邻的同相位水质点或两相邻的波峰（或波谷）间的水平距离叫作“波长”，一般用符号λ表示。波长是指波动的水中，任意两个相位差为2π的水质点之间的距离。由波速、波长的定义可知，在水质点振动的一个周期内，振动状态传播的距离恰是一个波长，所以 $\lambda = c/\omega$ 或 $\lambda = cT$ 。式中 ω 表示波频率。波长、波速和频率，称为波浪的三要素。

（五）波陡

波陡是波高与波长之比（ h/λ ），用来描述波形的陡峭程度。

（六）深水波与浅水波

由于波浪在传播过程中，波速、波长、波高和波形受水深影响较大，通常依据水深 H 与波长 λ 之比来划分深水波和浅水波， H/λ 小于0.5时为浅水波，而 H/λ 大于0.5时为深水波。

（七）波形的变化

1. 浅水区的波形变化

波浪从深海向浅海接近时，由于水质点的垂直移动受阻，水质点的运动轨迹将由圆形变为椭圆形。同时，回转运动时水质点与海底的摩擦阻力使波速降低。在浅水域中波速只随水深变化，但波浪的周期不变。因此，当波速减小时，波长变短，波高增大；而且海岸的倾斜越急，这种变化越剧烈。此外，波谷与海底的摩擦部分的行进速度变缓，而波峰的行进较快，使波峰向前卷起，同时在行进中破碎，这种波浪俗称为“开花浪”，对船舶的冲击力较大。

2. 干扰引起的波形变化

当从大海上远处袭来的大浪与本海区相反方向的波浪相遇，或袭来的波与该处的反射波相互干扰时，形成合成波，它的波速变得很小，而波高可能增加一倍。这种波浪俗称为“三角浪”，对小型船舶危害较大。

当风向的变化使所产生的两个不同方向的波浪形成某一交角时，就会产生波高做周期性变化的群波。在海上经常遇到的周期性的三五个大浪随后又出现几个小浪，就是这种群波。通过仔细观察，掌握海浪的这个规律，就能够选择在较小的波浪时进行操纵，对航行安全较为有利。

二、船舶在波浪中的运动

船舶在波浪作用下，沿着和围绕着通过船舶重心的x、y、z轴做线性运动和回转运动。各摇荡运动的名称为：

x轴——纵荡和横摇；

y轴——横荡和纵摇；

z轴——垂荡和首摇。

其中对船舶安全有威胁的摇荡是横摇、纵摇和垂荡。改变航向和（或）船速，可以改变船舶的摇荡程度。船舶在波浪中的摇荡程度取决于作用于船舶的外力和外力矩以及船舶本身的运动性能。

（一）波浪遭遇周期

设船舶以船速v与波浪方向成交角μ在波浪中运动，如图6-1-2所示，则波浪相对于船舶的传播速度为：

$$v_E = c + v\cos\mu \tag{6-1-1}$$

式中：

v_E——相对波速（m/s）；

c——波速（m/s）；

μ——船首向与波向的交角，简称波向角（°）。

波浪相对于运动中船舶的周期称为波浪遭遇周期，它就是船上人员所看到的波浪周期，故也称为波浪视周期，简称为"遭遇周期"。

遭遇周期可用式（6-1-2）表示：

$$T_E = \frac{\lambda}{v_E} = \frac{\lambda}{c + v\cos\mu} \tag{6-1-2}$$

式中：

T_E——遭遇周期（s）；

λ——波长（m）。

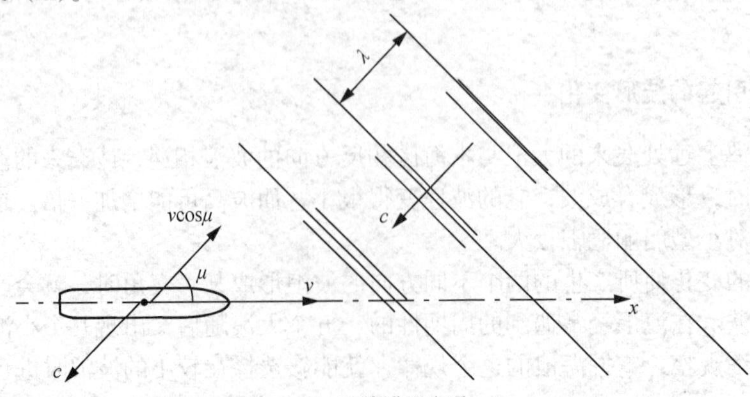

图6-1-2　波浪遭遇频率

（二）横摇运动

1. 自由横摇周期

船舶在规则波中小角度（小于15°）无阻尼横摇周期 T_R（船舶自由横摇周期）可用式（6-1-3）近似求得：

$$T_R = \frac{CB}{\sqrt{GM}} \tag{6-1-3}$$

式中：

B——船宽（m）；

GM——初稳性高度（m）；

C——横摇周期系数，客船为0.75 ~ 0.85，货船为0.7 ~ 0.8，油船重载时为0.7 ~ 0.75，油船压载时为0.74 ~ 0.94，渔船为0.76 ~ 0.88。

横摇周期系数也可按式（6-1-4）计算：

$$C = 0.746 + 0.046(B/d) - 0.086(L/100) \tag{6-1-4}$$

式中：

B——船宽（m）；

d——吃水（m）；

L——船长（m）。

各类船舶的自由横摇周期如表6-1-1所示。

表6-1-1　船舶自由横摇周期

船舶种类	船舶自由横摇周期 T_R (s)
客船500~1000吨	6~9
客船1000~5000吨	9~13
客船5000~10000吨	13~15
客船10000~30000吨	16~20
客船30000~50000吨	20~28
货船(满载)	9~14
货船(压载)	7~10
拖船	6~8

超大型油船的自由横摇周期，空载时都在6 s以下，满载时在14 s以上。

从船舶设备承受情况及船员的舒适程度和船舶安全考虑，一般来说，$GM>B/10$ 横摇过于剧烈，而 $GM<B/30$ 横摇过于缓慢，当 $B/30<GM<B/10$ 时适中。

由式（6-1-4）可见，船舶自由横摇周期与船宽、船型以及横稳性高度等因素有关，其中只有初稳性高度是可以调整的。实际上，对于航行中的船舶，调整初稳性高度几乎是不可能的，故一般采取调整遭遇周期的措施来调整船舶自由横摇周期。

值得注意的是，船舶在大风浪中航行时，*GM*值的大小会随船舶的摇摆而发生变化，从而导致船舶自由横摇周期的变化。

2. 横摇摆幅

船舶在波浪中横向摇摆的幅度称为横摇摆幅，一般用横摇角来表示。在规则波中的强迫横摇摆幅可以近似地用式（6-1-5）表示：

$$\theta=\frac{\alpha_0}{1-\left(\frac{T_R}{T_E}\right)^2} \tag{6-1-5}$$

式中：

α_0——最大波面角（°），$\alpha_0=180\times H/\lambda$。

当船舶自由横摇周期小于遭遇周期，即 $T_R/T_E<1$ 时，船舶横摇频率大于遭遇频率，船舶横摇较快，甲板平面与波面经常保持平行，很少上浪，但船舶所受惯性力较大。

当船舶自由横摇周期大于遭遇周期，即 $T_R/T_E>1$ 时，船舶横摇频率小于遭遇频率，船舶横摇较慢，甲板平面与波面经常不平行，上浪较多，且船舶经常受到波浪的冲击。

当船舶自由横摇周期近似等于遭遇周期，即 $T_R/T_E\approx1$ 时，则船舶横摇频率近似等于遭遇频率，船舶横摇剧烈，横摇角越来越大，严重时将导致船舶倾覆，这种现象称为谐摇或谐振。

谐摇时的横倾角 θ_s 可用式（6-1-6）估算：

$$\theta_s=7.92\sqrt{\alpha_0} \tag{6-1-6}$$

式中：

α_0——最大波面角（°）。

实际上，一般在 $T_R/T_E=$（0.7 ~ 1.3）时就会发生谐摇，该区间称为“谐摇区间”或“谐振区间”。因此，船舶在海上航行时，应尽可能避免船舶自由横摇周期与遭遇周期相近的情况发生。

3. 避免横向谐摇的措施

为避免船舶的横向谐摇，可使船舶自由横摇周期与波浪遭遇周期之比大于1.3或小于0.7。

船舶在波浪中的剧烈横摇，不但会危及人员、设备、货物和船舶的安全，严重时还会发生谐摇而使船舶倾覆。需要采取减摇措施，避免谐摇的产生。从船舶操纵角度看，减摇措施包括调整船舶自由横摇周期和调整遭遇周期。

（1） 调整船舶自由横摇周期

由式（6-1-3）可知，船舶自由横摇周期与船宽、横摇周期系数和初稳性高度有关，其中初稳性高度是可以调整的。船舶航次计划确定之后，可根据本航次各海区、当时季节可能的波浪遭遇周期，在装载时适当调整 $\overline{GM}$ 值，即选择船舶自由横摇周期，使船舶的横摇避开谐振区间。

（2） 调整波浪遭遇周期

由式（6-1-2）可知，波浪遭遇周期与船速、受浪角、波速和波长等因素有关，其中只有船速和波向角是可以调整的。实际上，对于航行中的船舶，调整船速和（或）航向对

于减轻横摇是行之有效的措施。

但是，当受浪角为90º或270º，即正横受浪时，遭遇周期等于波浪周期，这时改变船速对调整波浪遭遇周期不起作用。

（三）纵摇运动

1. 纵摇周期

船舶的纵摇周期可用式（6-1-7）近似估算：

$$T_P = C_P\sqrt{L} \tag{6-1-7}$$

式中：

T_P——船舶纵摇周期（s）；

L——船长（m）；

C_P——纵摇周期系数，客船为0.45～0.55，客货船为0.54～0.64，货船为0.54～0.72，油船（尾机型）为0.80～0.91。

2. 减轻纵摇的措施

在船舶纵摇周期与遭遇周期相等，即$T_P/T_E≈1$时，船舶将发生纵向谐摇。由于船舶纵摇惯性矩、阻尼力矩和稳性高度都比较大，故船舶在波浪的作用下产生的纵摇摆幅比横摇摆幅要小，纵倾角一般不超过最大波面角。纵向谐摇的摆幅取决于波长与船长之比、受浪角和船型等因素。

由式（6-1-7）可知，船舶自由纵摇周期与船长有关。实际上，调整自由纵摇周期是不可能的，故一般采取调整遭遇周期，即调整船速和（或）航向的措施来减小纵摇摆幅。

（四）垂荡运动

1. 垂荡周期

船舶垂荡周期可用式（6-1-8）近似估算：

$$T_H = 2.4\sqrt{d} \tag{6-1-8}$$

式中：

T_H——船舶垂荡周期（s）；

d——船舶平均吃水（m）。

船舶垂荡周期和纵摇周期很接近，后者稍大于前者，一般有$T_R > T_P ≈ T_H$的关系，且$2T_P ≈ T_R$。

2. 减轻垂荡的措施

在船舶垂荡周期与遭遇周期相等，即$T_P/T_E≈1$时，船舶将发生垂荡谐振。由于垂荡运动时水的阻尼很大，重力垂荡使运动衰减很快。

由式（6-1-8）可见，船舶垂荡周期与吃水有关。实际上，调整船舶垂荡周期是不可能的，故一般采取调整遭遇周期，即调整船速和（或）航向的措施来减小垂荡振幅。

综上所述，船舶在波浪中的摇荡取决于船舶自由摇摆周期与波浪遭遇周期的相互关系，一般情况下船舶的横摇周期大于纵摇周期，纵摇周期略大于垂荡周期，横摇周期的大小约为纵摇周期或垂荡周期的2倍。减轻船舶横摇、纵摇和垂荡幅度的有效操纵措施是改变船速和（或）改变航向。比较来看，横摇的危害最大，且当船舶横向受浪时，这种危害性将进一步增大，特别是发生横向谐振或大幅度横摇时，将危及船舶的安全，严重时可能导致船舶倾覆。因此，当船舶遭遇巨浪时，应尽可能避免横向受浪。

三、大风浪中航行时所遭受的危害

（一）横向受浪的危害

横向受浪航行中，船舶容易出现横向谐摇的情况，由于船舶剧烈的横摇，将产生下列危害：

（1）产生过大的横摇角；

（2）甲板容易上浪，会导致甲板货物或设备的损伤；

（3）由于横摇加速度增大，容易引起货物移动和增加自由液面的冲击力，严重时会导致船舶的倾覆；

（4）造成人员不适，船用仪器使用不便，船体结构容易受损，增大船舶倾覆的危险。

通常大风浪中航行，船舶应避免横向受浪。航行中一旦船舶处于横向受浪状态，应立即采取措施使船舶进入纵向受浪状态。

（二）纵向受浪的危害

纵向受浪是指船舶顶浪或偏顶浪和顺浪或偏顺浪的情况。尽管纵向受浪的危险程度不如横向受浪时大，但其造成的危害也可能导致船舶陷入危险境地，因此，在遭遇巨浪袭击时，驾驶人员不但要尽可能避免船舶横向受浪，还应采取措施避免船舶纵向受浪造成的危险。

1. 顶浪或偏顶浪的危害

船舶在顶浪或偏顶浪航行时，遭遇周期要比顺浪或偏顺浪时小，遭遇频率也比较高，其产生的危害主要表现为拍底、螺旋桨空转、甲板上浪等。

（1）拍底

在激烈的纵摇和垂荡中，当船首升起后在下落过程中与波浪表面的向上运动相撞击时产生的现象，称为拍底。它使船首底部，甚至在整个首垂线后1/4船长区域和波浪表面发生冲击，进而产生巨大的应力，严重时将导致船首部位结构受损。拍底时船体发生剧烈的振动。船舶是否发生拍底及其严重程度取决于波长与船长之比、船舶载重状态、船速以及船型等因素。

①波长

当 $\lambda/L\approx1$，即波长与船长接近时容易产生剧烈的拍底。海上的波长一般为80 ~ 140 m，因此，如果船长在这个范围内，则易发生拍底；反之，大型船舶船长较长，不易发生拍底。

②吃水

$d/L<5\%$，即吃水与船长之比值小时易产生拍底。一般空船时拍底严重，吃水为2/3以上满载吃水时不易发生拍底。

③船速

根据Lehman的研究，当弗劳德数 $Fr=\frac{v}{\sqrt{gL}}$ =（0.14 ~ 0.21）时，容易产生拍底。如船长200 m的船舶，船速在12 ~ 18 kn时容易产生拍底。

④船型

方形系数及棱形系数大的船，拍底冲击力也大。U型船首比V型船首遭受拍击的次数多，强度也大。

产生拍底是上述几个因素综合影响的结果，单独一个或两个因素不一定能使船舶产生拍底。

综上所述，为了减少拍底，一般采取如下措施：

——保持船首吃水大于1/2满载吃水；

——避免纵摇和垂荡的谐振；

——减速，保持船速，使弗劳德数 $Fr=\frac{v}{\sqrt{gL}}=0.1$ 左右。

（2）甲板上浪

打在甲板上的海水可看作对稳性产生影响的自由液面，严寒时还有结冰的危险。同时浪的作用还会使甲板设备、上层建筑直接遭受破坏。特别是装有甲板货时，易造成货物移动，危及船舶的安全。

甲板上浪的程度与干舷高度、船速及相对波高（$\frac{H_{1/3}}{L}$）等因素有关。船舶干舷越低，船速越高，波高越大，甲板上浪也越严重。

为了减少甲板上浪，一般首先采取降低船速的措施；其次是适当调整船舶航向。

（3）螺旋桨空转

剧烈的纵摇和垂荡会使螺旋桨的一部分或全部周期性地露出水面，发生螺旋桨空转现象，俗称“打空车”。空转时，螺旋桨效率显著下降，船速下降，螺旋桨、轴系和船体产生很大的震动，同时使它们受到很大的冲击应力，随时有可能受损。空船状态更容易产生空转现象。

为了减轻空转现象和防止桨叶等受损，应保持桨叶没入水中20% ~ 30%螺旋桨直径，压载船舶的吃水差以1.5 ~ 2.0 m为宜。当出现空转时，可及时调整航向和船速以减轻船舶摇荡。

2. 顺浪或偏顺浪的危害

船舶在顺浪或偏顺浪的海况下航行其主要危险运动有冲浪和打横、稳性降低、谐摇等等，简要介绍如下。

（1）冲浪和打横

船舶位于波峰的前部时，可能被波浪加速而骑在波峰上，这种现象类似于冲浪运动员位于波峰之前的情况，故称为“冲浪”现象。当船舶发生冲浪时，在波浪冲击下可能使船舶发生航向突变，即发生“打横”现象，使船舶遭受横浪的作用而产生突发性横倾，严重时有船舶倾覆的危险。

当船速在波浪传播方向上的分量约等于波浪“相速度”时，这时的船速较高，船舶将被波浪加速而发生冲浪和打横现象。一般认为这时的船速 $v\approx1.8\sqrt{L}$，故称其为发生冲浪或打横现象的临界速度。在临界速度以下有一个区域，其船速范围为 $1.4\sqrt{L}<v<1.8\sqrt{L}$，在该速度范围内尽管不大可能发生冲浪或打横，但可能发生较大的纵荡运动，其危险程度与冲浪或打横几乎相同，故称这个区域为“临界区域”。在临界区域内，船舶稳性明显降低，且这种稳性降低的持续时间较长。

（2）横稳性降低

当船舶位于波峰时，排水体积的减小，将使横稳性降低。其降低程度与船型有关。稳性的降低量基本上与有义波高成正比。当 $\lambda/L=(1\sim2)$ 且波高很大时，船舶可能完全丧失横稳性。这种情况下，顺浪和偏顺浪时尤其危险，这是因为遭遇周期较长，即船舶在波峰处的时间较长，也就是说，稳性降低的时间变长了。

（3）谐摇运动

当船舶自由横摇周期与波浪遭遇周期一致（$T_E\approx T_R$）时，将加大横摇摆幅。顺浪和偏顺浪航行时，横稳性处于临界状态，故横摇周期变长，可能发生这种谐摇运动。

四、大风浪中海上航行操船

如前所述，船舶在大风浪中航行，不论与风浪处于何种相对位置，都会给船舶操纵带来困难。例如，横浪中，由于船舶的横摇周期和波浪的周期很接近，容易丧失横稳性。此时，改变速度也无济于事，不得不采取顶浪航行的措施。顶浪时，巨浪的冲击将会造成拍底、甲板上浪和打空转而损坏船体、设备、舵和螺旋桨。如果为缓和浪的冲击而改作顺浪航行，又将出现大浪淹尾，舵效极度下降，船被打横，仍然十分危险。

因此，必须采取措施，减轻船舶的摇摆，缓和波浪的冲击，以等待海面恢复平静，或采取积极手段，尽早驶离大风浪海区。

广大海员从大风浪操船的实践中总结出以下几种方法可供参考。船舶可以根据本船的船型、稳性、吃水、货载和海域等条件选择使用。

(一) Z形航法

如果在航线上遭遇顶浪或偏顶浪，则可采用Z形航法。顶浪或偏航行时，波浪与船的相对速度较大，波浪对船体造成较大的冲击。严重时，造成大幅度横摇、甲板大量上浪，以及拍底、螺旋桨空转等。顶浪航行一般要降低船速和调整航向，以减轻摇摆幅度。广大海员总结的Z形航法在实践中证明是行之有效的，即适当调整船速，以船首一舷10º～30º的受浪角航行一段距离后再改为以船首另一舷10º～30º的受浪角航行一段距离的航行方法，如图6-1-3所示。航向和船速的调整以减小船舶摇摆幅度为准。

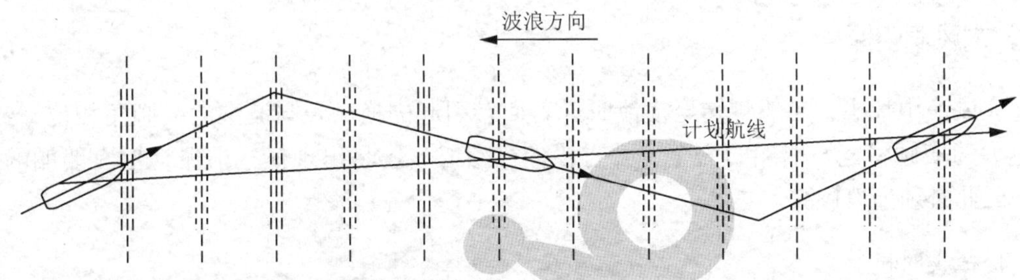

图6-1-3 Z形航法

Z形航法既可以保证一定的航速，又可以减轻船舶的摇摆幅度，同时也可以避免过多的偏航。它适用于耐波性较好的中、大型船舶，特别是大型集装箱船舶。对于小型船舶或经不起波浪冲击的船舶，宜改用漂滞。

(二) 滞航

以能保持舵效的最小速度将风浪放在船首2～3个罗经点的方位上迎浪前进的方法，称为滞航。这时的船舶实际上是处于缓进或不进，甚至是微退的状态。

滞航过程中，随着风浪方向的改变需不断地调整航向。并根据风浪的变化及时调整航速，保证有足够的舵效，以免被打成横浪。

这种方法可以减轻波浪对船首的冲击和甲板上浪，使船滞留在原地附近，以等待海况的好转。对于下风侧海域不大充裕，船长较长，船首干舷较高的船采用此法最为有利。滞航中要根据风浪的情况选择最佳的风浪舷角，以减轻船舶的摇摆。

(三) 顺浪

顺浪航行时，波浪与船的相对速度较小，可以大大减弱波浪对船体的冲击。滞航中经不起波浪袭击的船舶，宜改用顺航。顺航的船舶由于纵荡的原因可以保持相当的速度，有利于摆脱大风浪海域或台风中心。

要注意，船长与波长相近，船速又与波速接近时，极易发生尾淹及打横等非常危险的现象；波长大大超过或小于船长时，船舶能平稳地航行。因此，当遇到不利情况时，应果断地改变船速，使两者的速度产生差异，并选择1～2个罗经点的受浪角，以减轻尾淹和打横。尾突出、舵面积较小的船，在顺浪中不易保持航向，可采用在船尾曳其他物件（如大缆等）的方法来提高保向性。

（四）漂滞

船舶停止主机随风浪漂流，称为漂滞。主机或舵损坏将被迫漂滞，滞航中不能顶浪或顺航中保向性差或船体衰老的船，可以主动采用漂滞的方法。

漂滞中，波浪对船体的冲击力大为减小，甲板上浪不多。只要船舶保持水密，有足够的稳性，就可以渡过大风浪。

（五）大风浪中掉头

大风浪中掉头，当船身转至横浪时，若回转引起的横倾角与波浪的横倾角相位一致，则过大的横倾将危及船舶的安全。并且横向受浪时，容易出现横摇谐振，增大船舶的危险，因此必须谨慎操纵。

1. 掉头时机

掉头应等待海面较平静时进行。由于海浪大小的变化是有规律的，一般情况下，连着三四个大浪之后，必接七八个小浪，俗称“三大八小”。要利用这个规律，使船舶在海面较平静时掉头。

2. 掉头操纵方法

（1）开始时慢速中舵（15°左右），接近横浪时使用快车满舵。这样可以使前冲惯性减小，减小船舶转向中的横倾角，同时保证舵效，缩短掉头时间。

（2）从顶浪转向顺浪时，转向应在较平静海面到来之前开始，以求海面较平静时正好转到横浪。此后可配合主机突进，用满舵，加速完成后半圈掉转。

（3）从顺浪转向顶浪比较危险，必须先降速减低惯性冲力，等待时机，以求后半段掉转在海面较平静时进行。后半段掉转应尽可能迅速，否则大浪来到便难以转向顶浪，为此，可根据情况采用主机突进的措施，以增加舵效，加速掉转。

由于判断错误，在掉头中遇到大浪来临而处于困难境地时，切勿强行掉转，可选择与波浪的适当相位，等待时机，再次掉头。此时，切忌急速回舵，防止倾覆。

第二节 避离热带气旋的船舶操纵

台风是发生在热带海洋上的一种强气旋性涡旋，伴有狂风暴雨。在热带洋面上发展生成的低气压系统称为热带气旋，根据中心附近的最大风力分级，12级以上通称台风。台风在海上移动，会掀起巨浪，狂风暴雨接踵而来，可对船舶造成严重的威胁。当台风登陆时，狂风暴雨会给人们的生命财产造成巨大的损失，尤其对农业、建筑物的影响更大。

与陆地上被动地防台风相比，船舶在海上防台风则是积极地、主动地，尤其是在大洋上，周围可航水域宽阔，可以提早避开台风的移动路径。

一、船舶在热带气旋中相对位置的判断

在地球的北半球水域内，台风的右半圆波浪较左半圆波浪激烈，这是低气压气旋逆时针旋转与其本身的前进运动相叠加造成的。沿着台风前进的方向，操船者常称台风的右半圆为“危险半圆”，左半圆称为“可航半圆”，如图6-2-1所示。在南半球水域内，低气压气旋为顺时针旋转，故与北半球相反，称右半圆为“可航半圆”，而称左半圆为“危险半圆”。

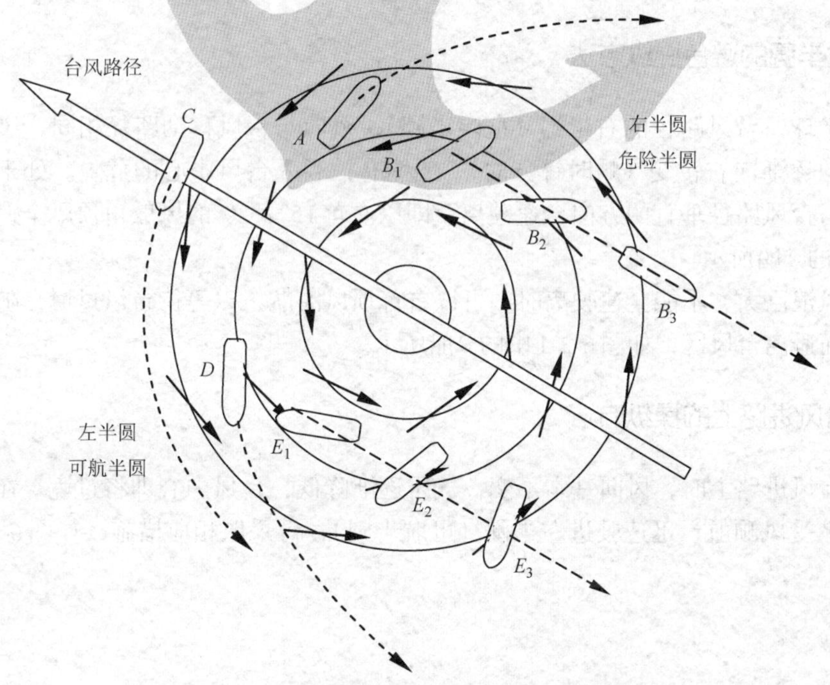

图6-2-1 北半球船舶所处台风位置及避离法

航行在台风区的船舶，操船者可根据观测到的气象变化来判断本船所处台风的位置。从气象变化来看，在北半球的操船者可根据下列方法进行判断：

（1）风向右转，本船处于台风区的右半圆，即危险半圆（南半球则为右半圆，即可航半圆）。

（2）风向左转，本船处于台风区的左半圆，即可航半圆（南半球则为左半圆，即危险半圆）。

（3）风向无明显变化，本船可能处于台风路径附近。气压逐渐降低，本船处于台风的路径之前；气压逐渐升高，本船处于台风的路径之后。

（4）无风、气压值最低，并可见晴天而海面呈现三角巨浪，则说明本船已处于台风眼内。

二、船舶在热带气旋不同位置的避离操纵

航行在台风区的船舶，在确知台风动态和本船在台风区的位置后，可根据具体情况，采取有效措施避离台风中心。

首先应尽可能远离台风中心，一般应保持距离300 n mile以上，风力在6～7级，气压不低于10^5 Pa；迫不得已时，至少要保持100 n mile以上，风力不超过8级。

沿海航行船舶遇到台风袭来应及早驶入避风锚地；在大洋上的船舶须改变航向和航速，避离台风中心。船舶在北半球台风区不同位置的操纵方法简要介绍如下（南半球操船的相应受风舷角与之相反）：

（一）危险半圆的避台操纵方法

在北半球，台风路径的右半圆（危险半圆），风向与台风移动路径相同，风力比左半圆大，风向逐渐向右转变（顺时针方向），船舶有被卷入台风中心的危险。处于危险半圆时，应沿与台风路径垂直的方向全速驶离，即以右首15°～20°的风舷角顶风全速避离，如图6-2-1中的*A*船所示。

如果风浪巨大，不能全速驶离时，可以右首顶风滞航，以等待台风过境，随着台风中心的移动而避离台风区，如图6-2-1中的*B*船所示。

（二）在台风进路上的操纵方法

船在台风进路上时，风向基本不变，气压逐渐降低，台风中心即将过境。在北半球应使船尾右舷受风顺航，迅速驶进左半圆（可航半圆），再采取相应措施，如图6-2-1中的*C*船所示。

（三）可航半圆的避台操纵方法

在北半球，台风路径的左半圆（可航半圆），风向与台风移动路径相反，风力比右半圆小，风向逐渐左转（逆时针方向），其危险性比右半圆小。处于可航半圆时，应使右尾受风驶离台风中心，直到风力由大变小，气压由低变高，如图6-2-1中的D船所示。

如果下风方向有陆地或水域受限，无法驶离时，可以采取右首顶风滞航，以等待台风过境，随着台风中心的移动而避离台风区，如图6-2-1中的E船所示。

第七章

应急船舶操纵

本章学习目标

船舶所处的环境和情况复杂多变，总会出现一些非正常的紧急情况。这些紧急情况将可能危及人员、船舶和环境的安全。紧急情况的出现往往具有很大的偶然性。为了紧急情况出现后能采取有效的应急措施以避免或减小损失，要求学员应：掌握抢滩程序、操作和注意事项；掌握搁浅前应采取的应急操船措施，危害及损害的评估和控制，搁浅后应采取的措施和脱浅方法及脱浅拉力的估算；掌握碰撞前、后应采取的应急操船措施，碰撞后损害的评估和应变部署，碰撞后续航、抢滩或弃船时的注意事项；掌握损害控制评估，包括本船损害情况确认及减轻损害的方法等；掌握应急操舵，包括应急舵转换、操舵方法、驾驶台与舵机间通信等；掌握船舶失控的应急反应程序；掌握应急拖带前拖带功率的估算、拖缆要求及布置，拖带过程中的船舶操纵及拖缆检查，解缆程序及注意事项。

第一节 紧急情况下对旅客的保护

客船发生紧急情况后，应首先保证旅客生命安全，把旅客疏散到安全的地点。客船在紧急情况发生后对旅客的疏散主要注意以下方面：

（1）旅客秩序的管理；

（2）预防和控制旅客恐慌；

（3）旅客疏散的方法；

（4）旅客疏散注意事项的实施。

紧急情况下全体船员应保持冷静，根据应急程序做出及时有效的反应和正确判断，根据应变部署表采取相应的行动，激励、安慰旅客。紧急情况下维护旅客秩序和疏散旅客的程序如下：

（1）通过广播发出安定通知、指示，切勿使用过激语言引起旅客混乱。

（2）船员应向旅客发出指示、通报信息，指导旅客行动；鼓励旅客之间互相帮助、互通信息。告诉旅客要相信船上的救生能力，坚定获救信念。

（3）按应变部署要求指挥旅客到达撤离地点。在旅客撤离时应禁止旅客同时向船一舷、船尾或船头撤离，避免船舶倾覆，对于小型客船这一点尤应注意。

（4）确保旅客适当着装和正确穿着救生衣，保持逃生路线上无障碍，协助旅客快速到达集合地点。

（5）疏散顺序为：先旅客后船员、最后船长。在旅客中，儿童、妇女、老弱病残优先。撤退旅客中的残疾人员需要特别人员协助。

（6）对旅客的疏散，船员应按照“应变任务卡”的规定，分工负责维持好旅客秩序。

（7）搜索旅客居住舱室。避免旅客滞留客房或在行动中走散、迷失方向。

（8）大型船应分层分舱疏散，小型客船应直接疏散。

（9）如船搁浅、触礁、碰撞等造成船体破损进水，应设法立即减少进水量和固定船体，并疏散旅客。有沉没、倾覆危险时，应设法抢滩。

（10）当船舶抢滩和靠近岸边时，可在固定船体后，直接撤离旅客到岸上，如抢滩后船离岸边较远，可利用救生艇筏分批将旅客送上岸。旅客涉水时，船员应事先探路，旅客在涉水过程中应有船员护送。当有救助船时，向救助船撤离旅客。

（11）如有可能，应尽量从船上登上救生艇筏，避免直接落入水中。利用登乘梯登乘艇筏时，应在救生艇筏被放至水面后，安排人员登乘。

（12）如有快速撤离系统（如图7-1-1所示），可利用其撤离。

图7-1-1　快速撤离系统

（13）弃船应注意的问题：

①多穿衣服，多带毛毯、淡水及食品。

②保持身体干燥，让旅客依次登艇。

③缩短在水中停留的时间。

④入水后要保护手脚及身体各部位，切勿被物体损伤出血。

⑤当水面有火时，就选上风入水；如水面上有油，则尽量使头部高出水面。

第二节 船舶搁浅或触礁前后的应急措施

船舶搁浅通常发生在狭水道和港口附近水域，虽然它的危险性没有碰撞大，但船舶会始终处于危险状态，不但可能造成船体损坏，还可能阻塞航道，影响通航安全，因此应设法及早脱浅。

一、搁浅或触礁前的紧急措施

航行中的船舶不论何种原因致使搁浅或触礁不可避免时，切忌惊慌失措，应设法采取减轻搁浅程度防止船体损伤扩大的措施。

（1）如不明搁浅水域情况，则应立即停车，可行时抛双锚以减小本船前冲惯性，减轻搁浅程度。

（2）如明了搁浅水域情况，且船尾水域宽深，本船船身垂直于浅滩边沿，则应立即停车、倒车，可行时抛双锚，以减小本船前冲惯性、减轻搁浅程度。

（3）如明了船舶面临的是航道中新生的小沙滩，应全速前进并左右交替满舵，使船蛇航冲过浅滩。

（4）如明了本船船身与浅滩边沿大致平行，应立即停车，用短时间满舵与回舵分几次转向，避免一下子大幅度转向使船尾甩上浅滩。

（5）紧急情况下，宁使船首受损也要保护好舵和推进器。

（6）尽量设法避开礁石。

二、搁浅后的紧急处置

1. 切忌盲目动车、动舵

搁住后盲目动车、动舵，可能导致船体、车叶、舵叶遭受更大损失。若搁在尖锐的礁石上，则很可能被礁石划破船底，致使船舶大量进水而沉没。长时间用车，会使冷却水的吸入口吸入过多泥沙，有导致冷却系统堵塞的危险。若使用倒车，对右旋单桨（FPP）船而言，船首快速右偏，易使船舶打横，可能会使搁浅加重。

2. 运用一切手段设法保证船舶整体水密

立即检查或关闭与海底相通的水密门盖。必须十分清楚：任何水密门盖的漏水等于丧失双层底的功能。

3. 显示信号

依据《1972年国际海上避碰规则》，正确显示搁浅信号。

4. 紧急报告

将搁浅情况告知附近港口主管机关及船东、代理。

5. 迅速查明搁浅的部位和程度

当船搁住后，应迅速查明搁浅的部位和程度，以便决定是自力脱浅还是请求外援。

三、搁浅船舶的初始危害及损害评估

航行中船舶不论何种原因致使搁浅或触礁不可避免时，在正确采取脱浅的措施前，首先要对搁浅或触碰的初始损害做出评估。初始评估主要从以下几个方面展开：

（1）船上人员的安全状况；
（2）船位；
（3）船舶吃水；
（4）船舶周围水域的水深、底质、岸线情况；
（5）船舶搁浅损伤情况；
（6）已发生的水域污染和潜在污染的危险性；
（7）损伤扩大的危险性；
（8）潮汐、潮流情况；
（9）气象海况（含预报情况）；
（10）桨、舵情况；
（11）通信畅通情况；
（12）脱浅后船舶的吃水，纵、横倾情况。

如果决定通过外援浮起船舶，则应果断地立即发出救助请求，不可延误，因为救助程序的及早启动和救助人员的及早到达是救助成功的关键。

四、船舶搁浅后危害及损害的评估

1. 摸清搁浅损伤情况（油、水测量）

每间隔20 min测量一次与船底相通的各舱室的水位或油位高度。如发现损漏，则应立即确定其部位，关闭有关的水密门盖，采取排水、堵漏、补强等措施；勤测压载舱、燃油舱等水线以下各舱的液位高度，并将所测值与搁浅前进行比较，用以判断船体破损情况。

测量双层底，污水沟，首、尾尖舱的水位，以确定船体损伤程度及位置。同时还要继续这种测深，以调查进水量的增加程度。

2. 用过底索探测搁浅部位

在低潮和高潮时，用过底索套过船底，在两舷从首至尾（或面流）拉曳，以此探测低潮和高潮时的搁浅部位，并概算搁浅船底面积。

3. 测量吃水与水深确定搁浅部位与程度

（1）测出搁浅后船舶的六面吃水，并记下观测时间，潮高及高、低潮时间，潮型，以便计算损失的排水量。

（2）测量舷边水深：从船首分别向两舷以辐射方向每隔 10 m 测一个点，并记下时间、潮高、海况等情况。借以判断搁浅的部位，决定脱浅的方向，如图 7-2-1 所示。

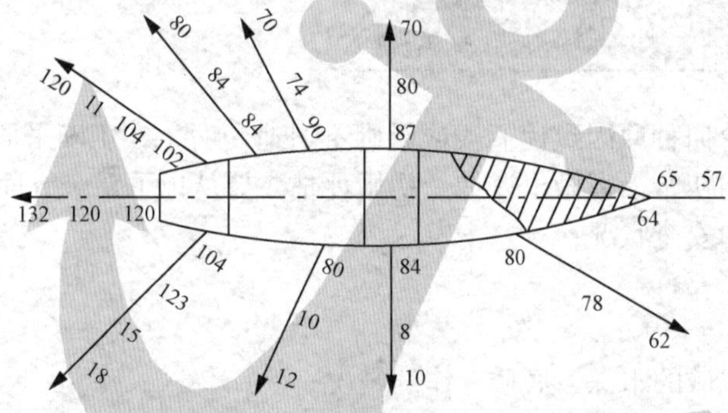

图 7-2-1　船体周围水深测量法

（3）通过吃水与水深的比较，可判断船体搁浅部位和程度，决定脱浅方向：

①如搁浅后的吃水大于搁浅前的吃水，又小于舷边水深，则此部位未搁浅；

②如搁浅后的吃水小于搁浅前的吃水，则此部位已搁浅，并且，搁浅前后的吃水差异越大，表明搁浅越严重；

③如搁浅部位的吃水小于舷边水深，表明此处船体已搁在海底突出物上或舷边泥沙已被淘空了；

④如搁浅部位的吃水大于舷边水深，表明此处船体已陷入海底。

4. 摸清底质

底质不仅影响摩擦力，而且底质及海底坡度还影响锚的抓力。在测深的同时，对搁浅处海底底质进行取样，给计算脱浅拉力带来方便。

5. 评估潮汐和潮流情况

根据当地的潮汐资料，编制出高潮潮时与潮高表，同时要设立临时潮标，以取得实际资料。还应按时记录潮流的大小和方向。

6. 气象情况

收听并分析近期的天气预报，密切注意天气变化，测取风向、风速及海浪资料，为争取在天气恶化前脱浅做好准备。

7. 查明主机、推进器和舵的情况

搁浅后应立即通知机舱改用高水位海底阀，以防泥沙堵塞造成冷却中断后主、辅机停车，并应立即查明车、舵有无变形受损，以及主机和辅机的情况如何。以上情况以及准备采取的措施，应以最快的通信方式报告公司及代理人，以便取得他们的指导并协助办理有关事宜，并将其详细地记录在航海日志中。

五、船舶搁浅后危害及损害的控制（搁浅船舶的保护）

船舶搁浅后应避免情况继续恶化，即防止船体在风、浪和潮流的作用下继续运动，确保船体的安全。

（一）搁浅后可能出现的危险情况

1. 蹾底

搁浅船舶在浪涌起伏作用下，船底与海底碰击产生蹾底，将使船壳破损进水甚至断裂。

2. 向岸漂移

搁浅船舶在风、流、浪和潮水升降的作用下，船体易出现摆动及移位，向岸漂移。

3. 打横

船首、船尾某一端搁浅时，在风、流、浪的作用下，船体以搁浅处为支点发生转动，导致船体打横。

4. 船体倾斜

如船舶搁浅处坡度较大，且潮差也大，落潮后船体会发生倾斜，或是迎流舷海底泥沙被水流掏挖成槽，致使船体倾斜，严重时可使船舶倾覆。

5. 船体承受过大应力

在墩底及船中搁浅触礁时，船体局部将受到很大的应力，易造成船体变形甚至折断。

（二）搁浅后保护船体的措施

搁浅船如在短时间内不能安全脱浅，会发生上述危险现象，故必须对船体采取保护措施，固定船体，其方法主要有用锚固定法和灌水坐浅法两种。

1. 用锚固定法

搁浅后可以利用本船所配备的锚、锚链及各种缆绳来固定船体，以防止船舶被风、流或浪打上海岸或造成横浪的危险，并缓和波浪造成的纵摇和垂荡。

固定用锚的配置应根据实际需要确定。当船身与岸线垂直时，视实际需要，船首、尾可在与搁浅船首尾线成45°的方向上抛锚，尾后所需配置的锚则要从固定船体和有利于出浅两方面进行配置（如图7-2-2所示）。当船身与岸平行时则应重点考虑如何抵御涌和潮流的影响，不但需要在与首尾线成45°的方向上而且更需在受力可能较大的方位上（顶流方向、迎着涌浪的方向）配以重锚长链，使之在固定船体中发挥主要作用。一般抛锚配置的方法如图7-2-3。

大型船舶的锚重、锚链重量都很大，抛锚配置需要大功率的拖船协助。中、小型船舶则可借助机动救生艇运锚，与锚的连接也可借助钢缆来实现。为保证锚能发挥足够的抓力，出链（缆）的长度应足够。

2. 灌水坐浅法

如果船舶是搁在礁石上，为了防止受波浪纵摇和垂荡的作用产生礅底造成船底破漏，除按上述方法固定船体外，还应将各压载舱注满水，使船能够牢固地坐于海底。如果注满水舱的方法还不能达到上述目的，则应考虑将部分货舱注入海水。采用局部货舱注水时应注意相邻舱壁的加强。

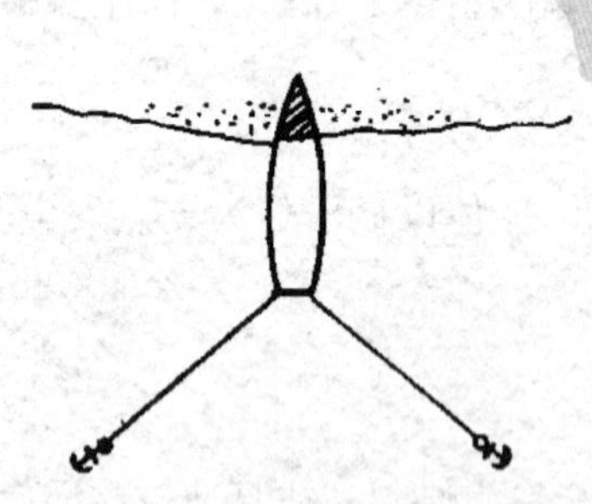

图7-2-2　船体固定法（船首搁浅）

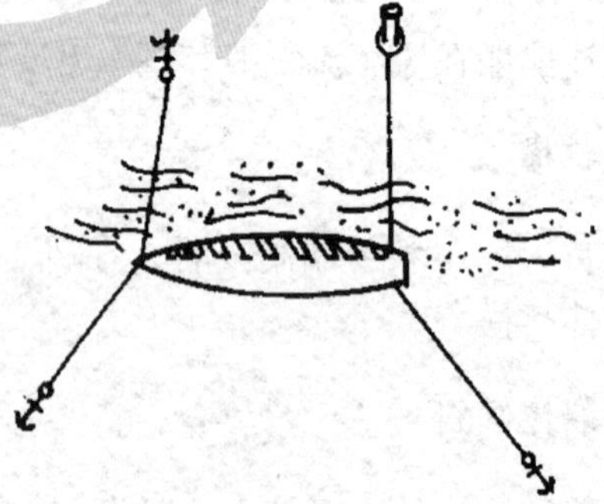

图7-2-3　船体固定法（舷侧搁浅）

六、脱浅方法

当确信船舶没有严重破损，脱浅后不致沉没，脱浅操作时不致进一步损坏船体，经计算，可供脱浅的拉力大于脱浅所需的拉力，船舶能够脱浅且脱浅后可以继续航行时，可考虑进行以下脱浅操作。

(一) 自力脱浅

1. 候潮脱浅

不在高潮时搁浅，船体只有轻微的损坏，尾部又有足够的水深，则可等下一个高潮时争取起浮脱浅；必要时利用车、舵、锚配合协助脱浅。一般做法是在高潮前 1 h 动车，用本船主机倒车脱浅，当快倒车无效时，可改用半进车配合左右满舵来扭动船体，然后再快倒车脱浅，在需要时应在用倒车的同时配合绞锚，利用强大的锚抓力协助脱浅。如底质是泥沙，倒车时应注意泥沙可能在船体周围堆积妨碍脱浅。

2. 移载脱浅

如船舶一端或一舷搁浅，而另一端或另一舷有足够的水深，则可移动压载水、淡水、燃油或货物进行脱浅。实际工作中，由于船上装载的燃油淡水数量有限，通常以调整前后压载水为主，调整左右压载水效果最差，因而几乎不用。

脱浅前必须经过严格的计算，以免脱浅后产生过度的纵倾或横倾，使船舶发生危险。在一舷搁浅而海底又陡峭时，则不宜用此法。

3. 卸载脱浅

如估算调整纵、横倾后，仍不能自力用车、舵、锚来脱浅，则也可以进行卸载脱浅。卸载应考虑迅速、方便和损失最小的原则。首先应考虑打出压载水，卸去多余的淡水，其次考虑卸去能漂浮海面而又不易受损的货物。卸载的数量应是主机拉力、拖船拖力、绞锚拉力和移载等不足的数量。卸载前，应进行严格的浮力、稳性、纵倾和横倾的计算。

(二) 外援脱浅

船舶搁浅后，如果车叶、主机损坏或船体损坏严重已经失去漂浮能力或经过计算所需的脱浅拉力太大无法自力脱浅时，应毫不犹豫地请求外援，以求尽快脱浅。申请外援时，应预先计算脱浅所需的拖力、拖船的数量和功率。

救助船可协助固定船体、堵漏排水、移载、过驳、用大型打捞浮筒增加搁浅船的浮力、冲挖船底成渠，并可提供强大的拖力以协助脱浅。

在救助船到来后，搁浅船应向救助船提供下列资料和情况：

①船舶资料，如主尺度、总布置图、原来的载重吨数、静水力曲线图等；

②货物的性质、重量及其分布情况，各油水舱的分布及数量；

③搁浅前后的吃水以及搁浅后的吃水是否曾经有过变化等；

④搁浅前的航向、航速及搁浅的时间、现在的船首向等；

⑤主机、辅机、甲板机械的功率及情况；

⑥搁浅后曾采取的措施和收到的效果以及对救助工作的建议；

⑦船位、船边的水深、当地的潮汐情况等。

七、脱浅拉力的估算

当船舶搁浅后决定是否能够脱浅时，应对脱浅所需的拉力以及可供脱浅的拉力进行估算。

1. 脱浅时所需的拉力

脱浅时所需的拉力，可按式（7-2-1）估算：

$$F = f\Delta D \tag{7-2-1}$$

式中：

F ——脱浅操作所需拖力（t）；

ΔD ——因搁浅而损失的排水量（t）；

f ——船底与海底的摩擦系数，底质为软沙时可取0.3，底质为坚硬的沙砾时取0.5，底质为岩石时取0.8～2.0。

如果搁浅后造成某些舱室破损进水，而又未能排出，则应求出各舱进水量的总和，一并加在损失的排水量之内，损失的排水量ΔD为：

$$\Delta D = 100TPC(d - d_1) + \sum p \tag{7-2-2}$$

式中：

ΔD ——因搁浅而损失的排水量（t）；

TPC ——每厘米吃水吨数（t/cm）；

d ——搁浅前的六面平均吃水（m），要考虑船舶离港后至搁浅时油水的消耗量及海水密度发生变化时而引起的吃水变化量；

d_1 ——准备脱浅时的六面平均吃水（m），应根据搁浅后观测的六面平均吃水，加上至准备脱浅时的潮差变化量；

$\sum p$ ——各舱进水的总和（t）。

2. 可供脱浅的拉力

（1）主机的推力或拉力

$$F_P = 0.01N \tag{7-2-3}$$

式中：

F_P ——主机的推力或拉力（9.81 kN）；

N ——主机功率（ps），倒车时的拉力内燃机按60%计算。

（2）拖船的拖力

$$F_t = (0.01 \sim 0.015)N_t \tag{7-2-4}$$

式中：

F_t——拖船的拉力（9.81 kN）；

N_t——拖船的功率（ps）。

（3）绞锚的拉力

$$F_a = (3 \sim 5)\ W_a \tag{7-2-5}$$

式中：

F_a——绞锚的拉力（9.81 kN）；

W_a——锚重（t）。

第三节 船舶碰撞前后的应急措施

碰撞事故往往会造成船舶、货物、环境和人命的巨大损失，因此提高对碰撞的防范意识和掌握碰撞应急的操船技术显得尤为重要。

一、船舶碰撞前的应急操船

由于船舶的大型化和高速化，如在航行中两船发生碰撞，后果都是灾难性的。因此，船舶在海上航行，在任何时候均应用视觉、听觉以及适合当时环境和情况的一切有效手段保持正规的瞭望，以便对局面和碰撞危险做出充分的估计，并及早采取大幅度的避让行动，避免紧迫局面的形成。但当不论何种原因两船构成紧迫危险时，每一船舶均应采取最有助于避免碰撞的行动，以避免碰撞的发生。当碰撞不可避免时，每一船舶也应运用良好的船艺采取最有效的行动减小碰撞的损失，诸如采取紧急倒车刹减船速，减小碰撞的动能，避免船中或机舱附近被他船船首撞入等等。

二、船舶碰撞后的应急操船

（一）我船船首撞入他船船体时的应急操船

不论在撞入前是进车或已经采取倒车措施，在撞入后，都应首先开微速进车顶住对方，待对方采取防水应急措施并征得同意后方可倒车脱出。脱出后，应滞留在附近，一方面检查本船的损伤情况，另一方面随时准备给予对方各方面的救援，当确信对方已经脱离危险可以继续航行时，本船方可离去。

碰撞后，为使本船能与对方船体靠紧以减少进水量和防止滑出，有时可互用缆绳系住，并配合用车，保持顶住对方破洞的姿态，如情况紧急而附近又有浅滩，经对方同意后，可顶向浅处搁浅。

（二）我船船体被他船撞入时的应急操船

应尽可能使本船停住，消除前进或后退的惯性以减少进水量，关闭破洞舱室前后的水密装置，当各项堵漏器材准备妥当后方可同意对方倒车脱出。如船舶不是两舷同时受损，应尽可能操纵船舶使其破损的部位处于下风侧。

三、碰撞后的损害评估及应变部署

船舶发生碰撞后，如船体进水，应立即发出堵漏警报，进入堵漏应变部署，除此以外，船长还应实施以下应变部署：

1. 查明碰撞损害损失情况

船舶发生碰撞后，根据当时当地的情况对碰撞损失做出正确的判断，从而采取相应的对策和措施，对于挽救船舶和保障人命安全至关重要。

现场检查船体是否进水，如进水应检查进水的程度。大副、水手长检查全船，木匠测量各舱污水井（污水沟）、压载舱、淡水舱的水位，机舱测量各油舱的油位，将上述测量结果与碰撞前的数据进行比较，从而迅速判定船体受损的位置、大小、进水量等情况，将测量和检查结果迅速报告船长。其他人员按应变部署奔赴指定岗位。检查受损情况时，应考虑的因素包括：

（1）两船的大小；

（2）碰撞前的相对速度；

（3）碰撞角度的大小；

（4）碰撞的部位；

（5）风、流、浪的情况等。

2. 保证水密和排水

当破损部位确定后，应立即关闭破损部位舱室附近的水密门窗，必要时加固。通知机舱启动泵系全力排水，随时测量各舱室的水位，以计算泵系的排量。

3. 堵漏

船长应根据碰撞的部位、大小和进水量，组织堵漏。碰撞后的进水部位多位于舷侧水线附近。破洞较大时，需用堵漏毯紧贴洞口以限制其进水，为增加堵漏毯的强度，可在堵漏毯中插入几根钢管，这时应按图 7-3-1 所示使用两根过底索挂上堵漏毯后，再根据破洞的大小，采用堵漏板或制作水泥箱，灌注水泥堵住漏洞，然后排出舱内积水。由于破洞舱

室大量进水，必须对浸水邻近的舱壁进行加强，以抵抗过大的水压力，防止舱壁破损而波及相邻舱室。图7-3-2所示为舱壁加强。

选择堵漏器材时应考虑破损部位、漏洞大小、漏洞形状、航行区域。

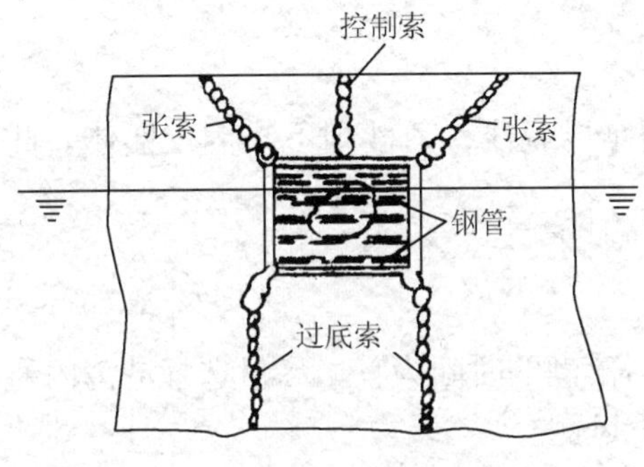

图7-3-1　堵漏毯加强

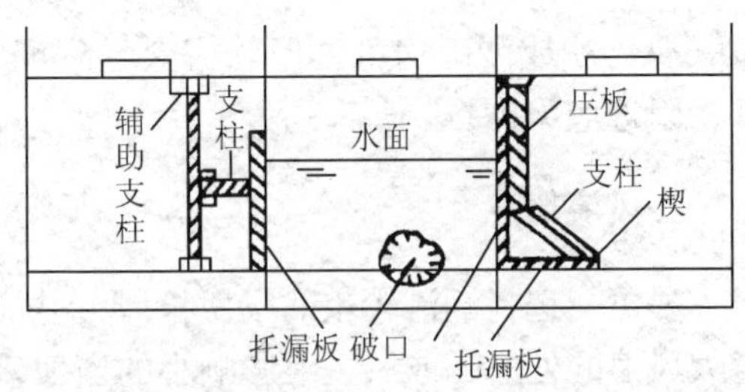

图7-3-2　舱壁加强

4. 调整纵横倾

船舶进水后必然导致纵横倾的变化，应详细测量各油、水舱的情况，利用排出、注入、移载、转驳等方法保持船舶的浮态。值得注意的是，采用注入法调整纵横倾会减小储备浮力和稳性，使用该法应特别谨慎。

5. 抛弃货物

在下列情况下应采取抛弃货物的措施：

（1）因进水可能引起货物着火；

（2）因进水可能引起货物急剧膨胀；

（3）为保持稳性；

（4）为保留储备浮力或减少进水量。

四、抢滩程序、操作和注意事项

如碰撞后大量进水，排水的速度跟不上进水的速度，而又无法进行堵漏，预计有沉没危险而附近又有浅滩时，可考虑采取抢滩措施，以保存船舶及货物，减少损失。（当堵漏无效而又无滩可抢，船舶有沉没危险并将危及船员生命安全时，船长周密慎重地考虑后可决定弃船。）

（一）做好抢滩前的准备工作

（1）选择合适地点；

（2）调整好吃水差；

（3）备好双锚；

（4）报告有关主管机构。

（二）选择抢滩地点时需要考虑的因素

1. 底质

泥、沙或沙砾均可，但软泥会导致船体下沉而难以脱浅，活沙则不易固定船体。此外，附近应无礁石。

2. 风流情况

尽可能选择潮流较小的场所抢滩，并应在高潮后落潮的时间为宜，尽量选择港湾内能避大风浪的处所，或风、浪影响小的当地盛行风的下风侧。

3. 水深

无论高、低潮，水深应大于轻载吃水且小于型深，保证船舶主甲板始终露出水面。

4. 坡度

为了避免船体受损或不易搁牢，或堵住机舱海水阀而影响冷却水循环，坡度应适当。适宜的坡度大小可参照造船的下水滑道的比例，即小型船1∶15，中型船1∶17，大型船1∶19～1∶24，可以依据抢滩位置处的相邻两等深线水深的数值之差与两等深线间距之比进行坡度判断。

5. 四周环境

四周环境应便于固定船舶，应让出航道以利于后续的出滩作业和施救工作进行。

五、抢滩和出滩操作

（1）抢滩前应打进压载水，并将船舶吃水差调整到与坡度相适应，便于船体既能稳固地搁在滩上，又有利于出滩。

（2）一般以船首上滩为好。船首抢滩时，应保持船身与岸线垂直，慢速接近，适时停车，以便船体缓慢地擦滩而上，速度过大，易损坏船体且不利于出滩。

（3）船首上滩时，可抛下双锚，以便稳定船身且有助于出滩。若抛锚将影响抢滩效果， 也可在抢滩后，用拖船、救生艇或重吊将锚向后抛出。

（4）抢滩后应争取在下一高潮来临之前将破洞堵好。如自身无法办到或天气即将变坏，应毫不犹豫地申请救助单位协助将破洞补好，然后驶往附近安全锚地或港口做进一步修复。

（5）出滩时，排掉压载水，等高潮来临时收绞双锚，配合开倒车，徐徐出滩。

六、碰撞后续航的注意事项

船舶发生碰撞经全面检查后，如主、辅机情况良好无损，船体破损部位经过堵漏、加强后进水得以控制，经过纵、横倾的调整后经计算具有正稳性及一定的保留浮力，救生设备完好无损，可考虑继续航行至最近的港口进行检查修理。如不能自力航行，可考虑拖航。碰撞后续航应注意以下事项：

（1）减速航行，密切注意进水的变化情况并详细地予以记录；

（2）航线设计宜取近岸航线并需勤测船位；

（3）密切注意天气变化，查明邻近海域可供避风的锚地，风力增大应立即择地避风；

（4）应与附近海岸电台及公司保持密切联系，使公司及时掌握本船位置及航行情况；

（5）保护好损伤部位，尽量使之处于下风侧，经常针对风、浪来向调整航向和航速；

（6）风、浪大时尽量减少船舶的摇摆，无法继续航行时可考虑使用海锚及镇浪油。

第四节 船舶失控时的应急反应程序

船舶失控包括舵机失灵、主机失灵、全船失电、螺旋桨松动或脱落等异常情况。主机失灵，船舶尚可利用余速操舵，勉强控制航向和船位，而舵机一旦失灵，船舶的航向和船位就很难控制，因此舵机失灵比主机失灵情况严重。如果全船失电，应急发电机只能给基本的重要的助航设备、操纵设备供电，主机、舵机都不能得到正常使用，情况是相当严重的。因此我们在事先应做好应急预案，做到有备无患，一旦发生船舶失控，应立即启动既定的应急反应程序，或遵照所属公司的安全管理体系文件中的程序实施应急。

一、舵机失灵时的应急措施

舵机失灵是指舵设备发生故障使航行船舶失去控制能力的情况，包括舵机失灵、舵叶损坏。舵机失灵可能造成的后果是船舶失去方向性，导致碰撞、触礁、搁浅等事故发生。因此一旦发生舵机失灵事故，应立即采取应急措施，首先要做的是立即将“舵机转换开关”扳到另一部舵机的挡位，如果另一部舵机也失灵，则启动应急反应程序。

（一）舵机失灵时的应急反应程序

（1）应立即起用应急操舵系统，并减速停车（船队中的拖船舵机失灵时，除立即起用应急操舵系统外，还应立即通知驳船帮舵）。

（2）报告船长，通知机舱。

（3）显示船舶失控信号。

（4）备锚、备车，测量水深寻找水深合适的抛锚地点。

（5）使用VHF电话在16频道发布安全动态报告；在交通管制区应向交管中心报告。

（6）双螺旋桨船可利用主机进、倒车短时间操纵船舶，以车代舵控制航向和船位。

（7）装有侧推器的船舶，可借助侧推器控制船舶航向。

（8）如果故障不能够在短时间内排除，在条件许可的情况下，船舶在险要航段可以请求拖船护航，或请求拖船协助控制航向和船位。

（9）选择合适的地点抛锚。

（10）在情况危急或航行条件受到限制时，应立即停车，当水深允许时应立即抛下双锚，控制船舶前进，以减小损失。

（11）抛双锚稳住船位。

（12）当本船与他船存在碰撞的紧迫危险时，本着避重就轻的原则，可以考虑抢滩搁浅。

（13）如损坏程度严重，不能自修，应立即拖往船厂修理，并将发生的情况详细记入航海日志。

（二）应急操舵程序（含驾驶台与舵机间通信程序）

1. 手柄应急操舵的转换程序

当自动操舵及随动操舵失灵时，应立即使用手柄应急操舵。

（1）将操舵仪的“操舵方式”开关放在“手柄”位置。

（2）扳动手柄进行操舵。

2. 舵机房操舵程序

当操舵装置控制系统或主操舵装置发生故障而又不能在驾驶室进行辅助操舵装置的控制时，则应脱开驾驶室的控制系统，改由在舵机室控制操舵。

（1）操舵转换开关从“驾驶台（操舵）”模式切换到“舵机房（操舵）”模式。

（2）驾驶员、舵工、轮机员各一名到舵机房操舵。

（3）驾驶台与机舱之间可通过舵机间/驾驶台直通电话或手持VHF传递舵令。

（4）驾驶员监督舵工操舵的准确性。

二、主机损坏时的应急反应程序

（1）航行中的船舶，如遇主机损坏及发生故障，应立即设法借助惯性余速用舵控制航向，尽可能操纵船舶淌航到航道边缘或相对安全的水域。

（2）报告船长，通知机舱。

（3）使用VHF电话在16频道发布安全动态报告，在交通管制区应向交管中心报告。

（4）立即显示船舶失控信号。

（5）通知水手长备锚，测量水深以寻找水深合适的抛锚地点。

（6）船舶通过大桥、浅险水道，或有碰撞、搁浅危险时，如水深允许应立即抛下双锚，控制船舶前进，以减小损失。

（7）选择合适的地点抛锚。

（8）锚泊后，组织机舱人员尽力抢修。

（9）如损坏程度严重，不能自修，应立即拖往船厂修理，并将发生的情况详细记入航海日志。

三、全船失电时的应急反应程序

船舶在航行中发生全船供电中断，称为全船失电。全船失电会使船舶失去动力，无法操纵，甚至会引起船舶碰撞、搁浅或触礁等恶性事故。因此，要求及时、准确地采取措施，迅速恢复全船供电，以保证航行安全。

（1）全船失电时，应立即通知机舱、报告船长，接通应急电源（应急发电机）。

（2）应急电源启动后，检查应急电源的工作是否正常。

（3）在全船失电的情况下首先应注意确保舵机、助航设备和消防设备的供电。

（4）船舶在航行中突然失电时，机舱停止主机运转并报告驾驶台。

（5）显示船舶失控信号。

（6）使用VHF电话在16频道发布安全动态报告，在交通管制区应向交管中心报告。

（7）如果情况危急，船长急需短时间用车避让时，机舱应果断执行驾驶台命令运行主机，而不要考虑主机受损。

（8）在应急电源工作期间，轮机员应迅速启动备用发电机组，保障全船的动力及设备用电。

（9）在轮机长带领下，轮机员应尽快查找和排除故障，力争在最短的时间内恢复全船用电。

（10）在应急处理过程中必须轮机员坚守主机操纵台，随时与驾驶台联系。

（11）如有紧急情况，当水深允许时，应立即抛下双锚，控制船舶前进，以减小损失。

（12）将发生的情况详细记入航海日志。

四、螺旋桨松动或脱落时的应急反应程序

（1）航行船舶，如遇螺旋桨松动情况，应使主机逐渐减速，如果立即停转，则螺旋桨更容易脱落；如遇螺旋桨脱落的情况，应立即停车。

（2）立即设法借助船舶前冲的惯性用舵控制航向，尽可能操纵船舶于航道边缘较浅的水域或缓流区航行。

（3）报告船长，通知机舱。

（4）使用VHF电话在16频道发布安全动态报告，在交通管制区应向交管中心报告。

（5）显示船舶失控信号。

（6）备锚，测量水深寻找水深合适的抛锚地点。

（7）锚泊，然后组织机舱人员尽力抢修。

（8）如船舶通过大桥、浅险水道，或有碰撞、搁浅危险时，应立即抛下双锚，控制船舶前进，以减小损失。

（9）将发生的情况详细记入航海日志。

第五节 船舶发生火灾时的应急措施

一、船舶火灾的特点

由于船舶结构复杂，一旦发生火灾，往往发现较晚；由于船舶活动范围有限，施救较为困难。特别是载货舱室内发生火灾、爆炸时，如果是满载，几乎不可能将燃烧物移出，小型灭火器材也起不了什么作用，且火势蔓延较快，很难控制。机舱是最易发生火灾的场所之一，一旦海上航行中发生火灾，短时间内很难得到外援，给灭火工作带来种种困难，有时还会危及港口的安全。在施救中若大量用水，水又未及时排出，会导致船舶积水过多，减少船舶稳性和储备浮力。所以，做好火灾预防工作，防患于未然，才是根本。

二、火灾发生后的应急操船措施

（1）根据火源地点，按相对风向适当地操纵船舶，使起火部位处于下风侧：火在船尾，迎风行驶；火在船首，顺风行驶；火在船中附近，傍风行驶。

（2）应尽量降低船速，以减小相对风速。

（3）减小船舶的摇摆，避免急剧转向，以免火势加剧。

三、火灾发生后的损害评估及控制

（1）立即发出消防应变警报，通报全船，全体船上人员听到警报信号后，按应变部署迅速到达指定地点集合待命，并按具体分工投入灭火工作。

（2）迅速查明火源地点、火灾性质、燃烧范围及火势，确定灭火方案。

（3）立即切断通往火灾现场的油路、电路电源。

（4）确定火区内无人后，关闭火灾舱室的所有门窗、通风设备，以隔绝空气流通，避免火势扩大。

（5）根据火灾的性质，使用适当的灭火器材和设备。利用注水或灌水灭火时，应注意船舶的浮力、稳性和横倾情况，及时排水。

（6）迅速将火场附近的易燃、易爆等危险货物移开、隔离，并应对隔舱壁喷水降温。

（7）灭火后不要急于开舱，防止复燃。

（8）在确认自力灭火无效或无法控制火势，船舶焚毁已经不可避免时，应请求外援。若无外援，应决策抢滩或弃船，并应尽快做好人命救助和其他应急措施。

（9）尽快将火灾事故向附近的港口主管机关和船舶所有人报告。

（10）如在系泊中发生火灾或爆炸，并涉及港口安全时，应尽快离开泊位，确保港口安全（尤其是港口油船的安全）。

（11）把发生火灾的时间、地点、气候条件和采取的措施详细记入航行日志。

第六节 应急拖带

海上拖带指普通船舶在海上拖带遇难船舶的情况。对非专业的船舶来说不是一件寻常的事，只有运用良好的船艺及船舶操纵技术，才能达到安全拖航的目的。

一、拖带前的准备

为了达到安全拖带的目的，必须做好拖带前的各项准备工作。这些准备工作包括拖缆的准备、拖缆的传递、系结和确定合适的拖航速度等。

1. 拖缆的选择

拖缆一般用锚链、钢丝缆或尼龙缆组合而成，要求有一定的长度和适当的重量，并能形成一定的悬垂部分，使之具有充分的缓冲作用。

（1）拖缆的长度

拖缆要有适当的长度，这样有利于缓解因拖船和被拖船运动不协调而产生的冲击张力，也有利于缓解被拖船的偏荡。

根据海上拖带的实际经验，拖缆的长度可按式（7-6-1）来进行估算：

$$S=K\ (L_1+L_2) \tag{7-6-1}$$

式中：

S——拖缆的长度（m）；

L_1——拖船的长度（m）；

L_2——被拖船的长度（m）；

K——系数，K=1.5～2.0，拖带速度高时取大值。

（2）拖缆的悬垂量

长度、重量足够的拖缆能在拖船与被拖船之间形成悬链线，其悬垂量与拖缆长度和拖带速度有关。适当的悬垂量可以起到缓冲作用，防止拖缆在风浪中受到顿力，但是悬垂量过大，在浅水中容易拖底。

在深水的洋面上拖航时，悬垂量宜保持在拖缆长度的6%，务必使拖缆的中部没入水中。根据经验，海面平静时拖缆的悬垂量应不少于8 m，风浪较大时拖缆的悬垂量应不少于13 m。

根据锚链的悬垂部分长度与悬垂量的关系，可以得到拖缆长度S与悬垂量d之间的关系为：

$$S=\sqrt{d\ (d+2R/w)} \tag{7-6-2}$$

式中：

R——被拖船的阻力（9.8 N）；

w——每米拖缆在水中的重量（kg）。

当悬垂量不足时，应采取加粗拖缆或采用钢丝缆与锚链的组合拖缆以弥补悬垂量的不足，如图7-6-1所示。

当采用钢丝缆与锚链的组合拖缆时，锚链的长度可按式（7-6-3）计算：

$$\Delta L=K\frac{c}{d}\ (L-L_1) \tag{7-6-3}$$

式中：

ΔL——锚链长度（m）；

K——系数，软钢丝缆取0.11，特软钢丝缆取0.13；

c——钢丝缆的周长（cm）；

d——锚链的直径（cm）；

L——所需的钢丝缆的长度（m）；

L_1——组合拖缆中拟用的钢丝缆长度（m）。

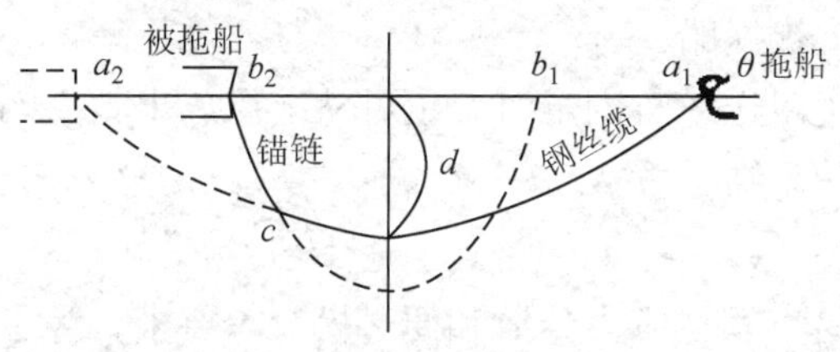

图7-6-1 组合拖缆

2. **拖缆的传递与系结**

（1）接近被拖航的遇难船

为了送上拖缆，接近被拖船可按如下方式进行：

①横风作业无困难时可横风接近，如图7-6-2中的A_1、A_2。本船以和被拖船航向大体一致的方向，从上风舷驶近被拖船，即图中的A_1的接近方法，适用于本船横向漂移速度大于被拖船的横向漂移速度的情况。若本船的横向漂移速度小于被拖船的横向漂移速度，则应采用A_2的接近方法。

②当横风接近有困难时，也可采取A_3的顶风驶近被拖船待拖一端的方法接近，而且，更为主动并易于控制，也便于拖缆的传送。

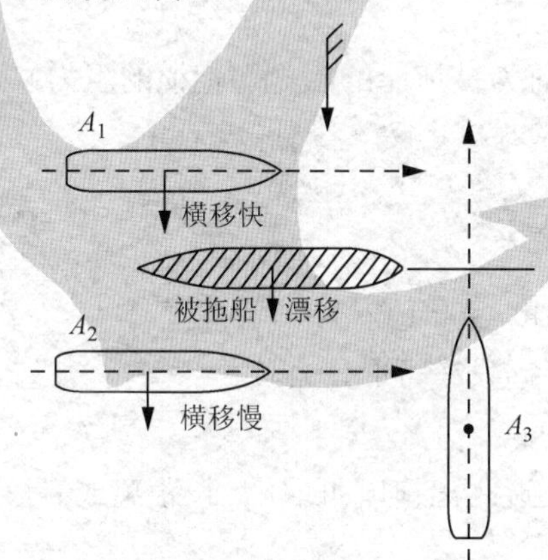

图7-6-2 接近被拖船的方法

（2）拖缆的传递方法

①使用抛绳枪

该枪可抛出撇缆的最远距离达230 m。在本船按A_1、A_3所示方法驶近时均有很好的效果。按A_2所示方法接近时，使用该枪时应适当减小两船间的横距，或者由被拖船使用抛绳枪抛出撇缆。

②救生艇送出

该法适用于如图中A_1所示的接近方法。当拖船驶往被拖船的上风位置后停住，造成下风侧相对平静的海面后，在拖船下风侧放下救生艇，在救生艇上积放一部分引缆和拖缆，救生艇一边驶向被拖船，一边松出艇上积存的缆绳，当接近被拖船时，由被拖船抛下撇缆将救生艇上的引缆拉上被拖船。

大风浪中使用救生艇送缆有困难时，也可从上风放出救生圈或救生浮，利用它将撇缆送出后，再进行拖缆的系结。

（3）拖缆的系结

拖缆的系结应满足牢靠、应力分散和便于松绞等要求。为了分散应力，拖缆应先围绕甲板室、舱口或桅柱等，再在两舷缆桩上各绕一圈，然后在第二副缆桩上绕8字。为了便于松出和绞进拖缆，应预先准备好制索器。

在拖缆通过的导缆孔或锚链筒应用帆布、麻袋等包扎后涂以牛油，拖航中还应定时加油。甲板室及舱口的转角处，要用木板衬垫以减小急折。舱口的围板内要用坚固的木方加强。钢丝缆或锚链与甲板摩擦部分，要垫以木板。

3. 拖航速度的确定

拖航速度取决于拖船剩余推力的大小，并受到拖缆强度和被拖船的阻力的限制。所谓拖船的剩余推力是指拖船推进器发出的推力与拖船阻力的差值，即提供给被拖船的拖力，拖航速度的高低主要由剩余推力来保证。匀速拖带中，拖船的剩余推力应与被拖船的阻力相等，并且应低于拖缆的安全强度。

（1）拖缆的安全强度

拖航中作用于拖缆的负荷为被拖船的阻力、拖缆的阻力以及拖船与被拖船间的速度差造成的冲击力等。拖缆的安全强度可按下式估算：

$$T = \eta C^2/N \tag{7-6-4}$$

式中：

T——拖缆的安全拖带强度（9.81 kN）；

η——拖缆的强度系数，钢丝缆可取0.045；

C——拖缆的直径（mm）；

N——拖缆的安全系数，近距离拖航可取4，长距离或有风浪影响时取6～8。

（2）被拖船的阻力

被拖船的阻力包括被拖船的摩擦阻力、剩余阻力、被拖船推进器的阻力（当被拖船的推进器被固定时，其螺旋桨的阻力相当于一个圆盘的阻力，其值相对较大，当螺旋桨处于游离状态时，阻力大大下降，大约为固定时的1/3）以及风浪流等造成的附加阻力等。在静水中拖航时被拖船的阻力，由于速度较低，故摩擦阻力几乎占总阻力的绝大部分。因此，在弗劳德数小于0.15时的拖航速度下，被拖船的总阻力可按摩擦阻力的1.1倍估算，不会出现较大的误差。

静水中被拖船的阻力R可按式（7-6-5）估算：

$$R=\Delta^{\frac{2}{3}}v^2K \quad (7\text{-}6\text{-}5)$$

式中：

R——被拖船的阻力（9.81 kN）；

Δ——被拖船的排水量（t）；

v——拖航速度（kn）；

K——系数，可取3000～4000。

（3）拖航速度

①最大拖航速度

由于拖缆的安全强度T已经由拖缆的尺寸所决定，而R必须小于T，因此有了拖缆的强度，即可按式（7-5-5）估算出拖航时允许的最大拖航速度。

②拖航速度的实用控制尺度

拖航中判断拖航速度是否适当，主要依据所使用的拖缆出水程度。拖航中保持拖缆有符合要求的悬垂量，即说明拖缆所受的张力仍处于合理的状态之内。因此，不论是在平静海面还是在风浪中拖航，只要保证拖缆有足够的悬垂量，则该拖航速度就是合理的拖航速度。一旦拖缆露出水面即应减速以缓解拖缆所受的冲击。

③实际拖航速度的范围

大洋中拖航时，除风浪因素另做考虑外，一般情况下拖带运输船舶时，速度常控制在6～8 kn，而拖带大型驳船、大型钻井平台等物体时，速度多控制在3～4 kn。在拖航中应充分考虑风、浪、流等气象条件的影响。

二、拖带中的船舶操纵

1. 起拖时的增速

起拖应在两船拖缆牢固系结后进行。浅水中应注意拖缆的送出不要拖底，不要造成过大悬垂量。起拖时应使用微进车，并尽可能反复使用停车、微进，在保持拖缆有一定悬垂量过程中使被拖船逐步加速；起速达2 kn时，可分段加速，每段增加速度量以0.5 kn为好，以便保持拖缆的悬垂量；直到达到预定的拖航速度为止。

2. 分段改向

大幅度改向必须分段进行，应避免20°及以上的改向，尤其是低速拖航中因有潮流、涌浪的影响，每次改向量不宜超过5°，无风、流时每次可按5°～15°转过。拖船需待被拖船确实驶入拖船现在的航向之后，才可以采取新的改向措施。在估计掉头区域或旋回水域时，必须将拖船、被拖船的船长及拖缆长度一并考虑进去。

3. 拖航中被拖船偏荡的抑制

拖航中，被拖船偏荡将严重影响拖航的稳定性。其危害是，增大了拖缆的张力，加剧拖缆的磨损和应力集中，并使拖航偏离航线。抑制偏荡的措施有：

（1）尽可能使被拖船尾倾，以增加其航向稳定性。但不宜采用注入压载水的方法以免减小保留浮力，特别是船体受损的船舶，应尽量使船舶保持正浮状态。

（2）降低拖航速度以减小偏荡力。

（3）在被拖船的尾部拖曳一漂浮物可起到稳定其航向的作用。

（4）调整拖缆的长度。适当地缩短拖缆的长度可以增加拖航中的稳定性。

（5）改变拖缆的系结方法，如在拖缆上增加抑制索，可以起到减小偏荡的作用。

4. 拖缆长度的调整

调整拖缆长度的目的有二：一是减小被拖船的偏荡；二是使两船在波浪中的摇摆比较协调，减小拖缆所受的冲击张力，如图7-6-3、图7-6-4所示。

在浅水中或在降低拖航速度时，为了防止拖缆拖底，拖缆的长度应适当缩短；在狭水道航行时，为了改善其操纵性能，拖缆的长度也应适当缩短。

5. 大风浪中的拖航

大风浪中拖航，应尽可能采取滞航法航行。采取该法航行，一般情况下不论拖船、被拖船，在顶浪航行中易出现的拍底、打空车、上浪等现象均将有所缓解。但是，当拖航确实感到危及拖船和被拖船安全时，也可解掉拖缆停止拖航，双方各自进行漂滞，待风浪好转后再继续拖航。

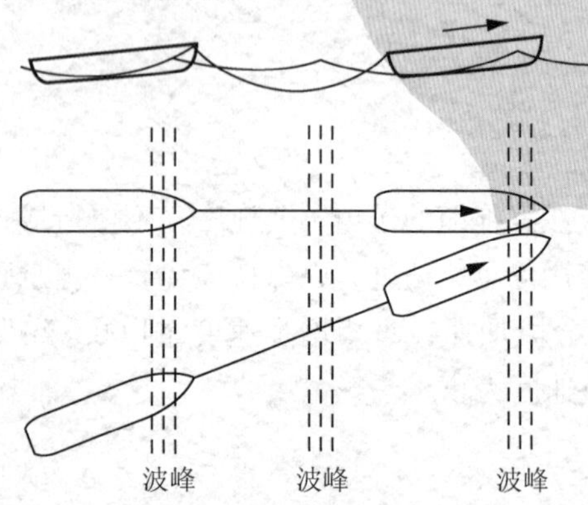

图7-6-3　波浪对拖缆长度的影响

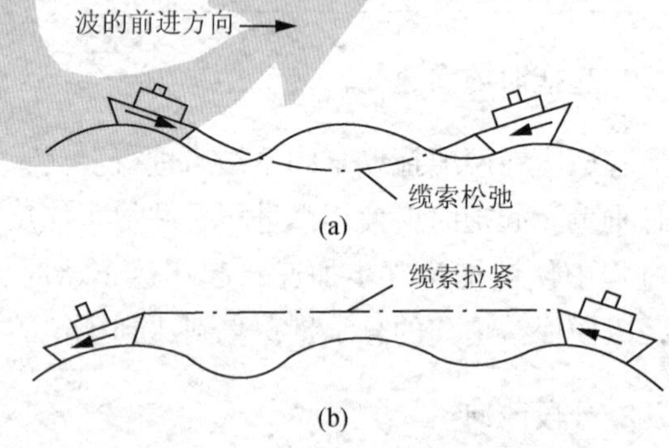

图7-6-4　波浪对拖缆长度的要求

6. 解拖程序与注意事项

（1）解拖程序

①拖船逐渐减速；

②拖船微速前进，待张力减小后再停车；

③在两船均已静止时，并都抛锚后或都系泊后，再解拖缆。

（2）注意事项

①防止拖缆因张力突然下降而下垂过多；

②当被拖船排水量很大时，拖船减速停车务必要缓缓进行，防止被拖船突然冲向拖船造成碰撞；

③被拖船抛锚时应注意：勿使锚链和拖缆发生绞缠，如有可能绞缠的，应先将拖缆缩短或收起。

第八章

搜寻和救助

本章学习目标

通过本章学习掌握船舶搜救组织及救助程序，掌握搜救计划的制订知识，掌握搜寻基点和最可能区域的确定方法和程序，掌握搜寻方式并能根据情况有效应用，掌握救助落水人员的程序和应急操作与指挥，掌握现场协调员的职责，掌握对外通信联系与协调，掌握救助与拖带，掌握释放与回收救助艇或救生筏的方法与注意事项，掌握救助落水或救助艇筏上幸存人员的方法。

第一节 搜救的协调和实施

《SOLAS公约》第V章规定：处于能提供援助位置的船舶船长在收到来自任何方面的船舶或飞机或救生艇筏的信号时，应以全速前往援助遇险人员，如有可能，应通知他们正在前往援助中。如果该船长不能前往援助或因情况特殊认为前往援助为不合理或不必要时，他必须将未能前往援助遇险人员的理由载入航海日志。

现行的有关船舶参与海上搜寻与救助的指南为《国际航空和海上搜寻救助手册》（International Aeronautical & Maritime Search and Rescue Manual，IAMSAR Manual）。它是国际海事组织（IMO）与国际民航组织（ICAO）于1998年联合出版的。手册共三册：

第一册　组织管理——搜救概念、组织、训练、通信与管理。

第二册　任务协调——搜救系统、通信、得知遇难和初始行动阶段、搜寻计划与技巧、拯救计划、其他紧急救助等。

第三册　移动设施（即船舶和飞机）——提供救助、现场协调和船舶/飞机上的紧急

事故处理。

第一册和第二册供岸上搜救中心使用；而第三册则须携带在船上和飞机上，因为船舶或飞机是海上搜救资源。《国际航空和海上搜寻救助手册》代替了以前出版的《商船搜救手册》（MERSAR Manual）和《IMO搜救手册》（IMOSAR Manual）。

这套搜救指南里详细说明了有关搜救事项，包括每个阶段、遇难求救频率、程序、海空通信频率、现场救助通信频率、搜寻计划的制订等等。本节介绍有关海上搜救的主要内容。

一、搜救组织和救助程序概述

1. 搜寻的组织

在国际海事组织海上安全委员会的全球搜救计划中，将世界海域划分为13个海上搜救责任区（Search and Rescue Region，SRR），每个搜救责任区指定一个沿海国政府为救助协调中心（Rescue Co-ordination Center，RCC），负责搜集海上紧急信息，建立通信联络，提供搜救服务，并协调同一海区内各政府间和相邻海区之间的搜救服务。西北太平洋海区由日本负责。海区内的各沿岸国家设立自己的搜救协调中心（我国为全国海上安全指挥部），并在本国沿海各分管海域设立救助分中心（Rescue Sub-Center，RSC）。

搜救协调中心收到遇险信号后应立即派出搜救力量（专业搜救船舶或飞机），或召集事发现场附近的船舶参与搜救行动。当两个或多个搜救设施共同参与救助时，由指定的现场协调人（On-Scene Commander，OSC）来协调搜救行动，其他参与搜救的设施则按现场协调人的指示参与搜救行动。现场协调人是参与救助的一个救助单位、船舶或航空器的负责人或第一艘到达现场的设施负责人。

海面搜寻协调船（Co-ordinator Surface Search，CSS）最好由专业的救助船或飞机承担，如果当时没有专业救助船或专业救助船不能赶往现场，也可以从现场附近的其他船舶中选择一艘作为海面搜寻协调船承担协调任务。一般情况下，第一艘到达现场的船舶最适合担任该项工作，但要求该船通信设备比较全。

海面搜寻协调船的识别信号是：白天悬挂国际信号旗“FR”，夜间则定常显示预定的识别标志。

OSC的职责除协调所有现场搜救设施的行动外，还应：

（1）履行RCC和RSC下达的搜寻计划。如没有现行的计划，制订搜寻计划。

（2）根据现场情况调整计划并通知RCC和RSC。

（3）协调现场通信。

（4）向其他搜救设施提供相关信息。

（5）监控其他参与设施的行动。

（6）确保搜救行动安全地展开，尤其注意保持水面和空中所有设施间的安全距离。

（7）定期向RCC和RSC报告搜救的进展。报告的内容不限于天气、海况和采取的措施，还应包括未来的计划和建议。

（8）做好详细的搜寻记录。内容包括：搜救设施和其他参加行动的船舶和航空器到达及离开现场的时间、搜寻过的区域、所使用的搜寻线间距、已报告的发现情况和线索、已采取的行动、获得的结果等。

（9）建议 RCC 和 RSC 撤出不再需要的设施。

（10）向 RCC 和 RSC 建议搜救的终止。

（11）向 RCC 和 RSC 报告获救人数、姓名等以及需要进一步的救助及救助类型。

2. 救助船应采取的措施

救助船收到来自遇险船或 RCC 或 RSC 或现场协调人（OSC）或其他船舶转发的遇险信号后，应采取下列行动：

（1）应立即采取的行动

①回答遇险信号，并转发遇险信号；

②用无线电测向仪测定遇险船的方位，并继续保持收听；

③将本船的船名、船位、航速、预计到达时间、本船与遇险船的方位通报遇险船；

④继续在 500 kHz、2182 kHz、VHF 16 频道等遇险通信频率保持不间断的守听；

⑤用视觉、听觉以及其他一切有效手段保持正规瞭望。

（2）做好接收遇难人员的准备

①船舷两侧自首到尾各系好一条缆绳，以供艇筏来靠；

②最低开敞甲板的两舷各准备好撇缆、绳梯、爬网，还应指定有关船员准备下水救助遇险人员；

③两舷各准备起货设备，吊货索端连接好一个吊货盘或网兜，以便从水中救起遇难人员；

④准备一只救生筏，放在水中作登船站用；

⑤准备好担架和医药物品设施；

⑥使用本船救生艇时，做好放艇准备，预先定好与本船联系的信号；

⑦抛绳设备和必要的系艇索应预先备妥，以便与遇险船或艇筏建立联系。

（3）接近现场时的行动

①充分利用无线电测向仪把握遇险船筏的方向；

②开启雷达进行有效的瞭望，搜寻遇险船筏；

③夜间使用探照灯或其他照明设备，以便遇险船筏发现本船；

④发现任何情况，立即向 CSS 报告，或直接向 RCC、RSC 报告。

二、搜救的实施

1. 搜寻计划

为了使船舶和航空器能进行有效的搜寻，需事先计划好搜寻模式和程序，以使船舶和航空器最大限度地减小风险和延误，提高搜寻效率。

（1）搜寻基点

“搜寻基点”是指进行搜寻活动的地理参考点，如不能从岸上机关得到搜寻的基点，现场协调人应通过计算遇险者的漂流值，确定搜寻目标存在概率最高的位置定位搜寻基点和大致搜寻区域，并向参加救助的船舶和 RSC 或 RCC 以及海岸电台进行通报。确定搜寻基点时应考虑的因素如下：

①通报遇险的时间和船位；

②各救助船到达遇险船位置的时间；

③救助船到达之前的时间内，遇险船、艇筏的漂移量；

④救助船抵达现场前，已经飞抵现场的搜寻和救助飞机所做的情况估计；

⑤参照无线电测向仪和其他方法获得的资料。

（2）初始搜寻阶段的最可能存在的区域

初始搜寻阶段，遇险船最可能存在的区域是以搜寻基点为中心、10 n mile 为半径所画圆的外切正方形区域，如图 8-1-1 所示。

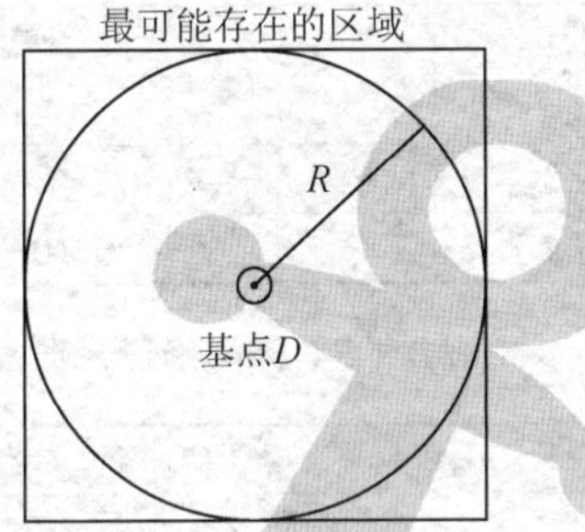

图 8-1-1　搜寻区域

（3）现场协调员的现场协调

现场协调人应根据具体任务、海区和船舶的具体情况，对搜索现场进行协调。

①雷达搜寻的模式虽没有特殊规定，但现场协调人可要求各船按维持 1.5 倍雷达观测距离的船间距成一横队进行搜寻（平行搜寻）。

②平行搜寻时，各船最初的航向通常应与遇险船舶的漂移方向一致。

③为实施平行搜寻，搜寻速度通常应取最慢船舶能开出的最高船速，以便让所有的船舶都能参加平行搜寻。

④目视搜寻时应按适合于救助船艘数的搜寻模式实施，平行搜寻模式的船间距可按搜救手册确定。当搜寻目标为小型艇筏、运动艇、落水人员等较小目标时，该间距应适当减小。

⑤能见度不良时，应减速并缩小搜寻间距。无雷达或雷达有欠缺的船舶应配置在其他船舶后面进行搜寻。

（4）搜寻线间距

除了扇形搜寻模式以外，都需要规定一个搜寻线间距，用 S 表示，搜寻线间距可由式（8-1-1）计算：

$$S = S_U f_W \tag{8-1-1}$$

式中：

S——搜寻线间距（n mile）；

S_U——未经修正的搜寻线间距（n mile）；

f_W —— 天气修正系数。

表8-1-1给出了未经修正的搜寻线间距的数值。可见它的大小取决于能见度情况和搜寻目标的具体情况。表8-1-2给出了天气修正系数的数值。

表8-1-1 未经修正的搜寻线间距的数值

搜寻目标	能见距离(n mile)				
	3	5	10	15	20
落水人员	0.4	0.5	0.6	0.7	0.7
4人救生筏	2.3	3.2	4.2	4.9	5.5
6人救生筏	2.5	3.6	5.0	6.2	6.9
15人救生筏	2.6	4.0	5.1	6.4	7.3
25人救生筏	2.7	4.2	5.2	6.5	7.5
L<5 m的船舶	1.1	1.4	1.9	2.1	2.3
L<7 m的船舶	2.0	2.9	4.3	5.2	5.8
L=12 m的船舶	2.8	4.5	7.6	9.4	11.6
L=24 m的船舶	3.2	5.6	10.7	14.7	18.1

表8-1-2 天气修正系数

天气	能见距离(n mile)	
	落水人员	救生筏
无风	1.0	1.0
风速 > 28 km/h或浪高 > 1.0 m	0.5	0.9
风速 > 46 km/h或浪高 > 1.5 m	0.25	0.6

2. 搜寻模式及其实施

可供使用的搜寻模式有：

(1) 扩展正方形搜寻

扩展正方形搜寻（expanding square search）如图8-1-2所示，是用于单船搜寻的一种模式。从基点开始，逐步扩展正方形的边长进行搜寻。 如有可能，最好在基点处投下一艘救生筏或其他漂浮标志以观测漂移速度。此后，它可用作整个搜寻过程的基点标志。

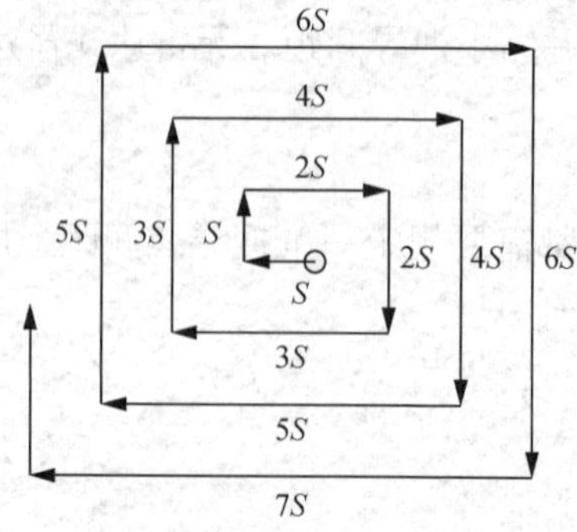

图8-1-2 扩展正方形搜寻模式

（2）扇形搜寻

扇形搜寻（sector search）如图8-1-3所示，也是用于单船搜寻的一种模式。当搜寻目标的可能存在区域较小时，如有人落水或曾看到过搜寻目标但随后不久却又丢失等，宜于实施扇形搜寻，而且发现目标的可能性也比较大。

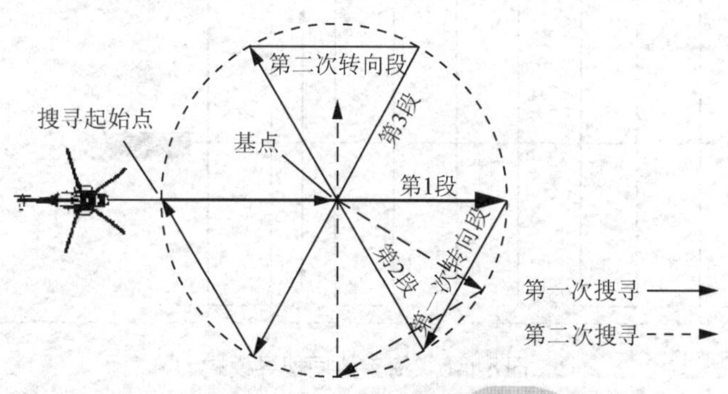

图8-1-3 扇形搜寻模式

该搜寻模式的半径通常在2～5 n mile，搜寻中船舶的改向角均为120°，分两段进行。前一段搜寻结束时（图中实线航迹），应马上右转30°，进入后一阶段搜寻（图中虚线航迹）。

（3）平行搜寻

平行搜寻（paralle1 search）如图8-1-4所示。有两艘或两艘以上的船舶参与搜寻时，可采用平行搜寻模式。

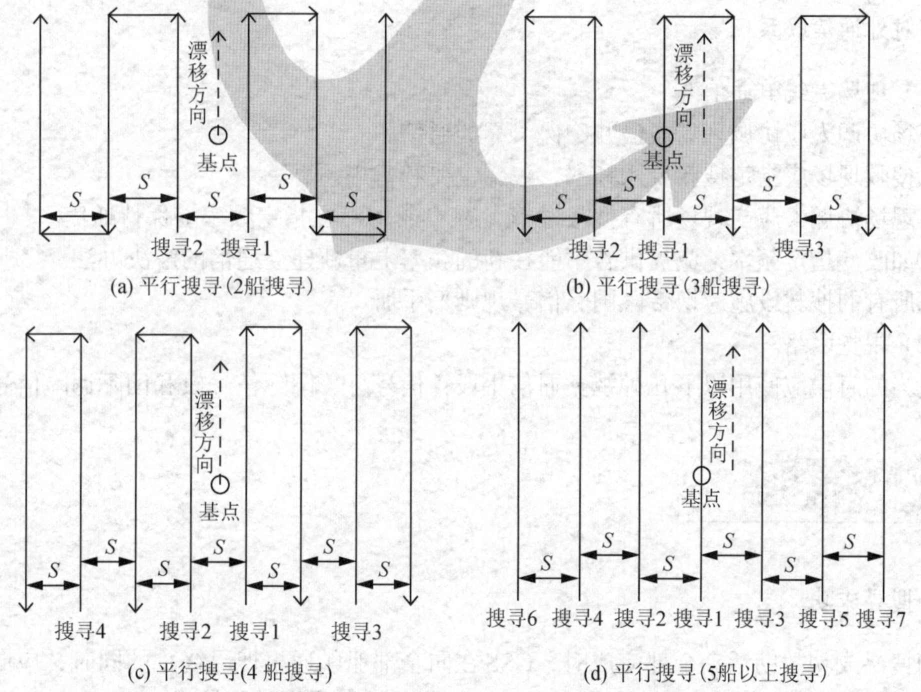

图8-1-4 平行搜寻模式

（4）海空协同搜寻

海空协同搜寻（ship/aircraft co-ordinated search）如图 8-1-5 所示，是一种由飞机协同船舶共同搜寻的模式。实施海空协同搜寻时应注意：

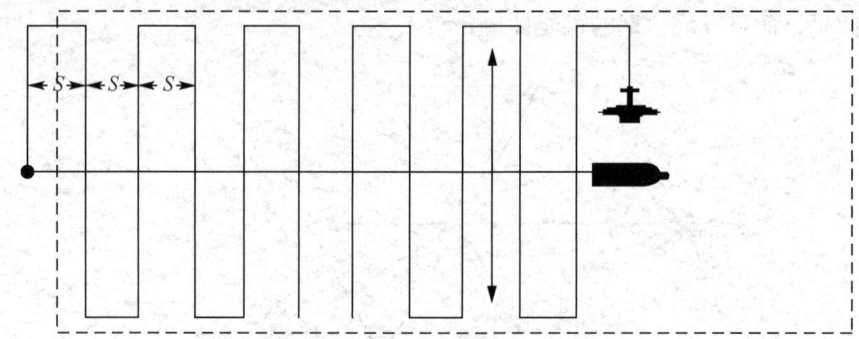

图8-1-5　海空协同搜寻模式

①开始搜寻时，早到达的船舶应首先开始扩展正方形搜寻。实施中如飞机赶到，则船舶仍继续其搜寻，飞机也应单独进入搜寻。

②第一次搜寻告一段落，现场协调人应根据船舶到达的数量，确定可有效发挥船舶和飞机搜寻作用的方法，实施第二次搜寻。

③现场协调人有关操船的指令，应使用标准信文，或国际信号规则，或标准航海英语。

④在实施搜寻的过程中仍应全面遵守《1972年国际海上避碰规则》。、

3. 对外通信联系

（1）现场无线电通信

现场协调人应协调现场通信并确保可靠的通信。

①搜救现场应指定搜救专用频率，包括主要和备用频率。

②现场协调人应与现场所有搜救设施、RCC或RSC在指定频率上保持通信。

③如改变指定频率，应提供若不能在新的频率上重新建立通信的解决办法。

④所有的搜救设施应携带《国际信号规则》手册。

（2）视觉联络

适当的时候应使用以下几种视觉通信手段：信号灯、国际信号旗和国际遇险信号等。

三、搜寻的终止

1. 搜寻成功

当搜寻成功救助活动全部完成时，CSS在向全部船舶通报搜寻终止的同时，应向 RSC 或 RCC报告搜寻终止以及有关收容幸存者、是否需要医疗援助等情况。

2. 搜寻不成功

当搜寻未实现预定目标时：

（1）决定终止搜寻时应认真考虑：幸存者存在于搜寻区域之内的可能性；在已搜寻的区域之内，若搜寻目标万一还存在，可以发现该搜寻物标的可能性；搜寻船舶和飞机在现场滞留的时间；幸存者在当时的气温、水温、风、浪等实际条件下幸存的可能性等。

（2）现场协调人应与其他救助船、岸上的搜寻和救助机构协商，最后由 RCC 宣布终止搜寻。现场协调人向其他救助船通报停止搜寻并请其恢复原航向的指令，并发电文要求在搜寻区域内的所有船舶继续保持瞭望。

第二节 救生与弃船

一、从遇难船上救人的操船方法

船舶在救助遇难船舶上的人员或救生艇、救助艇上的人员时，应考虑本船以及被救船或艇的漂移速度，然后根据不同的情况进行救助。

（1）如遇难船可放出救生艇或救生筏，本船应驶往遇难船的下风侧停留，并等待对方救生艇驶来；也可驶往遇难船的船首或船尾的近距离处，使本船位于遇难船的上风，更便于遇难船放下救生艇来靠本船的下风舷，然后利用起重设备将艇筏一起吊上船，以节约遇难人员的体力并使之及早得到护理，如艇太重或救生艇无吊放装置时，可将遇难人员转移到救助船的救生艇或救助艇后再吊起。

（2）需要本船放艇时，本船应驶抵遇难船的上风一侧，自本船的下风侧放下救生艇；在收艇时，本船应绕航至遇难船的下风侧，等待救生艇驶靠本船下风舷后，再收起。

（3）对于漂浮在海面上的遇难人员，一定要注意他们的体力业已耗尽，很可能已经没有力气做任何的攀登动作了。尽管如此，仍应在舷边张挂救生网，供遇难人员攀附，并在网的两个下角各连接一根吊索通过吊柱及滑车引向起货机，缓慢地将遇难人员吊起。

在舷边救助遇难人员时，应选择在船舶的中部，远离推进器、干舷低、有吊杆起重设备的地方。有条件时，应尽可能多放一些救生索、单人座板、救生裤、绳索、吊货网等物，以便吊起遇难人员。

对于远离舷边的待救者，可用抛绳枪把带浮体的救生索抛给他们攀附，再将他们拉到舷边吊上船。如有大批遇难人员漂在水中，救助船可拖曳带有救生圈或救生衣等浮力较大的缆绳在漂浮者上风处低速围绕其回转，让人员攀附其上再设法吊起。当然，如有可能由救助船放下救生艇将漂浮在水中的遇难人员逐个救助上艇，再吊上大船是最好的办法。

（4）如风浪大或其他原因，人员无法离开遇难船时，可以用抛绳枪或其他方法在两船间带好缆绳，用救生裤使人员骑在上面转移到救助船上。救生裤用滑车挂在两船间的大缆上，拉动另一条系在滑车上的回收索，就能往返渡送遇难者离船。当风浪大在两船间绷紧大缆有困难时，可直接在水面上用救生裤渡送。

二、救助落水人员的操船方法

船舶航行中落水的船员或旅客，其体力消耗很快，尤其是在低温水域更是如此。因此，必须在尽量短的时间内将落水者救起。表8-2-1为不穿着保护服的落水者在不同水温中的可生存时间。

表8-2-1　不穿着保护服的落水者在不同水温中的可生存时间

海水温度	可生存时间
低于2 ℃	45 min以下
2~4 ℃	1.5 h以下
4~10 ℃	3 h以下
10~15 ℃	6 h以下
15~20 ℃	12 h以下
大于20 ℃	取决于疲劳程度

1. 人员刚落水时的紧急处置

（1）发现者应投下就近的救生圈、自发烟雾信号；夜间应抛下自亮灯浮救生圈，救生圈要抛至落水者上风近处。

（2）停车并向落水者一舷操满舵，摆开船尾，以免船尾和螺旋桨打到落水者。

（3）发出人员落水警报，启动人员落水应急预案，进入人员落水应急部署。

（4）派专人携带望远镜登高瞭望，不断报告落水者的方位和大概距离。

（5）向船长报告的同时，通知机舱备车，运用适合当时情况的操纵方法操纵船舶驶近落水者，并准备放艇救助。

（6）放艇救助。如海面平静，应尽早放下救生艇，不要等待船完全停住。按照有关的规定，国际航行船舶的救生艇降落装置应能在船舶有5 kn余速时将救生艇降落至水面。如海面有风浪时，应将船舶驶至落水者的上风侧，从下风舷放下救生艇。救生艇下水后，尽快从落水者的下风靠拢落水者。

2. 驶近落水者的行动及操船方法

人员落水后，应根据当时的情况操纵船舶驶近落水者，以便放艇救助。IMO A. 601决议要求船舶进行人员落水的操纵试验，并将试验结果列入“操纵性手册”中，以便使用。

1）人员落水后的行动

人员落水后的船舶操纵行动分三种情况，即立即行动、延迟行动和人员失踪（搜寻失踪人员）。

（1）立即行动

立即行动是操船者发现落水人员后立即采取，并使船舶在最短的时间内返回落水者位置进行救助的操船行动。

（2）延迟行动

延迟行动是操船者接到目击者人员落水报告后采取，并使船舶较准确地返回落水者位置进行救助的操船行动。

（3）人员失踪

人员失踪（搜寻失踪人员）是操船者发现落水者已晚，或接到人员失踪报告后采取，并使船舶返回原航迹线上进行搜寻和救助的操船行动。

2）驶近落水者的操船方法

驶近落水者的操船方法有：

（1）单旋回

单旋回（single turn）如图8-2-1所示，其操纵方法为：

①向落水者一舷操满舵；

②距落水者方位尚剩20°舷角时操正舵并紧急停船；

③如落水者难以视认，则应在改向250°时回正舵，一边停船一边努力寻找落水者。

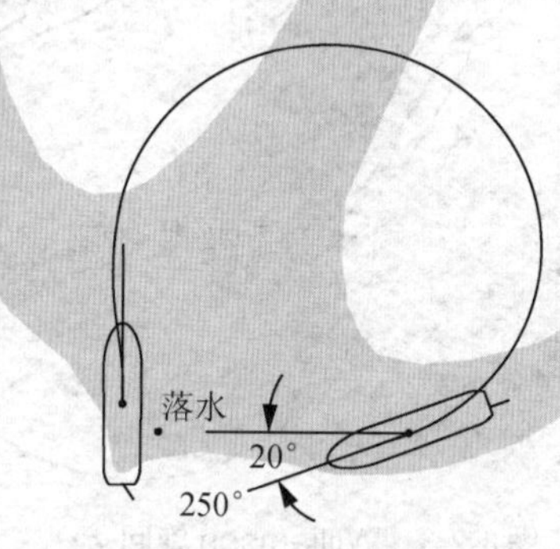

图8-2-1 单旋回

该法是救助刚刚落水者而紧急操船的最有效方法，驶近落水者的距离最短，救出人员的速度最快，救人的成功率也最高。它适用于上述的“立即行动”，但不适用于“延迟行动”和“人员失踪”。

（2）双半旋回

双半旋回（double turn）如图8-2-2所示，其操纵方法为：

①向落水者一舷操满舵，旋回180°并保持该航向航行；

②当落水者方位达正横后30°时再一次操满舵旋回180°；

③向落水者的上风处定向驶近，适时降速，接近落水者。

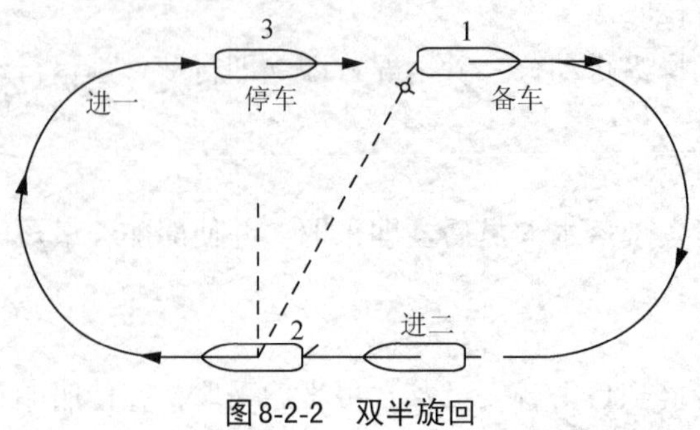

图8-2-2　双半旋回

该法也适用于上述的“立即行动”，但不适用于“延迟行动”和“人员失踪”，其操作比较复杂。

（3）Williamson旋回

Williamson旋回（Williamson turn）如图8-2-3所示，其操纵方法为：

①向落水者一舷操满舵；

②当转向角达到60°时操相反一舷满舵；

③船首距原初始航向的相反航向差20°时回舵；

④把定在初始航向的相反航向上向前搜索，发现落水者适时进行停船操纵以接近落水者。

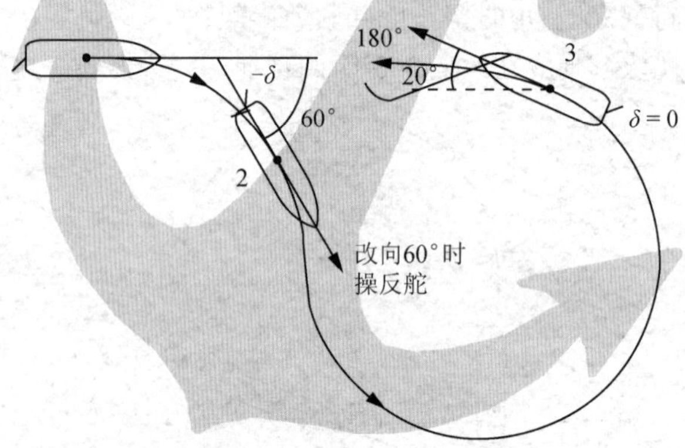

图8-2-3　Williamson旋回

该法能够使船舶准确地回到落水者的位置，是夜间或能见度不良时有效地接近落水者的操船方法，但该法所需时间较长，它最适用于上述的“延迟行动”。

（4）Scharnow旋回

Scharnow旋回（Scharnow turn）如图8-2-4所示，其操纵方法为：

①向任一舷操满舵；

②当船舶改向达240°时操另一舷满舵；

③船首距原初始航向的相反航向差20°时回舵；

④把定在初始航向的相反航向上向前搜索，发现落水者适时进行停船操纵以接近落水者。

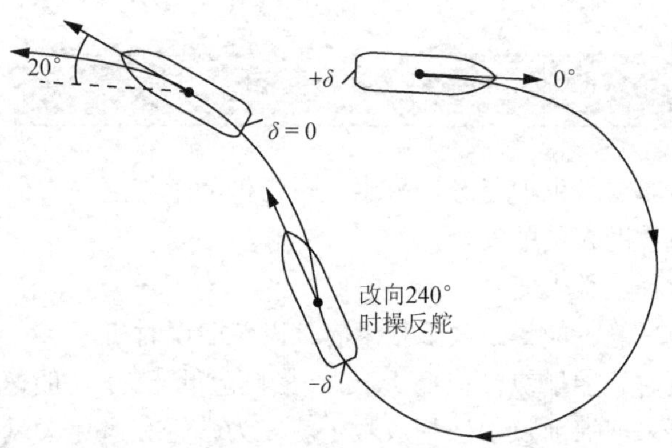

图8-2-4　Scharnow旋回

该法返回原航向不够准确，不适用于人员落水后立即行动，但该法在人员失踪时采用，其旋回距离短，可节约时间。与 Williamson旋回相比， Scharnow旋回可以节省1～2 n mile的航程，如图8-2-5所示。

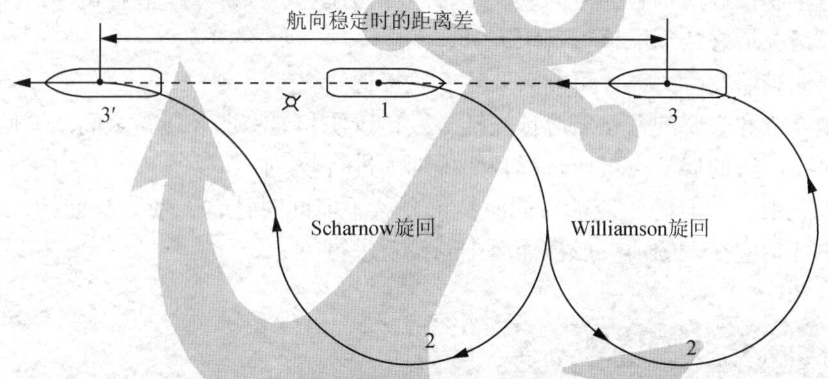

图8-2-5　Williamson旋回和Scharnow旋回的比较

在不同的情况下应选择前述最适用的接近落水者的操船方法。发现落水者较早并可视认时，可采用单旋回或双半旋回；发现落水者尚及时但采取行动较晚、落水者难以视认时，应采用 Williamson旋回；而Scharnow旋回则适用于人员失踪 。 表8-2-1列出了上述四种操船方法的适用情况。

表8-2-1　四种操船方法

	立即行动	延迟行动	人员失踪
单旋回	适用	不适用	不适用
双半旋回	适用	较适用	不适用
Williamson旋回	适用(但耗时过长)	最适用	适用(但耗时过长)
Scharnow旋回	不适用	不适用	适用

三、在恶劣天气下释放救助艇或救生艇筏的操船注意事项

航行中释放救生艇或救助艇是救助落水人员常做的工作之一，但应按照有关规定和要求释放，以确保艇上救助人员的安全。

可以按下列要求释放救生艇：

（1）如海面较为平静，应尽早放下救生艇，以免贻误时机。

（2）释放救生艇时，船舶纵倾应低于10°，横倾应低于20°，船速应不高于5 kn。恶劣天气情况下，船舶可采取滞航操船法释放救生艇。为减轻和避免大风浪中救生艇的摇摆及与大船的碰撞，可用止荡索、碰垫和艇篙。

（3）救生艇落至水面时，最好为对水静止状态。在脱钩之前应将系船索系妥，前后应同时脱钩。若不能同时脱钩，应先脱后吊钩，后脱前吊钩。

（4）如海面有风、浪，应将船舶驶至落水者的上风侧，释放下风舷救生艇。

（5）救生艇接近落水者的方向取决于相对漂移速度、风况及事故种类等情况：

①一般情况最好从下风接近落水人员；

②如果遇难船发生火灾，可能需要从上风接近。

（6）抛绳枪和必要的系艇索应预先准备好，以便和遇险船、艇筏之间系缆使用。

（7）对在舷边的遇险人员应选择在船中部为进行救助。

（8）大风浪中收艇时，应前后同时挂钩，若不能同时挂钩，应先挂前钩，后挂后钩。船舶横摇中挂钩应在大船由一舷横摇至中间位置进行。

四、弃船准备和弃船应急措施

当船舶发生碰撞、触礁等事故，经积极抢救无效，事态恶化，确已无法保全船舶，并将危及船上人员的生命安全时，船长经周密和最终的考虑后，可以决定弃船并发出弃船警报信号和遇险求救信号。但是，除紧急情况外，弃船应报经船舶所有人同意。

当听到弃船警报信号后，除“途中固定值班人员”外，全体人员应立即穿着救生衣，按应变部署规定的职责到艇甲板做好准备工作，待命放艇。在弃船前应着重做好以下几个方面的准备工作：

（1）电台负责人应在发出弃船警报信号后，仍在电台值守，发出遇险求救信号，同时做好弃船的准备工作，直到得到船长通知后撤离 。

（2）机舱固定值班人员在听到弃船警报信号后仍应坚守岗位按令操作，在得到完车的通知后，在轮机长的领导下，抓紧做好锅炉熄火放汽、关停发动机和机舱内正在运转中的其他一切设备、关闭海底阀和各个应急遥控油阀等弃船安全防护工作，再携带规定物品撤离机舱登艇。

（3）按应急部署表的规定，由专人做好下列工作：

①降下国旗并携带登艇；

②销毁秘密以上等级的文件；

③由专人分别携带航海日志、轮机日志、电台日志和电台执照、车钟记录簿、出事地点及附近的有关海图、船舶证书、船员名册和旅客名册、救生艇电台、雷达应答器、望远镜、救生圈、手持式无线电对讲机、现金和账册、货运单证等物品登艇。

④封闭油舱在甲板上的呼吸口，以免船舶沉没后燃油溢出污染海洋环境。

（4）放艇前，艇长应检查的工作：

①艇底塞是否塞牢。

②淡水、食品是否充足。

③机动艇燃油柜是否装满燃油，发动机试车是否正常。

④各种属具是否齐全。

⑤各种吊艇装置的技术状态是否良好。

⑥是否准备好艇的首尾系缆。

⑦船边有无影响艇筏降落的障碍物。

（5）放艇前，船长应向艇长告知下列事项：

①本船遇难地点；

②发出的遇险求救信号是否有回答；

③可能遇救的时间、地点；

④驶往最近陆地或交通线的航向、距离及其他有关指示 。

（6）做好放艇准备后，由船长下令放艇。放下救生艇或救生筏后，首先组织旅客安全离船登艇，然后安排船员有秩序地登艇，船长应在确信全船无任何人员后方可登艇离船。人员登艇后，应迅速在离难船200 m以外集合。

离船后，船长对全体船员和旅客仍保持有完全的责权。

第九章

轮机概论

本章学习目标

通过本章学习，能够了解船舶动力装置的工作原理，包括柴油机、汽轮机和燃气机，传动装置、主机遥控系统；了解船舶辅机，包括辅机组成，造水机、泵系统、舵机、发电机与配电系统、制冷与空调系统、减摇装置、污水处理装置、油水分离器、焚烧炉、甲板机械和液压系统；了解轮机术语、轮机值班原则与安排、载运危险品的轮机值班要求。

第一节 船舶动力装置

一、船舶动力装置的含义及组成

“船舶动力装置”是为了满足船舶航行、各种作业、人员的生活、财产和人员的安全需要所设置的全部机械、设备和系统的总称。

船舶动力装置主要由推进装置、辅助装置、管路系统、甲板机械、防污染设备和自动化设备、特种系统等组成。

（一）推进装置

推进装置是指发出一定功率、经传动设备和轴系带动螺旋桨、推动船舶并保证一定航速前进的设备。它是船舶动力装置中最重要的组成部分，包括：

（1）主机：推动船舶航行的动力机械，如柴油机、蒸汽机、燃气轮机等。

（2）传动设备：其功用是隔开或接通主机传递给传动轴和推进器的功率，同时还可使后者达到减速、换向和减震的目的。其设备包括离合器、减速齿轮箱和联轴器等。

（3）轴系：从发动机（机组）曲轴的动力输出法兰到螺旋桨之间的轴及其轴承统，称为传动轴系，简称轴系，包括传动轴、轴承、轴系附件等。

（4）推进器：能量转换设备，将主机发出的能量转换成船舶推力的设备，包括螺旋桨、喷水推进器、电磁推进器等。

绝大多数现代船舶使用的推进器是螺旋桨，通过其在水中旋转推动水流产生的推力推动船舶运动。

（二）辅助装置

辅助装置是除提供船舶推进装置所需能量以外，用以保证船舶航行和生活需要的其他各种能量的设备，包括：

（1）船舶电站：供给辅助机械及全船所需的电能，由发电机组、配电板及其他电气设备组成。

（2）辅助锅炉装置：一般提供低压蒸汽，以满足加热、取暖及其他生活需要。它由辅助锅炉及为其服务的燃油、给水、鼓风、配汽系统及管路、阀件等组成。

（3）压缩空气系统：供应全船所需的压缩空气，以满足作业、启动及船舶用气等用途。主要由空气压缩机、储气瓶、管系及其他设备组成。

（三）管路系统

管路系统用来连接各种机械设备并输送相关流体，由各种阀件、泵、滤器、热交换器等组成，它包括：

（1）动力管系：为推进装置和辅助装置服务的管路系统，主要包括燃油系统、滑油系统、海淡水冷却系统、蒸汽系统和压缩空气系统等。

（2）辅助管系：为船舶平衡、稳性、人员生活和安全服务的管路系统，也称船舶管系，主要包括压载水系统、舱底水系统、消防系统、日用海淡水系统、通风系统、空调系统和冷藏系统等。

（四）甲板机械

甲板机械是保证船舶航行、停泊、装卸货物需要所设置的机械设备，主要包括舵机、锚机、绞缆机、起货机、开关舱盖机械、吊艇机及舷梯升降机等。

（五）自动化设备

为改善船员工作条件，减轻劳动强度和维护工作量，提高工作效率以及减少人为操作错误所设置的设备，主要包括遥控、自动调节、监控、报警和参数自动打印等设备。

（六）特种系统

为某些特种船舶设计、装备的系统。如油船的原油/海水洗舱系统、浮式储油船的端点系泊系统、挖泥船的泥浆抽吸系统等。

二、柴油机

（一）柴油机的工作原理及特点

柴油机的基本工作原理是采用压缩发火的方式使燃油在汽缸内燃烧，用高温高压的燃气做工质，在汽缸中膨胀推动活塞往复运动，并通过“活塞-连杆-曲柄”机构将活塞的往复运动转变为曲轴的回转运动。燃油在柴油机汽缸中燃烧做功必须通过进气、压缩、燃烧、膨胀与排气五个过程才能实现，经过这五个过程就做功一次，也就完成了一个工作循环。柴油机的工作就是通过一个接一个的工作循环来实现的。

1. 四冲程柴油机的工作原理及特点

（1）四冲程柴油机的工作原理

如果柴油机工作循环的五个过程是通过进气、压缩、膨胀和排气四个冲程来实现的（曲轴转动两转），这种柴油机叫作四冲程柴油机。

图9-1-1所示的四个简图分别表示四个活塞冲程的进行情况以及活塞、曲轴、气阀等部件的有关动作情况。

①第一冲程——进气冲程

空气进入汽缸时相应的活塞冲程，如图9-1-1（a）所示。活塞从上止点（TDC）下行，进气阀a打开。由于汽缸容积不断增大，汽缸内的气体压力降低，由于进入汽缸的新鲜空气流经进气管、进气阀时存在一定的阻力，进气压力线（1-2）低于大气压力线P_0，依靠汽缸内气体压力与大气压力的压差，新鲜空气经进气阀被吸入汽缸。进气阀一般在活塞到达上止点之前一定角度即提前打开（曲柄位于点1），下止点（BDC）之后一定角度延迟关闭（曲柄位于点2）。曲柄转角φ_{1-2}（图中阴影线所占的角度）表示进气过程。

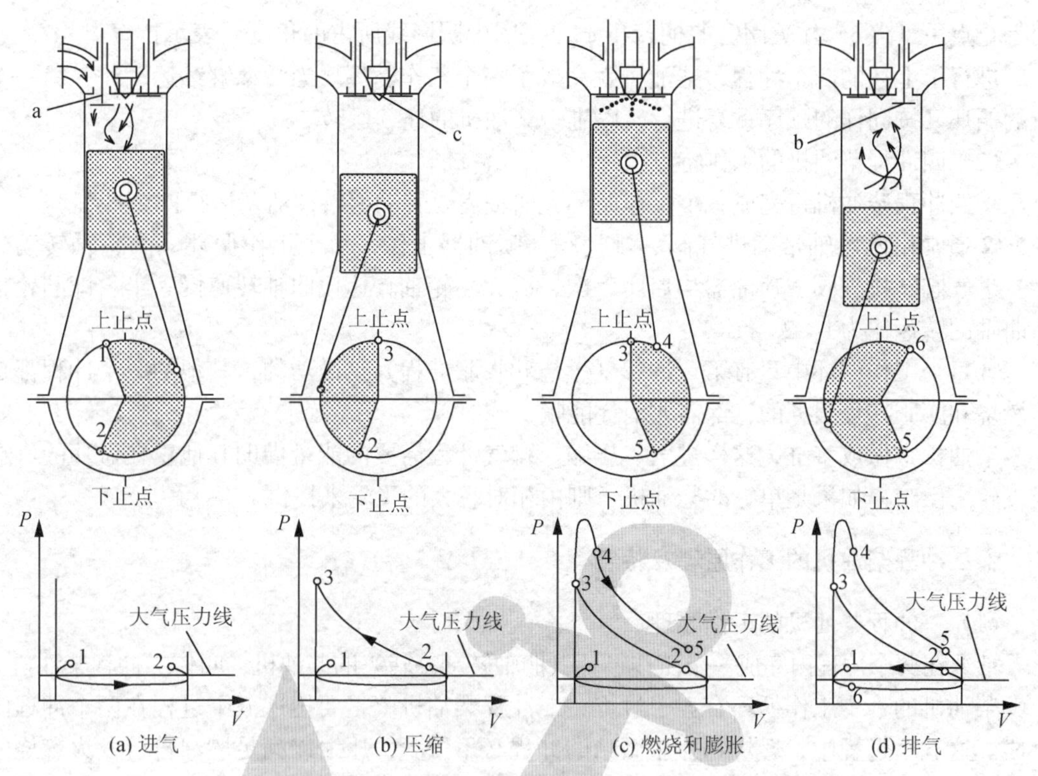

图9-1-1 四冲程柴油机工作原理图

②第二冲程——压缩冲程

工质在汽缸内被压缩时相应的活塞冲程，如图9-1-1（b）所示。活塞从下止点继续向上运动，自进气阀a关闭（点2）才开始压缩，一直到上止点（点3）为止。第一冲程吸入的新气经压缩后，压力增高到3 ~ 6 MPa，温度升高到600 ~ 700 ℃，此温度可以保证喷入汽缸的雾状燃油自燃（燃油的自燃温度为210 ~ 270 ℃）。在压缩过程的后期，由喷油器c喷入汽缸的燃油与高温空气混合、加热，并自行发火燃烧。曲柄转角 φ_{2-3}（图中阴影线所占的角度）表示压缩过程。

③第三冲程——燃烧和膨胀冲程

工质在汽缸内燃烧膨胀时相应的活塞冲程，如图9-1-1（c）所示。活塞在上止点附近，由于燃油强烈燃烧，使汽缸内的气体温度和压力急剧升高，压力为5 ~ 8 MPa，甚至高达15 MPa，温度为1400 ~ 1800 ℃或更高。此压力推动活塞下行，带动曲柄转动，从而输出机械功。膨胀一直到排气阀b开启时结束，曲柄转角 φ_{3-4-5}（图中阴影线所占的角度）表示膨胀过程。

④第四冲程——排气冲程

燃烧后的废气从汽缸内排出时相应的活塞冲程，如图9-1-1（d）所示。在上一冲程末活塞尚在下行，排气阀b开启，废气靠汽缸内外压力差经排气阀排出，废气的压力迅速下降。当活塞经下止点上行时，废气被活塞推挤出汽缸，此时的排气压力略高于大气压力，且是在压力基本保持不变的情况下进行的。为了尽可能将废气排除干净，排气阀一直延迟

到上止点后（点6）才关闭。曲柄转角 φ_{5-6}（图中阴影线所占的角度）表示排气过程。

进行了上述的四个冲程，柴油机就完成了一个工作循环。当活塞继续运动时，另一个新的循环又按同样的顺序重复进行，以维持柴油机的连续运转。

（2）四冲程柴油机的工作特点

①四冲程柴油机每完成一个工作循环，曲轴需要转动两转，活塞运行四个冲程。

②通常由凸轮轴带动进气阀、排气阀、喷油器工作，每个工作循环（凸轮轴转动一转）进气阀、排气阀、喷油器均启闭一次，因此凸轮轴转速比曲轴转速慢一半，即凸轮轴与曲轴的转速比为1∶2。

③每个工作循环中只有第三冲程（燃烧和膨胀冲程）是做功的，其他的三个冲程都是为燃烧和膨胀冲程服务的，都需要消耗能量。

柴油机常做成多缸，这样进气、压缩、排气冲程需要的能量借助其他正在做功的汽缸或飞轮来供给，如果是单缸的柴油机，则由相对较大的飞轮来提供。

2. 二冲程柴油机的工作原理及特点

（1）二冲程柴油机的工作原理

活塞在两个冲程内完成一个工作循环（曲轴转动一转）的柴油机，叫作二冲程柴油机。

柴油机的一个工作循环有五个过程，二冲程柴油机就是要把这五个过程在两个冲程内完成。这五个过程中，燃烧和膨胀做功的冲程必不可少，压缩以满足燃油自行发火燃烧的过程也非有不可。而进气和排气是燃烧和做功的辅助过程，柴油机只要能在很短的时间内完成进气和排气过程，就可在两个冲程内完成一个工作循环。

在四冲程柴油机中新气的吸入与废气的排出是靠活塞的抽吸和推挤作用完成的，在二冲程柴油机中没有单独的进气和排气冲程。因此，二冲程柴油机在结构上，必须在汽缸套下部开设气口，采用汽缸套扫气口-排气口，或采用汽缸套下部设扫气口-汽缸盖上部设排气阀的换气机构，而且还必须提高进气压力，使进气能从扫气口进入汽缸并将废气扫出汽缸。提高进气压力可以由机械驱动的鼓风机或由废气涡轮驱动的增压器来实现。这样，就可以把进、排气过程（扫气过程）缩减到下止点前后的部分活塞冲程中完成。

在柴油机中，我们把用增加进气压力来提高功率的方法称为柴油机的增压。为了实现柴油机的增压，必须在柴油机上装设一台压气泵，若压气泵由柴油机带动则称为机械增压。进气压力的提高会使柴油机消耗于压气泵的功增多，甚至当进气压力超过某一定值后，柴油机因其增加的功率几乎全部消耗在驱动压气泵上，因此，机械增压的进气压力都较低，一般不超过150 kPa，否则，将得不偿失。

如果将柴油机排出的废气送入涡轮机中，使涡轮机高速回转来带动一离心式压气机工作，从而提高进入柴油机的空气压力以实现增压，我们称这种增压方式为废气涡轮增压。目前，船用二冲程低速柴油机都采用废气涡轮增压的方式提高进气压力，图9-1-2为一种具有废气涡轮增压的二冲程柴油机的工作原理图。

废气涡轮增压的工作原理如下：

新气通过吸入口进入废气涡轮增压器（由废气涡轮和离心式压气机组成），经压气机压缩后新鲜空气的压力和温度升高，然后经冷却器冷却后导入进气管和扫气箱，经过汽缸下部的进气口进入汽缸；而废气则通过汽缸盖上的排气阀排出汽缸，废气经排气管后进入废气涡轮增压器的涡轮端，带动涡轮旋转从而驱动压气机一起工作，不断地将新鲜空气吸入压气机。

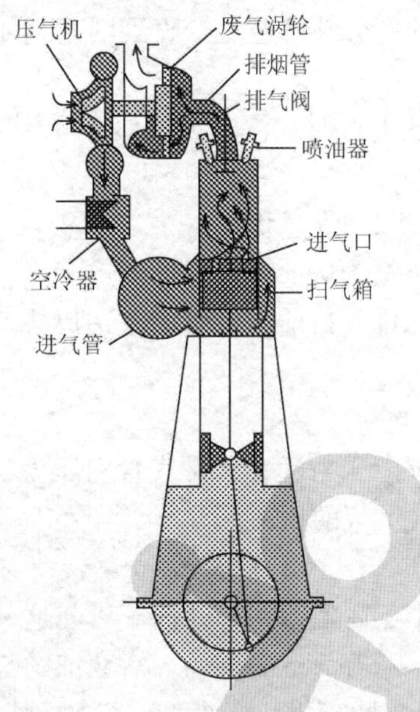

图9-1-2 废气涡轮增压扫气口-排气阀式二冲程柴油机工作原理图

图9-1-3为扫气口-排气口式二冲程柴油机的工作原理图，其工作过程如下：

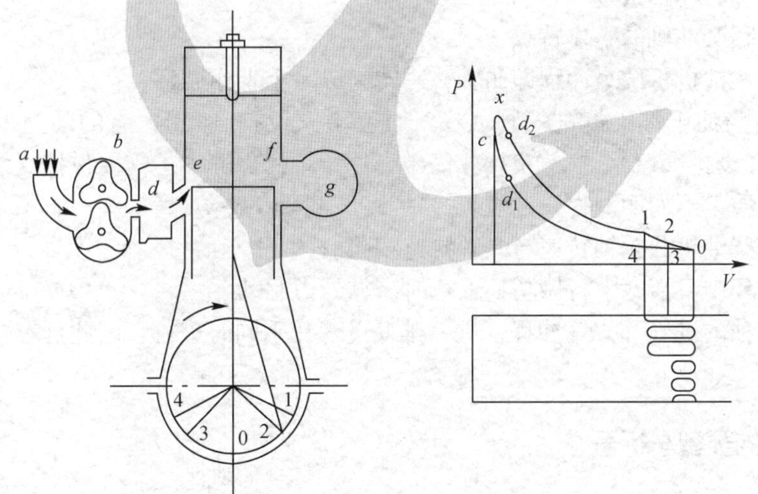

图9-1-3 扫气口-排气口式二冲程柴油机的工作原理图

①第一冲程：扫气和压缩过程

第一阶段——扫气（曲柄位置1-2-3）

在膨胀冲程中，活塞下行，先将排气口打开（曲柄位于点1），汽缸内的废气经排气口泄入排气管（自由排气），当汽缸内压力降至接近扫气压力时，活塞继续下行把扫气口打开（曲柄位于点2），同时扫气泵压送的新鲜空气经扫气口进入汽缸，把汽缸内的废气通过排气口挤出（强行排气）。一直到活塞经下止点并转向上行把扫气口关闭为止（曲柄位于点3）。

第二阶段——过后排气

活塞继续上行，并把排气口关闭（曲柄位于点4），其间汽缸内气体继续经排气口排出汽缸外，损失了进入汽缸内的部分新鲜空气，直到活塞封闭排气口为止（过后排气）。

第三阶段——压缩

当活塞关闭排气口并继续上行时，汽缸内气体才受到活塞的压缩（曲柄位置从点4到上止点）。

②第二冲程：做功、排气和扫气过程

第一阶段——做功（曲柄位置从上止点附近到点1）

活塞从上止点下行到打开排气口前，汽缸内是边燃烧边膨胀的过程，燃气推动活塞下行做功。

第二阶段——自由排气

活塞打开排气口时，汽缸内压力远大于排气管内压力，废气经排气口迅速排出，汽缸内气体压力下降至稍低于扫气空气的压力。

第三阶段——扫气

活塞继续下行并经过下止点后上行到打开扫气口前这一阶段。

从膨胀冲程终止后开始，随着活塞的移动，活塞依次打开排气口（点1）、打开扫气口（点2）、到达下止点（点0）、关闭扫气口（点3）、关闭排气口（点4），到压缩冲程开始前结束，这是废气排出汽缸，新鲜空气进入汽缸进行清扫的过程，不占有单独的冲程，称为换气过程，又称为“扫气过程”。

（2）二冲程柴油机的工作特点

①二冲程柴油机每两个冲程即曲轴转一转完成一个工作循环。

②二冲程柴油机都不设进气阀（在汽缸套上开设扫气口），有的甚至也不设排气阀（在汽缸套上开设排气口），换气机构较简单，便于维修保养，但需要设扫气泵来提高进气压力，且换气质量不如四冲程柴油机。

③二冲程柴油机凸轮轴转速与曲轴转速相同。

④工作循环中，活塞下行做功，上行时需靠外力驱动。

⑤没有单独的进气和排气冲程，进、排气过程几乎同时进行，因此具有较大的进排气重叠角。

（二）柴油机的类型与标号

1. 柴油机的类型

由于柴油机用途不同，柴油机的类型很多。通常有以下几种分类方法：

（1）四冲程柴油机和二冲程柴油机

按工作循环可分为四冲程柴油机和二冲程柴油机两类。柴油机的一个工作循环包括进气、压缩、燃烧、膨胀、排气5个过程，这5个过程紧密关联，缺一不可。四冲程柴油机曲轴转两转（活塞运动4个冲程）完成一个工作循环，而二冲程柴油机曲轴转一转（活塞

运动2个冲程）完成一个工作循环。

（2）低速、中速和高速柴油机

柴油机的速度可以用曲轴转速n（r/min）或活塞平均速度C_m（m/s）表示。

按转速分类一般为：

低速柴油机：$n≤300$ r/min；$C_m=6.0 \sim 7.2$ m/s

中速柴油机：$300 < n≤1000$ r/min；$C_m = 7.0 \sim 9.4$ m/s

高速柴油机：$n > 1000$ r/min；$C_m=9.0 \sim 14.2$ m/s

（3）筒形活塞式柴油机和十字头式柴油机

按柴油机的结构特点分类，可以分为筒形活塞式柴油机和十字头式柴油机。图9-1-4（a）为筒形活塞式柴油机的示意图，它的活塞1通过活塞销2直接与连杆3相连。这种结构的优点是结构简单、体积小、重量轻。它的缺点是由于运动时有侧推力，活塞与汽缸的磨损较大。中、高速柴油机一般采用此结构。

图9-1-4（b）所示为十字头式柴油机。它的活塞1设有活塞杆2，通过十字头3与连杆6相连接，并在汽缸下部设中隔板将汽缸与曲轴箱隔开。当柴油机工作时，十字头的滑块4在导板5上滑动，侧推力由导板承受，十字头式柴油机活塞只做往复运动，活塞不起导向作用，活塞与缸套之间没有侧推力作用。中隔板可防止燃烧产物落入曲柄箱而污染润滑油，有利于劣质燃油的使用和采用增压技术，因而功率大、工作可靠、使用寿命长。但它的重量和高度增大，结构也较复杂。目前大型低速二冲程柴油机采用这种结构，常作为船舶主机使用。

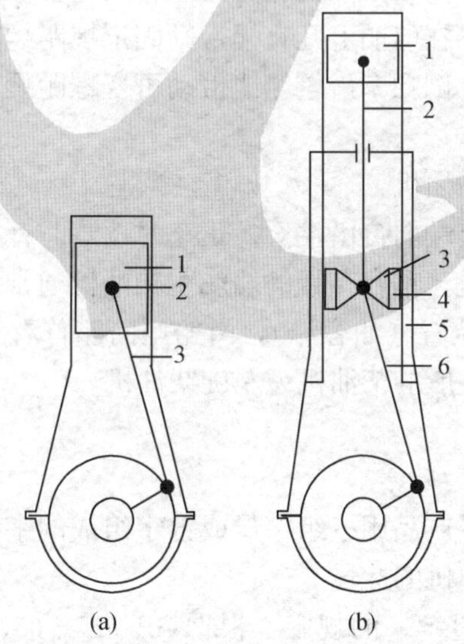

图9-1-4　筒形柴油机和十字头柴油机

（4）直列式柴油机和V形柴油机

船用柴油机通常为多缸柴油机。多缸柴油机的汽缸排列可以有直列式、V形、W形等。船用柴油机均为直列式与V形两种（如图9-1-5所示）。直列式柴油机的汽缸数因曲轴刚度和安装上的限制一般不超过12缸。当柴油机缸数超过12缸时通常采用V形。它具有两列汽缸，其中心线夹角呈V形，并共用一根曲轴输出功率。V形机的汽缸数可达18缸甚至24缸，汽缸夹角通常为90°、60°或45°。V形机具有较高的单机功率和较小的比重量（柴油机净重量与标定功率的比值），主要用在中、高速柴油机中。

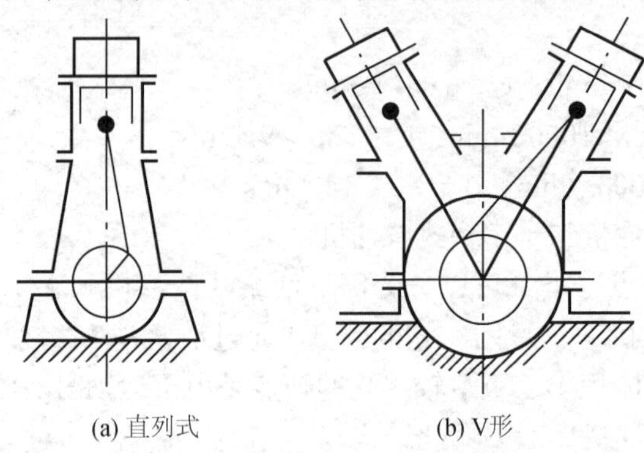

(a) 直列式　　(b) V形

图9-1-5　直列式柴油机和V形柴油机

（5）增压柴油机和非增压柴油机

在柴油机中，用增加进气压力来提高功率的方法称为柴油机的增压。增压柴油机和非增压柴油机的主要区别在于进气压力的不同，增压柴油机的进气压力较高，而非增压柴油机的进气压力是大气压力。

（6）可逆转柴油机和不可逆转柴油机

可由操纵机构改变自身转向的柴油机称为可逆转柴油机。曲轴仅能按同一方向旋转的柴油机称为不可逆转柴油机。在船舶上凡直接带动固定螺距螺旋桨的柴油机均为可逆转柴油机；凡带有倒顺车离合器、倒顺车齿轮箱或带动可变螺距螺旋桨的柴油机以及船舶发电柴油机均为不可逆转柴油机。

（7）左旋柴油机和右旋柴油机

观察者由柴油机功率输出端向自由端看，正车时按顺时针方向旋转的柴油机称右旋柴油机，反之则称为左旋柴油机。单台布置的船舶主柴油机通常为右旋柴油机。某些采用双机双桨推进装置的船舶推进装置（如客船），由船尾向船首看，布置在机舱右舷的柴油机为右旋柴油机，布置在机舱左舷的柴油机为左旋柴油机。

2. 船用柴油机的标号

每一柴油机制造厂都将其产品用一组字母或数字组成的字符串来命名柴油机，以便于用户选择柴油机，这便是柴油机的标号。

我国曾对柴油机标号做过统一的规定，根据GB 725—65，柴油机的型号由数字和汉语拼音的首位字母组成，如6ESDZ43/82B型柴油机各字符表示意义如下：

6——汽缸数为6；

E——二冲程；

S——十字头式；

D——可倒转；

Z——增压；

43——缸径为43 cm；

82——冲程为82 cm；

B——机型发展顺序号。

根据资料统计，目前世界船用低速柴油机市场仍被MAN B &W、Wärtsilä New Sulzer和日本三菱重工三大公司垄断。

表9-1-1列出了船用柴油机的标号。

表9-1-1 柴油机的标号

生产厂家	机型及标号含义		技术特征
国产船用柴油机	6ESDZ43/82B	6——汽缸数 ESDZ——技术特征 43/82——汽缸直径(cm)/活塞行程(cm) B——改进型号	E——二冲程 S——十字头式 D——可逆转 Z——增压
MAN B&W	6L(S)60MC/MCE	6——汽缸数 L——冲程形式(L——长冲程，S——超长冲程) 60——汽缸直径(cm) MC/MCE——技术特征	MC——二冲程、十字头式、等压增压 E——经济型
Wärtsilä New Sulzer	6RTA52U	6——汽缸数 RT——技术特征 52——汽缸直径(cm) A——机型发展型号 U——改进型号	R——焊接结构、二冲程、十字头式 T——超长冲程、直流扫气
三菱重工	6UEC85/160D	6——汽缸数 UEC——技术特征 85/160——汽缸直径(cm)/活塞行程(cm) D——改进型号	U——二冲程、直流扫气 E——废气涡轮增压 C——十字头式

三、蒸汽机

利用锅炉产生的蒸汽来工作的机器叫作蒸汽机。蒸汽机分为往复式蒸汽机和蒸汽轮机两种。往复式蒸汽机是利用蒸汽的压力来推动活塞做往复运动，再通过连杆将活塞的往复运动变为曲轴的回转运动。蒸汽轮机俗称透平机，它利用蒸汽的动能来转动叶轮从而使轴作回转运动。

往复式蒸汽机最早应用于海船。1807年，美国人富尔顿在“克莱蒙特”号船上用蒸汽机驱动装在两舷的明轮，在哈德逊河上航行成功。从此机械力开始代替自然力，船舶的发展进入新的阶段。后来随着其他发动机的出现，因往复式蒸汽机经济性差、体积和重量大而被取代。蒸汽轮机自装船使用以来，由于受柴油机的挑战，一直发展比较慢。主蒸汽轮机虽然单机功率大、运转平稳、摩擦和损失小、噪声小，但其装置的热效率低，要配置重量和尺寸较大的锅炉、冷凝器、减速齿轮装置以及其他辅助机械，因此装置的总重量和尺寸均较大，这就限制了它在中小船舶上的应用。然而近年来，由于新技术、新工艺的应用，蒸汽轮机和锅炉的效率得到了提高，不少资料表明，在功率超过22000 kW和船速超过20 kn时，蒸汽轮机动力装置的优越性更为突出。

蒸汽轮机动力装置由锅炉、汽轮机、冷凝器、轴系、管系及其他有关机械设备组成。

四、燃气轮机

利用燃料燃烧产生的燃气去推动叶轮回转的机器称为燃气轮机。采用燃气轮机作为主机的动力装置称为燃气轮机动力装置。

英国在1947年，首先将航空用的燃气轮机改型应用于船舶。到了20世纪60年代，燃气轮机被确认为舰艇合适的推进动力而得到迅速推广，到20世纪70年代已成为舰艇中的主要推进动力之一。对于商船，因经济性要求高，燃气轮机的应用发展较慢。

五、传动装置

（一）传动装置的组成和作用

从发动机（机组）曲轴的动力输出法兰到螺旋桨之间的装置统称为传动装置。由传动设备和轴系组成。

1. 传动设备

传动设备的功用是隔开或接通主机传递给传动轴和推进器的功率，同时还可达到使后者减速、换向和减震的目的。其设备包括离合器、减速齿轮箱和联轴器等。

2. 轴系

从发动机（机组）曲轴的动力输出法兰到螺旋桨之间的轴及其轴承统称为传动轴系，简称轴系。其作用是把柴油机曲轴的动力矩传给螺旋桨，以克服螺旋桨在水中转动的阻力矩，同时又把螺旋桨产生的推力传给推力轴承，以克服船舶航行中的阻力。主要组成如下：

（1）传动轴：包括推力轴（有的柴油机把推力轴和曲轴造为一体）、中间轴和尾轴。

（2）轴承：推力轴承（有的柴油机推力轴承设在柴油机机座内）、中间轴承和尾轴承。

（3）轴系附件：主要包括润滑、冷却、密封设备等。

图9-1-6为一大型低速柴油机直接传动轴系的组成简图。

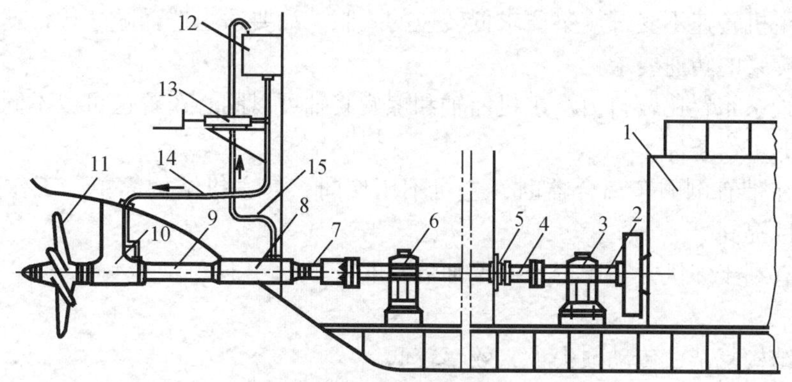

图9-1-6 轴系组成简图

1—主机；2—推力轴；3—推力轴系；4—中间轴；5—隔舱填料箱；6—中间轴承；7、9—尾轴(螺旋桨轴)；8—尾轴管；10—人字架；11—螺旋桨；12—尾轴油柜；13—尾轴润滑油泵；14—进油管；15—回油管

(二) 船舶推进装置的传动方式

由于船舶用途、航区和推进性能的不同，推进装置所采用的传动方式也不一样。按将功率传递到螺旋桨的方式，一般可分为直接传动、间接传动和特殊传动。

1. 直接传动

直接传动是主机直接通过轴系把功率传给螺旋桨的传动方式。在这种传动方式中，无论任何工况下，螺旋桨和主机始终具有相同的转向和转速。直接传动一般适用于大型低速柴油机。

优点：

(1) 结构简单，维护管理方便。只要安装时定位准确，平时管理中注意润滑冷却，一般不会出现大问题。

(2) 经济性好，传动损失少，传动效率高。主机多为耗油率低的大型低速柴油机。螺旋桨转速较低，推进效率较高。

(3) 工作可靠，寿命长。

缺点：

整个动力装置的重量、尺寸大；要求主机有可反转性能，其机动性差；非设计工况下运转时经济性差；微速航行受到主机最低稳定转速的限制。

2. 间接传动

间接传动是主机和螺旋桨之间的动力传递除经过轴系外，还经过某些特设的中间环节（离合器、减速器等）的一种传动方式。在这种传动方式中，主机转速与螺旋桨转速有差别或保持一定的速比。这种传动方式多用于中小型船舶以及以大功率中速柴油机、汽轮机和燃气轮机为主机的大型船舶。

优点：

（1）主机转速不受螺旋桨要求低转速的限制。只要适当选择减速比，就可使主机的转速适应螺旋桨的转速要求。

（2）轴系布置比较自由。主机曲轴和螺旋桨轴可以同心布置也可以不同心布置，以改善螺旋桨的工作条件。

（3）在带有倒顺车离合器时，主机不用换向，使主机结构简单，工作可靠，管理方便，机动性提高。

（4）有利于多机并车运行及设置轴带发电机。

缺点：

轴系结构复杂，传动损失大，效率较低。

3. 特殊传动

特殊传动是与直接和间接传动不同的一种传动方式。它通常是指Z型传动、电力传动、可调螺距螺旋桨传动、液压马达传动、喷水推进器传动装置等。下面简要介绍电力传动和Z型传动。

（1）电力传动

电力传动是主机驱动主发电机，将发出的电供到主配电板，再由主配电板供电给主电动机，从而驱动螺旋桨运转的一种传动方式（如图9-1-7所示）。电力传动主要用于破冰船、拖船、渡船等。

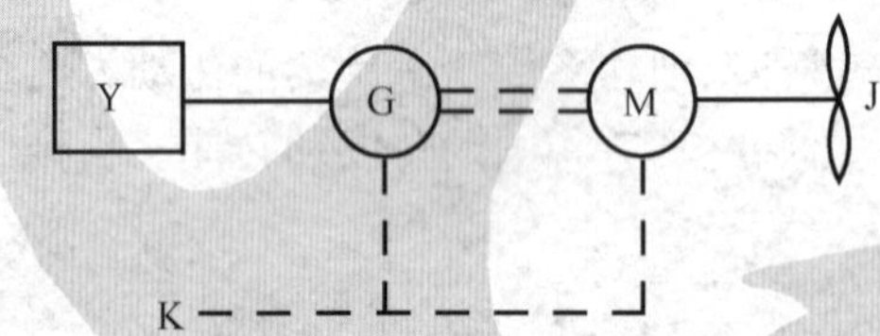

图9-1-7　电力推进装置简图

Y—原动机；G—发电机；M—电动机；J—螺旋桨；K—控制设备

优点：

①主机和螺旋桨之间没有机械联系，可省去中间轴及轴承，机舱布置灵活；

②主机转速不受螺旋桨转速的限制，可选用中、高速柴油机，并可在柴油机恒定转速下调节电动机转速，使螺旋桨转速得到均匀、大范围的调节；

③螺旋桨反转是靠改变主电动机（直流）电流方向来完成的，倒车功率大，操纵容易，反转迅速，船舶机动性能提高；

④电动机对外界负荷的变化适应性好，甚至可以短时间堵转。

缺点：

①需要经过机械能变电能、电能变机械能两次能量转换，传动效率低；

②增加了主发电机及主电动机，使动力装置总的重量和尺寸增加，造价和维护费用提高。

（2）Z型传动

Z型传动装置（如图9-1-8所示）又称悬挂式螺旋桨装置。螺旋桨可绕垂直轴做360°回转。

优点：

①操纵性能好。螺旋桨的推力方向可以自由变化，使船舶操纵性能优于其他传动方式，特别是采用两台主机，而每台分别带动一个Z型传动装置时，可以使船舶原地回转、横向移动、快速进退以及微速航行等。

②可以省掉舵、尾柱和尾轴管等结构，使船尾形状简单，船体阻力减少。

③可以使用重量轻体积小的中、高速柴油机，而不需要单独的减速齿轮装置，不需要主机有换向机构，可以延长柴油机使用寿命。

④由于这种传动装置是垂直悬挂在船尾，可由船尾部甲板开口处吊装，检修不用进坞，可大大缩短修理时间。

尽管如此，由于结构上的原因，传递功率受到一定限制，仅适用于小型船舶，特别适用于港作船和在狭窄航道中航行的船舶。

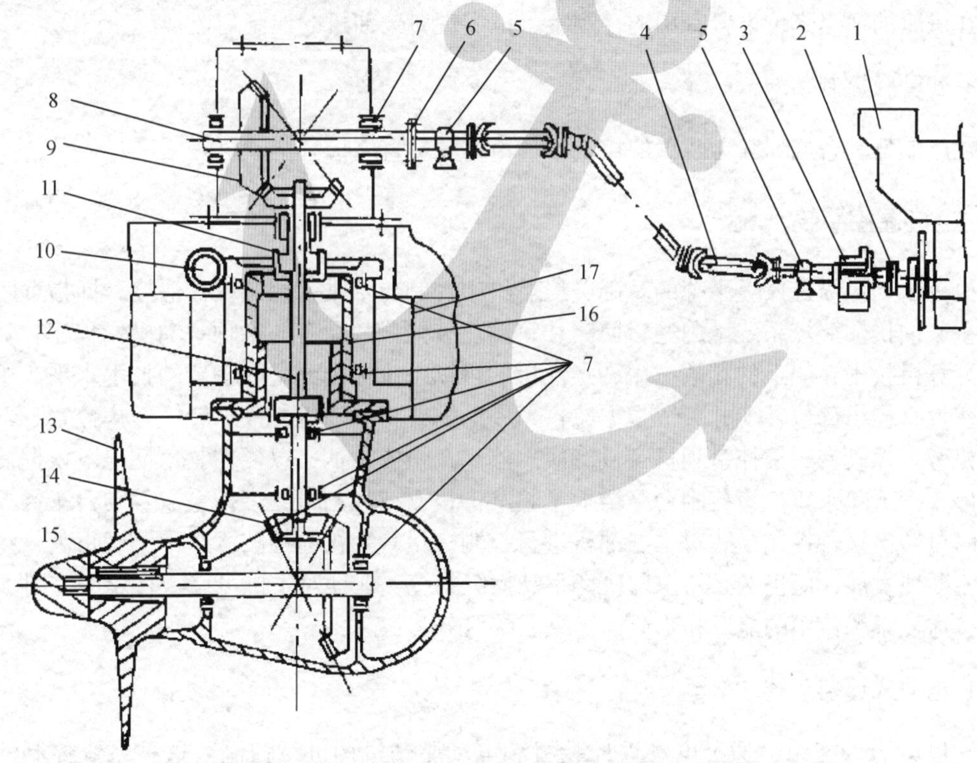

图9-1-8　Z型传动装置结构原理图

1—主机；2—联轴器；3—离合器；4—带有万向节的传动轴；5—滑动轴承；6—弹性联轴节；7—滚动轴承；8—上水平轴；9—上部螺旋锥齿轮；10—蜗轮蜗杆装置；11—齿式联轴器；12—垂直轴；13—螺旋桨；14—下部螺旋锥齿轮；15—下水平轴；16—旋转套筒；17—支架

六、主机遥控系统

随着船舶自动化技术和电子技术的不断发展，船舶自动化程度越来越高，船舶主机操纵日趋自动化、遥控化、智能化，近年来新造船舶主机都是遥控操作的。

（一）主机操纵系统

按操纵位置，主机的操纵系统可分为：

1. 机旁手动操纵

操纵台设在机旁，使用相应的控制机构操纵柴油机满足各种工况下的需要。

2. 机舱集控室控制

在机舱的适当部位设置专用的控制室，以实现对柴油机的控制与监视。

3. 驾驶台控制

在船舶驾驶台或驾驶台两翼的控制台上由驾驶员直接控制柴油机。

（二）主机遥控系统

机旁手动操纵是操纵系统的基础。机舱集中控制与驾驶台控制统称遥控，即指远距离操纵主柴油机。遥控系统是用逻辑回路和自动化装置代替原有的各种手动操作程序。随着电子计算机技术在船上的有效应用，柴油机的操纵系统提高到了一个新的技术水平。机舱集控室设有操纵部位转换开关，根据航行条件的需要将柴油机的操纵转换至集控室、驾驶台和机旁。驾驶台、集控室和机旁设有应急停车按钮或手柄，以便在紧急情况下根据需要立即停车。近年来集控室控制台又增加了主柴油机支持控制，在集控室或驾驶台车钟控制失灵时可转至该种控制模式对主柴油机进行控制。尽管主机遥控技术水平已经很高，将来还会不断地发展，但仍然必须保留机旁手动操纵系统，保证对主机可靠、有效地控制。

按遥控系统使用的能源和工质，操纵系统可分为：

1. 电动式遥控系统

它以电力为能源，通过电动遥控装置和电动驱动机构进行控制。这种系统控制性能好，控制准确，适于远控，设备简单，易于实现较高程度的自动化，但对管理水平要求高。

2. 气动式遥控系统

它以压缩空气作为能源，通过气动遥控装置和气动驱动机构进行控制。压缩空气为经过减压、净化处理的控制空气。信号传递距离较远，一般在100 m以内可满足系统的控制要求。信号传递受温度、振动及电气的干扰小，动作可靠、维护方便。但对气源的净化处理要求高，净化处理不当会使气动元件失灵。

3. 液力式遥控系统

该系统的优点是结构牢固，工作可靠，传递力较大，但易受惯性和液压油黏性的影响而降低传动的灵敏性和准确性。因此这种系统只限于机舱范围内控制，一般不适于远距离传递。

4. 混合式遥控系统

如电-气混合式、电-液混合式、电-气-液混合式遥控系统等。从驾驶台到机舱采用电传动，机舱内系统采用气动或液动。混合式遥控系统具有上述各种系统的优点，目前在船上应用较广泛。

5. 微型计算机控制系统

在常规的遥控系统中，程序控制等功能是通过各种典型环节的控制回路来完成的。微型计算机控制系统是通过对执行功能进行软件设计，用一个计算机执冲程序取代常规遥控系统的控制回路，用软件取代硬件程序。微型计算机在执行时将根据从接口输入的指令和表征柴油机实际运行状态的各种信息进行综合判断和运算，得出需要的控制信息并经输出接口去控制操纵系统的执行元件，实现对柴油机的操纵。这种控制系统体积小、功能强，可实现最佳状态、最经济性控制，是当代向综合性自动化发展的主要目标和方向。通常，在远距离遥控系统中多采用电传动，近距离多采用液力或气力传动。

主机遥控系统的功能除了根据车钟指令通过各种逻辑回路和自动装置等完成主机启动、换向、调速和停车等的程序操作外，还必须具有重复启动、慢转启动、负荷程序、应急停车、自动避开临界转速、故障自动减速或停车、紧急倒车等辅助功能。但柴油机备车时各系统状态检查和准备等均由轮机人员在机舱内操作，当备车程序完成后再转换至驾驶台遥控。驾驶台值班驾驶员必须对遥控系统进行效用试验，结果符合要求方可对船舶进行操纵。

第二节 船舶辅机常识

一、船舶辅机组成

习惯上我们把除动力装置和推进装置之外的其他机械设备统称为船舶辅机，意为辅助

机械。船舶辅机主要包括船用泵、甲板机械、辅锅炉、防污染设备、海水淡化装置、船舶制冷与空调装置、减摇装置等。

1. 船用泵

泵是把能量传递给液体的一种机械。船上有很多种泵，如水泵、油泵等，用途广泛，船上有很多设备离开泵就不能正常工作。

2. 甲板机械

甲板机械包括船舶舵机、起货机、起锚机、系缆机以及滚装船上的开门与跳板控制设备等。所有甲板机械对于船舶的营运性能和航行安全都有十分重要的意义。甲板机械也在朝着自动化的方向发展。

3. 船舶辅锅炉

船舶锅炉是船舶上的汽源。在蒸汽动力的船舶上，蒸汽用来产生船舶的推力，这种锅炉称之为主锅炉。主锅炉是蒸汽动力船舶的动力设备，不能划在船舶辅机之列。在非蒸汽动力的船舶上，锅炉产生的蒸汽主要用于油、水的加热、炊事和消防等方面，这种锅炉称之为辅锅炉，是船舶辅机之一。

4. 防污染设备

船上常用的防污染设备有油水分离器、生活污水处理装置、焚烧炉等。油水分离器用于分离船舶污水中的油分；生活污水处理装置用于净化船舶上产生的生活污水；焚烧炉用于焚烧船舶上产生的垃圾和废油。

5. 海水淡化装置

船舶在航行中需要消耗大量的淡水。淡水主要用于设备的冷却、锅炉的消耗和船员生活日用。远洋船舶航线长，携带大量淡水不仅会影响营运吨位，也存在淡水变质的问题。通常的做法是携带部分淡水用于饮用和淋浴。其他用途淡水产自于海水淡化装置。远洋运输船舶一般装设一台或几台海水淡化装置。

6. 船舶制冷与空调装置

制冷设备向船舶提供“冷源”，以便冷藏食品和进行空气调节。目前，除了一般船舶上所用冷藏食品的小型冷库外，还有专门用来运输冷藏货物的冷藏船和液化气船。

7. 减摇装置

为了减小船舶的摇晃，在船舶设计与建造中，都装设了必要的减摇装置。减摇装置是一种用来产生外加稳性力矩，使船舶摇摆减缓的装置。目前船舶采用的减摇装置有舭龙骨、减摇鳍、减摇水舱等。

二、船用泵

在自然状态下液体总是从高处向低处流动，且液体在管路中流动还要克服管路阻力而损失一部分能量，所以如果要将液体从低处向高处输送，就得向液体提供能量。向液体提供机械能（包括位能、动能和压力能三种形式）并输送液体的机械称为泵。在船上经常需要用泵来输送海水、淡水、污水、滑油和燃油等各种液体。

（一）按用途分类

泵是用来提高液体机械能的设备，根据泵在船上的用途，可大致分为以下几类：

1. 主动力装置用泵

对柴油机来说，其使用的泵一般有主海水泵、缸套冷却水泵、油头冷却泵、滑油泵、燃油供给泵以及燃油驳运泵和滑油驳运泵等。

2. 辅助装置用泵

辅助装置用泵包括：柴油发电机的海水泵和淡水泵，辅锅炉装置用的给水泵、燃油泵，制冷装置用的冷却水泵，海水淡化装置用的海水泵、凝水泵，舵机或其他液压甲板机械用的液压泵等。

3. 船舶安全及生活设施用泵

船舶安全及生活设施用泵主要有：调驳压载水的压载泵，将舱底积水驳出舷外的舱底泵，提供消防及甲板、锚链冲洗用水的消防水泵，提供生活用水的日用淡水泵、日用海水泵（卫生水泵）和热水循环泵，通常还有兼作压载、消防、舱底水泵用的通用泵。

4. 特殊船舶专用泵

某些特殊用途的船舶，还需设有为其特殊营运要求而专门设置的泵，例如：油船用于装卸货油的货油泵，挖泥船用于抽吸泥浆的泥浆泵，深水打捞船上的打捞泵，喷水推进船上的喷水推进泵，无网捕鱼船的捕鱼泵等。

（二）按工作原理分类

按工作原理，船用泵主要有以下几类：

1. 容积式泵

容积式泵是通过工作部件的运动使工作容积周期性地增大和缩小而吸排液体的泵，它是靠工作部件的挤压使液体的压力能增加。根据运动部件的运动方式容积泵又分为往复泵和回转泵两类。根据运动部件的结构，往复泵有活塞泵和柱塞泵之分。回转泵常用的有齿轮泵、螺杆泵、叶片泵和水环泵。往复泵自吸能力强，常用作舱底水泵，但因泵的转速低，流量不大。单螺杆泵对所输送的液体搅动少，多用作油水分离器的污水泵。

2. 叶轮式泵

叶轮式泵依靠叶轮带动液体高速回转，把机械能传递给所输送的液体。根据泵的叶轮和流道结构特点又可分为离心泵、轴流泵、混流泵和旋涡泵。离心泵是船上应用最广泛的一种泵，本身没有自吸能力，船用水泵和较大油船的货油泵大多采用离心泵，也有船舶将其用作主机滑油泵。

3. 喷射式泵

依靠工作流体产生的高速射流引射流体，然后再通过动量交换使被引射流体的能量增加。根据所用的工作流体可分为水喷射泵、蒸汽喷射器和空气喷射器等。

船用泵除按用途和工作原理分类外，还可按泵轴方向分为立式泵和卧式泵，按吸口数目分为单吸泵和双吸泵，按原动机的种类分为电动泵、汽轮机泵、柴油机泵和机带泵等。

三、船舶制冷与空调装置

制冷就是从某一物体或空间吸取热量，并将其转移给周围环境介质，使该物体或空间的温度低于环境的温度，并维持这一低温的过程。在船舶上，制冷技术已广泛应用于货物冷藏运输、食品冷藏、鱼类保鲜、天然气液化和贮运、冷藏集装箱运输以及船舶舱室的空气调节等。

（一）船舶制冷装置的工作原理

蒸气压缩式制冷是现今应用最广泛的机械制冷方法，也是船舶所用的主要制冷方法，其工作原理如图9-2-1所示。它选择在常压时沸点很低的液体做制冷剂，经膨胀阀节流进入蒸发器的盘管中，在较低的蒸发压力下吸热汽化，吸收冷库内食物发出的热量，从而实现制冷。为了在蒸发器中维持低压，需用压缩机将其中制冷剂蒸气不断抽出，压送到冷凝器中。冷凝器中的冷凝压力及相应的冷凝温度较高，这样就可利用海水使制冷剂气体冷却、冷凝而重新液化，然后再经膨胀阀节流送入蒸发器汽化吸热，连续不断地制冷。

在压缩制冷循环中，从膨胀阀至压缩机吸入口为系统的低压部分；从压缩机排出口到膨胀阀前为系统的高压部分。在此循环中，制冷剂在蒸发器中所吸收的热量加上压缩机压缩制冷剂气体所消耗功转换成的热量，都经冷凝器传给冷却水。

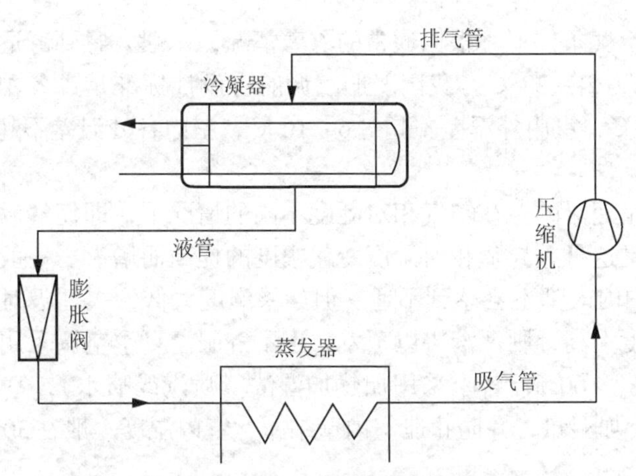

图9-2-1 蒸气压缩式制冷装置的工作原理图

压缩机、冷凝器、膨胀阀和蒸发器这四种设备是组成压缩式制冷装置的基本部件。它们的功用是：

膨胀阀——控制制冷剂的流量，并使流过的制冷剂节流降压；

蒸发器——使流经其中的制冷剂吸热气化；

压缩机——抽吸蒸发器产生的制冷剂气体并将其压送到冷凝器中；

冷凝器——使送来的冷剂气体降温并冷凝。

制冷剂是制冷装置用来完成热力循环的工质，应根据所用制冷机的型式和要求的制冷温度选用制冷剂。R22（二氟一氯甲烷$CHClF_2$）的标准沸点-40.8 ℃，排气压力适中，适合船舶冷库和空调制冷装置的要求，但它属于HCFCS，将在2020年以后被禁用。R134A（四氟乙烷CH_2FCF_3）、R404A、R407C和R410A是新型的制冷剂，将逐渐取代R22。

（二）船舶空调装置

空气调节是一种能够改善人们生活、工作环境的专门技术，它是把经过一定处理后的空气，以一定方式送入室内，将室内空气的温度、湿度、气流速度和空气清新程度等指标控制在适当范围内，使其适于工作和生活的要求。对空气进行处理的装置，称为空气调节装置。

1. 船舶空调装置应满足的要求

船舶空调主要用来满足卫生和舒适的需要，为船员创造良好的工作和休息环境，对温、湿度等空气条件的要求并不十分严格，允许在较大的范围内变动，属于舒适性空调。只有某些船舶，因为有精密仪器、设备，才要求使用精度较高的空调，即所谓工艺性空调。船舶空调装置应能在规定的舱外空气设计参数下，使室内空气符合以下要求：

（1）温度

众所周知，人对气温的变化最为敏感，所以温度是影响舱室舒适与否的主要因素。就空调来说，使人舒适与否，最重要的是能在一般衣着时自然地保持身体的热平衡。在湿度适中和稍有流动的空气条件下，根据通常的衣着情况，一般人感到舒适的温度条件，冬季为19～24 ℃，夏季为21～28 ℃。我国船舶空调舱室设计标准是：冬季室温为19～22 ℃，夏季室温为24～28 ℃，室内外温差不超过6～10 ℃，室内各处温差不超过3～5 ℃。

（2）湿度

人的冷热感觉是相对的。在空气相对湿度不同的情况下，即使气温相同，人对冷热的感觉也会有差异，且这种差异随相对湿度变化幅度的提高而增大。一般情况下，相对湿度在30%～70%的范围内人都不会感到不适。但如果湿度太低，人呼吸时会因失水过多而感到口干舌燥；而湿度太高，则汗液难以蒸发，也不舒服。夏季空调采用冷却除湿法，室内湿度一般控制在40%～60%；冬季采用加热加湿法（喷汽或喷水），室内湿度设计值多为50%，实际上为减少加湿量，并防止舱室内壁结露，室内湿度一般在30%～40%。

（3）空气流速

在相同的温度和湿度下，有风，夏天就感到凉快一些，冬季则感到寒冷一些。故风速也应控制。在室内的活动区域，要求空气有轻微的流动，以使室内温、湿度均匀并且人不感到气闷。室内气流速度以0.15～0.20 m/s为宜，最大不超过0.35 m/s，否则人会感到不舒适。

（4）清新程度

所谓清新程度是指空气清洁（少含粉尘和有害气体）和新鲜（有足够的含氧量）的程度。如果只为满足人呼吸氧气的需要，新鲜空气的最低供给量每人2.4 m^3/h即可；然而要使空气中二氧化碳、烟气等有害气体的浓度在允许的程度以下，则新风量就需达到每人30～50 m^3/h。

（5）噪声

空调装置工作时产生的噪声会使人感到不适，要求距室内空调出风口1 m处测试的噪声应不大于55～60 dB（A）。

2. 船舶空调系统的分类

船舶空调系统按空气的处理和输送方式不同，可分为集中式、半集中式和独立式三类。将空气经过集中处理再分送到各个舱室的空调装置称为集中式或中央空调系统。船舶一般采用这种空调系统。有的船舶空调系统将集中处理后送往各舱室的空气进行分区处理或舱室单独处理，称为半集中式空调系统。只有某些特殊舱室，例如机舱集控室，才单独设置专用的空气调节器，称为独立式空调装置。

船舶空调系统，按风管中空气的流速高低可分为：低速系统、中速系统和高速系统。

船舶空调大多采用集中式和半集中式船舶空调系统。

四、液压甲板机械

船舶甲板机械主要包括舵机、起货机、锚机、绞缆机、吊艇机、舷梯升降机、舱盖板启闭装置等，在一些专用船舶上，还设有其他相应的甲板机械。甲板机械按所用动力可分为气动、蒸汽、电动、液压等多种。气动甲板机械虽然结构简单、无污染，但因漏泄多而效率低，仅用于吊艇机、舷梯升降机等小功率甲板机械。蒸汽甲板机械因散热损失大和管理不便已基本不用。液压传动的优点很多，吨位稍大的现代船舶，大多采用电动液压舵机，其他液压甲板机械作为电动甲板机械的主要竞争对手，应用也相当普遍。

(一) 液压系统的工作原理

液压传动是利用液压泵输出的高压液体的压力能来驱动液压缸或液压马达，从而带动工作机械。下面分析一种驱动工作台的液压传动系统。如图9-2-2所示，它由油箱19、滤油器18、液压泵17、溢流阀13、开停阀10、节流阀7、换向阀5、液压缸2以及连接这些元件的油管、接头组成。其工作原理如下：液压泵由电动机驱动后，从油箱中吸油。油液经滤油器进入液压泵，油液在泵腔中从入口（低压）到泵出口（高压），在图9-2-2（a）所示状态下，通过开停阀、节流阀、换向阀进入液压缸左腔，推动活塞使工作台向右移动。这时，液压缸右腔的油经换向阀和回油管6排回油箱。

如果将换向阀手柄转换成图9-2-2（b）所示状态，则压力管中的油将经过开停阀、节流阀和换向阀进入液压缸右腔，推动活塞使工作台向左移动，并使液压缸左腔的油经换向阀和回油管6排回油箱。

工作台的移动速度是通过节流阀来调节的。当节流阀开大时，进入液压缸的油量增多，工作台的移动速度增大；当节流阀关小时，进入液压缸的油量减小，工作台的移动速度减小。为了克服移动工作台时所受到的各种阻力，液压缸必须产生一个足够大的推力，这个推力是由液压缸中的油液压力所产生的。要克服的阻力越大，缸中的油液压力越高；反之压力就越低。这种现象正说明了液压传动的一个基本原理——压力决定于负载。

(二) 液压系统的基本组成

从液压系统的工作过程可以看出，液压传动系统的组成部件主要包括：

1. 动力元件

液压泵，其功用是将机械能转换为液压油的压力能（液压能）。

2. 执行元件

液压缸或液压马达，其功用是将液压能转换成带动工作部件运动的机械能。

3. 控制元件

各种液压控制阀可分为三类：
（1）方向控制阀——用于控制系统中的油流方向；
（2）压力控制阀——用于控制系统中的油压；
（3）流量控制阀——用于控制系统中油的流量。

4. 辅助元件

油箱、滤油器、蓄能器、热交换器、油管及连接件、密封件等。

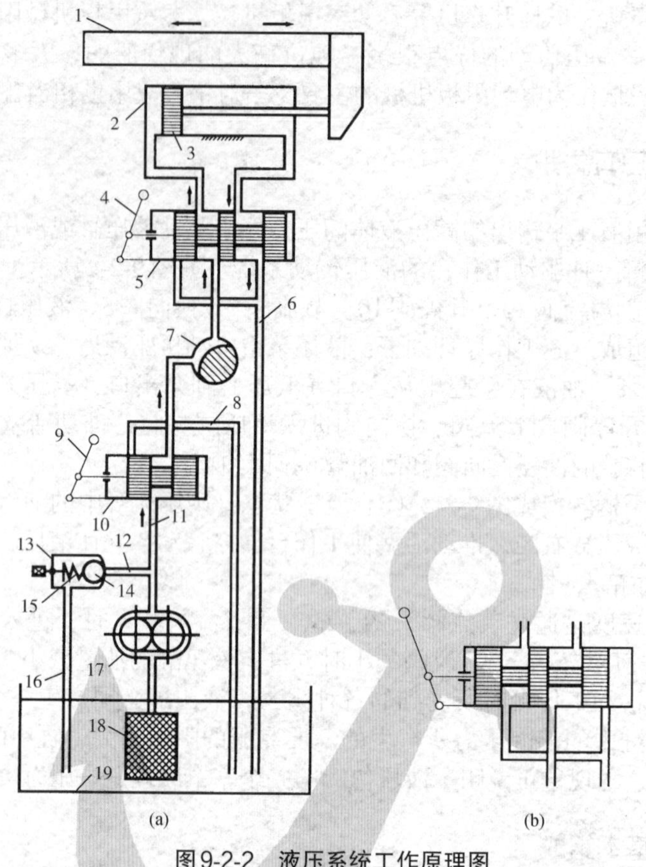

图9-2-2　液压系统工作原理图

1—工作台；2—液压缸；3—活塞；4—换向手柄；5—换向阀；6、8、16—回油管；7—节流阀；9—开停手柄；10—开停阀；11—压力管；12—压力支管；13—溢流阀；14—钢球；15—弹簧；17—液压泵；18—滤油器；19—油箱

五、海水淡化装置

船上淡水主要用于柴油机和其他辅机的冷却、锅炉补给、生活洗涤和饮用等，有时也用来冲洗甲板，船舶每天都要消耗相当数量的淡水。淡水通常是指含盐量小于1000 mg/L的水。远洋船舶为增加载货量，减少购买淡水的费用，不宜携带过多淡水，一般都利用船舶配备的海水淡化装置（俗称造水机）生产淡水。

海水淡化的主要方法有蒸馏法、反渗透法、电渗析法和冷冻法。目前，船用海水淡化大多采用蒸馏法，这一方法是根据盐分几乎不溶于低压蒸汽这一原理，使海水蒸发汽化，然后再将所产生的蒸汽冷凝，从而得到几乎不含盐分的蒸馏水。

船用海水蒸馏装置一般都是在高真空条件下工作，可分为真空沸腾式和真空闪发式两种。前者海水加热和蒸发都在同一个高真空的蒸发器内进行；后者海水先在加热器内被加热，再经喷雾器减压喷洒到具有一定真空度的蒸发器内，部分海水迅速汽化，产生蒸汽。真空闪发式海水淡化装置虽能显著减轻加热面结垢，但造价高，效率低（耗热量大），船上已基本不采用。

现今的船用真空沸腾式海水淡化装置，海水的蒸发和蒸汽的冷凝都是在高真空度下进行的，因为真空度高则海水的沸点低，可以利用船舶柴油机缸套冷却水的余热，从而提高了船舶动力装置的经济性。例如当真空度为90%时，海水蒸发温度为45 ℃，可用温度不超过80 ℃的柴油机缸套冷却水作为海水淡化的加热工质。另外，采用比较低的加热温度和蒸发温度可以使蒸发器换热面上的结垢减少并便于清除。

六、油水分离器

机舱舱底污水是机舱设备在运转过程中泄漏的燃料油、润滑油、海水、淡水等混合在一起的含油污水，不允许直接排到舷外，只有经过油水分离器的处理，污水中含油量低于15 ppm时，才允许在航行中排出舷外，分离出来的污油则排到污油柜。

含油污水的处理方法有很多，但基本上可分为物理分离法、化学分离法和电浮分离法等。物理分离法是利用油水的密度差或过滤吸附等物理现象使油水分离的方法，特点是不改变油的化学性质而将油水分离，主要包括重力分离法、过滤分离法、聚结分离法、气浮分离法、吸附分离法、超滤膜分离法及反渗透分离法等。化学分离法是向含油污水中投放絮凝剂或聚集剂，其中絮凝剂可使油凝聚成凝胶体而沉淀，而聚集剂则使油凝聚成胶体使其上浮，从而达到油水分离的目的。电浮分离法是把含油污水引进装有电极的舱柜中，利用电解产生的气泡在上浮过程中附着油滴而加以分离，从而实现油水分离，实际上是一种化学物理分离方法。此外，乳化油可用活性污泥法（生物化学法）分离。就目前船用油水分离设备而言，主要还是采用物理分离的方法。

为达到排放标准的要求（油分浓度小于15ppm），目前，在船上实际应用的油水分离器大多为重力式分离配以过滤、吸附等组合方式，即由粗分离和细分离（或精分离）两部分组成。

粗分离部分都是用于第一级，主要采用重力分离法，处理容易上浮的分散油滴。

细分离部分用于第二级和第三级，多采用过滤法、聚结法、吸附法等，用以除去油污水中的微细分散油滴和乳化油滴。细分离部分结构形式有圆筒式和填充式，采用最多的是以纤维材料构成的圆筒式分离元件，其特点是结构紧凑、元件容易更换。填充式是在油水分离器中充填油性纤维等过滤吸附材料，截留和吸附微小油滴。在其吸饱油后，可进行反冲洗，但当压力降达到一定值时，就必须更换过滤吸附材料。

七、生活污水处理装置

《MARPOL 73/78公约》规定，400总吨及以上和经核定许可载运15人以上的国际航行船舶，应安装经主管机关认可的污水粉碎消毒系统或生活污水处理装置，按规定排放生活污水；或配备主管机关认为容积足够储存所有生活污水的集污舱，保证把生活污水排入岸上接收装置。

船舶生活污水处理装置按污水的排放方式可分为无排放型生活污水处理装置和排放型生活污水处理装置。无排放型生活污水处理装置通常包含船上储存方式和再循环处理方式；排放型生活污水处理装置必须按照国际公约和相关规定的排放要求，对生活污水进行相应处理后再排放。船上一般选用的是排放型生活污水处理方式，按其净化方式分为生化处理、物理化学处理等方式。

生化处理方式通过建立和保持微生物（细菌）生长的适宜条件，利用该微生物群体来消化分解污水中的有机物，使之生成对环境无害的二氧化碳和水，而微生物在此过程中得以繁殖。船上常用以好氧菌为主的活性污泥对污水中的有机物质进行分解处理。

图9-2-3所示为活性污泥法处理生活污水的工作流程。污水进入曝气池，在不断通入空气的情况下，活性污泥在此消化分解有机物，离开曝气池后的混合液进入沉淀池。在沉淀池中活性污泥沉淀分离，而澄清的水进入投有杀菌药剂的消毒池，经杀菌后的净水排出舷外。从沉淀池中沉淀分离的活性污泥一部分流回曝气池，多余部分定期排出舷外。

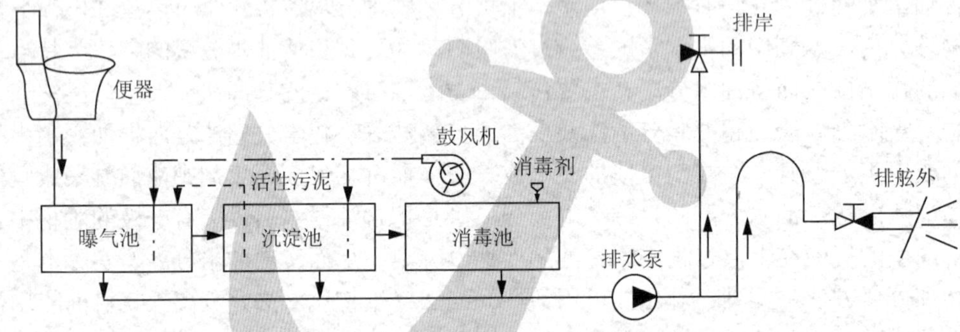

图9-2-3 生化处理方式系统流程图

八、焚烧炉

船用焚烧炉是用来焚烧船上的污油、油渣、生活污水处理装置排出的污泥以及机舱废棉纱、食品残渣和其他可燃固体垃圾的装置。其中，污油通过污油燃烧器燃烧；固体垃圾经投料口送入炉内燃烧；生活污泥，可送入污油柜中与污油混合，经粉碎泵循环粉碎后，通过污油燃烧器喷入炉内燃烧。

一般焚烧炉都有一个钢制的外壳，内衬耐火砖形成炉膛，炉膛周围设有固体废物投料口和出灰口。污油燃烧器用以喷入污油、污水和污泥，辅助燃烧器用以点火助燃。装有排烟风机以保证炉膛呈负压并冷却排烟，防止烟气外漏和发生火灾。此外，焚烧炉的组成部分还有废油柜、控制箱、废油加热装置和观察孔等。

九、船舶锅炉

锅炉是通过燃烧把燃料的化学能转化为热能，并将热能传给水，产生一定数量和参数

（指温度和压力）的水蒸气或热水的设备。船舶蒸汽锅炉是船舶动力装置的重要组成部分。它的作用随船舶主机的型式和种类的不同而有所差异。

锅炉的种类很多，下面简单介绍一下锅炉分类的方法和锅炉的种类。

1. 按锅炉的用途分类

按锅炉的用途来分类，有主锅炉和辅锅炉两类。

在蒸汽动力装置的船舶上，锅炉产生的高温高压过热蒸汽用于驱动主蒸汽轮机，以推动船舶前进，这种锅炉称为主锅炉。

在柴油机动力装置的船舶上，锅炉产生的饱和蒸汽仅用于加热燃油、滑油及满足日常生活的需要，或驱动蒸汽辅机，这种锅炉称为辅助锅炉。在柴油机干货船上，一般装设一台压力为0.5 ~ 1.0 MPa，产生饱和蒸汽的辅助锅炉，蒸发量为0.4 ~ 2.5 t/h。在柴油机油船上，因为加热货油、驱动货油泵等蒸汽辅机以及清洗货油舱等需要大量蒸汽，所以一般都装设两台辅助锅炉，蒸发量常在20 t/h以上。在大型柴油机客船上，一般也装设两台辅助锅炉，以满足日常生活所需的大量蒸汽，万一其中一台损坏也不致严重影响船员和旅客的日常生活。

2. 按锅炉的结构分类

烟气在管内流动的称为烟管锅炉或火管锅炉；烟气在管外流动的称为水管锅炉；烟管与水管组合的型式称为混合式锅炉。

在烟管锅炉中，炉膛内燃烧产生的高温烟气在烟管内流动，烟管外被炉水所包围。一定流速的高温烟气冲刷着管内壁，通过热交换的方式把热量传递给管外的炉水，产生额定参数的蒸汽。烟管式锅炉效率较低。

在水管式锅炉中，炉膛内燃烧产生的高温烟气在管外壁横向冲刷，管内被加热的炉水所充满。由于该型锅炉布置较合理，水循环有规律，烟气流速可以提高，符合传热基本原理要求，故换热效率高、结构更紧凑。

混合式锅炉为烟管式与水管式锅炉的组合形式。兼有两者部分特点，但结构复杂、笨重。

3. 按热源不同分类

以燃油为燃料的锅炉称为燃油锅炉；利用柴油机排气余热把水加热成蒸汽的锅炉称为废气锅炉。

柴油机船的大型低速二冲程柴油主机的排气温度一般为250 ~ 380 ℃，四冲程中速柴油主机的排气温度可达400 ℃左右。而水蒸气在压力为0.5 MPa时，其饱和蒸汽温度为165 ℃；压力为1.3 MPa时也仅为194 ℃。所以装设用柴油机排气余热来产生水蒸气的废气锅炉，不仅能节约燃油，还可起到柴油机排气“消音器”的作用。废气锅炉产生的蒸汽在满足加热和日常生活用之外，有的船还将多余蒸汽用于驱动一台辅汽轮发电机。

4. 按炉水循环方式分类

按炉水循环方式分，有自然水循环锅炉和强制水循环锅炉。废气锅炉也有自然循环和强制循环两种形式。

自然水循环锅炉是指锅炉中炉水和水汽混合物，因密度差而形成有规则的、有一定方向的流动，称为自然水循环锅炉。

强制水循环锅炉是指锅炉内炉水和水汽混合物的流动，是借助炉水循环泵的压力造成的。这种锅炉结构更为紧凑，产汽异常迅速，蒸发量可调节，且压力范围也可以根据需要进行设计。

5. 按锅炉的工作压力大小分类

按锅炉的工作压力大小可分为高压锅炉、中高压锅炉、中压锅炉和低压锅炉。高压锅炉的蒸汽压力大于6 MPa，中高压锅炉的蒸汽压力为4 ~ 6 MPa，中压锅炉的蒸汽压力为2 ~ 4 MPa，低压锅炉的蒸汽压力小于2 MPa。辅助锅炉一般为低压锅炉。

十、减摇装置

（一）摇荡运动对船舶性能的影响

船舶因某种外力的作用，围绕原平衡位置所做的往复性（或周期性）的运动，称为船舶摇荡运动。船舶摇荡运动共有横摇（船舶绕纵轴做周期性的角位移运动）、纵摇（船舶绕横轴做周期性的角位移运动）、首摇（船舶绕垂向轴做周期性的角位移运动）、垂荡（船舶绕沿垂向轴做周期性的上下平移运动）、纵荡（船舶绕沿纵向轴做周期性的前后平移运动）和横荡（船舶绕沿横向轴做周期性的前后平移运动）六种运动方式。在这六种摇荡方式中，横摇运动对船舶的性能影响最大。

船舶摇荡运动是一种有害的运动，剧烈的摇荡会引起严重的后果：

（1）可能使船舶失去稳性而倾覆；

（2）使船体结构和设备受到损坏；

（3）引起货物移动从而使船舶重心移动危及船舶安全；

（4）使机器和仪表的运转失常；

（5）使螺旋桨的效率降低，船舶阻力增加，船速下降；

（6）使工作和生活条件恶化，甲板上浪等。

（二）减摇装置

为了减小船舶的摇荡，除了在装载和操纵方面采取措施以外，在船舶设计与建造中会装设必要的减摇装置。减摇装置是用来产生一种外加的稳定力矩，使船舶的摇摆减缓。根据工作原理，减摇装置可以分成三类：第一类是利用流体的重力作用以产生对船舶摇摆的稳定力矩（如减摇水舱）；第二类是利用流体的动力作用以产生稳定力矩（如舭龙骨、减摇鳍）；第三类所获得的稳定力矩则是由于回转力产生（如减摇回转仪）。

目前采用的减摇装置有下列几种：

1. 舭龙骨

舭龙骨（如图9-2-4所示）是装设在舭部外侧，沿着水流方向的一块长条板。舭龙骨的作用是减小船舶横摇。由于减摇效果较好，制造简单，几乎所有的船舶均装设舭龙骨。

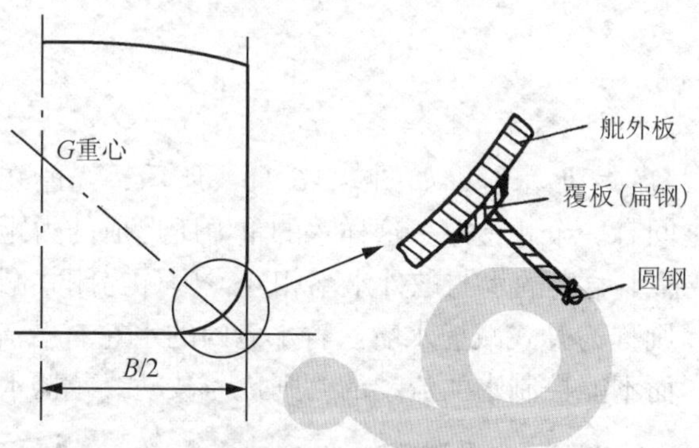

图9-2-4 舭龙骨

舭龙骨板的长度为1/4～1/3船长，宽度为200～600 mm（大型船更大些），近似垂直于舭部列板，其外缘不超出船的半宽线与船底基线所围的范围，以免触到码头和海底而碰损。在结构形式上，舭龙骨有连续式的和间断式的两种结构。连续式结构简单，适用于航速不是很高的船，间断式结构适用于高速船，其优点是对船舶的航行阻力较小，一般不会超过船舶基本阻力的2%～3%，而对横摇阻力较大，一般能减小船舶摇摆幅度的20%～25%。

为了防止舭龙骨损坏时船体外板受损，舭龙骨一般不直接焊接在舭部外板上，而是用一块覆板将两者连接起来。

舭龙骨虽然装设在船中部很长的一段范围内，但在结构上它不参与船舶的总纵弯曲，仅承受船舶横摇时的水动压力。

图9-2-5是一条船装设舭龙骨和无舭龙骨时的横摇角曲线，由图中可明显看出舭龙骨的减摇效果，而且船在航行时舭龙骨的减摇效果更好一些。

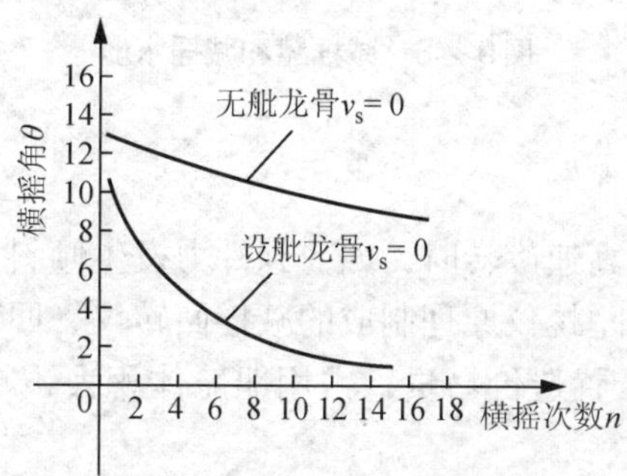

图9-2-5 舭龙骨的减摇效果

2. 减摇鳍

减摇鳍如图9-2-6（a）所示，一般是一个长约为3.0 m、宽为1.5 m左右的长方体，剖面为机翼形，安装在船中央附近两舷的舭部。在船内设置操纵机构，根据需要可将减摇鳍收进船内或伸出舷外，并且可调整机翼剖面相对于水流的攻角，使两舷的减摇鳍所产生的升力形成一个阻碍船舶横摇的力偶矩。并使力偶矩方向的改变与船舶横摇同步，这样可有效地减小船舶横摇。因减摇鳍需要有自动操纵系统，造价高，目前只有在大型豪华客船上或军舰上才设置。

3. 减摇水舱

在船内横向设置“U”字形水舱，如图9-2-6（b）所示，当船在横摇时，使水舱内的水位移动与船的横摇之间有一个相位差。这样水的重力所形成的力矩可减小船舶的横摇。

若上述“U”形减摇水舱内的水与舷外水不相通，则称为闭式减摇水舱。若减摇水舱内的水与舷外水相通，则称为开式减摇水舱。若水舱内的水左右舷流动是可以控制的，则称为主动式减摇水舱；而不能控制水的流动的，则称为被动式减摇水舱。

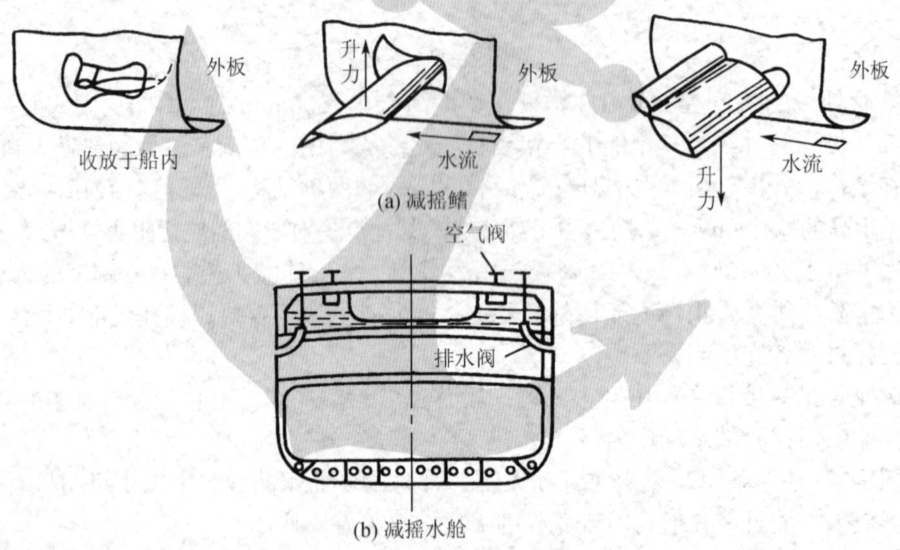

图9-2-6　减摇鳍和减摇水舱

4. 减摇回转仪

陀螺仪的特性是当它在高速旋转时，如受到外力发生倾斜，其产生的旋转力矩具有使其回复原位置的能力。利用陀螺仪原理制成的减摇回转仪（回转稳定减摇装置）具有减缓船舶摇摆的能力。但此种装置造价昂贵，占用船舱体积大，在现代商船上已经基本不再使用。

十一、船舶电力系统

（一）船舶电力系统的组成

船舶电力系统是由电源、配电装置、电网与负载按照一定的方式连接的整体，是船上电能产生、传输、分配和消耗等全部装置和网络的总称，其系统简图如图9-2-7所示。

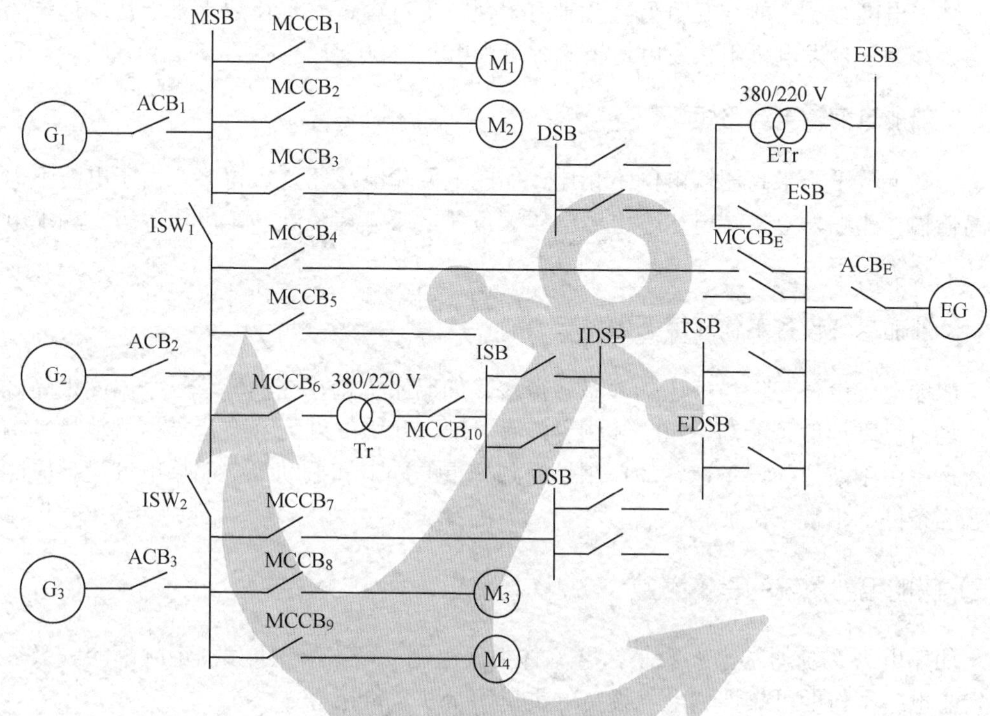

图9-2-7 船舶电力系统简图

G—主发电机；EG—应急发电机；ACB—发电机主开关；ACB_E—应急发电机主开关；MSB—主配电板；ESB—应急配电板；MCCB—配电开关；M—电动机；DSB—分配电板；RSB—无线电分配电板；$MCCB_E$—应急配电开关；ISW—隔离开关；ISB—照明配电板；EISB—应急照明配电板；IDSB—照明分配电板；EDSB—应急分配电板；Tr—照明变压器；ETr—应急照明变压器

电源：电源是将机械能、化学能等能源转变成电能的装置。船上常用的电源装置是柴油发电机组和蓄电池。

配电装置：配电装置是对电源和负荷进行分配、监视、测量、保护、转换、控制的装置。配电装置主要可分为主配电板、应急配电板、分配电板（动力、照明）、充放电板等。

电网：电网是全船电缆、电线的总称。电网是联系发电机、主配电板、分配电板和负载间的中间环节，是将电源的电能输送到负载端的媒体。船舶电网根据其所连接的负载性质可分为动力电网、照明电网、应急电网、低压电网、弱电电网等。

负载：即用电设备。船舶负载大体可分成舱室机械、甲板机械、船舶照明、通导设备及其他用电设施。

（二）船舶电力系统的特点

船舶电力系统与陆上电力系统相比有很大差异，主要有以下几个方面：

1. 船舶电站容量较小

陆上电网容量一般在几百万到几千万千瓦，单机容量大多在数十万千瓦；远洋船舶主电站大多装三台发电机组，发电机单机容量为400 ~ 800 kW。

2. 船舶电网输电线路短

与陆上数千千米高压输电网络相比，船舶电网输电线路要短得多。由于电能不需要远距离传输，船舶发电机端电压、电网电压、负荷电压大多是同一个电压等级，输配电装置较陆上系统简单。

3. 船舶电气设备工作环境恶劣

船舶电气设备工作条件比陆地恶劣得多，如船舶机舱存在油气、夏季温度很高（机舱某些场所夏季温度可能高达40 ℃以上），海上工作环境湿度大、有盐雾、材料易发霉，船舶营运中由于波浪、设备运转的作用易受到严重的冲击和振动等。船用电气设备应能在上述恶劣条件下正常工作。

（三）船舶电力系统的基本参数

船舶电力系统的基本参数是指电流种类（电制）、额定电压和额定频率的等级。它们决定了电站工作的可靠性和电气设备的重量、尺寸、价格等。

1. 电制

电源有直流电源与交流电源之分，因此船舶电力系统也相应有直流电力系统与交流电力系统，习惯上把安装了直流电力系统的船舶称为直流船，把安装了交流电力系统的船舶称为交流船。在20世纪50年代以前所建造的船舶，绝大部分是直流船。由于交流船舶的电气设备在维护、保养等方面工作量比直流船要少得多，且交流电机结构简单、体积小、重量轻、运行可靠，其相应控制设备也简单；20世纪60年代以后建造的船舶主要是交流船；20世纪70年代后除特种工程船舶外，几乎都采用交流电力系统，采用交流电制后，船舶的造价和维修费用也有明显的降低。

2. 额定电压与额定频率

船舶电力系统额定电压的大小直接影响到电力系统中所有电气设备的重量和尺寸、价格等技术、经济指标和人身安全问题。船舶建造时额定电压的选择主要考虑的是与本国陆上低压电网额定电压相一致。

目前运行中的或正在建造中的远洋船舶主电站动力电网额定电压不是采用380 V的就是采用440 V的标准，照明电网额定电压不是采用220 V就是采用110 V（100 V）的标准，临时应急照明电网与弱电电网一般采用24 V的标准。

随着船舶发展大型化，目前采用电力推进的商船、滚装船和一些工程船舶电站的容量都比较大，这时仍采用低压系统标准显然已不合理，因此这类船舶大多采用陆上相应的3.3 kV或6.6 kV中压等级标准。

交流船舶电力系统的额定频率均选用陆上的标准等级，有50 Hz与60 Hz两种标准，通信导航设备除外。

根据CCS（中国船级社）规范规定，工作于额定频率为50 Hz或60 Hz、导体间最高电压不超过1 kV的交流系统，或在额定工作条件下导体间最高瞬时电压不超过1.5 kV的直流系统为低压系统。额定电压大于1 kV但不超过15 kV，额定频率为50 Hz或60 Hz的交流系统或在额定工作条件下最高瞬时电压超过1.5 kV的直流系统为高压系统。配电系统动力设备的最高供电电压为15 kV，居住舱室内的照明设备、取暖器的最高供电电压为250 V。

第三节 轮机值班

一、STCW公约中关于值班原则的规定

（一）值班的一般原则

值班应基于下列驾驶台和机舱的资源管理原则：

（1）应确保根据情况合理地安排值班人员；

（2）在安排值班人员时应考虑人员的资格或适合能力的局限性；

（3）应使值班人员理解其个人角色、责任和团队角色；

（4）船长、轮机长和负责值班的高级船员应保持适当的值班，并最有效地使用可用资源，如信息、装置/设备和其他人员；

（5）值班人员应理解装置/设备的功能和操作，并能熟练使用；

（6）值班人员应理解信息及如何回应来自每一工作站/装置/设备的信息；

（7）所有值班人员应适当地共享来自工作站/装置/设备的信息；

（8）值班人员在任何情况下应保持适当的相互交流；

（9）对为安全而采取的行动产生任何怀疑时，值班人员应毫不犹豫地通知船长/轮机

长/负责值班的高级船员。

（二）轮机值班中应遵循的原则

（1）“轮机值班”一词，系指一个人或组成值班的一组人，或一个高级船员的责任时间段，在此时间段内，可以要求也可以不要求该高级船员亲临机舱。

（2）负责轮机值班的高级船员是轮机长的代表，在任何时候，主要负责对影响船舶安全的机械设备进行安全有效的操作和保养，并根据要求负责轮机值班责任范围内的一切机械设备的检查、操作和测试。

二、轮机部航行值班

（一）值班安排

（1）轮机值班的组成应当适合当时的环境和条件，以确保影响船舶安全操作的所有机械设备在自动操作方式、手动操作方式模式下均能安全运行。

（2）确定轮机值班组成时，应当考虑下列因素：

①保持船舶的正常运行；

②船舶类型、机械设备类型和状况；

③对船舶安全运行关系重大的机械设备进行重点监控的值班要求；

④由于天气、冰区、污染水域、浅水水域、各种紧急情况、船损控制或者污染处置等情况的变化而采用的特殊操作方式；

⑤值班人员的资格和经验；

⑥对人命、船舶、货物和港口的安全及环境保护的要求；

⑦有关国际公约、国家法规和当地规定。

（二）值班交接

（1）交、接班轮机员应当清楚下列交接事项：

①轮机长关于船舶系统和机械设备运行的常规命令和特别指示；

②对机械设备及系统进行的所有操作及目的、参与人员以及潜在的危险；

③污水舱、压载舱、污油舱、备用舱、淡水柜、粪便柜、滑油柜等使用状况和液位以及对其中贮存物的使用或者处理的特殊要求；

④备用燃油舱、沉淀柜、日用油柜和其他燃油贮存设备中的燃油液位和使用状况；

⑤有关卫生系统处理的特殊要求；

⑥主机、辅机系统（包括配电系统）的操作方式和运行状况；

⑦监控设备和手动操作设备的状况；

⑧自动锅炉控制装置和其他与蒸汽锅炉操作有关设备的状况和操作模式；

⑨恶劣天气、冰冻、被污染的水域或者浅水引起的潜在威胁；

⑩在设备故障或危及船舶安全的情况下而采取的特殊操作方式和应急措施；

⑪机舱普通船员的任务分派；

⑫消防设备的可用性；

⑬轮机日志的填写情况。

（2）接班轮机员对接班事项不满意或者观察到的情况与轮机日志记录不相符时，不得接班。

（三）值班职责

（1）值班轮机员是轮机长的代表，主要负责对与船舶安全有关的机械设备进行安全有效的操作和保养，并根据要求，负责轮机值班责任范围内的一切机械设备的检查、操作和测试，保证安全值班。

（2）值班轮机员应当维持既定的正常值班安排。机舱值班的普通船员应当协助值班轮机员使主机、辅机系统安全和有效运行。

（3）轮机长在机舱时，值班轮机员仍应当继续对机舱工作全权负责，除非被明确告知轮机长已承担责任。

（4）轮机值班的所有成员都应当熟悉被指派的值班职责，并掌握本船下列情况：

①内部通信系统的适当使用；

②机舱逃生路径；

③机舱报警系统和辨别各种警报的能力；

④机舱的消防设备和破损控制装置的数量、位置和种类，以及它们的使用方法和应当遵守的各种安全预防措施。

（5）轮机值班开始时，应当对所有机械设备的工作情况、工况参数加以验证、分析，以保持其以正常状态运行。

（6）在值班期间值班轮机员应当定期巡回检查机舱和舵机房，及时发现机械设备的故障和损坏情况，并采取相应措施。

（7）值班轮机员应当对运转失常、可能发生故障或者需要特殊处理的机械设备，以及已经采取的措施做详细记录。需要时，应当对拟采取的措施做出安排。

（8）在机舱值守的值班轮机员应当能够随时操纵推进装置，以应对换向和变速的需要。机舱无人值守的，值班轮机员在获知报警、呼叫时，应当立即到达机舱。

（9）值班轮机员应当执行驾驶台的命令。对主推进动力装置进行换向和变速操作的，应当做好记录。当人工操作时，值班轮机员应当确保主推进动力装置的操纵装置有人不间断地值守，并随时处于准备和操作状态。

（10）值班轮机员应当掌握正在维护保养的机械设备（包括机械、电气、电子、液压和空气系统）及其控制装置和与此相关的安全设备、所有舱室服务系统设备的维护保养情况，并注意其物料和备品的使用记录。

（11）轮机长应当将值班时拟进行的预防性保养、破损控制或者修理工作等情况通知值班轮机员。值班轮机员应当负责值班责任内的拟处理的所有机械设备的隔离、旁通和调整，并将已进行的全部工作做好记录。

（12）机舱处于备车状态时，值班轮机员应当保证一切在操纵时可能用到的机械设备处于随时可用状态，并使电力有充足的储备，以满足舵机和其他设备的需要。

（13）值班轮机员应当指导本班值班人员，告知其可能对机械设备造成不利影响或者危及人命、船舶安全的潜在危险情况。

（14）值班轮机员应当对机舱保持不间断监控。在值班人员丧失值班能力时，应当安排替代人员。

（15）值班轮机员应当采取必要的措施，以减轻因设备损坏、失火、进水、破裂、碰撞、搁浅和其他原因造成的损害。

（16）进行预防性保养、破损控制或者维修工作时，值班轮机员应当与负责维修工作的轮机员配合，做好下列工作：

①对要进行处理的机械设备加以隔离，并保留值班所需的通道；

②在维修期间，将其他的设备调节至充分和安全地发挥功能的状态；

③在轮机日志或者其他适当的文件上详细记录维修保养过的设备、参加人员以及采取的安全措施；

④必要时将已修理过的机器和设备进行测试、调整，投入使用。

（17）值班轮机员应当确保，在自动设备失灵时履行维修职责的轮机部普通船员能够立即协助其对机器进行手动操作。

（18）值班轮机员应当了解失去舵效或者因机械故障导致失速会危及船舶和海上人命的安全，当发生机舱失火或者机舱中即将采取的行动会导致船速下降、瞬间失去舵效、船舶推进系统停止运转或者电站发生故障或者类似威胁安全的情况，应当立即通知驾驶台。如可能，应当在采取行动之前通知，以便驾驶台有最充分的时间采取一切可能的措施来避免发生海上事故。

（19）出现下列情况，值班轮机员应当立即通知轮机长，并根据情况采取措施：

①机器发生故障或者损坏，可能危及船舶的安全运行；

②发生可能引起推进机械、辅机、监视系统、调节系统的损坏失常的现象；

③遇到其他紧急情况或感到疑虑时。

（20）值班轮机员应当给予其他机舱值班人员适当的指示和信息，以保持安全值班。常规的机械设备保养应当纳入值班工作。全船的机械、电子与电气、液压、气动等设备的维修工作，应当在轮机长和值班轮机员知情的情况下进行，并做好记录。

（四）特殊环境下的轮机值班

（1）值班轮机员应当保证提供鸣放声号用的空气或蒸汽压力，并随时执行驾驶台变速、换向的命令，还应当备妥用于操纵的一切辅助机械。

（2）值班轮机员接到船舶进入通航密集水域航行的通知时，应当确保涉及船舶操纵的机械设备能够随时置于手动操作模式，舵和其他设备的操作有足够备用动力，应急舵和其他辅助设备处于随时可用状态。

（3）船舶在开敞的港外锚地或者开敞的海域锚泊时，值班轮机员应当做到下列要求：

①保持有效的轮机值班；

②定时检查所有正在运行和处于准备状态的机械设备是否正常；

③执行驾驶台发布的使主机和辅机保持准备状态的命令；

④遵守适用的防治污染规则，防治船舶污染海洋环境；

⑤保持破损控制和消防系统处于准备状态。

在开敞锚地，轮机长应当与船长商定是否仍保持与在航时同样的轮机值班。

三、港内值班

（一）港内值班应当遵守的一般要求

（1）船舶在港内停泊时，船长应当安排适当而有效的值班。对于具有特种形式的推进系统或者辅助设备，以及装载有危害、危险、有毒、易燃物品或者其他特殊货物的船舶，还应当按照有关规定的特殊要求值班。

（2）船长应当根据停泊情况、船舶类型和值班特点，配备足够具有熟练操作能力的值班船员，并安排好必要的设备。

（3）船舶在港内停泊期间的值班安排应当满足下列要求：

①确保人命、船舶、货物、港口和环境的安全；

②确保与货物作业相关机械的安全操作；

③遵守有关国际公约、国家法规和当地规定；

④保持船舶工作正常。

（4）停泊时，甲板值班人员应当至少包括一名值班驾驶员和一名值班水手。

（5）轮机长应当与船长协商确定轮机值班安排。决定轮机值班人员组成时，应当考虑下列内容：

①至少有一名值班轮机员；

②推进功率750 kW及以上的船舶，至少安排一名值班机工协助值班轮机员。

轮机员在值班期间，不应当承担妨碍其监控船上机械系统的其他任务。

（二）轮机值班

在港内值班时，值班轮机员应当做到下列要求：

（1）遵守有关防范危险情况的特殊操作命令、程序和规定；

（2）监测运行中的所有机械设备及系统的仪表和控制系统；

（3）遵守当地有关防污染规定，按照规定采用必要的技术、方法和程序，防止船舶对周围环境造成污染；

（4）查看污水井中污水的变化情况；

（5）出现紧急情况并且需要时，发出警报并且采取一切可能的措施避免船上人员、船舶及其货物遭受损害；

（6）了解驾驶员对装卸货物时所需设备的要求，以及对压载和船舶稳性控制系统的附加要求；

（7）经常巡查以判断可能发生的设备故障或者损坏情况，发现设备故障或者损坏情况的，应当采取补救措施以确保船舶、货物作业、港口及其周围环境的安全；

（8）在职责范围内采取必要措施，避免船上电气、电子、液压、气动以及机械系统发生事故或者损坏；

（9）对影响船上机械运转、调节或修理的重要事项做好记录。

（三）轮机值班的交接班

（1）交、接班轮机员应当清楚交接下列事项：

①当日的常规命令，有关船舶操作、保养工作、船舶机械或者控制设备修理的特殊命令；

②所有机械和系统进行检修工作的性质、涉及的人员以及潜在的危险；

③舱底、残渣柜、压载水舱、污油舱、粪便柜、备用柜的液位及状态，以及对其中贮存物的使用或者处理的特殊要求；

④有关卫生系统处理的特殊要求；

⑤灭火设备以及烟火探测系统的状况和备用情况；

⑥获准从事或者协助机器修理的人员及其工作地点和修理项目，以及其他获准上船的人员；

⑦港口有关船舶排出物、消防要求及船舶防备工作等方面的特殊规定；

⑧发生紧急情况或者需要援助时，船上与岸上人员、相关机关可使用的通信方式；

⑨其他有关船员、船舶、货物的安全以及防治环境污染等重要情况；

⑩轮机部的活动造成环境污染时，向相关机关报告的程序。

（2）接班轮机员在承担值班任务前还应当做到以下内容：

①熟悉现有的和可用的电、热、水源和照明来源及其分配情况；

②了解船上的燃油、润滑油及淡水供给的可用程度；

③备妥机器以应对紧急状况。

四、驾驶、轮机联系制度

（一）开航前

（1）船长应当提前24 h将预计开航时间通知轮机长，如停港不足24 h，应当在抵港后立即将预计离港时间通知轮机长；轮机长应当向船长报告主要机电设备情况、燃油、润滑油和炉水存量；如开航时间变更，应当及时更正。

（2）开航前1 h，值班驾驶员应当会同值班轮机员核对船钟、车钟、试舵等，并分别

将情况记入航海日志、轮机日志及车钟记录簿内。

（3）主机试车前，值班轮机员应当征得值班驾驶员同意。待主机备妥后，机舱应当通知驾驶台。

（二）航行中

（1）每班交班前，值班轮机员应当将主机平均转数和海水温度等参数告知值班驾驶员，值班驾驶员应当回告本班平均航速和风向风力，双方分别记入航海日志和轮机日志；每天中午，驾驶台和机舱校对时钟并互换正午报告。

（2）船舶进出港口，通过狭水道、浅滩、危险水域或抛锚等情况下需备车航行时，驾驶台应当提前通知机舱准备。如遇雾或暴雨等突发情况，值班轮机员接到通知后应当尽快备妥主机。判断将有恶劣天气来临时，船长应当及时通知轮机长做好各种准备。

（3）因等引航员、候潮、等泊等原因需短时间抛锚时，值班驾驶员应当将情况及时通知值班轮机员。

（4）因机械故障不能执行航行命令时，轮机长应当组织抢修，通知驾驶台并报告船长，并将故障发生和排除时间及情况记入航海日志和轮机日志。停车应当先征得船长同意。但情况危急，不立即停车会威胁人身安全或者主机安全时，轮机长可以立即停车并及时通知驾驶台。

（5）因调换发电机、并车等需要暂时停电时，值班轮机员应当事先通知驾驶台。

（6）在应变情况下，值班轮机员应当立即执行驾驶台发出的信号，及时提供所要求的水、气、汽、电等。

（7）值班驾驶员和值班轮机员应当执行船长和轮机长共同商定的主机各种车速，另有指示的除外。

（8）船舶在到港前，应当对主机进行停、倒车试验，当无人值守的机舱因情况需要改为有人值守时，驾驶台应当及时通知轮机员。

（9）抵港前，轮机长应当将本船存油情况告知船长。

（三）停泊中

（1）抵港后，船长应当告知轮机长本船的预计动态，以便安排工作，动态如有变化应当及时更正；机舱若需检修影响动车的设备，轮机长应当事先将工作内容和所需时间报告船长，取得同意后方可进行。

（2）值班驾驶员应当将装卸货情况随时通知值班轮机员，以保证安全供电。在装卸重大件、特种危险品或者使用重吊之前，大副应当通知轮机长派人检查起货机，必要时应当派人值守。

（3）因装卸作业造成船舶过度倾斜，影响机舱正常工作的，轮机长应当通知大副或者值班驾驶员采取有效措施予以纠正。

（4）驾驶和轮机部门应当对船舶压载的调整，以及可能涉及海洋污染的各种操作，建立起有效的联系制度，包括书面通知和相应的记录。

（5）添装燃油前，轮机长应当将本船的存油情况和计划添装的油舱以及各舱添装数量告知大副，以便计算稳性、水尺和调整吃水差。

五、柴油机的运行管理

船舶柴油机在各种航行条件下能否可靠地、不间断地工作，在很大程度上取决于轮机管理人员的技术水平。在航行中为确保柴油机处于良好的技术状态，轮机管理人员应努力提高业务水平，正确执行操作规程，认真做好柴油机启动前的准备工作和运行中的管理工作。轮机管理人员还应加强维护保养工作，及时发现和迅速排除故障，这样才能保证人员和船舶航行安全。

（一）备车

备车是指为保证船舶动力装置及相关设备处于随时都能启动和投入运行状态而进行的一系列准备工作。柴油机经长期或短期停车后，开航前均必须进行备车。当船舶在特殊水域、特殊气象条件以及过运河和关键航行设备发生故障时，根据船长或轮机长的指令也需要备车。备车的主要目的是保证船舶动力装置处于随时可启动和运行的状态。根据柴油机功率不同，经短期停车后的备车时间为0.5 ~ 2 h。由于机型、辅助设备及动力装置的布置不完全相同，备车的工作内容和顺序也不尽相同。备车的基本内容有：供电准备，校对时钟、车钟，校对舵机，暖机，各动力系统准备，转车，冲车，试车等。

1. 供电准备

在备车过程中，需启动空压机、淡水泵、电动辅助鼓风机、锚机、绞缆机等设备，用电量增加，因此应根据需要启动备用发电机组，并车运行，以保证充足的电力供应。

2. 暖机

暖机是指船舶在开航前预先加热柴油机冷却系统和润滑系统中的循环液，并开动冷却水循环泵、滑油循环泵以提高机体温度并向摩擦表面供应滑油的过程。暖机除了对柴油机各部件预热以减小热应力外，还有利于柴油机启动发火，减少燃油中的硫分燃烧后形成的酸性物质对汽缸壁和活塞顶的低温腐蚀，这对燃用高硫分重油的主机尤为重要。

船舶主机的暖机方法有三种：

（1）将运行中的发电柴油机的冷却淡水引入主机冷却系统中；

（2）用蒸汽对主机冷却水和润滑油进行加热；

（3）用电加热器对主机冷却水进行加热。

滑油系统除用蒸汽管道直接加热主机循环油柜外，常用滑油分油机运转分油的加温方法。

3. 润滑油系统的准备

（1）检查主机循环油柜、透平油柜、轴系以及汽缸注油器的油位，油量不足时应补充到规定油位。

（2）备车时应尽早开动滑油循环泵，将油压调至规定值以便把滑油送到各摩擦表面预热机件，并把摩擦表面上的杂质带走以减轻启动时的磨损。

（3）对于油泵分开式废气涡轮增压器独立的润滑系统应开启透平油泵，使透平油在废气涡轮增压器中循环。

（4）柴油机采用油冷活塞时，在滑油循环开始后活塞温度会逐渐升高，此时应注意观察各缸活塞冷却油的回流情况和温度。

（5）采用汽缸注油润滑的柴油机，在盘车时应摇动汽缸注油器，将汽缸油预先送至汽缸壁表面，以减小启动时的磨损。

（6）对非压力润滑的部件手动加注润滑油。

4. 冷却系统的准备

（1）检查主机膨胀水柜的水位是否正常，水量不足时应补充到规定水位。

（2）检查并调节系统中各阀门，使它们处于正常状态，启动主机淡水泵使淡水循环，并提高水温对主机进行暖机。

（3）对水冷活塞式柴油机，淡水泵启动后要注意各缸活塞冷却水的回流情况。

（4）检查喷油器冷却柜液位，不足时补充至规定液位。开动喷油器冷却泵，必要时也应进行加温预热。

5. 燃油系统的准备

（1）检查主机日用轻油柜和重油柜的油位，油位较低时应提前启动分油机分油至规定油位，并注意排放油柜中的残水。

（2）对燃油进行预热，使燃油黏度降至喷油设备所需的数值。

（3）按操作程序开通日用油柜通向主机的各燃油阀，并开动低压燃油输送泵进行泵油驱气。长期停车的主机还须对高压油泵及喷油器进行充油驱气。

6. 压缩空气系统的准备

（1）检查压缩空气瓶的压力，若不足，应开启空气压缩机将空气瓶中的压力补足到规定数值，并放掉空气瓶中的残水。

（2）开启空气瓶出口阀、主空气截止阀，并将主启动阀开至“自动”位置。

（3）开启汽笛所用的压缩空气阀，以便于驾驶台随时使用汽笛。

7. 转车（盘车）

检查各缸示功阀是否打开，合上并启动盘车机，检查各运动部件和轴系的回转情况以及各汽缸内有无大量积水。为使汽缸壁和所有润滑表面都得到充分润滑，盘车至少需要

1～2转，对大型机要求正、倒车盘车共10～15 min。在确认柴油机各部件转动自如后，将盘车机停掉并脱开。

8. 冲车

冲车是在柴油机启动前利用启动装置（不供给燃油）使柴油机转动将汽缸中的杂质、积水或积油等从示功阀中吹出的过程。

在冲车过程中，可以初步检查启动系统的工作是否正常，并可查看有无积水或积油从各缸示功阀中冲出。若有，应查明原因，排除后才能进行试车。

冲车时应通知驾驶台。驾驶员在检查船尾确定无障碍物及无人在工作，方可同意轮机人员进行冲车和试车。冲车时，轮机人员严禁站在示功阀出口附近。冲车完毕关闭示功阀。

9. 试车

试车是指在冲车后试验柴油机能否启动、换向和停车的操作过程。其目的是为了检查启动系统、换向装置、燃油喷射系统、油量调节机构以及调速器、轴系等工作是否正常。试车的操作程序和方法各类柴油机有所不同。一般是柴油机正车（或倒车）启动，在低速下运行数转后停车；然后换向，再进行倒车（或正车）启动，在低速下运行数转后停车。在操作过程中，看其启动系统和换向装置中各阀件、油量调节机构等动作是否灵活正常，同时检查各缸发火是否正常及运转中是否有不正常的声音。若发现异常情况，应及时查明并予以消除。

试车完毕，将操作手柄放回停车位置，通知驾驶台备车完毕，等待开航动车命令。如果主机采用驾控方式，将操纵手柄转至“驾控”位置。

（二）启动

船用柴油机的操纵机构形式繁多，其启动操作程序有所不同，一般的程序是：

（1）在启动前通知周围所有的人。

（2）将燃油控制手柄置于中间位置（启动供油位置）。

（3）检查正、倒车指示灯是否已在需要的正车或倒车位置。

（4）接到车钟指令后，迅速而准确地执行车钟指令，操纵柴油机启动和运转。

（5）操纵燃油控制手柄，按照车钟指令逐步提高转速至指定值。

（6）注意检查滑油压力不得低于最低数值；冷却水压力必须正常，冷却水的进水温度不应过低，并检查水的流动情况。

（7）启动后倾听柴油机发出的声音。注意冷却水泵、润滑油泵和配气机构的工作情况。有不正常的声音或故障时应立即停车检查，查清原因并排除后方可重新启动。

（8）若不能启动柴油机或不能换向，应立即通知驾驶台，并迅速查明原因予以排除。

（9）运转中应严格按照柴油机使用说明书中规定的负荷增加程序逐渐加大负荷。

（10）严禁柴油机在临界转速或接近临界转速下运转，应快速通过转速禁区。

(三)运转管理

航行中轮机管理人员应保证主机、副机及一切辅助机械处于正常的工作状态。因此,轮机管理人员在值班时必须严格管理、精心操作、认真地巡回检查,并按规定时间将柴油机及其装置的各种技术参数记入轮机日志;做好交接班工作,以便及早发现故障并及时排除。

在交接班和值班的过程中,值班人员应按最合理的巡回路线进行检查。检查的项目和内容,根据机舱的具体设备和布置而确定。

1. 交接班和值班工作的主要内容

接班人员进入机舱前应先观察主、副机的排烟颜色以及冷却水排出舷外的情况和海面情况。进入机舱后,按最合理的巡回路线,对主、副机及一切辅助机械进行仔细的检查,并听取交班人员介绍上一班的工作情况及提供的意见;查看轮机日志中的记录,若发现异常或可疑情况应立即查清或做出明确的分析判断,及时排除。

值班人员在值班中应定期对柴油机及其他辅助设备进行巡回检查,注意观察各种参数并与说明书的规定值进行比较。对所发现的问题进行必要的处理,定期(一般为2 h)将各运行参数、发现的问题、处理经过、存在的问题等记入轮机日志。

交班前再仔细地巡回检查一次,将本班的情况向接班人员详细交代,在征得接班人员同意后方可离开机舱。

2. 运转管理要点

(1)注意检查操纵台仪表盘上的压力表、温度计的压力和温度参数是否正常,必要时进行调整,使之符合或接近说明书的规定值。

(2)倾听各运转部位有无异常声音,如出现意外的不正常响声,应迅速查明原因,并采取相应的措施。

(3)经常用手触摸曲轴箱道门和轴系各外露轴承及机体其他有关部位的温度,如有不正常的高热现象应及时排除。

(4)检查膨胀水柜的水位是否正常,必要时予以补充。若发现水柜的水位非正常下降,必须查明冷却水外泄的原因,及时予以排除。

(5)检查滑油循环柜的油位,注意滑油的消耗量,必要时予以补充。若油柜中油位突然下降,应查明何处漏油并及时排除;若油位突然升高,说明有水漏入曲轴箱,应结合膨胀水柜的水位变化情况综合分析原因,予以排除。

(6)检查日用燃油柜的油位,必要时进行补充。注意排放日用油柜中的积水。

(7)定期清洗燃油及滑油滤器,若发现滤器前后压差过大,说明滤芯已脏堵,应换用备用滤器。若滤器前后无压差,则可能滤器内部短路或滤网破损,应检查更换。

（8）检查汽缸注油器，注意油位及动作是否正常。如发现注油管有堵塞、油量减少或不滴油等现象或汽缸注油器接头漏油，应立即排除，确保汽缸润滑油的正常供应。应定时向人工加油部位加注润滑油。

（9）检查高压油泵与喷油器的工作状态是否正常以及高压油管的脉动情况。各缸的排气温度应符合说明书的规定。各缸排气温差应不超过规定的最大范围。如排气温度不正常，应迅速查明原因。

（10）检查汽缸冷却水和活塞冷却水（油）的进、出口温度。正常情况下各缸排出温度应基本相同。若某缸冷却水温度过高或过低时，应及时查明原因。若汽缸因冷却水量不足或断水而过热时，应缓慢停车使热量逐渐散发。切不可突然加入冷水，以防汽缸产生裂纹。

（11）定期排放扫气箱及空气冷却器中的存水。

（12）检查调速器的工作温度和油位，正常滑油液面高度应保持在规定的油标刻度范围内。

（13）检查涡轮增压器运转中有无异常声音，轴承的温度是否正常。透平油液面高度应保持在规定的油标刻度范围内。

（14）如故障不能在短时间内排除，应通知驾驶台降低转速或停车。待故障排除后再提高转速或重新启动。

（15）除上述工作外，还应做好主机的预防检修工作，及时发现故障隐患，杜绝重大事故发生。

（四）机动操纵

船舶在靠离码头、进出港及在狭窄水道中航行时，柴油机的运转状态变化频繁，为保证船舶动力装置有效及安全运行，在进行机动操纵时应注意以下几个方面：

（1）主机按规定的换油程序换用轻柴油，应避免油温突变损坏供油设备；

（2）空气瓶出口阀和空气系统截止阀必须保持在开启位置，并保持空气瓶内具有足够的压力；

（3）注意冷却水和滑油温度的调节，使其保持稳定，以免影响柴油机的工作性能或使汽缸过热；

（4）船舶在浅水区航行时应换用高位海底门，防止把泥沙吸入冷却器管系；

（5）注意主机应急鼓风机的工作情况，保证柴油机在低负荷下能平稳运转；

（6）若主机需较长时间低速运转，应适当减少汽缸注油器的注油量，待定速运行时再恢复至正常注油量。

（五）完车

轮机人员接到驾驶台“完车”指令时，表明主机不再动车，应做好以下工作：

（1）关闭启动空气系统中各阀并将空气瓶补满空气。

（2）停掉主海水泵，关闭其进、出口阀。

（3）停掉燃油输送泵，关闭其进、出口阀及主机日用油柜出口截止阀。

（4）主机淡水泵、滑油泵应继续运行20 min左右，以使机件中的热量均匀散走。

（5）打开各缸示功阀放掉汽缸中的废气；合上盘车机进行盘车并向汽缸壁注油润滑。

（6）如主机需要继续暖缸保温，在完车后停淡水泵的同时换用副机暖机管系继续对主机进行暖机。

（7）最后经检查确认主机及机舱无异常情况后，完车结束，开始停航值班。

（8）如主机停用时间较长，应每隔2～3天用盘车机转动主机2～3转，使曲轴处于不同的位置。

（六）营运船舶最佳航速的选择

航速对运输效率有很大的影响，是经济和技术的综合反映。选择合适的航速是降低船舶营运成本的有效方法。由于螺旋桨所消耗的功率与转速的三次方成正比，故船速的少量降低便可节省大量的燃油消耗。但是并非船速越低越经济，因为船舶的运输费用除了燃油费用外还有其他费用，而且对于一定航线的船舶由于航速降低，航行时间增加，运输效率下降，也可能使经济效益减少。

商船的经济航速，不可能是固定的，因气候、航线、海运商情等不同而会有所变化，即使在同样的营运条件下，由于航运公司对所选择的评价尺度不同也有所区别。一般常用的经济航速概念有以下几种：

1. 最低耗油率航速（转速）

柴油机在推进特性下工作，当功率与转速变化时，其燃油消耗率由于受到喷油量、换气质量、转速等的影响，而不是一个定值，一般主机在85%标定负荷时燃油消耗率最小。显然，柴油机在燃油消耗率最小时运转，其经济性最好，所以，燃油消耗率最小时的航速是经济航速。若柴油机在航行中经常处于较高负荷工作，应尽量使用最低耗油率航速。但最低耗油率航速并不一定是船舶营运的最佳航速。

2. 每海里航程燃油消耗最小航速

柴油机的功率与转速的立方成正比。船舶的航速越低所需的柴油机功率越低，所需的燃油消耗量越低。一般船舶航速下降时，燃油消耗率将会增加，而每海里航程燃油消耗量却逐渐下降，并出现一个最小值，其所对应的航速即为节油的经济航速，而其主机所对应的转速为节油经济转速，但不是主机最低耗油率转速。在船舶经常停航待命和降速航行时，才可能使用每海里航程最低燃油消耗最小航速。

3. 最高盈利航速

最高盈利航速，即在营运期内盈利最大的航速。航运公司最关心的就是盈利的多少。如若获得最高盈利航速，必须考虑船舶的折旧费、客货的周转量、运输成本及利润等因素。因此影响最高盈利航速的因素很多，应该根据船舶航次载货运费费率、在港停泊情况、货物的装载情况以及运输成本（包括燃油的耗量及价格、港口费用等等）来合理确定和调整船舶的航速。

参考文献

[1]古文贤. 船舶操纵. 大连：大连海事大学出版社，1995.
[2]国际海事组织. 1978年海员培训、发证和值班标准国际公约马尼拉修正案. 中华人民共和国海事局，译. 大连：大连海事大学出版社，2010.
[3]洪碧光. 船舶操纵. 大连：大连海事大学出版社，2008.
[4]李伟. 船舶结构与设备. 大连：大连海事大学出版社，2009.
[5]陆志材. 船舶操纵. 大连：大连海事大学出版社，2000.
[6]苏兴翘. 船舶操纵性. 北京：国防工业出版社，1981.
[7]王逢辰，古文贤，郑经略. 船舶操纵与避碰. 北京：人民交通出版社，1987.
[8]武生春，薛满福. 船舶结构与设备. 北京：人民交通出版社，2010.
[9]薛满福，李伟. 船舶结构与设备. 大连：大连海事大学出版社，2011.
[10]赵月林. 船舶操纵. 大连：大连海事大学出版社，2000.
[11]中国海事服务中心. 船舶操纵与避碰. 北京：人民交通出版社，2012.
[12]中国海事服务中心. 大型船舶操纵. 北京：人民交通出版社，2012.